人民 · 联盟文库

宗教问题概论

龚学增 主编

四川人民出版社

人民出版社

图书在版编目（CIP）数据

宗教问题概论/龚学增主编. —北京：人民出版社，2011
（人民·联盟文库）
ISBN 978 - 7 - 01 - 010174 - 3

Ⅰ.①宗…　Ⅱ.①龚…　Ⅲ.①宗教-问题-研究-中国
Ⅳ.①D635

中国版本图书馆 CIP 数据核字（2011）第 164444 号

宗教问题概论
ZONGJIAO WENTI GAILUN

龚学增　主编

责任编辑：汪　澜　安新文
封扉设计：曹　春
出版发行：人民出版社
　　　　　北京朝阳门内大街 166 号　邮　编：100706
网　　址：http://www.peoplepress.net
邮购电话：(010) 65250042/65289539
经　　销：新华书店
印　　刷：三河市金泰源印装厂
版　　次：2011 年 8 月第 1 版　2011 年 8 月北京第 1 次印刷
开　　本：710 毫米×1000 毫米　1/16
印　　张：24.75
字　　数：336 千字
书　　号：ISBN 978 - 7 - 01 - 010174 - 3
定　　价：48.00 元

出版说明

　　人民出版社及全国各省市自治区人民出版社是我们党和国家创建的最重要的出版机构。几十年来，伴随着共和国的发展与脚步，他们在宣传马克思列宁主义、毛泽东思想、邓小平理论、"三个代表"重要思想，深入贯彻落实科学发展观，坚持走有中国特色社会主义道路方面，出版了大量的各种类型的优秀出版物，为丰富人民群众的学习、文化需求作出了不可磨灭的贡献，发挥了不可替代的作用。但由于环境、地域及发行渠道等诸多原因，许多精品图书并不为广大读者所知晓。为了有效地利用和二次开发全国人民出版社及其他成员社的优秀出版资源，向广大读者提供更多更好的精品佳作，也为了提升人民出版社市场联盟的整体形象，人民出版社市场联盟决定，在全国各成员社已出版的数十万个品种中，精心筛选出具有理论性、学术性、创新性、前沿性及可读性的优秀图书，辑编成《人民·联盟文库》，分批分次陆续出版，以飨读者。

　　《人民·联盟文库》的编选原则：1. 充分体现人民出版社的政治、学术水平和出版风格；2. 展示出各地人民出版社及其他成员社的特色；3. 图书主题应是民族的，而不是地区性的；4. 注重市场价值，要为读者所喜爱；5.译著要具有经典性或重要影响；6.内容不受时间变化之影响，可供读者长期阅读和收藏。基于上述原则，《人民·联盟文库》未收入以下图书：1.套书、丛书类图书；2.偏重于地方的政治类、经济类图书；3.旅游、休闲、生活类图书；4.个人的文集、年谱；5.工具书、辞书。

《人民·联盟文库》分政治、哲学、历史、文化、人物、译著六大类。由于所选原书出版于不同的年代、不同的出版单位，在封面、开本、版式、材料、装帧设计等方面都不尽一致，我们此次编选，为便宜读者阅读，全部予以统一，并在封面上以颜色作不同类别的区分，以利读者的选购。

人民出版社市场联盟委托人民出版社具体操作《人民·联盟文库》的出版和发行工作，所选图书出版采用联合署名的方式，即人民出版社与原书所属出版社共同署名，版权仍归原出版单位。《人民·联盟文库》在编选过程中，得到了人民出版社市场联盟成员社的大力支持与帮助，部分专家学者及发行界行家们也提出了很多建设性的意见，在此一并表示诚挚的感谢！

《人民·联盟文库》编辑委员会

目 录

上篇 宗教总论

中篇　宗教与社会生活

第三版出版说明

　　民族、宗教问题是从 20 世纪 90 年代以来我国乃至世界范围内的一个极其重要而敏感的问题。从世界范围来看，当今世界几乎所有热点问题都与民族、宗教有关。从国内情况来看，民族问题的复杂性、敏感性和长期性的特点与宗教的群众性、民族性、长期性、国际性和复杂性的特点，决定了"民族、宗教无小事"（江泽民语）。因此，全面认识和正确处理民族、宗教问题，事关国家治乱，社会进退，民族兴衰。鉴于民族、宗教问题的这种重要性，鉴于在马克思主义的民族、宗教理论和党的民族、宗教政策方面对广大党员干部进行教育以增强他们这方面的理论修养和政策素养的必要性和紧迫性，还鉴于在 20 世纪 90 年代从理论和实践的结合上来全面论述民族、宗教问题，特别是中国的民族、宗教问题，正面宣传党的民族、宗教理论和政策的图书还十分缺少的情况，我社于 1996 年约请国家民委政策研究室主任吴仕民同志（现任国家民委副主任）主编《民族问题概论》，约请中央党校民族与宗教理论教研室主任龚学增教授主编《宗教问题概论》（顺便一提，当时我们还约请中共中央党校人权中心编写《人权问题概论》一书），作为一套面向广大新时期或跨世纪党政干部的理论教育读本。

　　我们要求，这两本书要努力体现以下精神：第一，使广大党政干部，特别是县级以上的领导干部深刻领会江泽民同志提出的"民族、宗教无小事"论断的深刻含义，高度重视民族、宗教问题，正确认识和处理好民族、宗教问题。第二，全书要贯穿马克思主义的立场、观点和方法，在政治观点上必须正确，在政策观念的把握上必须适当。第三，要理论联系实际，体现理论、政策、现实、知识四方面的结合，文字深入浅出，生动活泼。

作者愉快地接受我们的约稿，并精心设计书稿的体系结构及写作大纲。仅写作大纲，他们就几易其稿，反复斟酌修正，并搜集和查阅了大量的最新信息和资料，最后写成了《民族问题概论》、《宗教问题概论》（以及《人权问题概论》），并于1997年正式出版。

这套书出版后，得到社会各界的一致好评，认为这是近年来我国出版的一套很好的从理论与实际的结合上深入浅出地宣传马克思主义民族观、宗教观和人权观的图书，对于提高党政干部有关理论和政策的素质和修养，杜绝侵犯少数民族利益和伤害少数民族的民族、宗教感情的事件的发生，增进民族团结，维护社会统一及建设社会主义精神文明，均具有重要的理论和现实意义，并在岁月的流逝中经受住了考验。

1999年4月中下旬，时任中共中央总书记的江泽民同志在四川视察期间，多次谈及民族、宗教问题的重要性及广大党员干部懂得些民族、宗教问题的知识的重要性。4月23日，江总书记再次强调领导干部要学习民族、宗教问题的知识，并郑重地推荐了我社出版的这两本书，他说："四川出了《民族问题概论》和《宗教问题概论》两本书，大家应该找来读一读，领导干部要学习一些民族宗教问题的知识。"作为对此的积极反应，我们邀请作者根据当时的形势对这几本书进行了认真的修订和增补，并于1999年7月出版了第二版。

转眼之间，七年过去了，七年来，尽管国际形势的总体态势并未发生根本的变化，和平与发展依然是主流，但局部冲突此起彼伏，各种矛盾错综复杂，天下仍然很不太平，而这些矛盾和冲突又多与民族和宗教有关。从国内情况看，我国民族团结进步事业在"共同团结奋斗，共同发展繁荣"的主旋律下继续向前发展，宗教也在继续平稳发展，但也出现了一些新情况、新问题。同时，全面建设小康社会的战略目标，以人为本的科学发展观和构建和谐社会的方略，对于增强各民族团结、做好宗教工作提出了更高的要求，特别是进入新世纪以来，中共中央和国务院继 1990 年的全国宗教会议后于 2001 年又一次召开了全国宗教会议，中共中央还于 2005 年召开了中央民族工作会议，这两次会议，总结了我国民族、宗教工作取得的新经验，研究和分析了民族、宗教工作面临的新形势、新情况、新问题，提出了新世纪新阶段我国民族、宗教工作的主要任务，并对新世纪新阶段民族、宗教方向的一系列重大的理论、政策与实践问题，作出了科学的回答和新的概括，对于在新形势下更好地解决我国民族、宗教问题，对于我国广大干部群众科学认识和正确处理民族、宗教问题，具有非常重大的理论和现实意义。

有鉴于此，我社又诚邀作者根据上述情况和上述精神，对原书进行了第三次全面修订。经过作者前后近一年的努力，终于完成了这两本书的修订，诚如作者所言，修订本在保持原书原有的框架基础上，涉及基本理论和基本知识的部分只是做了必要的补充修改和观点的斟酌，而涉及中国现实的民族、宗教问题的部分，则作了较大的调整和增删，有些章节在很大程度上是重新撰写的。

我们相信，这两本书，对于新世纪新阶段新一代的党政干部提高马克思主义民族、宗教的理论素质，正确认识和处理民族、宗教问题，进一步做好民族、宗教工作，以更好地完成构建社会主义和谐社会的目标和任务，具有重要的理论价值和实践意义

四川人民出版社

2006 年 12 月

第三版前言

《宗教问题概论》（以下简称《概论》）能够出第三版是没有想到的。这首先要感谢四川人民出版社的大力支持。

《概论》自 1997 年初版、1999 年再版以来，陆续收到了社会各界不少读者特别是党政干部的来信来电，有的还亲自见面交谈，他们或给予鼓励，或向我索要书籍。尤其应该表示感谢的是一些读者给我提出了进一步修改的建议和意见，使我深受启发。

1999 年《概论》再版的时候，由于时间紧迫，未能进行全面细致的修订。现在，时过近七年，重新看自己的旧稿已不甚满意。因此，此次修订，我深感责任重大。这就需要坚持与时俱进、不断创新的精神，跟踪宗教的最新发展，进一步把握好党和国家在解决宗教问题、做好宗教工作方面的新决策、新措施，由此提出对宗教问题的新认识。

近年来，特别是进入 21 世纪以来，国际国内形势发生了重大变化。这种变化也必然影响到国内外的宗教领域。从国际上看，和平与发展仍然是时代主题，世界多极化和经济全球化继续发展，科技进步日新月异。但世界仍很不太平，各种社会矛盾错综复杂，各种经济政治力量较量激烈，国际形势不稳定因素增多，地区冲突和局部战争依然不断，这些大多与民族、宗教因素有关。从国内情况看，在改革开放不断深入扩大的新形势下，我国经济社会发展突飞猛进，但社会变革进程中各种社会矛盾仍然此起彼伏。我国宗教总体上继续平稳发展，但宗教本身以及与宗教因素有关的社会生活中也出现不少新情况、新问题。为了进一步做好新世纪新阶段的宗教工作，党和国家对宗教问题进一步给予了高度重视。

2001年12月10日至12日，党中央、国务院在北京召开了全国宗教工作会议。这是自1990年召开的全国宗教工作会议以来又一次十分重要的宗教工作会议。会议以邓小平理论和党的基本路线为指导，贯彻"三个代表"重要思想，总结了宗教工作取得的经验，研究和分析了宗教工作面临的新形势、新情况、新问题，进一步提高了全党对宗教工作重要性的认识，提出了21世纪初宗教工作的基本任务。在这次会上，江泽民同志发表了重要讲话。他站在历史和时代的高度，以宽广的世界眼光和与时俱进的精神，回答了新世纪新阶段宗教方面一系列重大的理论和实践问题，全面系统地提出了"三个代表"重要思想中的宗教理论，丰富和发展了马克思主义宗教观。

2002年11月，党的十六大进一步明确了宗教工作的基本方针。

党的十六大以后，以胡锦涛为总书记的新的党中央继续高度关注指导宗教工作，又作出了新的工作部署。胡锦涛总书记对宗教工作作过多次重要指示。

为了全面贯彻党的十六大精神和全国宗教工作会议，中共中央统战部和国家宗教事务局等有关部门进一步推动宗教工作，取得了巨大成效。同时，在宗教理论的研究方面也取得了新的建树。2003年初，国家宗教事务局召开了全国宗教工作理论务虚会，对我们党特别是党的第三代中央领导集体关于我国社会主义时期宗教问题的理论进行深入学习和研究，提出了"社会主义的宗教论"。这是当前我国马克思主义宗教理论研究深入的一个表现。它在理论上概括了我们党对马克思主义宗教观的重大创新，在实践上直接有利于指导宗教工作，具有重要意义。

2003年6月，党中央印发了《"三个代表"重要思想学习纲要》，在

第十一部分（70）中，概述了"三个代表"重要思想中的宗教理论。

为了进一步解决宗教领域的突出问题，2004 年 1 月 4 日至 6 日，党中央国务院在北京又召开了全国宗教工作座谈会。会议总结了 2001 年全国宗教工作会议以来宗教工作取得的成就，强调必须用"三个代表"重要思想统领宗教工作，团结和引导信教群众投身全面建设小康社会；要全面贯彻党和国家的宗教工作方针，善于在扩大开放条件下抵御境外利用宗教对我国的渗透；切实采取有效措施加强党对宗教工作的领导，切实把思想和行动统一到中央精神上来，认清形势，把握指针，明确要求，务求见到成效。

2004 年 11 月 30 日，国务院总理温家宝签署国务院第 426 号令，颁布了《宗教事务条例》，2005 年 3 月 1 日正式实施。该条例是我国宗教方面的综合性行政法规。它的颁布，对保障公民的宗教信仰自由权利，维护宗教和睦与社会和谐，规范宗教事务管理，都具有重要意义。

以胡锦涛为总书记的新的党中央对宗教问题的重视，也表现在要求各级党政领导干部要重视对宗教问题的知识的学习。2004 年 10 月 21 日下午，胡锦涛总书记在中共中央政治局进行的第十六次集体学习有关民族问题的内容时强调，全党同志特别是各级领导干部都要坚持学习和实践马克思主义民族理论，深入学习党的民族政策，学习民族学、人类学、社会学和宗教学等有关民族问题的知识，不断丰富自己为做好民族工作所需要的各方面知识。

党的十六届四中全会在我们党的历史上第一次提出和阐述了"构建社会主义和谐社会"的科学论断，并把它作为加强党的执政能力建设的战略任务提出来。如何处理好宗教问题，以构建社会主义和谐社会，又成为当前宗教方面的重大课题。

面对国内外宗教方面的新情况，面对党和国家在处理宗教问题上理论和实践的新发展，我们认真学习、消化了有关精神，尽最大的努力将我们的一些新认识反映到新修订的《概论》之中。读者会看到，本次修订，涉及宗教问题的基本理论、基本知识由于相对稳定，只是做了必要的补充修改和观点的斟酌。而当代中国的宗教问题部分则按照近些年的新发展做了很大的修改。尤其是第十四章到十八章，在很大程度上是重新撰写的。

此次修订，是由我一人独立完成的。四川人民出版社一编室主任汪澜编审给予了很大指导和帮助，在此表示衷心感谢。

对此修订本的不足，欢迎读者批评指正。

龚学增

2006 年 6 月于北京

前　言

　　《宗教问题概论》是面向广大党政干部，特别基层党政干部编写的关于宗教、宗教问题的理论、政策及现实、知识性的读物。

　　宗教是一种在世界各个民族、各个国家普遍存在的社会历史文化现象，至今依然影响着全世界近三分之二的人口。由各种宗教内部产生的矛盾、由宗教与宗教之间产生的矛盾、由宗教与社会生活各个方面产生的矛盾构成了世界各国普遍关注的宗教问题。我国不仅是一个多民族的统一的社会主义国家，而且还是一个有着多种宗教的国家，民族与宗教方面的国情十分复杂。仅从宗教方面来说，我国不仅有从国外传入的佛教、基督教、伊斯兰教等世界性宗教，而且有中国土生土长的道教，还残存着许多民间宗教信仰。它们都有久远的历史，其内部大都有不同的教派，现在还涉及我国 1 亿多人口。特别是我国有近 20 个少数民族至今绝大多数人都信仰宗教，宗教信仰在他们的精神生活中占有重要的地位，有些宗教信仰和活动已与这些民族的风俗习惯融为一体，构成了民族共同心理素质的一部分，这就使宗教问题和民族问题交织在一起。我国的宗教问题还受到某些阶级斗争和国际复杂因素的影响。宗教方面的基本国情决定了宗教问题将长期成为我国社会总问题的一部分，决定了正确认识和解决好宗教问题的重要性。

党的十一届三中全会以来近20年的时间，我国的社会生活发生了重大变化。在建设中国特色社会主义的伟大历史进程中，在改革开放不断深入和扩大，在向社会主义市场经济体制过渡的情况下，社会主义物质文明和精神文明建设取得了前所未有的成就。在宗教工作方面，党和政府已形成了比较系统完整的关于我国社会主义时期宗教方面的马克思主义的科学观点和正确的政策，以及一些行之有效的涉及宗教的有关法律和法规，并努力在实践中加以贯彻。所有这些，都对我国的各个宗教产生了决定性的影响，其主要标志是，各大宗教进一步表现出积极与社会主义社会相适应的发展趋势，宗教界和广大信教群众在社会主义两个文明建设中日益发挥着重要的积极作用。

但是，我们也要清醒地看到，当前在我国社会生活的转型时期，各类社会矛盾错综复杂，宗教领域也不例外。改革开放以来，我国的宗教发展较快，已成为社会瞩目的现象。各大宗教教徒人数普遍增加，个别宗教如基督教徒增加特别迅速；宗教活动场所除国家按照宗教政策有计划地开放的以外，自发新建新修的寺观教堂及活动点数量激增，宗教活动随之日益频繁；宗教社会影响日益扩大，波及社会各个阶层的人们，相当多的人对宗教表现出浓厚的兴趣，有的甚至皈依了宗教；宗教文化热已经形成，宗教书刊越来越多，表现宗教内容的文艺作品日益增加，新闻媒介中宗教方面的信息量也相当可观。由此导致的社会热点问题增多，像前些年，一些出版物因伤害穆斯林的宗教感情而引发多起穆斯林群众的抗议活动，影响了部分地区的社会稳定；随着对外开放的进一步扩大，国外宗教也加大对我国传教的力度，特别是敌对势力也在利用宗教对我国进行政治渗透；极少数分裂主义分子也在利用宗教进行分裂祖国的活动。同时，还要看到，政府部门在贯彻执行党的宗教政策、依法管理宗教事务方面也存在一些问题。因处理宗教方面的人民内部矛盾失当而使矛盾激化，矛盾性质转化，并引发其他社会矛盾的现象也时有发生。有的地方还有侵犯公民宗教信仰自由权利，侵犯寺观教堂的合法权益，干涉宗教团体正常的教务活动等现象。

如何正确认识上述问题？这是进一步解决好宗教问题的前提。当前，社会各界对宗教问题有各种各样的观点和看法，这完全是一种正常的现象。但是，对我们的各级党政领导干部来说，理所当然地要坚持马克思主义宗教观，并进一步在社会上弘扬以马克思主义宗教观为指导来认识宗教问题的主旋律。从目前的情况来看，有不少干部，特别是相当多的基层干部对马克思主义宗教观的内容并不熟悉，甚至知之甚少；对党的宗教政策学习得不深，理解得不透。致使在遇到现实宗教问题时，或者简单粗暴，横加打击；或者束手无策，放任自流。一些"左"的观念，如认为宗教始终是消极的甚至是反动的，宗教徒不可能成为社会主义的积极力量，等等，还束缚着一些干部的头脑。这就需要加强对广大干部进行马克思主义宗教观的教育。这种教育，不但需要在统战、民族、宗教事务部门中进行，而且要在更广泛的干部范围内进行。党的十四届六中全会《关于加强社会主义精神文明建设若干重要问题的决议》明确指出，坚持党的民族政策和宗教政策，宣传马克思主义民族观和宗教观，是社会主义精神文明建设的任务之一。这本《宗教问题概论》，正是为响应党中央的这一号召并适应当前形势的需要而编写的。

本书作者努力坚持以马克思主义宗教观的基本原理为指导，即努力运用辩证唯物主义和历史唯物主义的世界观和方法论，分析宗教方面的一些基本问题，注意理论联系实际，特别是联系社会上比较关心的一些问题，并给予科学的回答。全书融理论、政策、现实、知识性于一体，同时力图深入浅出，文字准确生动。

全书分宗教总论、宗教与社会生活、当代中国的宗教问题三篇，共15章。前两篇侧重宗教的基本理论问题，第三篇是重点，联系当代中国宗教问题的实际展开分析。

本书由中央党校民族与宗教理论教研室主任龚学增教授主编。编写者分工如下：

王成志　第一、二、十二章

龚学增　前言，第三、四、五、六、七、八、九、十、十一、十

四、十五章

溥德书 第十三章

全书最后由龚学增统改定稿。

本书编写过程中参阅了国内外有关材料。本书得以出版，得到了四川人民出版社的大力支持，特别是该社理论编室主任、责任编辑汪瀰同志为提高书稿质量付出了辛勤劳动。在此一并致以深深的谢意。

著　者

1997 年 7 月

上篇
宗教总论

第一章
一种神秘而又实在的社会文化历史现象
——宗教及其社会特性

第一节　什么是宗教

宗教是一种神秘而又实在的社会文化历史现象。平时人们一提起宗教，马上就会想到香烟缭绕的佛寺、道观，高耸壮观的基督教堂，清洁宁静的清真寺院；想到那些正在对神灵五体投地地跪拜、虔诚地祈祷的教徒们；想到为教徒们奉为至高无上的经典。在当今的信息时代，来自世界各地的宗教方面的信息使人们时刻感受到宗教对全球社会生活的巨大影响，宗教问题已经成为社会上关注的热点问题。对宗教和宗教问题需要科学地加以认识。

科学地认识宗教和宗教问题，首先要解决的一个基本问题，就是要搞清楚究竟什么是宗教？这个问题可以说是各种宗教理论的基本问题，至今还有各种各样的解释。我们认为，以辩证唯物主义和历史唯物主义的世界观和方法论为指导来界定什么是宗教才是最科学的。根据这一指导思想，对什么是宗教可以作出这样的概括：宗教是与对超自然力量的信仰相适应的一种社会文化历史现象。

一、宗教是一种社会意识，本质上是对支配人们日常生活的外部力量的幻想的反映

社会意识是人们的社会精神生活过程，是社会物质生活过程在人们意识中的反映。它是在社会实践中形成的有关社会生活、社会关系等观点和理论的总和，以及表现在人们的社会感情、情绪和风俗习惯等方面的社会心理。宗教是以一种特殊的方式反映社会存在的社会意识之一。

宗教这种社会意识，一般来说表现为人们对超自然力量的信仰和追求，相信在客观的物质世界之外还存在着超自然、超人间的神秘境界和力量主宰着自然和社会，因而对之敬畏和崇拜。但是，宗教的本质是什么？可以说是众说纷纭。

关于宗教的本质，马克思、恩格斯、列宁在不同的历史时期，从不同的角度曾提出过多种涉及宗教本质的论断。其中，最完整最准确的概括则是恩格斯在《反杜林论》（1876—1878 年）一书中作出的。恩格斯说："一切宗教都不过是支配着人们日常生活的外部力量在人们头脑中的幻想的反映，在这种反映中，人间的力量采取了超人间的力量的形式。"① 这段话以辩证唯物主义的认识论深刻地揭示出宗教自身所特有的本质规定性，从而把宗教的本质同其他社会意识的本质区别开来。具体来说，这一论断大体包含着以下几点内容。首先，宗教是一种"幻想的反映"。也就是说，一切宗教信仰和崇拜的对象，无论是原始宗教的各种精灵，还是基督教的上帝、伊斯兰教的安拉、佛教的涅槃和被大乘佛教加以神化了的万能的佛、道教的神仙以及各种宗教描绘的天堂、极乐世界、地狱，等等，都是人幻想出来的，客观上并不存在。其次，宗教信仰的对象实际上是"支配着人们日常生活的外部力量"。也就是说，人们的宗教幻想并不是凭空而来的，它的根源还是客观的物质世界表现出来的自然力量和社会力量，各种各样的神灵不过是对这些力量的反

———————

① 《马克思恩格斯选集》第 3 卷，人民出版社 1995 年版，第 666—667 页。

映。第三，宗教反映采取的是"超人间力量"的特殊形式，即神灵或某种神秘力量、境界的形式，因而具有至高无上的神圣性质。第四，人间力量超人间化的原因是外部力量对人们的支配。正是因为自然力量和社会力量支配着人们的命运，人们才将这种力量幻想为神，并对之顶礼膜拜。

宗教作为一种社会意识，包含着宗教思想和宗教心理两个方面的内容。宗教思想集中表现为对超自然力量的信仰，以及体现这种信仰的教义和神学理论，最直接地反映着宗教的本质。它包含着神、灵魂的观念，天命、神迹的观念，对神的存在及灵魂不灭的论证，对神与世界、神与人相互关系的阐述，对天国、地狱的描绘，以及在此基础上形成的神学理论体系。宗教心理是较低层次的宗教意识，它是宗教徒基于对超自然力量的信仰而在情绪上表现出来的对神灵的神秘感、依赖感、尊敬和畏惧、发自内心的服从等感情的东西，是对所信奉的神圣对象的特殊感受和体验。宗教思想一般决定着宗教心理的性质和内容，并影响到宗教行为。而宗教心理对宗教信仰的形成和确立提供了基础的条件，具有不可忽视的作用。在宗教徒身上，宗教思想与宗教心理是密切结合在一起的。

二、宗教也是一种社会现象

宗教的本质反映着宗教内在的东西，由宗教的本质所决定的宗教还有其外在表现，即宗教表现为一种社会现象，特别是表现为一种社会组织，使人们能具体感受到宗教是实实在在看得见摸得着的东西。

所谓宗教是一种社会现象，也就是说，宗教并不单纯是存在于教徒头脑中的一种纯粹精神的东西，它还要通过具有宗教信仰的一个庞大的人的群体作为其外在的表现，这个庞大的群体是由亿万宗教徒组成的。所以，宗教徒是宗教的主体，是宗教最活跃的部分，涉及宗教的方方面面均是宗教徒行为的结果，没有宗教徒，也就不可能有现实的宗教的存在。宗教徒是由教职人员和一般信教群众组成的。教职人员是指在宗教组织内专门从事教务工作并有一定宗教职务的人。他们负责宗教活动场所的管理，主持宗教礼仪，或担任宗教组织的各种职务。如基督宗教系统的教皇、牧首、枢机主教、大主教、神父、牧师、司祭、修道院院长；伊斯兰教的伊玛目、教长、阿訇、毛拉；佛教的和尚、尼姑、喇嘛、活佛、方丈、寺主；道教的天师、道士，等等。信教群众则主要包括农民、牧民、渔民，还有工人、知识分子、市民以及其他各个阶层的人。

宗教作为一种社会现象的另一表现，就是宗教徒都会从事宗教活动。宗教活动是宗教徒为了表达对神的信仰和虔诚而在身体动作和语言表达上的一系列行为。从宗教的历史发展来看，宗教活动或行为主要有巫术、宗教禁忌、祈祷献祭、宗教礼仪等。巫术是一种广泛存在于世界各地区和各历史阶段的宗教活动。它的通常形式是通过一定的仪式表演、利用和操纵某种实物或咒语影响人类生活或自然界的事件，以达到一定的目的。巫术的仪式表演常常采取象征性的歌舞形式，并使用某种据认为具有巫术魔力的实物和咒语以通鬼接神，如占卜吉凶、预言祸福、祈雨求福、赶鬼治病等都曾广泛存在于原始宗教之中。宗教禁忌是基于对神的敬畏感，在人与神秘力量及神灵的关系上，对自己的行为规定的限制和禁戒。如对各种神灵鬼怪如何敬拜的种种限制；把神圣的宗教地点如圣殿、寺庙、圣地等视为神圣不可侵犯之地，又规定其信徒在进入圣地之前要禁食、斋戒、禁欲、净身等；对神的偶像，在神圣场所和神圣时间内，禁说污秽不净、亵渎神明的言词或不吉利的话。在宗教禁忌中，饮食禁忌是最常见、最重要的禁忌，为了体现对神的敬仰，各宗教在饮食上都规定了什么可吃、什么不可吃。如中国汉地佛教从五戒的"戒杀生"发展到禁止吃肉，又如伊斯兰教特别禁止穆斯林吃自死动物的肉、血以及猪肉等。祈祷和献祭也是宗教徒与神进行交往的行为方式，表现了人对神的情感和态度。祈祷主要是通过言语的表达和内心的默想，来称颂神灵，表达自己物质生活和精神生活的愿望，求得神灵的消灾降福；或向神进行忏悔，承认自己有罪，借以表达对神的坚定信仰，并求得神的宽恕和赐福。献祭一般是通过一定的物品向神灵供奉以取悦于神。供品多为粮食、鲜花等植物和牛、羊、猪等动物。古代一些国家的原始宗教，甚至还有人祭的现象。宗教礼仪是指敬神的各种礼节仪式。如佛教的受戒、法会、水陆道场，道教的斋醮，伊斯兰教规定的麦加朝觐过程中在规定的地点受戒、进驻阿尔法特山、巡礼克尔白、奔走于萨法与麦尔卧两山之间和宰牲，等等。各种宗教的礼仪都有其特定的内容、对象，并与该教的教义思想有密切的联系。如基督教中的洗礼、礼拜、弥撒、追思等仪式，都是与人的有罪、上帝显灵、耶稣受难、复活、升天及求得灵魂永生的教义相联系的。为了适应宗教活动的需要，在各宗教的发展中，陆续建造了寺、观、教堂等宗教活动场所，并配备了各种各样的器物，如神灵的塑像、画像及其他物品，以保证宗教活动的肃穆与庄严。

　　为了更好地将宗教徒联系起来，为了使宗教活动规范化，作为一种社会实体的宗教组织及其宗教制度应运而生。宗教组织是宗教徒在其中过宗教生活并通过它进行宗教活动的机构、团体、会社、社区或其他形式的群体。宗教组织的形式一般来说主要有三种：第一种是寺庙式的，如伊斯兰教基本上以清真寺为单位进行活动；第二种是协会式的，将分散的教徒和宗教活动场所横向联合起来，如基督教新教；第三种是纵横结合的严格的教阶制度，如天主教的组织制度。宗教组织在不同的历史时期和在不同的国家表现形式有所不同。如在政教合一制度的国家，宗教组织往往是国家政权机构的一部分；在政教分离的国家，宗教组织一般是用来满足宗教徒的信仰的机构。在欧洲的封建社会，宗教组织干预政治、干预国家行政的情况十分突出。宗教制度则是维系宗教群体、规范宗教生活、指导宗教活动的规章、教法、体制、惯例和传统的总称。

　　由上述可以看出，宗教作为一种社会现象，是一个由若干基本要素组成的多层次的系统。其中宗教思想处于基础或核心的地位，它直接反映了宗教的本质。宗教徒有了宗教思想，才会产生特殊的宗教感情和体验，才会产生一系列宗教崇拜的外在行为。宗教的组织和制度则是宗教思想信条化、宗教行为规范化和制度化的结果，它处于宗教体系的最外层，是宗教实体的集中表现。它对宗教信仰者及其宗教思想、宗教心理和宗教行为起着凝聚团结的作用。因此，宗教是一种包含宗教意识及其外在表现的社会体系，也可以说是一个由本质和现象构成的社会体系。

三、宗教还是一种文化现象

宗教作为一种文化现象，从广义上来说，是指它是人类社会历史发展过程中所创造的物质财富和精神财富的一部分，如原始社会的中后期，人类的文化史几乎就等同于宗教史，因为宗教可以说包容了当时全部人类的物质和精神生活。从狭义上来说，是指宗教作为一种社会意识，在社会的精神生活领域广泛地同哲学、政治思想、法律思想、道德、文学、艺术乃至科学具有密切的关系，形成了独特的宗教文化现象。

从世界历史上看，世界各民族的哲学、道德、教育、科学、文学艺术以至风俗习惯、生活方式都不同程度地受到了宗教的影响。原始社会的人类对自然界和社会的认识大多表现为巫术和神话的形式。表现为文学艺术方面则是对神的赞歌、娱神的舞蹈以及表现宗教内容的绘画和雕刻。古希腊罗马建筑艺术的杰作大多是神殿、陵墓和纪念堂等。在封建社会，特别是在欧洲，宗教成为思想领域的绝对权威，各种文化现象更是弥漫着宗教色彩。在这样的历史条件下，宗教和其他意识形态紧密结合而产生的宗教文学、宗教音乐、宗教美术、宗教建筑等，均成为各民族历史文化的一部分，并成为人类文化史的财富。

从中国历史上看，佛教思想作为中国哲学史的重要组成部分，对于推动中国哲学史的发展起过重要作用。佛教文化的精华，如敦煌壁画和经卷，龙门、云冈、大足等地的石刻等，都是中华文化史上的灿烂篇章。道教徒为寻求"道法自然"，在探索方术中，客观上对医学、化学和天文学等的发展作出了贡献。道教教义对中医理论的发展，道教修炼对养生、治病的功效，则是众所周知的事实。在我国西北和西南各少数民族地区，宗教与民族的历史文化、伦理规范和生活习惯有密切关系。我国有十个少数民族几乎全部信仰伊斯兰教。伊斯兰教虽是外来宗教，但自传入中国后，既与中国固有文化相融合，又保持其原有特点，成为信仰伊斯兰教各民族文化不可分割的重要组成部分，并且对中华民族的历史文化，特别是医药学、天文学、数学和历法等作出了巨大贡献。藏族的佛教文化是藏族民族文化中最基本的部分，它对西藏的医学、历法、文学、工艺美术、雕刻绘画等的发展有着重要的作用。布达拉宫和塔尔寺是建筑史上的杰作。藏历以佛教密宗所传的功法为主，其干支纪年与汉族地区相同，正确地记录了农业节期的变化。基督教传入中国后，曾有过被帝国主义者利用作为侵略工具的历史，但它在中国建立医院开设学校、提倡男女平等、出版报刊图书，等等，对于传播西方科学文化，客观上起到了一定的积极作用。

总之，宗教是一种文化现象，应界定为宗教的一个方面。

宗教不仅是一种社会文化现象，而且是一种历史现象，也就是说，宗教和任何事物一样，都为物质世界的唯物辩证法规律规定，都是一定社会历史条件下的产物，都有其产生、发展直至消亡的过程。

第二节　宗教的社会特征

宗教作为一种与对超自然力量的信仰相适应的社会文化历史现象，表现出种种的外部特征，特别是系统化的世界性宗教，这些特征更为明显。这就是宗教的群众性、民族性、长期性、国际性和复杂性。

一、宗教的群众性

宗教的群众性充分表明了当今全世界多数人口仍在信仰不同的宗

教。按照西方基督教权威组织发布的数字，当今世界60亿人口，信仰各种宗教的约占人口总数的80%。我国也是一个有多种宗教的国家，主要有佛教、道教、伊斯兰教、天主教和基督教新教。据估计，目前我国信仰藏语系佛教各民族的人口约有700多万人，信仰巴利语系佛教的各民族人口约有150万人，信仰伊斯兰教各民族的人口约有2000多万人，还有天主教徒500多万人，基督新教徒约1600多万人。汉语系佛教和道教在汉民族中有相当广泛的影响，但信教人数无法确切估计。如果加上这些汉地佛教和道教的在家信众，我国信仰各种宗教的人数已超过1亿人。这在全国总人口中所占的比例不算很大，但绝对数字并不小。特别是我国有近20个少数民族，至今仍是其绝大多数人信仰某一种宗教。可见，宗教在我国仍有比较广泛的群众基础。全世界有这么多人信仰宗教，因此，对宗教抱什么态度，如何科学地认识宗教以及采取何种方式去处理宗教方面的矛盾，从根本上说是一个对待信教群众的问题，必须持十分慎重的态度。

二、宗教的民族性

宗教的民族性集中反映出宗教与民族的密切关系。全世界现有2000多个民族，每个民族都有自己的宗教。特别是有许多民族的绝大多数人口共同信仰某一宗教，宗教与这些民族的发展可以说息息相关，宗教影响广泛渗透到民族的经济生活、政治生活、文化生活及日常生活和风俗习惯之中。涉及这些民族的宗教，特别是伤害了他们的宗教感情，往往就会牵动这些民族本身，会引起全民族的强烈反应。这在伊斯兰教国家、天主教国家、佛教国家中表现得特别明显。

从宗教与民族相互关系的历史发展来看，尤其是绝大多数人口共同信仰某一宗教的民族，宗教起到了维系这一民族的生存和发展的精神支柱及凝聚民族意识的强大作用。特别是在抵御外侮，反抗民族压迫的斗争中，宗教往往作为一面旗帜或口号起到了唤起民众、组织民众的作用。

我国是一个多民族的国家，一些宗教的民族性十分突出。比较典型的，一是西藏佛教，另一是伊斯兰教。西藏佛教实际上是藏族在其长期经济社会发展过程中，将印度佛教、汉地佛教和古代藏族信奉的原始本教兼容并蓄、互相融合而形成的具有藏族特色的佛教，而这一特色在历史上又具体表现为注重密教、活佛转世及政教合一的特点。而伊斯兰教自西亚、中亚传入中国以后，在与部分少数民族的交融中，也具有鲜明的民族特点。新疆毗邻中亚，其伊斯兰教保存有中亚伊斯兰教的许多特点，特别是反映在清真寺、麻扎等建筑上，多为中亚式尖拱形洞式门窗、穹隆式圆拱屋顶。维吾尔族、乌孜别克族和塔塔尔族的清真寺就属于此类。而哈萨克、柯尔克孜族基本上是属于游牧民族，由于长期生活的流动性及居住的分散性等原因，基本上不建固定的清真寺，宗教活动大多在家里进行，信仰程度也不如农区定居的穆斯林那样虔诚。而主要聚居在我国西北地区的回族的伊斯兰教在漫长的历史发展中，中国化、汉化的现象较为突出，特别是在教理上与中国传统的儒家思想相结合形成了特殊的教派和门宦制度，产生了中国特色的伊斯兰教经堂教育，清真寺的建筑风格同汉地庙宇的殿堂式建筑类似，等等，均表现出宗教的民族性的特点。

宗教的民族性要求我们必须尊重某一民族的宗教信仰及受到宗教影响的风俗习惯，尊重他们的宗教信仰，就等于是尊重该民族本身，从而有利于加强民族团结。宗教的民族性要求我们时刻注意宗教方面出现的矛盾，及早加以正确处理，以防止宗教方面的矛盾影响到民族关系。

三、宗教的长期性

宗教的长期性的基本根据是因为宗教有其自身发展的客观规律，宗教必然也有一个发生、发展和消亡的历史过程，而这个过程是一个十分漫长的历史时期。

宗教产生于原始社会的一定发展阶段，据考古证明，从宗教的灵魂观念、神灵观念的最初产生至今至少已有 3 万年的历史。我国的文明史已有 5000 余年，宗教也一直伴随到今天。就以我国存在的五大宗教来说，佛教已有 2000 年左右的历史，道教有 1700 多年的历史，伊斯兰教有 1300 多年的历史，天主教、基督教新教主要在鸦片战争以后在我国获得了较大的发展。而在我国社会主义社会的今天，宗教不仅依然存在，而且还有了较大的发展。这就说明，即使在消灭了剥削制度和剥削阶级的社会主义时期，宗教依然具有得以存在和发展的根据。这个根据就是，在社会主义社会，仍然存在着支配着一部分人的日常生活的外部的自然力量和社会力量，这是宗教存在和发展最深刻的根源。这一最深刻的根源，在世界各个国家，无论是还很贫穷的国家，还是经济、科技、文化高度发达的国家都存在。因此，宗教在当今世界还将长期存在是有其必然性的。宗教存在的长期性要求我们要有足够的思想准备，注意克服企图在一个较短的历史时期内彻底解决宗教问题的急躁情绪。

四、宗教的国际性

宗教的国际性不仅表现在宗教遍布世界各国，而且表现在宗教在其发展过程中，形成了以基督教、伊斯兰教、佛教为代表的世界性宗教。世界宗教在一两千年前都产生于特定的国家和地区，但后来都超出了其国界，对许多国家和地区的人民产生了强大的影响。世界性宗教的形成是宗教发展史上的一个新的阶段。在当今世界，天主教、基督教新教基本上覆盖了西欧、北美和拉丁美洲所有国家，并对世界许多国家影响巨大。伊斯兰教主要覆盖了西亚、北非、南亚、中亚的 20 多个国家，形成了典型的伊斯兰国家带。佛教主要覆盖亚洲东部、东南部各国，但对欧美各国影响也越来越大。在当今开放的世界，各国经济、政治、文化交流日益频繁，宗教组织在其中均起到十分重要的作用。不仅各国间不同的宗教加强了交流，而且世界性宗教在不同国家的宗教组织正呈现要求合一的趋势，如基督教。伊斯兰教中的泛伊斯兰主义的思潮也在加强。所有这些都证明，任何一个国家的宗教发展，都离不开国际宗教的大背景。以我国的宗教来说，除了道教以外，佛教、伊斯兰教、天主教、基督教新教等都是历史上从国外传入的，至今依然保持着宗教方面的国际联系。随着我国国际地位的不断提高和对外开放的不断扩大，我国宗教方面的对外友好交往和国际联系日益增多，增进了我国人民同世界各国人民之间的相互了解和友谊。另一方面，国际形势又是十分复杂的，在国际舞台上各种政治势力都在插手宗教，利用宗教的国际性来达到政治目的。当今世界上有很多地方动荡不安，东欧剧变、苏联解体、波黑冲突、中东问题、非洲的部族冲突等，都与宗教有不同程度的联系。境外敌对势力利用我国对外开放之机，也在利用宗教作为对我国进行分化和西化的手段。因此，充分认识到宗教的国际性，有利于我们开展正常的宗教方面的国际交往，有利于抵制境外势力利用宗教对我国进行的渗透。

五、宗教的复杂性

宗教的复杂性首先表现在它自身就是一个结构复杂的多层次的社会体系。它不仅是一种社会意识，还是一种社会实体。宗教从历史发展来看，经历了由原始社会的氏族宗教到古代的国家宗教又发展到世界性宗教的历史过程，经历了原始社会、奴隶制社会、封建社会、资本主义社会、社会主义社会等社会形态。从横向看，至今世界各国还并存着原始宗教、民族宗教和世界宗教等形态各异的宗教，它们各有自己独特的信仰对象和不同的教义、礼仪和组织制度。在某一种宗教内部，往往又分化出各种不同的教派，甚至在某一教派内部还可分化出不同的派别。不同宗教、不同教派之间，为了争夺神权、争夺信教群众、争夺宗教活动场所、争夺圣地常常引发矛盾冲突，由于他们各自都拥有众多的信众，因此，在宗教斗争中，往往会掀起巨大的宗教狂热。

其次，宗教的复杂性还表现在宗教与社会生活的许多方面发生着错综复杂的关系，涉及群众关系、民族关系、阶级关系和国际关系，从而使宗教领域中的矛盾更显出多样性的特点。例如，对信教群众的宗教信仰和感情不尊重甚至加以伤害，往往会引起群众的不满甚至抗议，严重者会引发更大的事端，恶化了干群关系和政府与群众的关系。特别是对待几乎全民信教的少数民族的宗教信仰，如伊斯兰教和藏传佛教，更要十分慎重。如果非本民族的人严重伤害了他们的宗教感情，往往会引起整个民族的强烈反应，处理不好又会恶化民族关系。同时还要看到，国内外的敌对势力总是千方百计利用宗教方面的矛盾企图达到反对社会主义、颠覆我国国家政权或控制我国宗教组织的目的。这就使宗教方面的矛盾常常是敌我矛盾和人民内部矛盾交织在一起，增加了解决问题的难度。

六、"宗教五性论"是中国共产党人对宗教的外部社会特征的科学概括

宗教的上述五个社会特征的理论概括，在马克思主义宗教观的发展史上是由中国共产党人作出的，特别是李维汉同志作出了突出的贡献。

中华人民共和国成立初期的1954年，中共中央批发了由当时的统战部长李维汉同志主持起草的《关于过去几年内党在少数民族中进行工作的主要经验总结》的文件。文件首次提出了宗教具有"五性"的思想。文件在文字表述上明确提出了少数民族宗教的长期性、民族性和国际性。对宗教的群众性，文件多次提到少数民族大都信仰宗教，一些少数民族几乎是全体信奉宗教；对宗教的复杂性，虽没有用"复杂性"这三个字，但要求对宗教要长期采取十分谨慎的态度，思想已非常明确。在1958年12月召开的第十一次全国统战工作会议上，在总结少数民族宗教工作的经验时，则全面完整地阐述了宗教的"五性"，用科学的语言表述了宗教的长期性、民族性、国际性、群众性和复杂性。1982年，

中共中央在《关于我国社会主义时期宗教问题的基本观点和基本政策》的文件中，再一次重申了关于宗教的"五性"思想。

"宗教五性论"虽然是中国共产党人对中国宗教社会特征的概括，但是具有理论上的普遍性，尤其是对考察影响全球的世界三大宗教，也是适用的。坚持"宗教五性论"，要求我们必须对我国社会主义初级阶段的宗教状况作实事求是的具体考察和分析，对宗教要采取十分周密、十分谨慎的态度，以此来确定对宗教的科学认识，制定出正确解决宗教问题的方针、政策。

第二章
根子不是在天上，而是在人间
——宗教的起源和发展

第一节　宗教产生和发展的根源

在人类历史发展的长河中，宗教经历了原始社会、奴隶社会、封建社会、资本主义社会和社会主义社会等不同的社会形态，至今仍存在于世界各国、各民族中。宗教作为人类社会的一种社会文化历史现象，其产生、存在和发展的根源是什么呢？

宗教产生和发展的根源问题是宗教理论的基本问题之一。宗教神学家们将神确定为宗教的神圣来源；唯心主义哲学家又往往将某种抽象的、绝对的观念作为宗教的来源，或断言人天生就具有宗教意识。历史上许多唯物主义思想家对宗教产生的根源则提出了许多有益的见解，像18世纪法国的唯物主义哲学家拉美特利、狄德罗、霍尔巴赫、爱尔维修等都否定了宗教的神学来源和唯心主义的来源，但又认为宗教存在的根源仅在于人们的愚昧与无知，是"傻子加骗子"的结果。19世纪德国伟大的唯物主义者费尔巴哈从其人本主义立场出发进一步提出了宗教是人的本质的异化的重要思想，得出了不是上帝创造了人，而是人按照自己的形象创造了上帝的结论，彻底否定了宗教和上帝的神学来源和哲学唯心主义来源，把宗教置于自然界和人的基础之上。但是，他们在理论上都没有揭示出宗教的社会根源。

马克思、恩格斯在创立科学社会主义的过程中，以辩证唯物主义、历史唯物主义的世界观和方法论分析了宗教产生和发展的根源，指出宗教的根源"不是在天上，而是在人间"①，只有在客观的现实社会中的阶级矛盾、阶级压迫、阶级斗争中才能找到宗教最深刻的社会根源。马克思、恩格斯和列宁还进一步从更深层次的意义上揭示了宗教产生和存在的根源就在于人与自然、人与人之间关系的不合理，对这两种不合理关系缺乏科学的认识，以及由此带来的心理上不能把握自己从而使自然力量和社会力量对人成为盲目起作用的、异己的支配力量，由此将宗教的根源问题真正确立在科学的基础之上。按照历史唯物主义的观点，具体来说，宗教的产生和存在有其自然的、认识的、心理的和社会的根源。

一、宗教的自然根源

在人类社会初期，人与自然的关系一方面表现为自然界为人类提供了生存的条件，另一方面又表现为自然对人的压迫。在这一时期，由于人类认识自然、改造自然的能力十分低下，突如其来的自然灾变常常对人的生存造成严重的威胁，人的生存必须靠自然的恩赐，但是自然界却往往不遂人愿，它作为一种可怕的异己力量成为人类依赖和畏惧的对象。原始人对自然界这种异己的力量无法认识和理解而产生恐惧感。于是，他们认为在现实的物质世界之外，一定还存在着另一个人类看不见、摸不着的神秘世界，存在着一种超自然的力量，这种力量主宰着自然和人类的命运，人类对它只能顺从、祈求而不能违反。于是，对自然界这些异己力量就产生了盲目信仰和崇拜，进而把自然界、自然力人格

① 《马克思恩格斯选集》第 4 卷，人民出版社 1995 年版，第 436 页。

化为神灵加以膜拜，这样就形成了以自然崇拜为核心的最早的宗教。对此，马克思、恩格斯指出："自然界起初是作为一种完全异己的、有无限威力的和不可制服的力量与人们对立的，人们同它的关系完全像动物同它的关系一样，人们就像牲畜一样服从它的权力，因而，这是对自然界的一种纯粹动物式的意识（自然宗教）。"①

　　自然宗教普遍存在于世界各民族的早期发展阶段。各民族生活的自然环境不同、谋求生存的方式不同，崇拜的对象也就不同。以采集为生的民族常以土地、水源和植物为崇拜对象，以渔猎为生的民族大多以山林河湖和动物为崇拜对象，而太阳东升西落所引起的昼夜变化和四季更替以及风、雨、雷、电等自然现象差不多是各原始民族共同崇拜的对象。原始人在对自然现象的崇拜中逐步形成了一系列仪式规定和禁忌观念，违背仪式规定和禁忌观念的行为就是犯了禁忌。原始人的自然宗教往往把与人们日常生活关系极为密切的自然界本身的一些自然事物或现象当成崇拜对象。图腾崇拜②的形成表明，人类社会组织已脱离了本能的动物群体状态，形成了以血缘关系为纽带的社会群体。与图腾崇拜密切相关的是宗教伦理道德方面的禁忌和义务。因此，图腾崇拜构成了由自然崇拜向人格神崇拜过渡的中间环节。自然崇拜与图腾崇拜的区别就在于，前者的崇拜对象在形式上是与人截然有别的自然现象，后者的崇拜对象逐步取得了人的形象。

　　总之，原始社会的宗教主要是自然界对人类压迫的产物，是人类把自然力和自然物神化的结果，它反映了原始人在大自然威力下的软弱无力和对自然力的无知和依赖。对此，恩格斯在《反杜林论》中指出："单是正确地反映自然界就已经极端困难，这是长期的经验历史的产物。在原始人看来，自然力是某种异己的、神秘的、超越一切的东西。在所

────────────

① 《马克思恩格斯全集》第3卷，人民出版社1972年版，第35页。
② "图腾"一词来自北美印第安人鄂吉布瓦部落的方言，意为"他的亲属或标记"。信奉图腾崇拜的原始人相信，他们分别源出于各种特定的物种，因而对于这些特定的图腾物种表现出特别的尊崇和敬畏。

有文明民族所经历的一定阶段上，他们用人格化的方法来同化自然力。正是这种人格化的欲望，到处创造了许多神；而被用来证明上帝存在的万民一致意见恰恰只证明了这种作为必然过渡阶段的人格化欲望的普遍性，因而也证明了宗教的普遍性。"[①] 列宁也说过："野蛮人由于没有力量同大自然搏斗而产生对上帝、魔鬼、奇迹等的信仰……"[②]

二、宗教的认识根源

宗教的最初产生，根源在于自然界对人类的压迫，但自然界对人类的压迫要形成宗教观念，又有赖于人的认识能力。所以，人们在探究宗教产生的根源时，自然而然地将它与人的精神活动联系起来，从认识论的角度来探究宗教产生的原因。那么，宗教产生的认识根源是什么呢？

宗教是人类所特有的思维活动的产物，是人类在生产劳动的实践中逐步形成的抽象思维能力发展到一定程度的结果。人类认识水平的历史局限性和认识论上的错误则是宗教产生的认识根源。

社会存在决定社会意识，每个历史时代的人们的认识水平只能与其时代相一致。在原始社会，人类的思维极不发达，原始人的意识基本上是一种以直观为主的形象思维，他们对周围事物的感性特征有惊人的把握能力，但在形成普遍性概念方面却显得很困难。随着劳动工具的使用和改进，原始人的意识也在向前进步，开始能把个别的观念上升为概念。但是由于思维能力受现实条件的局限，他们还不能认识事物的整体性和复杂性，对自然界很少有一般性的观念，在他们的头脑中，只有某座山、某条河、某种动物的概念，而没有抽象的、一般性的山、河、动物的观念。原始人这种直观形象思维十分强调意识与意识对象的同一性，以至于不能脱离经验对象而形成意识的内容。这种过分强调经验与客观对象的同一性，使原始人极易走向一个极端——把感觉、幻觉甚至

---

① 《马克思恩格斯全集》第 20 卷，人民出版社 1971 年版，第 672 页。
② 《列宁全集》第 12 卷，人民出版社 1987 年版，第 131 页。

错觉的东西都当成与客观对象同一的东西，甚至可以形成一些与常识截然矛盾的东西。如原始人形成的灵魂不死的观念，原始的氏族部落中的氏族成员把自己看成与图腾物种相同等。所以，这种简单的、抽象的思维的具体性，一开始就带有产生宗教观念的可能性。而直观地、片面地、孤立地观察自然界，过分夸大自然的威力，用幻想和虚构来描述变幻莫测的大自然，这是原始宗教在认识论上的突出特点。

原始人把一般的单个概念和观念当作孤立的、富有生命力的并且超越人间的另一个"世界"。他们对自然界中的动植物、山川、河流和各种变幻无穷的天气情况等自然物和自然现象，对自己的精神活动和机体活动，对生与死、对偶然性与必然性，都不能正确认识和把握。在他们的意识活动中，似乎存在两个世界，除了作用于感觉器官的物质世界之外，还有一个人们感觉不到的神灵世界，而且这个神灵世界在支配着物质世界。所以，恩格斯说："在远古时代，人们还完全不知道自己身体的构造，并且受梦中景象的影响，于是就产生一种观念：他们的思维和感觉不是他们身体的活动，而是一种独特的、寓于这个身体之中而在人死亡时就离开身体的灵魂的活动。从这个时候起，人们不得不思考这个灵魂对外部世界的关系。既然灵魂在人死时离开肉体而继续活着，那么就没有任何理由去设想它本身还会死亡；这样就产生了灵魂不死的观念，这种观念，在那个发展阶段上决不是一种安慰，而是一种不可抗拒的命运，并且往往是一种真正的不幸，例如在希腊人那里就是这样。关于个人不死的无聊臆想之所以普遍产生，不是宗教上的安慰的需要，而是因为人们在普遍愚昧的情况下不知道对已经被认为存在的灵魂在肉体死后该怎么办。由于十分相似的原因，通过自然力的人格化，产生了最初的神。"①

总之，人类认识自然与社会的过程，有一个从不知到知、知之不多到知之甚多、从简单认识到复杂认识的过程。在这个过程中，有正确的，也有错误的，而错误的认识就有可能使抽象的概念和观念不知不觉

————————————

① 《马克思恩格斯选集》第 4 卷，人民出版社 1995 年版，第 223—224 页。

地转变成幻想而导致宗教观念的产生。

三、宗教的心理根源

人类形成宗教观念的认识过程，并不是纯粹抽象的活动，而是伴随着人们十分具体的情绪和情感等方面的心理活动，这些心理活动也构成了宗教产生的原因之一。如对超自然力量的至上感和万能感、神圣感和圣洁感、崇拜感和敬畏感、仁慈感和博爱感、恩赐感和祈求感、羞耻感和负罪感、悔恨感和忏悔感、苦难感和天命感、承受感和顺从感、虔诚感和神秘感，等等。

在宗教心理中，感情因素是非常重要的。19 世纪德国唯物主义哲学家费尔巴哈称感情是宗教的基本工具，上帝的本质所表明的不过是人的感情的本质。而感情的产生是与需要密切相连的。一个宗教信仰者在现实生活中缺乏把握感，为幸福愿望的实现没有保证而焦虑时，便可能在心理上产生对超自然的神力的依赖感，以期望神力来帮助他把握住现实，实现幸福的愿望。人的这种依赖感主要是为了寻求满足精神上、感情上的某种需要，所以费尔巴哈说人的依赖感是宗教的基础，是有一定道理的。

在社会中，每个人都经常要与社会中的其他人发生交往，每个由有共同的信念、社会规范和道德观念的人组成的群体，往往能使群体的参加者得到情感交流和社会交往的满足。宗教也是这样一种群体，有些人信仰宗教就是为了满足其情感交流和社会交往的需要。在宗教群体中，人们对信仰的认识、对人生的价值观念，都能得到较快的传播，并形成一种群体的心理，对个体的行动起指导与约束的作用。

宗教的心理根源与宗教的认识根源相比，二者既有联系又有区别，宗教的心理根源是浅层次的，但它又是宗教认识根源形成的基础。

四、宗教的社会根源

人是社会的动物，无论什么时候，人们的实践活动都只能在一定的社会关系之中进行。宗教作为一种以人的存在状况为反映对象的社会意识，它的内容不仅反映了人与自然的关系，而且也反映了人与人之间的关系。宗教的产生和存在离不开社会，宗教的核心内容是人与人之间的社会关系，因此，宗教产生和发展的最主要根源在于它的社会根源。

在原始社会里形成的以自然崇拜为主要成分的原始宗教，在许多方面展示了人与人之间的社会关系，是人们在社会生活中形成的社会关系在宗教中的反映。当时的氏族制社会正是宗教产生的社会基础。在原始的氏族社会，共同的血缘关系、共同的生产劳动、共同的生活以及与其他氏族集团之间剧烈频繁的斗争，把氏族成员的命运紧紧地联系在一起。在长期的历史发展中，逐步形成了有利于维护氏族制度和氏族传统的社会性活动和行为规范，以后又逐步发展出把氏族制社会本身和行为规范神圣化的宗教观念和宗教崇拜活动。例如，图腾崇拜本质上是氏族制度在宗教上的表现，它既包含着宗教方面的某些体制，又包含着氏族社会的某些制度。另外，在原始社会里，人与人之间的社会关系在宗教中也得到了反映，首先，自然宗教里各种神灵虽各司其职，但无地位尊卑之分。其次，在以血缘关系为纽带的氏族社会中，各个氏族成员与宗教崇拜对象的关系是同等的，也没有专职僧侣祭司与一般信徒之分，整个氏族以集体的方式与宗教崇拜对象发生联系，宗教活动必须由全体氏族成员共同参加，宗教禁忌、律令和各项道德义务也必须由全体氏族成员共同遵守，这些都是氏族社会里人与人之间平等的社会关系的反映。

人类进入阶级社会以后，阶级剥削和阶级压迫所造成的社会苦难，成为宗教产生和存在的最深刻的社会根源。一方面，统治阶级对被统治阶级的剥削和压迫使被统治阶级遭受苦难，但是他们又找不到其遭受苦难的原因，也无法摆脱世间的苦难，因而幻想通过对神灵的祈祷而获得来世的幸福。恩格斯说过："在各阶级中必然有一些人，他们既然对物质上的解放感到绝望，就去追求精神上的解放来代替，就去追寻思想上的安慰，以摆脱完全的绝望处境。"① 列宁也说过："被剥削阶级由于没有力量同剥削者进行斗争，必然会产生对死后的幸福生活的憧憬……"② 另一方面，统治阶级为了维护其统治，也支持和利用他们所认可的宗教，把世间的一切说成是神的安排，用永不可验的来世幻想来慰藉人们痛苦的心灵，直接助长了宗教的发展。恩格斯和列宁还特别分析了在资本主义社会里，宗教产生和存在的主要根源也是社会根源。因为资本主义的经济运行规律使资本主义不断出现危机，资本家为倒闭、破产、遭受损失和负债而恐慌，工人则常常面临失业、贫困的危险，同时，社会道德的败坏、人类文明的沉沦，也使人们感到苦闷和抑郁。对资本主义生产方式自发性、盲目性的恐惧和资产阶级为巩固其统治有意利用宗教，是资本主义社会宗教存在的最深刻的社会根源。

总之，宗教产生和存在的根源是一个十分复杂的问题，其最主要的根源则是社会根源，因为宗教作为一种普遍的社会意识现象，它的内容最终只能是人的现实存在状况的反映，它的根源最终也只存在于由各种客观因素总和构成的社会历史条件之中。

第二节　宗教发展的历史形态

宗教产生的根源不是在天上，而是在人间，宗教的发展也是如此。宗教的发展有一个由自发到人为、由不系统到系统的历史发展过程。宗教产生以后，它随着人类社会的发展而发展，随着时代的变迁而发生形态上的变化。从宗教发展的历史过程来看，宗教产生后大体经历了部落宗教（氏族宗教）、民族宗教（国家宗教）和世界宗教三种历史形态。

---

① 《马克思恩格斯全集》第 19 卷，人民出版社 1963 年版，第 334 页。
② 《列宁全集》第 12 卷，人民出版社 1987 年版，第 131 页。

一、部落宗教(氏族宗教)

部落宗教存在的部落社会，是一种以血缘关系为纽带而结成的氏族制社会，所以，我们又把部落宗教称为氏族宗教。

宗教在人类原始社会产生以后，作为社会的意识形态，随着社会的发展不断发展变化。在氏族社会时期，随着氏族制社会的发展，氏族宗教也经历了不同的发展阶段。并与氏族社会发展的历史阶段即母系氏族社会—父系氏族社会—部落和部落联盟相适应，氏族宗教也经历了母权制氏族宗教—父权制氏族宗教—部落和部落联盟宗教几个发展阶段。母权制的氏族宗教又可分为早期母权制氏族宗教和晚期母权制氏族宗教两个阶段。早期的母系社会的原始人由于分不清人与自然，把氏族的祖先和自然物混为一谈，因而产生了最早的图腾崇拜和半人半图腾的女始祖崇拜。到了母系社会的晚期，随着社会生产力和人脑的发展，人类逐步能把人与自然分开，在宗教观念上也就把自然崇拜与祖先崇拜逐步分开，出现了女性祖先崇拜、女阴崇拜、鬼神崇拜和早期的自然崇拜。到了父权制社会，自然崇拜则从泛泛的魔力崇拜和精灵崇拜发展为神灵崇拜和魔怪崇拜。到了部落和部落联盟阶段的晚期，随着生产力的进一步提高，出现了私有制和社会等级的萌芽，氏族贵族把他们的祖先神和自然崇拜对象结合起来，把自然神的神性也赋予祖先神，使之具有更大的权威，从而出现了兼具自然神与祖先神双重神性的天神崇拜和由此而产生的其他崇拜形式。

原始氏族宗教的特点是自发性、氏族性和地域性。氏族宗教是原始人在同大自然的斗争中自发形成的，而不是某个人或某个集团为了某种目的有意识地创造的；氏族宗教的各种形式都是氏族内部自然产生的，各个氏族都有自己的神；地理环境对氏族宗教的内容和形式的形成有很大影响，氏族宗教的神不越出它们所守护的氏族领地，并与氏族共存亡。

以自然崇拜为核心的氏族宗教是原始社会的产物，有其产生、发展和消亡的过程，它随着文明社会的出现和阶级、国家的产生而逐步消亡，而被后来发展起来的民族宗教所替代。但由于世界历史发展的不平衡性，在当今世界的某些地区还有部落宗教的残余形态。

二、民族宗教（国家宗教）

民族宗教存在的社会实际上是民族集团所组成的早期国家，当时的民族宗教实际上是维护民族国家的上层建筑，所以我们又把民族宗教称为国家宗教。

民族宗教是人类进入文明社会的历史产物，是随着阶级的出现、民族和国家的形成、社会分工的发展和人类理性思维能力的提高而形成的。它的形成，是宗教发展史上的一次质的飞跃。民族宗教是从氏族宗教演变而来的，这种演变是一个漫长的历史过程，在这个历史过程中，起决定性作用的因素有四个：阶级的出现，民族、国家的形成，社会分工的发展，人类理性思维能力的提高。

1. 阶级的出现

原始社会的末期，随着生产力的发展、劳动生产率的提高和社会财富的积累，氏族集团开始分化出一个个家庭，同时也发生了瓜分氏族公共财产的现象，结果是财产私有化和阶级分化的出现。奴隶主阶级在掌握经济、政治统治权的同时，也掌握了思想统治权即神权，氏族宗教逐步失去了集体性和全民性，变成了为奴隶主阶级服务的宗教。于是，宗教成了为奴隶主阶级所把持和垄断的宗教，而这恰恰又是通过奴隶主阶级在经济和政治上的特权来实现的。

2. 民族、国家的形成

民族的形成始于原始社会的末期，它经历了氏族部落到部落联盟再到民族的历史过程。随着私有制的出现和氏族部落活动区域的变化，氏族、部落间为争夺土地、财富和人口的战争接连不断，战争的结果是一些部落被兼并联合而形成以地域关系为基础的部落联盟，部落联盟的出现为民族的形成奠定了基础。于是，有的是由几个部落联盟兼并或联合而形成一个民族，有的则是由一个部落联盟逐步演化为一个民族。民族的形成造成了原来的社会权力机构蜕变为以君主为首领、贵族占主导地位的国家机器。国家的出现为整个民族的信仰的统一提供了条件，并奠定了社会基础，于是统一的民族（国家）宗教开始形成并逐步发展起来。

3. 社会分工的发展

在原始社会，由于经济发展水平的低下，社会分工极为简单，氏族宗教的祭司、巫师都是兼职的和临时的。随着生产力的发展和社会分工的日益复杂化和阶级、国家的出现，使得一部分人有可能脱离生产劳动而专门从事脑力劳动和其他社会活动。于是，一些原本是兼职或临时的祭司和巫师就成了专职的和世袭的，一种穿特殊服装的教阶僧侣集团就从其他阶级中分化出来并成为一个专司宗教事务的专职人员集团。这个特殊集团的出现，对于宗教的理论化、系统化和宗教组织的严密化、教阶化提供了人力条件。

4. 人类理性思维能力的提高

人的思维能力是以人对客观世界的改造能力为基础的，是随着人类改造自然的能力的提高而发展的。随着原始社会的解体和奴隶社会的出现，人类改造自然的能力产生了质的飞跃，人类由石器时代进入青铜器时代；人类的思维能力相应地也发生了一次质的飞跃，人类已能通过一般的抽象概念来思考问题了。这反映在宗教上则使宗教观念的幻想能远远地脱离现实生活的局限性，使神学理论的抽象化和神的一元化、万能化成为可能。

民族宗教的产生是历史发展的结果，它与氏族宗教相比有以下特点：（1）君权与神权相结合，君权神授。（2）独立的教阶僧侣集团的形成，这些僧侣集团是享有特权的宗教贵族，有强大的寺院经济作为其政治权势的经济基础。（3）全民性与排他性共存。宗教信仰成为全民性的强制性义务，不论男女老少均得按国家的法典和民族风俗崇拜官定的和传统的神灵，个人没有任何选择的余地。（4）神学的理论化和礼仪的规范化。自发的宗教观念发展成为自觉的宗教观念，可以保持宗教神学的持久性，宗教礼仪的规范化则为保持不同宗教体系的独立性和独特性、巩固宗教信仰提供必不可少的条件。

一般来说，古代埃及、巴比伦、印度的宗教以及犹太教都是比较典型的民族宗教。

三、世界宗教

世界宗教是指超越民族的地理环境、语言形式、生活方式和文化的限制，为世界上不同民族和国家的人们所接受和共同信仰的宗教。它包括佛教、基督教和伊斯兰教这三大宗教。

世界宗教是人类文明发展到一定历史阶段的产物。它是在人类进入文明社会以后，随着世界性的经济、文化交往日益增多，在民族宗教的基础上发展起来的。世界宗教是在封建社会的中兴时期开始形成并发展起来的。在这个时期，政治、经济、文化和宗教的发展已达到了在各个民族、各个国家、各个地区之间能够进行各方面的相互交流和沟通的程度。在这种世界性的交流和沟通的过程中，各个民族宗教之间发生着相互冲撞和影响，其间有的民族宗教被淘汰了，有的民族宗教被改变了，有的民族宗教则兼收并蓄而发展为一种新的宗教并不断地发展和扩大影响，逐步走向世界，成为世界宗教。

在长达数千年的文明社会发展过程中，只有佛教、基督教和伊斯兰教这三大宗教由原来的民族宗教发展成为世界宗教，这绝不是偶然的，而是由它们本身所具有的特征决定的。首先，它们符合统治者巩固统治的需要，并与统治者运用各种强制性和非强制性的手段自上而下地倡导和推广密切相关。其次，它们信仰全人类的神和追求虚幻的天国福音，这种信仰和追求打破了一切民族、国家和地区的界限，有可能为任何国家、民族和地区的人们所接受。第三，它们宗教理论的系统化和规范化，其神学思想具有普遍意义，易于为任何民族所接受，对于稳定其宗教体系，巩固和发展其宗教组织也十分重要。第四，它们的宗教礼仪形式简便易行，而且有丰富的文化内涵和较高的宗教感染力。对此，恩格斯以基督教为例指出："基督教没有造成隔绝的仪式，甚至没有古代世界的祭祀和巡礼。它这样否定一切民族宗教及其共有仪式，毫无差别地对待一切民族，它本身就成了第一个可行的世界宗教。"[1] 第五，它们具有完备的组织体系，具有众多的宗教职业人员、宗教机构和庙宇、教堂、修道院、神学院等，还有严格的教阶制度。这为其宗教势力的扩大、发展和巩固起到了组织上的保证作用。世界三大宗教的上述特征决定了它们可以战胜其他民族宗教而成为世界性宗教。

世界宗教的特点是，它们超出了血缘关系和国家范围，它们是某一个（或某些）特殊的个人按照自己的宗教信念创建的新型宗教，它们都有教会等固定的组织机构，而且加强了宗教首领对信徒的控制，也加强了宗教的社会作用。

世界宗教是宗教发展最系统最完备的形式，但在当代世界上，它又同各种较低层次的宗教并存，构成一幅丰富多彩的宗教画卷，对全世界产生着深远的影响，发挥着独特的社会作用。

---

[1]　《马克思恩格斯全集》第19卷，人民出版社1963年版，第334页。

第三章
纷繁复杂的历史功过
——宗教的功能和社会作用

第一节　宗教的功能

宗教在产生和发展的过程中，与社会生活的方方面面发生着十分密切的关系，产生着重大影响，因此，需要对宗教的功能和社会作用给予科学的分析。

宗教的功能与社会作用是既密切联系又有所区别的两个概念。宗教的功能侧重指宗教自身所具有的作用于社会的能力，而宗教的社会作用主要是指宗教以其自身的功能对社会生活的各方面所产生的影响。宗教功能是多种多样的，这是因为宗教作为一种社会文化历史现象是十分复杂的，同时宗教与社会各方面的联系又是十分广泛的。

一、宗教意识的功能

宗教意识（包括宗教观念和宗教心理）是宗教的基础部分，它作为一种精神力量具有以下几种主要的功能。

1. 社会制控的功能

社会制控功能是指在一定的社会条件下（这里特指阶级社会），一切居统治地位的宗教都利用超自然的神的力量，或通过宣扬天命论和宿命论，来使现存社会秩序合法化和神圣化。在奴隶社会和封建社会，宗教宣扬的"君权神授"，充分地发挥了维护和稳定社会秩序的功能。它宣扬每一个人的命运都是由神决定的天命论和宿命论，就是要求人们安于自己现实的社会地位，甘心承受一切现实中的苦乐祸福，不要有非分之想。例如，"信前定"的宿命论教义就是伊斯兰教教义的核心。它认为，人生的一切都是安拉预定的，谁也无法改变，服从安拉的安排是人唯一的选择。

2. 整合功能

宗教的整合功能，是指宗教具有能使社会中的个人和群体或各种社会势力和集团凝聚为一个统一的整体的作用，并且能促进其内部团结。这种整合主要是通过共同的宗教信仰以及在此基础上产生的共同的宗教感情和强烈的认同意识，使各种群体、个人和社会集团形成一个统一的整体。一般来说，宗教的整合功能，只能发生于信仰同一宗教的个人、群体和社会集团之中，信奉不同宗教的个人、群体和社会集团，不仅常常难以整合，而且极易造成对立，引发宗教间的纷争。宗教的整合功能在不同的情况下会产生不同的后果，在与国家的利益一致时，有利于国家内部的团结；如果与国家处于对立的状态，则往往会破坏国家的团结。

3. 行为规范功能

行为规范功能主要是指通过宗教的律法和道德原则来约束和规范教徒的行为。其基本要求是，教徒必须服从神命并承担人对神的义务，按照宗教戒律严格约束自己。宗教道德把神的仁慈和惩罚结合在一起，强调恶行要受到神的惩罚而下地狱，善行则会得到神的仁慈而上天国，这对规范虔诚信仰宗教的群众的影响是十分巨大的。

4. 心理调节功能

宗教的心理调节功能是指通过特定的宗教信念把人们原来不平衡的心态调节到相对平衡的心理状态，并由此使人们在精神上、行为上和生理上达到有益的适度状态，以消解精神的痛苦。在社会的经济、政治、文化和人际关系的领域中，不仅有压迫者与被压迫者之间的斗争，而且还有人与人之间为适应社会环境而进行的相互竞争的斗争，每个人在这种环境之中往往会陷入精神上的苦恼之中，使心态十分不平衡。有些人不能很好地把握自己，便很容易祈求超人间神灵的护佑，以此作为消解这种精神痛苦的镇静剂。而宗教也确实能起到暂时性的解痛作用。

二、宗教实体的功能

宗教实体的功能主要表现为宗教的礼仪活动以及宗教组织的功能。

各种宗教的礼仪活动都借助象征性的手段，并构成一套严格规定，以显示宗教的神圣性和庄严性，并在人们心理上造成极为严肃敬穆的气氛，培植强烈的宗教感情和坚定的宗教信仰。如许多原始宗教对神的献祭往往大批屠宰牲畜，尤其是残忍的以人祭神，这对参加祭献者具有惊心动魄的强烈刺激，故能强烈地激发宗教感情以至于宗教狂热。古代印度佛教，把对神的崇拜礼仪分为发言慰问、叩首示敬、举手高揖、合掌平拱、屈膝、长跪、手膝居地、五轮俱屈和五体投地。伊斯兰教对安拉崇拜的礼仪在语言行为上有口诵、端立、直立、下跪、叩首、跪坐、二次叩首等。基督教的崇拜礼仪则有祈祷、颂主、领圣体等，以此来赞美上帝。信教者正是在庄严隆重的礼仪气氛中虚幻地感受和体验神的存在，并以此来沟通人与神之间的关系，以强化教徒的宗教意识。此外，各种宗教节日庆祝的礼仪，由于宗教性与世俗性、娱乐性与群众性融为一体，对于激发宗教感情、强化宗教意识和扩大宗教影响，都具有特殊的意义。

宗教组织的功能主要表现为宗教组织内部的凝聚功能和对外部的吸引功能。其凝聚功能首先是使宗教组织的信徒具有成为宗教组织一部分的强烈的归属感和认同感，使信徒深刻意识到自己是组织中不可缺少的部分。其次，是使每个信教者能将自己的信念与宗教组织的总体目标统一起来，自觉地服从组织的利益，追随宗教组织的目标，完成宗教组织的任务。吸引功能主要表现在它能在社会各阶层中造成各种影响,吸引教外群众对它们的注意并努力吸收新的教徒。特别是宗教组织通过广泛的社会服务,包括设置慈善机构、办理社会救济、开设医疗服务、开办教育事业、组织种种福利事业等,能十分有效地取得社会各阶层的同情和支持。宗教组织的凝聚功能和引力功能是相互促进的。宗教组织的凝聚力越强,在一定程度上对外越有吸引力。对外界吸引力强了,又会增强宗教组织的凝聚力。

宗教组织的功能实际上是通过教职人员的活动体现出来的。特别是宗教领袖,由于被视为神的代言人,往往会成为整个宗教共同体的核心,支撑着宗教组织的存在和发展。即使他们去世以后,其影响仍长期存在。如佛教的释迦牟尼、伊斯兰教的穆罕默德、基督教新教的路德和加尔文等,都发挥过这种作用。①

宗教功能的发挥,在不同的历史条件下,在不同的国家,对社会产生的影响是不一样的,其正面和负面的影响也因判断标准的不同而有所不同。

我们认为,判断宗教对社会产生的影响,总的来说应该坚持历史唯物主义的观点,看宗教的影响是否有利于社会生产力的发展,是否有利于巩固和发展先进的社会经济制度和政治制度,是否有利于推动人类精神文明的进步。只有坚持这个标准,才能科学地评价宗教的社会历史作用。

第二节 宗教的社会历史作用

一、宗教思想在本质上起着麻醉人们精神的消极作用

一切宗教思想的基本特点都在于,虚构出一个与客观物质世界相对

———————————

① 本节内容主要参阅了陈麟书教授的有关论述。

立的并决定现实世界的神及其无限美好的神灵世界，虚构出一个与客观现实的人相对立的灵魂，并确认与现实物质世界相对立的上天的神灵世界、彼岸世界才是幸福之所在，而现实世界则是充满苦难、不值得留恋的，人的肉体是邪恶的、有罪的，只有通过摆脱自己的罪孽，追求灵魂的得救，才是人的最终归宿，才能真正上天堂，获得永远的幸福。可见，任何一种宗教思想，从根本上来说，都是要人们把视线从现实世界移开，而转向虚无缥缈的天国；放弃争取现实生活的努力，通过虔诚信教，敬拜神灵，把主要力量用于追求灵魂的得救上。宗教宣扬和描绘的天堂与极乐世界，的确对于客观现实世界受苦受难而又不知所措的人们有很大的吸引力，人们可以在宗教的氛围中从精神上去感受它的存在，以获得喜悦和安慰，但这只是暂时的，无助于改变人们的生活现状。而要根本改变人们在现实的苦难，在宗教看来，只能等到死后的来世。所以，宗教思想的基本社会作用就是对那些无力摆脱自然力量和社会力量的压迫、不能掌握自己命运的人给予精神上暂时的安慰，缓解一些痛苦。这种精神上的暂时轻松和快慰，是以祈求超自然的神灵，以神作为自身命运的依托和归宿，使人的整个精神服从于根本不存在的宗教幻想为代价的。因此，对宗教的信仰总的来说削弱了人们依靠现实的力量来改变自身命运的斗争意志。这就是宗教思想对人们的精神具有的特有的麻醉作用。

对此，早在150多年前，马克思就深刻指出，"宗教只是幻想的太阳"，是"装饰在锁链上的那些虚幻的花朵"。"宗教里的苦难既是现实的苦难的表现，又是对这种现实的苦难的抗议。宗教是被压迫生灵的叹息，是无情世界的感情，正像它是没有精神的制度的精神一样。宗教是人民的鸦片"。[①] 列宁也说过："宗教是一种精神上的劣质酒，资本的奴隶饮了这种酒就毁伤了自己做人的形象，忘记要求稍微过一点人所应当

---

① 《马克思恩格斯选集》第1卷，人民出版社1995年版，第2页。

过的生活。"① 马克思和列宁对宗教思想所起的作用的分析，至今仍然是科学的和正确的。

二、在阶级社会中，宗教的社会作用主要表现在它为占统治地位的剥削阶级所利用，同时宗教也为剥削制度辩护

在阶级社会中，所有剥削阶级都自觉地利用宗教，是因为宗教有其特殊的精神麻醉作用，特别是它对被剥削被压迫的劳动人民的精神麻醉作用，是有利于维持剥削压迫的社会制度的。欧洲中世纪的拜占庭封建帝国，君主牢牢地控制着宗教，要求教会绝对服从王权；俄罗斯历代沙皇，特别是彼得大帝更是用自己个人的权力将俄罗斯东正教置于自己的控制之下；普鲁士国王弗里德里希-威廉四世，为了加强自己的统治，极力利用基督教，要求按照《圣经》道德的诫命制定国家法律，强制一般人，特别是官吏们也要经常去教堂。中国封建社会的历代王朝的统治者们始终坚持王权高于神权，要求各种宗教为自己服务，他们对宗教的支持、弘扬以及对某些宗教的压制、打击，都是服务于自己的统治的。在阶级社会，任何一种宗教为了求得自己的发展，也必然要求助于统治者的支持，为此，也必然会为统治者歌功颂德。马克思曾十分深刻地以基督教为例揭示了宗教的这种作用。他说：

> 基督教的社会原则曾为古代奴隶制进行过辩护，也曾把中世纪的农奴制吹得天花乱坠，必要的时候，虽然装出几分怜悯的表情，也还可以为无产阶级遭受压迫进行辩解。
>
> 基督教的社会原则宣扬阶级（统治阶级和被压迫阶级）存在的必要性，它们对被压迫阶级只有一个虔诚的愿望，希望他们能得到统治阶级的恩典。
>
> 基督教的社会原则把国教顾问答应对一切已使人受害的弊端的

---

① 《列宁全集》第 12 卷，人民出版社 1987 年版，第 131 页。

补偿搬到了天上，从而为这些弊端的继续在地上存在进行辩护。

基督教的社会原则认为压迫者对待被压迫者的各种卑鄙龌龊的行为，不是对生就的罪恶和其他罪恶的公正惩罚，就是无限英明的上帝对人们赎罪的考验。

基督教的社会原则颂扬怯懦、自卑、自甘屈辱、顺从驯服，总之，颂扬愚民的各种特点。[①]

正因为如此，在阶级社会中，各式各样的宗教组织都是剥削阶级用以捍卫剥削制度的机构，有的则成为政府的组成部分。

剥削阶级对宗教的利用还表现在宗教曾被当作殖民主义、帝国主义进行侵略扩张的工具。近代西方殖民主义国家在对非洲、北美洲、亚洲等地进行殖民主义侵略的过程中，常伴随着基督教的传播。在基督教传播的过程中，许多传教士和传教会不仅充当殖民侵略的先遣队，而且参与了瓜分殖民地的罪行。如15—18世纪，基督教的传教活动密切配合了葡萄牙、西班牙和英国的奴隶贸易，并宣扬奴隶贸易成就了上帝的旨意。19世纪，基督教会又积极支持英、法等国的殖民侵略。英国基督教会曾公开说："南非是三种势力的产物——武力讨伐、贸易和传教，其中起主要作用的是传教。在任何时候，传教士都是帝国的先锋。""事实一再说明，靠着传播基督教福音，哪怕没有政府的强力影响，也是使那些（殖民地）人民停止战争反叛，俯首听从殖民地总督的命令。"美国教会在它的非洲传教士训练手册中更是公开鼓吹："政治从来就是传教活动的组成部分。""现在是征服全球的时代。世界政治家、世界贸易正召唤着教会付出代价。"[②] 马克思在《资本论》一书中曾援引一位基督教学者威·豪伊特评述基督教殖民制度的话。威·豪伊特说："所谓的基督教人种在世界各地对他们所能奴役的一切民族所采取的野蛮和残酷的暴行，是世界历史上任何时期，任何野蛮愚昧和残暴无耻的人种都

---

① 《马克思恩格斯全集》第4卷，人民出版社1958年版，第218页。

② 杨真：《基督教史纲》，生活·读书·新知三联书店1979年版，第485—486页。

无法比拟的。"①

三、在一定历史条件下，宗教在被压迫者反对压迫者的斗争中也能起到一定的积极作用

封建社会中农民反对地主阶级的武装斗争，往往会打出宗教的旗帜以发动群众和组织群众，这种情况在世界许多国家都有。例如，16 世纪爆发的德国农民战争；中国封建社会陈胜、吴广领导的农民起义，东汉末年的黄巾起义，直到清朝太平天国农民革命运动都是如此。恩格斯曾指出，在欧洲的中世纪，在意识形态领域是宗教神学的一统天下，哲学、政治、法学，都合并到了神学中，成为神学中的科目。"因此，当时任何社会运动和政治运动都不得不采取神学的形式；对于完全受宗教影响的群众的感情说来，要掀起巨大的风暴，就必须让群众的切身利益披上宗教的外衣出现。"② "由此可见，一般针对封建制度发出的一切攻击必然首先就是对教会的攻击，而一切革命的社会政治理论大体上必然同时就是神学异端。为要触犯当时的社会制度，就必须从制度身上剥去那一层神圣外衣。反封建的革命反对派活跃于整个中世纪。革命反对派随时代条件之不同，或者以神秘主义的形式出现，或者是以公开的异教的形式出现，或者以武装起义的形式出现。"③ 再如，欧洲资产阶级在其上升时期反封建的斗争是进步的革命的。但是，早期资产阶级的力量由于还十分软弱，还不足以直接在政治上公开向封建制度宣战，因此，只得采取宗教改革的形式。16 世纪以德国的马丁•路德和法国的加尔文领导的宗教改革运动为代表，矛头直指封建制度的精神支柱——天主教会，并在组织上脱离了天主教会，成立了基督教新教。新教的创立及其宗教主张，适应了资产阶级发展自由资本主义的需要，以宗教思想的

---

① 《马克思恩格斯全集》第 23 卷，人民出版社 1972 年版，第 819—820 页。
② 《马克思恩格斯选集》第 4 卷，人民出版社 1995 年版，第 255 页。
③ 《马克思恩格斯选集》第 7 卷，人民出版社 1959 年版，第 401 页。

力量推进了欧洲资本主义的发展，起到了一定的积极作用。总之，对被压迫者来说，以宗教作为一种"外衣"，作为联系纽带和反抗的旗帜，这在一定历史条件下是曲折地表达自己经济政治要求的手段。当然也要指出，特别是以宗教作为"外衣"的农民起义中，宗教的积极作用也是十分有限的，往往不能长久维持。相反，随着起义军内部问题的增多，宗教观念的消极作用越来越明显，它腐蚀、瓦解着起义军，并成为导致农民起义最终失败的一个因素。

四、佛教、基督教、伊斯兰教这三大世界宗教先后产生于民族历史的转折时期，适应了当时社会发展的要求，有一定的进步作用

佛教产生于公元前 6 世纪至前 5 世纪的古代印度。当时的印度社会，正是奴隶制经济迅速发展，大批城邦国家兴起的时代。印度国家实行了把社会成员严格分为四等的种姓制度。最高等级是婆罗门，被称为"人间之神"，是当时一切知识的垄断者和精神生活的指导者。第二种姓是刹帝利（王侯、武士），是王权的主要代表。第三种姓是吠舍（工商业者）。处于社会最底层的是首陀罗种姓（雇佣劳动者和奴隶）。种姓制度被认为是神的意志的体现，是天经地义的，不能有任何的更改。不合理的种姓制度使社会阶级矛盾在统治者和被统治者之间，在统治阶级内部日趋恶化。特别是首陀罗的命运最为悲惨。第三等级的吠舍虽然有一些人身自由，但总难避免贫困破产、降为奴隶的危险。他们作为被压迫阶级，不能不对奴隶主统治阶级表示抗议和进行斗争。统治阶级内部也充满着矛盾。王侯、武士虽贵为世俗统治者，但他们并不甘心接受婆罗门祭司贵族的特权，对婆罗门至高无上的地位极为不满。另外，在古代印度小国林立的情况下，各国之间经常进行争夺奴隶、兼并土地的征战，民族矛盾也大大激化，从而给整个社会带来进一步的严重灾难。在这样一个从上到下充满矛盾的黑暗社会里，人们渴望摆脱现实的苦难。

与这种社会动荡变化相适应，印度的思想界空前活跃，出现了各种各样反对神化种姓制度的婆罗门教的思潮。佛教正是在这些思潮的影响下，并适应了社会上要求摆脱婆罗门的绝对统治、废除种姓制度的诉求而产生的。佛教作为一种新的产生的宗教虽然也继承了婆罗门教关于因果报应、业报轮回、追求最后解脱等传统的宗教观念，但却表达了婆罗门祭司贵族以外的其他社会等级，特别是世俗贵族反对婆罗门的情绪和要求。针对婆罗门教按种姓等级制度决定人是否能获得解脱或升入天堂的褊狭教条，佛教提出了世人不分种姓和等级，只要信奉佛教都可以得到解脱的四姓平等的观念。正是这种众生平等、人人皆可获得解脱的观念，受到了婆罗门以外的各个种姓的人们的热烈欢迎，使佛教迅速扎根并发展壮大起来。

基督教形成于1世纪的巴勒斯坦，最初的基督教是在犹太民族争取解放的斗争高潮中产生的。当时的巴勒斯坦正处于罗马帝国的统治之下。罗马帝国是靠残酷的奴隶主专政来维持的，阶级等级极其森严。奴隶只是"活的工具"，"会说话的畜生"，随时可被奴隶主处死。尖锐的阶级矛盾使奴隶、隶农、手工业者和小商人反对罗马统治阶级的斗争从未中断。公元64—65年，罗马帝国各省大饥荒，促使巴勒斯坦全境犹太人民大规模起义。罗马帝国先后派数万军队加以镇压，起义军坚持战斗了两年之久，终遭失败。起义失败的耶路撒冷居民被罗马征服者大批钉死在木架上，被卖为奴隶的多达7万人。但奴隶们不顾统治者的残暴镇压，一再起义，这是当时历史的主要方面。而与此同时，在当时的社会历史条件下，一些起义失败的奴隶，无法摆脱现实的苦难，就不免把希望寄托于幻想之中，寄托于神。适应这种需要，早期基督教逐步从犹太教中形成的一个新宗派即拿撒勒派中产生。基督教的形成既反映了当时人们对现实的社会苦难的无奈，也表达了他们对残暴的罗马帝国的抗议，代表了犹太民族追求解放的愿望。

伊斯兰教产生于7世纪的阿拉伯半岛。一方面，当时的阿拉伯半岛，正处于社会大变动时期，阿拉伯社会尚未形成统一的国家，政治混

乱，氏族部落各据一方，仇杀劫掠习以为常。贵族集团利用氏族复仇的
陋习，经常制造纠纷，战争连年不断，社会生产停滞，劳苦大众苦难不
堪，有些氏族贵族也因争战失利而没落，社会危机重重。另一方面，外
部势力的入侵，使危机进一步加深。525—628 年，拜占庭和波斯两大
帝国为争夺从也门到叙利亚的商道，对也门进行了一系列争战，使当地
经济遭到严重破坏。特别是波斯占领也门以后，另辟了一条经波斯湾到
叙利亚的商道。商道的改变，使昔日繁荣的阿拉伯诸城市成为一片荒
野。过去的商道中心麦加，过境贸易急剧衰落，商业贵族收入骤然减
少，许多靠商队谋生的贝都因人生路断绝。于是，商业贵族把商业资金
转而用于放高利贷，进行重利盘剥，大批中、小商人破产，沦为商业贵
族的债务人，社会矛盾和阶级对立日益尖锐。在宗教信仰方面，阿拉伯
半岛当时原始宗教盛行，人们崇拜各种自然物体，相信精灵。同时，各
部落都有自己的部落神，偶像崇拜也极为普遍。随着社会的动荡，居民
的原始宗教信仰开始动摇。犹太教和基督教虽然早已传入阿拉伯半岛，
其宗教思想对以后伊斯兰教也有显著的影响，但由于不能适应阿拉伯半
岛面临的要求社会改革的新形势因而未能得到广泛的传播。因此，打破
氏族壁垒、消除氏族间的仇杀、实现政治的统一和社会的安宁，以摆脱
日益加深的社会危机，是当时阿拉伯社会的唯一出路。伊斯兰教的先知
穆罕默德顺应了这一历史进程的客观要求，以"信仰唯一的神安拉"为
号召，提出了"禁止高利贷"、"施舍济贫"、"和平与安宁"等主张，既
反映了上层社会的要求，也符合深受压迫和剥削的广大居民摆脱困境的
愿望。伊斯兰教就是在这历史转折的关头，为适应经济的变化和建立统
一国家的要求而产生的，它促进了阿拉伯半岛的统一和社会的安定。其
创始人穆罕默德对此作出了历史性的贡献。

　　毋庸讳言，世界三大宗教都是采取消极的宗教神秘主义的形式来反
映社会大变动并提出改造社会的主张的；同时不可否认，它们在其后的
历史发展过程中又都先后成了统治者的精神工具，曾起过重大的消极作
用。但是，它们在产生之初所起的适应社会发展要求的作用，还是应该

给予一定的肯定的。

五、宗教对文化、科学及教育发展的影响

宗教的产生和发展最终取决于社会的经济、政治状况并为一定社会的经济、政治服务，同时它也以其特有的方式曲折地反映并影响着一定社会的文化、科学和教育。宗教曾广泛利用哲学、艺术等手段，使其既具有理论色彩，又富于形象的感染力，这对于制定和传播宗教思想和教义起到了重要作用。宗教组织在一定时期曾强制哲学、艺术反映宗教，为宗教服务，也就必然阻碍着科学世界观、世俗艺术的形成和发展。但是宗教哲学、宗教艺术中也有不少有科学价值的成分。宗教观念的产生毕竟是人类思维发展的必经阶段，它的产生，标志着人类思维能力的进步。宗教哲学作为宗教观念的理论化形态毕竟也是引导人们探索宇宙和人生的奥秘及思维的规律，这对提高人的抽象思维能力和形象思维能力，发展认识的能动性，都起到了一定的积极作用。宗教对文学艺术的发展影响更为广泛。例如，我国的古典文学名著《西游记》、《封神演义》、《红楼梦》等都渗透着儒、释、道三教的思想内容。基督教的《圣经》、伊斯兰教的《古兰经》又都是优秀的文学作品。更有许许多多的宗教音乐、绘画、雕塑和建筑，是世界艺术宝库中的珍品和宝物。

科学和宗教从本质上来说是对立的，因为科学是关于客观世界及其规律性的知识，而宗教则是对客观世界的虚幻的歪曲的反映。宗教思想体系一般来说对科学的发展和进步起了阻碍的作用。但是某些宗教活动却在客观上对科学的发展具有派生的促进作用。有些宗教教职人员为履行某一宗教教义或追求某一宗教目标而从事的工作，在客观上为科学的发展起了一定的推动作用。例如，中国道教中的炼丹术，欧洲中世纪基督教中的炼金术，对化学的发展有一定的推动作用。又如佛经、《圣经》、《古兰经》、《道藏》等宗教经典中，也包含着不少天文、地理、数学、医药、化学、物理等方面的知识。而基督教的一些神职人员，如哥

白尼、伽利略、弗·培根不顾教会的反对和迫害，在研究自然科学方面均作出了卓越的贡献。

历史上，宗教对教育的影响也是很大的。在阶级社会，统治阶级控制着宗教，垄断着教育，为了培养维护剥削制度的顺民，宗教教育也就成为教育的重要方面。特别是欧洲的中世纪，文化教育全部为教会所垄断，教学内容贯穿着神学精神。教育目的是培养对上帝虔诚、忠于教权的教士。基督教教育成为整个教育的主体。基督教垄断欧洲教育事业达1000年之久。到中世纪后期，资产阶级开始兴起，几经斗争，才得到开办世俗学校的权利，基督教独占教育的局面才宣告结束。但是在资本主义条件下，基督教教会仍开办有相当数量的教会学校，对世俗学校的控制和影响仍然相当强大。在伊斯兰国家，伊斯兰教育同样占据主导地位。大量的清真寺，既是穆斯林礼拜的场所，又是传授宗教知识的学校。青少年的教育基本上都是在清真寺内完成的，教学内容则以《古兰经》为主。我国穆斯林聚居的地方也曾如此。在藏传佛教和南传上座部佛教影响的地区，如我国的西藏、云南西双版纳等地，由于宗教的传统，佛教寺庙教育在建国前曾占据绝对的统治地位，至今也还有着不小的影响。所以，宗教对教育有着广泛而深刻的影响。由于宗教对教育的影响集中表现在它的目的是要把人培养成神的奴仆，一切唯神的命令是从，所以这种教育的目的，归根结底是适应剥削阶级利益的需要的。

最后，一些宗教教职人员学习宗教和传播宗教的活动，对促进各国文化上的交流往往能起到积极的作用。例如，我国唐代高僧鉴真，就为中日人民友好往来和文化交流作出了重大贡献。鉴真（688—763年）是唐代佛教律宗的法师，也是日本佛教律宗的创始人。742年，在大唐学习的日本留学僧荣睿、普照受日本佛教界和政府的委托，聘请鉴真去日本传戒，鉴真欣然应允，先后五次东渡，均因天时、人事不利而失败，以致双目失明。但他仍以百折不挠的精神终于在753年第六次东渡日本成功，受到日本朝野的盛大欢迎。之后，他为日本僧人传戒，为日本天皇、皇后、皇太后等400余人授戒传法，并创建日本律宗。759年，又建了具有唐代建筑特色的"唐招提寺"。鉴真去世之前，他的弟子们精心为他塑了一尊写真坐像，日本奉为国宝。鉴真东渡日本带去了许多中国文化艺术珍品，在传播中国建筑、雕塑、绘画、医药、书法、印刷等方面作出了重要贡献。1980年2月，日中友好团体为了增进两国人民世代友好的情谊，将鉴真坐像送回北京、扬州两地供中国人民和佛教徒瞻仰。再如，中西文化冲突、交流的历史，与基督教传教士的媒介作用也是分不开的。在中国历史上，基督教在唐代、元代、明清之际、鸦片战争以后曾四次来华传教。特别是鸦片战争以后基督教对华的传播，虽然总的来说是服务于帝国主义对我国的侵略的，但是也应该承认，确实有不少传教士是抱着对中国人民的友好态度而来的，并致力于中西文化的传播和交流工作。如明清一些来华的传教士身穿儒服，学习中文，翻译了西方许多物理、天文、地理、地质、数学的著作，如利玛窦编写的《坤舆万国全图》、汤若望编写的《崇祯历书》、南怀仁编写的《康熙永年历法》、《仪象志》、《赤道南北星图》等。他们本想借自然科学之力而创造其宗教传播的有利条件，却客观上促进了当时中国自然科学的发展。在当今世界，各宗教之间的正常的文化交流活动更是十分频繁的事。

总之，由于宗教是十分复杂的社会现象，其社会历史作用也是十分复杂的。站在不同立场，选取不同角度，采取不同方法，往往会形成不同的观点，得出不同的结论，这是很自然的。努力坚持运用历史唯物主义的观点和方法，坚持具体情况具体分析，就会对宗教的社会作用作出比较科学和公允的评价。

第四章
最终必将消散的迷雾
——宗教的消亡

第一节　宗教消亡的含义

　　辩证唯物主义的科学世界观认为，物质世界的一切事物都处于永恒的产生和消灭中，处于无休止的运动、变化和发展中。每一个具体事物都有其发生、发展和灭亡的历史。在唯物辩证法面前，不存在任何最终的、永恒的、绝对的、神圣的东西。宗教在宇宙发展的长河中作为一个具体事物，也必然要经历其产生、发展和消亡的过程，这是不以人的意志为转移的客观规律。

　　什么是宗教的消亡呢？就是宗教最终也要消失和灭亡。但是，宗教的消亡不同于宗教的消灭。消灭虽然也是消失、灭亡的意思，但是这种结局往往伴随着人为地直接地对宗教进行打击和铲除。而消亡则是指随着宗教赖以生存的条件消除后，宗教自然而然地、水到渠成地完成自己的历史过程，在这一过程中，人为的努力主要是要努力消除宗教得以存在的根源，努力创造促使宗教消亡的各种条件，而不是对宗教直接宣战。

　　宗教是一种与对超自然力量的信仰相适应的社会文化历史现象，是一个多层次的系统。我们所指的宗教的消亡，主要是指人们的宗教观念的最终消失，即对超自然的神灵或某种神秘境界的信仰的不复存在。

第二节　宗教的消亡是一个漫长而又痛苦的过程

一、宗教消亡的基本条件是宗教根源的消除

宗教的产生和发展有其深刻的自然根源、社会根源、认识根源和心理根源，这种根源的存在归根结底是由人类与自然界的矛盾和人类社会中人与人之间的矛盾造成的。这些矛盾在人类历史发展的不同时期，必然反映到人们的认识领域和心理领域。人类社会发展到今天已有几百万年的时间，尽管人类征服自然、改造社会的实践已经取得了前所未有的成就，然而，宗教依然存在，而且很兴旺，就是因为宗教赖以存在和发展的四种根源依然存在。因此，宗教消亡的时日还十分遥远。

马克思和恩格斯在一百多年前，从彻底的辩证唯物主义的世界观出发，对宗教发展的前途有过一些预测。其中，有两段话非常明确地谈到了未来宗教自然消亡的思想。

1867 年，马克思在《资本论》第一卷中谈及宗教消亡的时候说："只有当实际日常生活的关系，在人们面前表现为人与人之间和人与自然之间极明白而合理的关系的时候，现实世界的宗教反映才会消失。只有当社会生活过程即物质生产过程的形态，作为自由结合的人的产物，处于人的有意识有计划的控制之下的时候，它才会把自己的神秘的纱幕揭掉。但是，这需要有一定的社会物质基础或一系列物质生存条件，而这些条件本身又是长期的痛苦的历史发展的自然产物。"①

---

① 《马克思恩格斯选集》第 2 卷，人民出版社 1995 年版，第 142 页。

　　1876 年，恩格斯在《反杜林论》中也谈到了宗教消亡的问题。他说："当社会通过占有和有计划地使用全部生产资料而使自己和一切社会成员摆脱奴役状态的时候（现在，人们正被这些由他们自己所生产的，但作为不可抗拒的异己力量而同自己相对立的生产资料所奴役），当谋事在人，成事也在人的时候，现在还在宗教中反映出来的最后的异己力量才会消灭，因而宗教反映本身也就随着消失。原因很简单，这就是那时再没有什么东西可以反映了。"[①]

　　上述两段话的核心思想就是，只有在人与自然、人与人之间的关系极明白而合理的时候，只有谋事在人、成事也在人的时候，简单地说，也就是自然力量和社会力量再也不能支配人们的日常生活、支配人们命运的时候，人们才不会去信仰超自然的力量，才不会祈求它来解决自己的现实困难和精神上的苦恼。那时，宗教观念及其外在表现也就没有立足之地了，因为那时的人们已经完全把握了自己的命运，成为了真正自由的人。

　　为了达到这个目标，就必须大力发展社会生产力，发展科学、文化、教育；同时，不断地解决好不合理的社会问题，发扬真正的民主，使每个人真正得到全面的发展，自觉地认识世界和改造世界，成为名副其实的自然和社会的主人。

二、宗教的消亡是一个漫长而又痛苦的过程

　　我国现在正处于建设中国特色社会主义时期，社会主义时期已经基本上消灭了宗教的阶级根源，社会主义制度从本质上说是当今世界最优越的制度，这些应该说是比资本主义先进的地方，是促成宗教消亡的初步条件。但是，从总体上来看，我国还处于社会主义的初级阶段，物质文明、政治文明和精神文明建设的水平还比较低，因此，需要全社会长

————————————

[①] 《马克思恩格斯选集》第 3 卷，人民出版社 1995 年版，第 668 页。

期不懈地努力才能构建发达的和谐的社会。在社会主义条件下，解决宗教问题的唯一正确的根本途径，只能是在保障宗教信仰自由的前提下，通过逐步发展社会主义的经济、文化和科学技术事业，通过逐步发展社会主义物质文明和精神文明，逐步地消除宗教赖以存在的社会根源和认识根源。这样一个伟大事业，不是短时间内，也不是在一代、两代、三代人的时间内所能成就的。只有经过很长的历史时期，经过若干代人，包括广大信教和不信教的人民群众的共同奋斗，才能成就。到那时，中国人民将在中国这块土地上，彻底摆脱任何贫困、愚昧和精神空虚的状态，而造成一个物质文明和精神文明高度发达的、站在人类前列的光明世界。到那时候，我们国家的绝大多数公民，都将能够自觉地以科学的态度对待世界，对待人生，而再也不需要向虚幻的神的世界去寻求精神的寄托了。这就是马克思、恩格斯所说的全部社会生活都处于人的有意识有计划的控制之下，摆脱一切异己力量支配的时代，也就是毛泽东所说的人们自觉地改造自己和改造世界的时代。只有进入这个时代，现实世界的各种宗教反映才会最后消失。

中篇

宗教与社会生活

第五章
并非远离人间烟火
——宗教与经济

第一节　经济对宗教的制约

任何一种宗教，它的本质内容大都在于确认那高居于苍天之上、远离人间的万能的神决定着人世间的一切，宣扬像"西方净土"、"极乐世界"、"美好天堂"这样一些人间所没有的神秘境界是人类的最终归宿。似乎对宗教来说，人间烟火无足轻重。但是，任何一种宗教及其历史发展的事实都在证明，它恰恰是源于人间烟火，源于人类社会生活，并且是与社会生活的各个方面密切联系在一起的。其中，人类社会的经济生活过程是宗教的基础，制约着宗教的产生、存在和发展。

一、人类社会一定程度的经济发展是宗教产生的前提

什么是经济？经济就是人们的社会物质生活过程，主要是物质资料的生产、分配、交换和消费的活动，是人们在物质资料生产过程中结成的各种社会关系的总和，即社会的经济基础。经济是人类得以生存和发展的基础，经济发展到一定程度是宗教产生的前提。

人类学和考古学的研究表明，宗教作为人类特有的一种精神生活并

不是与人类相伴而生的，在人类出现于世之后的一段漫长历史年代，没有也不可能有任何宗教观念和宗教信仰活动。原始宗教的最初形态，如对与原始人生存息息相关的动植物的崇拜，对不死的灵魂的相信，实际上出现于公元前 3 万年至前 1 万年的中石器时代。而在这个时代以前，人类作为直立人后又发展到能制造专门工具、具有抽象思维能力的智人阶段已经历了约 200 万年没有宗教的历史时期了。人类的宗教观念为什么在大约进入中石器时代以后才得以出现呢？这是因为在这个时代，人类才从通过采集手段向大自然索要现成的食物、通过偶然的采用天然石块作为生产工具的猿人阶段摆脱了出来，开始有意识地将石料制成工具，开始了真正的利用生产工具改造自然以获取生存物品的劳动过程。在这一过程中，人与人之间的关系更为密切，作为人与人之间交往媒介的语言，也由于劳动的需要而逐步产生。随着劳动的复杂化，人类的思维也日益丰富，开始思索人与自然的关系，思索如死亡、做梦等人的生理及心理的现象，最终导致图腾崇拜、鬼魂崇拜等一系列原始宗教形态的产生。可见，如果没有这一时期人类通过生产工具的改进所促进的生产力水平的提高，人类是不可能出现特有的宗教信仰观念的。

二、社会经济结构的发展是宗教形态演变的内在动力

人类的物质生活资料的生产方式不仅是宗教产生的基础，而且，它的发展和变化又是宗教形态演变的内在动力。

恩格斯在《布鲁诺·鲍威尔和早期基督教》一文中曾分析过从部落宗教到民族宗教的发展及民族宗教走向消亡的社会原因："古代一切宗教都是自发的部落宗教和后来的民族宗教，它们从各民族的社会和政治条件中产生，并和它们一起生长。宗教的这些基础一旦遭到破坏，沿袭的社会形式，继承的政治结构和民族独立一旦遭到毁灭，那么与之相适应的宗教也就崩溃。本民族神可以容许异民族神和自己对立（这在古代是通常现象），但不能容许他们置于自己之上。东方祭神仪式移植到罗

马，只损害了罗马宗教，但不能阻止东方宗教的衰落。民族神一旦不能保卫本民族的独立和自主，就会自取灭亡。"① 在《路德维希·费尔巴哈和德国古典哲学的终结》一书中他又继续说明了从"民族宗教"到"世界宗教"的历史进程："这样，在每一个民族中形成的神，都是民族的神，这些神的王国不超出它们所守护的民族领域，在这个界限之外，就由别的神无可争辩地统治了。只要这些民族存在，这些神也就继续活在人们的观念中；这些民族没落了，这些神也就随着消亡。罗马世界帝国使得旧有的民族没落了……旧有的民族的神也就消亡了……罗马曾企图除本地的神以外还承认和供奉一切多少受崇敬的异族的神，这种企图清楚地表现了拿一种世界宗教来充实世界帝国的需要。但是一种新的世界宗教是不能这样用皇帝的敕令创造出来的。"② 后来，基督教终于适应了罗马世界帝国的需要而成为世界宗教。恩格斯这里没有具体分析佛教、伊斯兰教等世界宗教的形成过程，但它的原理和方法对它们也是适用的。

恩格斯的论述说明，一切宗教都是从各种族集团的社会经济政治条件中产生，并随这些条件的演变而演变的。最初的宗教观念是由每个有血缘关系的部落所共有的，故原始社会的宗教表现为自发的氏族—部落宗教。民族集团（国家）的神都是民族（国家）的保护神，神的存废决定于民族（国家）的盛衰，这样的宗教是民族宗教（国家宗教）。随着世界性帝国的形成，为适应它的需要，便出现了取代民族宗教（国家宗教）的世界性宗教。恩格斯的论述是从宏观的角度对宗教演变的历史形态所作的整体的把握，体现了唯物史观的基本精神，内容上比较深刻，形式上比较完整，适用的范围也比较广泛，大体上可以把历史上出现的各种形态的宗教体系涵盖进去。

社会经济的发展不仅决定着宗教形态的演变，而且社会经济的变革

---

① 《马克思恩格斯全集》第 19 卷，人民出版社 1963 年版，第 333 页。
② 《马克思恩格斯选集》第 4 卷，人民出版社 1995 年版，第 250—251 页。

也推动着宗教的改革。例如，15—16 世纪，新兴的资本主义生产方式在欧洲迅速发展，这正是欧洲宗教改革的经济前提。正是因为有了这样的经济基础，导致了新兴资产阶级和封建主阶级的政治上的对立。16 世纪中叶，以马丁·路德、闵采尔和加尔文为代表的宗教改革运动，正是适应了资本主义的发展和资产阶级政治上的需要。恩格斯曾把这场宗教改革称为资产阶级反对封建主阶级斗争达到顶点的三次大决战中的第一次决战。他在论述加尔文的宗教理论的资产阶级性质时说：加尔文"以真正法国式的尖锐性突出了宗教改革的资产阶级性质，使教会共和化和民主化"。他为英国发生的资产阶级革命的第二幕提供了意识形态的外衣。他所创立的"加尔文教显示出是当时资产阶级利益的真正的宗教外衣"[①]。这就说明，资本主义的发展孕育了宗教改革，而宗教改革的直接的结果是为资本主义的进一步发展开辟了道路。

三、宗教实体的发展离不开经济的发展和物质财富的保证

宗教并不是纯思想的东西，它还有其外在表现，即作为实体的部分。宗教实体主要是指专门从事宗教职业的教职人员和广大的一般教徒，作为宗教活动场所的寺观教堂，用于宗教活动的各种器物，以及宗教的各种组织机构。教职人员衣、食、住的供养，寺观教堂的建造，各种法器的购置，宗教组织的活动，都必须有足够的经济条件。

原始的氏族宗教随着原始社会末期的阶级分化而逐渐进入了奴隶制社会。社会经济的发展，不仅使宗教活动进一步成为一种独特的社会活动，而且成为一种类似社会分工那样的职业，产生了一大批脱离物质生产的专门从事宗教职业的人员，即专门侍奉神灵、主持祭礼仪式的祭司和巫祝阶层。这种情况的出现，说到底，是由于经济有了进一步的发展，社会的物质生产部门能够提供足够的剩余产品来养活这些人的结

---

① 《马克思恩格斯选集》第 4 卷，人民出版社 1995 年版，第 256 页。

果。在以后的社会发展之中，经济发展的状况，一般来说决定和制约着专职宗教人员的数量和状况。例如，在我国5—6世纪的南北朝时期，封建经济有了一定发展，统治者又极力推崇佛教，导致南朝各代寺院和僧尼众多。南朝梁代的僧尼达82700人，占当时人口的约2%；北朝各地僧尼近200万人，竟占人口总数的10%。西藏在全国解放前夕，总人口120万人，僧尼就有12万人之多。其中规模最大的拉萨三大寺的常年住寺的僧众人数，被规定为甘丹寺3300人，色拉寺5500人，哲蚌寺7700人。我国现阶段的宗教教职人员也有30多万人。至于现代世界各国具有的庞大的宗教教职人员队伍，都离不开雄厚的物质基础。没有这样的基础，这支庞大的队伍根本无法维持。历史上也有这样的事例，由于宗教教职人员数量膨胀导致的宗教势力的增强，除了在政治、宗教方面产生影响外，也影响了国家的经济收入，使世俗统治者同宗教组织的矛盾尖锐。在这种情况下，统治者甚至采取了强制关闭寺庙、强迫教职人员还俗等措施。中国历史上著名的北魏太武帝灭佛、北周武帝灭佛、唐武宗灭佛、后周世宗灭佛等事件，尽管有宗教对立和冲突方面的原因，但也是佛教在经济上侵犯了统治阶级的利益，致使世俗统治者采取行政高压和强制措施的结果。如唐武宗灭佛期间，据说共拆毁寺院4600余所，僧尼修行处40000余处，强迫僧尼还俗达26万多人，收回寺庙良田数十万顷，奴婢15万人，致使中国佛教元气大伤。

　　除了宗教教职人员需要社会的供养之外，任何一种宗教活动的开展都要借助于一定的物质手段，而这些物质手段的创造都离不开经济条件。原始宗教供奉的各种图腾和神像，由于受当时物质条件的限制，往往置于露天或十分简陋的棚舍，随着经济的发展，有了足够的财力和物力，人们逐渐开始为神灵建造堂所，出现了正规的寺庙教堂。以后，寺庙教堂则愈建愈多，规模越来越大，建筑质量和装饰越来越豪华。世界各大宗教均保存下了许多巍峨壮丽的教堂和寺庙，堪称世界建筑的精品。除伊斯兰教和基督教新教以外，绝大多数的宗教都还特别注重神像的塑造和各种法器的配备，特别是佛教。只要我们步入佛教的寺院、殿堂，形形色色精美的佛、菩萨、罗汉、金刚的塑像便会出现在我们面前，它们或泥塑或木雕或铜铸，并大多涂以金粉，甚至敷以金箔。有的佛像甚至高达数十米，如北京雍和宫、承德普宁寺、西藏日喀则的扎什伦布寺均有高达 20 多米的佛像和观音像。藏传佛教历世圆寂的达赖和班禅的灵塔及其祀殿无不铺金盖银，珠光宝气。可以设想，这些辉煌的殿堂、精美的塑像耗资之巨大。

至于各种宗教持续不断地举行祭祀、庆典，经书的印制，教职人员的培养，讲经布道手段的改进（许多发达国家现已充分利用广播电视），开展救助贫困、卫生、教育等慈善事业，特别是世界性宗教在全球范围的传播，所需的经费都是十分巨大的。所有这些，都决定了宗教对经济的依赖。任何一种宗教，如果没有起码的经费购置和建设自己从事活动的用品及场所，它就不可能生存下去。

综上所述，可以看出无论宗教的产生、存在或发展和繁荣，都是以一定的经济条件为基础的。宗教在任何时候首先都要依赖社会经济，并受社会经济本身状况的制约。

四、宗教具体的经济来源

经济是宗教的基础。那么，宗教是通过哪些途径来获取自己的经济来源呢？从宗教的历史发展的情况来看，大致可归纳为以下几种方式。

首先是国家的支持。在阶级社会中，古今中外任何一个国家的统治者都会利用宗教来作为维护自己统治的精神工具，因而不惜在人力、物力、财力上支持自己所推崇的宗教，而宗教为了换取统治者的物质支持也会积极适应统治者的宗教需要。这种情况，在宗教史上例子是很多的。如我国历史上南朝的梁武帝（502—549 年在位）是一位有名的崇佛皇帝。他采取各种形式提倡佛教，抬高佛教的地位，并在财力上大力支持佛教。他亲自敕建大爱敬、智度、同泰等十余所寺院，宏伟壮丽，分别供养数以千计的和尚和尼姑。他还赠送大量土地给各寺院，仅大爱敬寺一次就给了 80 余顷土地。他还大造金、银、铜、石佛像。他下令铸造的同泰寺的十方金铜像、十方银像,光宅寺的丈八弥陀铜像,都消耗了大量物资和人力。他还经常作斋作法会,往往动员数万人参加。他甚至一生四次舍身到同泰寺为"奴",自愿入寺为僧众执役,以至每次都通过群臣用数亿钱来赎他这个"皇帝菩萨"回宫,实际上,极大地充实了寺院的经济。隋朝皇帝隋文帝在位 20 余年,由他倡导和由政府资助的佛寺就有 3792 所,新造佛像 16580 尊,佛塔 113 座,度僧 50 余万人。隋炀帝也笃好佛教,传说他在位期间共度僧尼 16200 人,铸刻新佛像 3850 座。藏传佛教在西藏从 1265 年萨迦政权以后,就开始实行政教合一。上层僧侣掌握国家政权,更使寺庙经济实力膨胀。寺庙占有庄园、土地、牲畜,还有农奴和奴隶,大的寺庙甚至占有农奴和奴隶上万人。15 世纪,帕竹政权时期为支持黄教(格鲁派)邀请宗喀巴到拉萨大昭寺主持全藏的祈祷大法会,又为他出资修建了黄教最大的拉萨三大寺,并安置僧众达 5000 人,使黄教声威大震。黄教发展到五世达赖期间,物质上更得到清朝统治者的支持。清朝政府除经常赠送大量金、银等物品外,还规定每年拨给达赖喇嘛白银 5000 两作为赡养。在欧洲的中世纪,历代封建国王、贵族为了拉拢教会都要拨赠大量土地。7 世纪时,西欧教会约拥有 8000 多处庄园。10 世纪以后,国王、贵族、主教大批兴建修道院,不仅出钱、捐赠土地,还动员大批农奴劳动力,致使修道院修建成风,仅法兰西一国,到 12 世纪时,修道院就多达 500 多所。随着修道院的大批建立,国王、贵族捐赠大量田地、森林、牧场、磨坊、葡萄园等。1917 年十月革命前的沙皇俄国,沙皇政府每年都给予东正教会巨额的财政拨款。如 1905 年,拨款 2900 万卢布;1910 年,为 3400 万卢布;1917 年,则达到 6500 万卢布。现代各宗教也是如此。英国的国教会在财政上仰赖国家,从国家获得大量资助,并受政府的监督。目前,由著名政治家和金融家组成的国会特别委员会,管理教会拥有的 6 亿英镑以上的资本。英国国教会有权要求国家减免一半土地税和其他税种。教会办的中小学的一切支出均由国家支付。在军队、监狱、医院供职的牧师，由国家支付工资。美国、德国等国的天主教和新教教会均从政府获得大量补助金，作为神职人员的薪金和教会学校的补贴，同时，宗教教师、随军牧师和边疆警察局的牧师的薪金也一律由国家或地方政府支付。在伊斯兰教的经济来源中，国家的拨款同样是重要的一部分。众所周知，麦加因为是天房克尔白（即麦加"圣寺"内一方形石殿，为世界穆斯林朝拜中心）的所在地，而成为世界各地的穆斯林的圣地。千百年来，各伊斯兰王朝都对克尔白天房的修缮、维护、扩建非常重视，不惜投以重资。此外，历代伊斯兰王朝都要从国家财政支出大量款项大修清真寺。近代以来，各伊斯兰国家依然按历史传统资助伊斯兰教。如沙特阿拉伯王国政府给予宗教经济的支持是持续不断的。1953—1955年，沙特政府大量拨款，对位于麦地那的先知寺加以扩建，全寺面积比原来扩大了一倍多，达到了16326平方米，寺内有5座宣礼塔，其中两座高达70米。同时，沙特政府还在20世纪50年代对麦加清真大寺进行装修扩建，投资5亿沙特元，历时10年才完工，总面积扩大到18万平方米，一次可容纳50万名穆斯林做礼拜。

其次，是教徒的捐赠、对教徒的课税及社会各界的资助。前两项是以神的名义考验信徒是否虔诚信教从而为教会获取收入的典型方式，也是历代各种宗教组织的重要经济来源之一。教徒的捐赠、布施和奉献大体分为普通教徒的奉献和特殊教徒的捐赠。前者一般经济状况较差，只是随从参加宗教活动捐赠一些财物，是一种经常性的行为，且数量并不太大。特殊的教徒的捐施，是指那些极其富有或达官贵人的捐施，这类教徒虽然人数少，但其捐施的总量却往往很大。在我国封建时代，有些大地主或官宦、豪绅，向佛寺捐施的财产，常常一次即达数百亩田地。在西方，这种方式也曾是基督教会的田地产的主要来源。现在，在西方发达的资本主义国家，由少数富豪或达官贵人以地产形式捐施给教会的情况几乎已不复存在了，代之而起的是各行业的大资本家以货币、基金等形式的捐施。例如，1978年，美国基金会联合会估计，当年美国各宗教组织获得的各项捐款总数共达184亿美元，其中除少部分是一般教徒的捐赠外，大部分都是大的企业或大资本家个人提供的。美国许多大财阀如摩根、杜邦、福特、肯尼迪等集团的首脑都是天主教徒。美国天主教内有一个被称为"哥伦布骑士团"的组织，其成员主要是企业主、金融家和国际投资者，该组织以办慈善事业为宗旨，仅 1993 年向教会捐款的金额就达 9300 万美元。美国天主教徒捐献的经费除了支付美国教会的开支外，还通过总部设在美国的修会等资助梵蒂冈和全球其他天主教教区。基督教新教的情况也是一样。1976 年，美国新教教会就获捐款 35 亿美元。在中国伊斯兰教史上，历代政府以敕赐、封赏、捐助以及世俗官吏、豪绅的馈赠等形式修建清真寺的事情也是常有的。一些世俗官员和豪绅，或联络感情，或拉拢利诱，也常施舍钱财给伊斯兰教寺院购置房产、土地、设施，等等。如 20 世纪 40 年代，宁夏回族军阀马鸿逵，曾以中国回教协会宁夏分会理事长名义捐赠现洋 338150 元分别赠与全省 500 个清真寺，用以购置田地、房产、牛羊，用来扶持伊斯兰教经堂教育。

对教徒课税，在许多国家都存在。例如，在中世纪的欧洲，什一税，即教徒以每年收入的十分之一上交教会，曾是基督教最主要的经济来源。这种宗教税，后来在法国大革命的冲击下曾在一些国家被取消，但也有些国家还继续保持了多年。英国的什一税一直延续到 1935 年才得以废除。在原联邦德国，教会也以新的形式向教徒课税。教会作为法人有权通过国家财政机构向教徒征收宗教税（约占信徒工资的十分之一）。根据有关法律，各州政府必须履行此项义务。1972 年，宗教税额达 70 亿马克。1975 年，宗教税约占地方总收入的 8%。除不具有纳税资格或得到豁免者外，所有教徒均须缴纳宗教税。宗教税是德国教会最主要的财源，约占其总收入的 80% 以上。在伊斯兰教中，"天课"是法定的施舍，是伊斯兰教以真主名义向穆斯林征收的一种宗教课税。《古兰经》中提到"天课"的地方有 80 多处。按伊斯兰教规定，穆斯林须每年将资财作一清算，除去正常开支所需外，其盈余的资财，包括动产和不动产，按商品和现金的四十分之一，农产品的二十分之一到十分之一交纳课税。"天课"被规定为每一个穆斯林表明信仰的五项功课之一。

第三，教会组织亲自从事经济活动。中国自南北朝以来就形成了佛教的寺院经济，起初得到了王室贵族的支持，但一旦势力过大，往往又受到国家的限制和打击。寺院经济的内容包括僧田、谷仓、庄园、磨坊、店铺和奴婢，特别是以地产剥削农奴和农民。欧洲中世纪基督教会的寺产规模也十分巨大，许多大的教堂和修道院往往有数千公顷土地，有上千的农奴为其耕种。近代以来，宗教组织从事的经营活动，由地产扩展及现代经济的许多重要领域，它们开办工厂、建立银行、经营商业、进行各种投资，还举办旅游服务业，等等，几乎变成了一个经营现代多种产业的经济实体。如当代日本佛寺的经济活动就呈多种形式。一些名山古寺积极开展旅游观光业，有的利用寺前开阔地带开设停车场；有的在所辖境内建造营利的公寓、宾馆、快餐馆、咖啡馆；还有的寺院向企业入股投资，搞合作经营；许多寺院还利用结婚、寿辰、企业开张等良辰吉日，制作发行纪念品；还有不少出租寺内土地的，等等。美国基督教新教也经营公寓和办公楼、停车场、工厂、商业公司、股票与债券等。个别教会甚至还开设赌场，投资于同军火工业有关的企业。由罗马天主教教皇利奥十三世所创立的天主教教会的银行"罗马银行"，是意大利现代的最大银行之一。伊斯兰教的清真寺通常以土地经营、房产租赁经营、手工业作坊或现代工业经营、第三产业（商贸、饮食、服务、金融）经营等为表现形式。寺院经营收入，也是宗教经济收入来源中情况最为复杂的一部分。就中国伊斯兰教来说，宗教寺院经营收入情况有以下特点：从时间上看，早期宗教寺院经营较薄弱，近代以来逐渐发展；从地域上看，沿海、中原那些经济较为发达的地区，大、中、小城市，交通沿线（如铁路、公路、运河）及枢纽（车站、码头），开展寺院经营活动较早，效益也较显著。

第四，宗教服务以及一定的农业生产劳动取得的收入。佛教、道教经常以举办各种法事活动，如超度亡灵的仪式等收取的报酬。伊斯兰教穆斯林给教长或阿訇为婚丧礼仪念经的酬劳。一些山居清修的佛、道宗派主张农禅并重、农道并重，用以解决部分经济来源。

五、有些宗教具有较系统的经济思想甚至经济制度

许多传统宗教大都强调出世，对现世社会的物质生产和财富往往持轻视、贬斥的态度。如古印度教就教导信徒作为一个婆罗门，"不要为谋取生活而频频接触浮世"。基督教《圣经》说："骆驼穿过针眼比财主进天国还容易。"新兴的巴哈伊教也主张："从财富的污秽里清洗你自己，平静舒坦地进入贫穷之城，从那超然脱俗的源泉里，你将畅饮永生之源。"

但有的宗教则强调世俗的经济生活也十分重要，以伊斯兰教最为典型。伊斯兰教是入世性最强的世界性宗教，它主张两世幸福，既强调人们通过对安拉的信仰获取彼岸的、天国的幸福是最高的幸福，同时又主张在今世信道行善，享受自己行为的完全报酬，作为进入天国的准备。因此，与佛教和基督教相比，伊斯兰教更为关注世俗经济生活，这不仅表现在《古兰经》中有较系统的经济方面的条文，而且表现在伊斯兰教有比较完整的经济制度。

《古兰经》、《圣训》中就包含了许多经济思想。首先是财产权方面的思想，涉及财产的所有权、占有权、使用权、分配权、继承权、债务权、经营管理权等方面的内容，是伊斯兰教经济思想的核心。伊斯兰教根据万物皆源于安拉的观念，提出安拉是一切财富的所有者。但安拉无法直接管理财产，因此，财产的实际占有者、使用者和支配者是人类。但实质上，人类只是财富名义的所有者。世人对财产的权利只是一种占有权，是受安拉委托代管的。伊斯兰教主张财产占有权的合法、合理获得，鼓励人们通过生产性的工作获得和增加财富，鼓励人们通过公平交易获得财富和扩大对财产的占有，鼓励为"主道"立功受奖所获得的财产。严格禁止以抢劫、偷窃、敲诈、欺骗、赌博、放债、投机、垄断、受贿等手段取得钱财。关于财产的分配，伊斯兰教认为安拉创造的财富

是为人类全体的生存、生活服务的，主张人人皆有占有财产的权利，但又肯定现实社会中贫富差异现象的合理性。关于债权，伊斯兰教坚决维护债权人的利益，主张债务人必须还债，但也提倡债权人在债务人确实无力还债时，可酌情减免。对于财产继承，主张以血缘关系为核心，并给予妇女一定的财产继承权利，强调维护孤儿的财产继承权利。其次，是关于商业经济的思想。伊斯兰教的发源地阿拉伯半岛的汉志地区，自古以来就是东西方商业要道之一，商业活动十分活跃。这种特殊的社会经济状况、自然地理条件和阿拉伯人传统的生活及文化，决定了伊斯兰教十分重视商业，崇尚商人的价值观，认为经商是受安拉喜爱的职业，把为经商而周游各地的人们与为安拉而作战的人相提并论。伊斯兰教强调勤奋经商，不要伤害他人的利益；要互惠交易，严禁重利；坚持合理竞争，严禁投机；商业活动要契约化，等等。此外，伊斯兰教还有关于发展农业、如何消费以及关于社会福利的许多思想。当然，由于伊斯兰教是严格的一神教，上述经济思想充满了浓厚的宗教神圣色彩，全力关注和弘扬伊斯兰教的基本宗教信仰。随着现代经济社会的发展，一些伊斯兰教的学者又结合现代经济发展的实践对传统伊斯兰教经济理论和实践作出了新的解释和补充。如提出了关于伊斯兰教经济学的问题；比较注重国家在经济生活中的宏观管理作用；主张国家积极干预经济生活，充分发挥其调节的职能作用，保证人人有均等机会获得生产劳动权利，保证各种生产、交换活动都公平、合理地进行；还提出了较为系统的现代伊斯兰的金融理论，特别是提出了以投资利润代替利益的金融原则；同时对税收、社会安全和保险等问题均提出了适应现代社会的一些思想。

按照《古兰经》、《圣训》中经济思想的指导，伊斯兰教还建立了比较完整的经济制度，包括要求穆斯林共同遵守的有关经济方面的各种法规和制度。其基本经济制度主要有天课制度、瓦克夫制度（用于宗教慈善目的捐赠）、商品交易制度、财产继承制度、消费制度、现代伊斯兰金融制度，等等。

通过对伊斯兰教的经济思想及经济制度的简述可以看出，与传统的基督教和佛教着重强调脱离尘世、逃避现实的特点不同，伊斯兰教全方位地特别是在经济方面参与、干预社会现实生活，这就使它基本上没有产生完全脱离生产的僧侣制度和僧侣阶层。当然，伊斯兰教经济思想和制度本身的规定是一回事，而在社会经济发展中的实践又是一回事，实际情况是有一致的地方，但又往往存在着许多矛盾的地方。

总之，经济对宗教的制约是宗教与经济相互关系的主导方面。但是，宗教作为一定社会经济生活的反映，作为一定社会的思想上层建筑又反作用于社会生活，其中对于经济的影响也是很大的。

第二节　宗教对经济发展的影响

宗教对社会经济发展的影响是一个十分复杂的过程。从宗教作为一种复杂的社会系统来看，其各个组成部分对经济的影响是不一样的，不同的宗教对经济的影响也呈现出不同的特点，即使是同一种宗教在不同的历史时期和不同的社会条件下对经济的作用和影响也往往表现出较大的差异，而且宗教对经济的影响大体上又具有正面和负面的两种作用。总之，对上述情况要进行具体分析。

一、宗教各组成部分对经济的影响

首先，要充分看到宗教徒对社会经济发展的作用。构成宗教体系的各组成部分，其核心是宗教徒，包括广大的信教群众和宗教教职人员。在世界范围内，广大信教群众总的来说始终占据着人口的大多数。他们一方面，具有自己的宗教信仰，进行着各种宗教活动；另一方面，他们又确确实实地在人世间直接进行着生产劳动，创造着人类赖以生存的大量物质财富。他们中大多数是农民、牧民、渔民、工人，还有一部分知识分子，其中不乏文化素质很高的科学家和教授，均是社会生产力中最活跃的因素。人民群众是历史的创造者，其中就包括信教群众的伟大贡献。宗教教职人员虽然一般来说要靠社会的供养，但是中下层人员往往必须参加劳动。如中世纪基督教修道院的中下层修士修女们，就要求在其修道院进行种植、畜养及手工业劳动。佛教一些派别讲农禅并重，也适当参加种植、造林、修桥、补路等劳动，在一定程度上利用自己的劳动解决部分衣食之源。

其次，要看到宗教教义和戒律的规定，往往会影响到信徒的经济行为。例如，佛教不杀生的戒律，长期以来束缚着一些农、牧民不敢同危害农牧业的病虫害作斗争，不敢对牛羊合理屠宰或进行良种选育，影响了农业和牧业的发展。受虔诚敬神以求来世上天堂求永福思想的影响，许多教徒心甘情愿地将自己劳动所得来的财物大量地献给寺庙及僧侣，而自己不惜忍饥受寒。基督教曾强调劳动是上帝对人类的惩罚的思想，提倡禁欲主义的苦行，都影响到人们的经济进取精神，也影响到社会的消费水平。当然，也有像加尔文教那样的基督教新教，虽然也提倡禁欲，但却不主张出世和厌世，而是主张人们在实际的生活和事业中的积极进取，甚至公开而鲜明地提倡积极投入当时实际上已是资本主义的商业活动，鼓励教徒在世俗事业上的成功。另外，基督教和伊斯兰教都反对放高利贷，中世纪的基督教还特别轻视商业和贸易，这些都影响到教徒进行金融和经商的经济行为。再如，佛教和天主教要求出家的僧尼和神父以上的教职人员不能结婚，必然影响到劳动生产力的再生产。特别是西藏佛教，到新中国成立前夕，僧尼人数12万，占当时西藏人口的约十分之一。这些人不仅受家庭供养，而且不能结婚，在一定程度上影响了藏族人口的增加。

第三，各种宗教的祭祀礼仪活动往往需要消耗大量财物。尤其是在生产力十分低下的原始社会，频繁的宗教活动给生产带来很大的消极影响和破坏作用。如在农业祭祀上，不惜屠杀大量牲畜，甚至用人祭神，严重影响了人们的生产和生活。在以后的宗教发展中，敬神均需要购置各种物品，如特定的香、蜡、纸、烛，以及特殊的供品、祭献物、衣物、装饰、食物等，这一方面促使了这类行业的发展，另一方面也造成了宗教活动大量的物质耗费。至于寺庙教堂无休止地修建，更是加重了广大教民的经济负担。一些宗教的朝圣活动也伴随着大批生产者脱离生产岗位，且耗费巨额资财。

第四，各种宗教组织通过维护自己赖以生存和发展的一定社会的经济制度用以对社会经济发展产生影响。被统治阶级所推崇的各种宗教，都以神的名义来使现存的经济制度合法化和神圣化。例如，奴隶制和封建制时代为统治阶级推崇的基督教，就曾在维护奴隶制和封建制经济制度和经济秩序中发挥过这种作用，而现在资本主义社会中的基督教则在维护现代资本主义的经济制度和经济秩序中继续发挥着这样的作用。其他宗教也有类似的作用。但就一般情况而论，凡为一个社会所推崇的并在社会中居主导地位的宗教，总是现存经济制度和经济秩序的维护者。其原因就在于，它们本身就是既定的居统治地位的社会经济关系的产物。只有那些萌生于新的经济关系中的宗教，如适应新兴资本主义发展的基督教新教，才对当时既存的封建制经济制度和经济秩序起过破坏作用。但当基督教新教一旦同与它相适应的经济关系一起成为社会居统治地位的因素时，其作用又是用来维护现存的资本主义制度了。所以，一种在社会中流传很广并受到国家保护和支持的宗教，总是现存社会经济制度的维护者，是现存经济秩序得以稳定的重要因素。

二、不同的宗教对经济的影响呈现出不同的特点

就世界三大宗教佛教、基督教、伊斯兰教而言，传统佛教和基督教的教义多强调出世、厌世，主张出家的僧侣少干预甚至脱离世俗生活，特别是经济生活。而伊斯兰教则强调出世入世并重，表现出对社会经济发展的强烈影响。以伊斯兰教在中国穆斯林经济生活中的作用为例，就可以看出伊斯兰教的对经济生活的控制作用十分强烈。

众所周知，中国穆斯林具有强烈的商业竞争意识。时至今日，我国

各民族，包括汉族，都不能不佩服一些信仰伊斯兰教的民族如回族、维吾尔族那种擅长经商的本领和才能。在中国历史上，穆斯林因其特别会经营商业，在各地创造了辉煌的业绩。究其原因，与伊斯兰教的崇商、重商的价值观有密切联系。重视商业的价值观，使许多穆斯林走上经商贸易之路，促进了商业的繁荣。在中国社会的经济生活中，穆斯林所经营的一些行业或门类，曾长时期地在该行业或门类中占据着优势地位。在相当多的大、中城市，尤其是西北地区，穆斯林的清真饮食业、牛羊屠宰、牛羊皮毛加工以及与其他民族之间的贸易，都面向全社会服务，占据了相当重要的地位。历史上，还有一些地区的穆斯林，在经纪人、珠宝等行业中占据着优势。我国西北地区的甘肃和青海，处于黄土高原和青藏高原、农业区与牧业区、汉族地区与藏族等少数民族地区的交汇点，在这三个交汇点的两边，气候恶劣，交通不便，人迹罕至，为高山峻岭所阻隔，一般人很难深入此地。而受伊斯兰教义影响的回族穆斯林，具有勇敢、吃苦、耐劳、坚韧不拔的意志，他们赶着牲口，背着炒面，跋山涉水，深入草原、牧场和藏族聚居区，运进牧民所需的砖茶、丝绸、铁器、瓷器，换回牛皮、牛毛、羊毛、药材，沟通了内地与边区、农业与牧区、汉区和藏区的联系，促进了商品交换，发展了经济，加快了落后地区的社会进步。

伊斯兰教义所强调的公平经济的原则，对于穆斯林商人维持较好的商业信誉、防止经商活动的欺诈行为和不平等的买卖等，起到了道德上的约束作用。而贯穿于伊斯兰教经济主张和经济制度中的均贫富的原则，通过捐献、施舍等方式维护着穆斯林内部的社会公平，也起到了某种稳定社会结构的功能作用。

另外，伊斯兰教在中国穆斯林的共同经济生活中还起到一种纽带的作用，有的直接表现为宗教活动场所的经济服务功能。如清真寺在中国一些地方，历史上还是经济活动信息交换场所之一。如今日从甘肃临夏到青海海东的商路上（即传统丝绸之路的南线），大约从元明时代起就有了穆斯林定居，并充当起经商的主要角色。适应商业贸易活动的需要，在这条路上，每隔一段路程都建有驿站，并有穆斯林定居，他们修建食宿设施，为过往商队服务。为了方便自身和过往的穆斯林商人宗教生活的需要，他们还在这些驿站建起清真寺。当商队来到并做完礼拜后，客商往往并不急于散去，而是坐在大殿的屋檐或长廊下，互相交流商业信息，或当场拍板成交一些生意。这种情况，显然在佛教的寺庙或基督教的教堂中是不允许的。

三、同一宗教在不同的历史时期和不同的社会条件下，对经济的作用和影响也不一样

以基督教的历史发展为例，早期基督教作为奴隶制社会中被压迫者的宗教，它主张要摆脱现实苦难，就得一心侍奉和求助于救世主"弥赛亚"，在世界末日摧毁罪恶世界并实现"千年王国"，从而获得拯救。为此，这一时期的基督徒鄙视并主张抛弃尘世的财富，认为富人想进天国，比骆驼穿过针孔还难；要一心向上帝，把财富积聚在天上，因为那里没有虫咬，没有贼偷，也不会锈坏。他们认为人们不必再从事生产劳动，因为基督启示说，要将生命泉的水白白赐给那口渴的人喝，得胜的必承受这些为业。生命树结十二样果子，每月都结果子，树上的叶子乃为医治万民的。因而当时的教会生活是，入教的信徒必须变卖自己的田产家业，把所得银钱交给信徒统一管理，供大家公用。日常生活用品都按照需要分配给每个人，具有互助和济贫的性质。

中世纪的基督教，在国王和贵族的资助下，教会开始拥有大量的土地，并得到了迅速的发展。进而教会也采用了与封建等级制度相适应的教阶体制，并采用封建方式经营土地，成了封建制度的重要支柱。上层教士不但从思想上为封建秩序进行论证和辩护，而且其本身也成为封建主阶级的重要组成部分。这一时期的基督教全力论证封建制度的合理性，对自给自足的田园式经济及对农奴的剥削加以美化和神圣化，并贬斥商业。但随着主张商品自由交换、自由贸易的资本主义的发展，在反

映新兴资产阶级利益的宗教改革中，特别是加尔文新教的经济伦理思想，又为新生的资本主义的发展进行神学的论证。加尔文提出的著名的"得救预定论"，认为一个人之所以发家致富，不在于他的品德、智慧和勤劳，而完全靠上帝的赐恩。财富本身绝不像某些蠢人所想象的那样应予斥责，并强调是否能成为预定的上帝选民的标准就在于个人事业上的成就及财富的多少。这就一反传统基督教的出世主义观念，鼓吹入世主义的宗教精神，论证了资产阶级个人奋斗发家致富的合理性。所以，这种经济伦理思想备受资产阶级的欢迎。基督教新教的经济伦理思想可以说影响了整个近代基督教的发展，不仅仅是基督教新教本身，也影响到天主教和东正教。时至今日，资本主义世界的基督教会，都在想尽一切办法积累财富，这已是司空见惯的事情了。

再如中国封建社会历史条件下的佛教，其中藏传佛教与汉地佛教对经济发展的影响也有所不同。汉地佛教除在魏晋南北朝和唐五代一段时期由于庞大的宗教寺院经济，不仅给人民造成了沉重的经济负担，而且还严重影响到国家的财政收入并对统治阶级政权构成威胁外，在其后的近千年中，对中国封建社会的经济发展便没有产生过大的影响。而藏传佛教，尤其是西藏佛教，在17世纪后走上了政教合一的道路，使佛教发展到登峰造极的地步。而在政教合一体制下，寺院以宗教名义占有着大量的土地和农奴。调查资料统计，在西藏民主改革前，有40％的耕地被寺院和僧侣占有。此外，在新中国成立前夕，青海塔尔寺有耕地102321亩；甘肃拉卜楞寺有耕地742500亩。由此可见，宗教与政权的结合造成的宗教经济势力的庞大。

宗教对经济发展的影响尽管是十分复杂的，但是我们通过具体分析，并以这种影响是否有利于推动社会生产力的发展、是否有利于保证教徒基本的物质生活为标准，不难看出这种影响具有积极和消极两个方面。这两个方面反映到不同宗教以及每一种宗教发展的不同时期，表现的情况是不一样的。特别是在消灭了剥削制度和剥削阶级的社会主义社会，宗教对经济发展的影响与在阶级社会中的情况有了根本的不同。

第六章
统治者的工具与被统治者的外衣
——宗教与政治

第一节　什么是政治

一、一定社会公共权力的活动、形式、关系及其发展规律

政治是人类历史发展到一定时期产生的一种十分重要的社会现象。一般来说，政治是指一定社会公共权力的活动、形式、关系及其发展规律。所谓社会公共权力主要是指国家权力，如政府的立法、行政、司法等部门，执政党、政治家和各级政府的官员，等等。此外，还包括与国家权力体系相联系的一些集团、组织，如非执政党、各种社会团体，等等。

在一定的社会体系中，政治是建立在经济基础之上的上层建筑的一部分。它包括政治思想及与之相适应的政治组织机构。政治思想是指一定阶级关于社会政治制度和国家形式、关于各阶级在社会生活中的地位及其相互关系、关于不同国家与民族之间的关系的观点之总和。它不仅反映在各个阶级的政治理论中，而且通过各个阶级及其政党的纲领、方针、战略、策略以及国家的政治制度、政策法令中表现出来。政治思想是确立和巩固一定社会政治制度和经济制度极其重要的意识形态武器。

与政治思想相适应，任何一个社会都要建立体现人们之间一定政治关系的政治制度，建立政党、政府、军队、警察、法庭、监狱及各种社会团体等国家机器和政治组织，形成一种现实的力量。在阶级社会中，社会的上层建筑构成一个庞大的体系，其中，政治上层建筑居于主导地位，国家政权则是上层建筑的核心。

二、政治是经济的集中表现

政治在任何社会都是经济的集中表现。政治领域的各种关系，如统治和被统治的关系、管理与参与的关系、权威与服从的关系，等等，归根结底都取决于社会的经济关系，并以经济利益为中心，以获取更多的经济利益为目的，具有不同程度的强制性、支配性和相互斗争性。

三、阶级、阶层、派别和集团为争取政治权力的斗争

随着人类社会由低级向高级的发展，政治也不断向高级程度发展。在阶级和国家产生以后，政治生活便围绕着国家权力以及国家和社会的相互关系展开，首先表现为社会上各阶级、阶层、派别、集团为争取政治权力的斗争，其次表现为国家的全部统治活动和管理活动。

在奴隶社会和封建社会，占人口绝大多数的直接生产者被排除在政治生活之外，政治生活主要而且经常地表现为统治阶级内部各阶层、派别、集团之间的权力斗争。而奴隶与奴隶主、农民与封建主之间的阶级斗争往往通过奴隶起义、农民起义这种特殊的政治形式表现出来。在欧洲封建社会末期，新兴的资产阶级借助劳动群众的力量与封建贵族进行争取政治权力的斗争。在资产阶级确立统治以后，资产阶级国家的政治一方面表现为资产阶级的政治统治和政治管理过程；另一方面，则表现为无产阶级和资产阶级之间围绕政治权力所进行的政治斗争。在资本主义国家，资产阶级各集团往往通过其掌握的巨大财富来控制代表一定阶级、阶层和社会集团根本利益的现代政党，通过政党掌握政权或影响政

府的各种方式来实行对政治生活的主导作用，进而实现对政治权力的垄断。在资本主义国家，工人阶级和资产阶级围绕着政治权力所进行的阶级斗争，一方面表现为无产阶级政党参与政治竞争，另一方面表现为无产阶级政党领导人民通过革命运动，反对资产阶级统治，争取实现无产阶级的根本利益。在工人阶级掌握政权的社会主义国家，其政治与资本主义国家的政治有着根本不同的性质。

四、国家的全部统治活动和管理活动

政治的内容，即使在阶级社会也不完全限于阶级之间的矛盾和斗争，它还包括对国家整个社会生活的统治和管理。国家的全部统治活动和管理活动，即政治管理，是与政治统治密切相关的一种人类社会的管理活动，是国家权力的持有者，按照某种特定的秩序和目标对政治生活进行自觉地、有计划地约束或制约的一定方式。其主体是由国家权力主体构成的政权体系，目的是使社会政治生活正常运行以更好地服务于政治统治，其客体是特定国家内部的全体社会成员。

总之，所谓政治，就是一定的阶级或社会集团，基于其根本利益，调节其与其他社会力量的关系，谋取和维护国家政权，并运用政权治理国家和社会的全部活动。也可以引申为政党、政府在国家生活、政治关系方面的大政方针。政治作为一种社会现象发展到今天，在任何一个国家都是牵动社会全体成员的利益并支配其行为的巨大社会力量，它影响着全社会，并与其他社会现象密切联系和相互影响。其中，宗教与政治的关系就是一个重要的方面。

第二节　宗教与阶级和阶级斗争

在阶级社会中，宗教与阶级和阶级斗争的关系一方面集中表现为统

治阶级支持和利用宗教，将宗教作为维护和巩固自己统治的精神工具；另一方面，宗教为获得自身的发展，也依附于统治阶级并为之服务。此外，被压迫阶级在反对压迫阶级的斗争中也往往利用宗教作为一种"外衣"、"旗帜"和"纽带"。

一、统治阶级利用宗教为自己的统治服务

在阶级社会中，掌握着政权的统治阶级，无论是奴隶主阶级、封建主阶级还是资产阶级都希望自己的统治万古长存。为了巩固自己的统治，他们一方面依靠国家政权的专政力量，另一方面则诉诸精神的力量。而宗教作为一种特殊的精神力量，其自身的特点十分有利于统治阶级。宗教的特点之一，就是以超人间的神的名义，不仅能从信仰上紧紧控制信教群众，而且能从组织制度上去统辖信教群众。宗教的专事神灵的超凡脱俗的外表，将它对现实世界的作用和影响蒙上了一层神秘主义的面纱，俨然具有神圣不可侵犯的性质，非常有利于统治者以神的名义来掩盖自己的世俗的目的。宗教鼓吹的脱离现实、超越现实的来世幸福才是真正的幸福的说教，将广大信教群众的注意力从冷酷的现实转移到虚无缥缈的天国，直接有利于对现存秩序的维护。正是因为如此，阶级社会中的历代统治者都有意识地将宗教作为自己统治的精神工具。另一方面，宗教在进入阶级社会以后，宗教组织的掌权者，即上层的高级僧侣们，一般来说都已成为统治阶级的一部分。共同的利益，也使宗教要依附统治阶级，依附于国家，并为国家服务。

统治阶级对宗教的利用，首先是以神的名义来使自己的统治神圣化。中国的历代封建统治者自称"天子"，意为上天的儿子。而天，则被宗教神学家解释为是至高无上的有意志和情感的神。两千多年前，西汉思想家董仲舒明确提出了君权天授的思想，他说："受命之君，天意之所予也。故号为天子者，宜视天如父。"（《春秋繁露·深察名号》）南北朝（420—589 年）时期，统治阶级大力提倡佛教，不惜财力大建寺

院，广度僧人，不仅将佛教作为一种祈福的手段，而且进一步自觉地把佛教当成维护自身统治的工具，僧侣们也往往给世俗政权以佛教神权的论证。如南朝宋文帝曾与大臣们专门谈论过佛教的社会作用，认为若普天之下都效法佛教之道的话，则江山就会平安无事。北魏武帝重用僧人法果，待遇十分丰厚，法果则以武帝"即是当今如来，沙门宜应尽敬"对之加以称颂。他还说，君主是弘扬佛法的，我拜他并不是拜天子，而是对佛致敬罢了。唐朝李氏皇帝虽然出身贵族，但并非望族，为了抬高自己的出身门第，给新政权增添尊贵的色彩，他攀附道教主李耳作为祖先，完全是为了政治上的需要。清王朝对藏传佛教的支持，也充分表明是统治阶级对宗教的利用。清朝皇帝根据满、蒙、藏民族相似的文化、宗教和历史背景，力图用藏传佛教激发他们共同的思想感情，并通过喇嘛上层控制边疆地区。特别是对达赖、班禅两大活佛的支持，对清朝统治西藏地区起到了重要作用。从外国的情况看，2—3 世纪时的基督教已由奴隶和下层民众层面扩展到罗马帝国的富有阶层、奴隶主和贵族中间，依附于剥削阶级，使它取得了进一步的发展，并日益成为剥削阶级奴役劳动人民的工具。基督教在政治思想上极力鼓吹顺从罗马帝国的统治。例如，《新约圣经·罗马人书》就明确鼓吹罗马帝国代表了神的统治，基督徒应当做罗马帝国的顺民，它宣称："在上有权柄的，人人当顺他。因为没有权柄不是出于神的。凡掌权的都是神所命的。所以抗拒掌权的，就是抗拒神的命令，抗拒的必自取刑罚。"罗马帝国皇帝查士丁尼一世（483—565 年）曾明确地说过，教会的兴盛，可以坚定国家的康乐，对上帝信仰的爱护，就是对帝国最好的保障。

其次，是利用宗教教义学说来论证阶级剥削和阶级压迫的社会制度的合理性。像佛教宣扬的"因果报应"、基督教的"原罪说"、伊斯兰教的"信前定"等，都常被统治阶级用来解释社会中存在的剥削与被剥削、压迫与被压迫的不平等关系是天经地义的、合理的，是神的意志的体现。

第三，是利用宗教关于"天堂"与"地狱"的教义以及"顺从"、

"忍耐"甚至"爱仇敌"的道教说教，来稳定自己的统治秩序。几乎所有的宗教都宣扬有一个只有在死后的来世才能享受极乐的"天堂"，并以此来吸引信众；都宣扬有一个令人恐怖的受苦受难的"地狱"，并以此来威吓信众，其目的就是要人们承认现实社会的合理性而不作任何反抗，就是要人们承受现实的痛苦去换取死后来世的幸福，消磨受苦受难的人们改变现实受苦处境的斗志，使他们逆来顺受地忍受统治阶级的剥削和压迫。

总之，在阶级社会里，在统治阶级的扶植利用下，宗教大都从理论上来论证剥削社会的合理性，并在道德上称颂它，在感情上维护它。正如马克思所说的："宗教是这个世界的总的理论，是它的包罗万象的纲领，它的具有通俗形式的逻辑，它的唯灵论的荣誉问题，它的狂热，它的道德约束核准，它的庄严补充，它借以求得慰藉和辩护的总根据。"①

二、被统治阶级往往也利用宗教来捍卫自己的现实利益

在阶级社会里，被统治阶级利用宗教来捍卫自己现实利益主要表现为农民反对封建制度的起义和新兴资产阶级反对封建制度的斗争。另外，也要看到，在统治阶级内部，又总是存在着政治和经济利益不尽相同的阶级和社会集团，特别是一些受到压制和排挤的阶层和集团，往往为了自身的利益，会对某种有利于自己的宗教进行不同的取舍和改造，从而形成不同的宗教派别。

农民起义为什么往往会打出宗教的旗帜，披上宗教的外衣？新兴资产阶级反对封建制度的斗争为什么要采取宗教改革的方式？这首先是因为在封建社会，各种宗教均发展到十分系统完备的程度，在意识形态领域中占据主导的地位，在中世纪的欧洲，甚至占据绝对统治的地位，广大受压迫的群众深受宗教的影响，宗教已成为封建专制制度的精神支

---

① 《马克思恩格斯选集》第 1 卷，人民出版社 1995 年版，第 1 页。

柱。因此，冲击封建专制的政治制度，首先要冲破占统治地位的宗教的束缚，折断封建制度的精神支柱。其次，利用宗教所具有的神圣的不可侵犯的性质，使农民或资产阶级所争取的世俗利益罩上一圈灵光，以便于动员本阶级的群众，组织他们进行斗争。恩格斯在谈到中世纪欧洲反封建群众运动时说："中世纪把意识形态的其他一切形式——哲学、政治、法学都合并到神学中，使它们成为神学中的科目。因此，当时任何社会运动和政治运动都不得不采取神学的形式；对于完全受宗教影响的群众的感情来说，要掀起巨大的风暴，就必须让群众的切身利益披上宗教的外衣出现。"[1] 这段话清楚地说明了宗教同被统治阶级的政治运动密切相关的历史原因。

例如，我国历史上东汉末年张角领导的黄巾大起义，在当时谶纬迷信和神仙方术弥漫于朝野上下的环境之中，其最初的发动群众的方式就是以"太平道"的教派活动为手段、以"苍天已死，黄天当立"的宗教语言来表达并以传道行医为掩护的。这种办法适应了当时受苦受难的群众的觉悟，十余年间，有数十万人加以响应。但是，我们也要看到，真正吸引劳苦大众参加黄巾起义的并不是宗教本身，而是用宗教语言包含着的农民阶级的社会政治理想。所谓"黄天当立"，就是要推翻给人民带来无穷苦难的汉家天下，去建立一个平民共财、人人有饭吃、没有剥削压迫、人人各得其所的理想世界。只不过它披上了太平道的"宗教外衣"罢了。

以后中国历史上的多次农民起义，也都曾借助宗教作为手段。如北宋方腊起义利用了"明教"，元朝末年刘福通起义利用了"白莲教"。从中都可以看出，宗教作为一种手段，一面旗帜，一种口号，一件外衣，在农民起义组织和发动群众过程中确实起过积极作用。但是，农民起义的主要原因并不是由于宗教，而是由于阶级矛盾的激化才迫使农民揭竿而起的，而起义的目的归根结底是为了自己的现实利益。

———————

[1] 《马克思恩格斯选集》第4卷，人民出版社1995年版，第255页。

中国历史上最大的一次农民革命运动太平天国运动同样也是打着宗教的旗号发动起来的。洪秀全在金田起义之前，组织了拜上帝会。他借用基督教的一神论观念，宣传皇上帝是独一真神，把中国封建社会中其他一切宗教崇拜对象一概斥为"阎罗妖"。他声称他本人就是皇上帝的次子，并亲奉上帝之命，来到此世，要把一切阎罗妖斩尽诛绝。他还利用基督教关于人人都是上帝子女的说教，号召人民大众像"兄弟姊妹"一样，奋起建立"天下一家，共享太平"的理想世界。洪秀全用上帝的神圣权威去打倒君王的神圣权威，这对农民群众显然具有解放思想的作用。但是，他利用宗教也仅是一种手段，其目的不过是通过对传统神权的否定来表达农民群众要求推翻清朝政权的愿望，建立一个天下人人不受私物、天下大家处处平均、人人饱暖的现实天堂。因此，当时千百万苦不堪言的农民群众之所以会集中到洪秀全太平天国的大旗之下，与其说是他们相信洪秀全是皇上帝的儿子，不如说是向往他宣说的地上的天堂。

在世界历史上，农民起义对宗教的利用最突出的例子当算16世纪托马斯·闵采尔领导的德国农民战争。1524—1525年的德国农民战争，是欧洲历史上一次声势浩大、波澜壮阔的反封建的人民革命运动。它遍及德国大部分领土，全国约有三分之二的农民投入了战争。但是，托马斯·闵采尔在发动和组织农民之初，采取的却是领导平民进行宗教改革运动，首先把矛头对准了封建制度的精神支柱——基督教。他不仅攻击天主教，甚至攻击基督教的一切主要论点，否认圣经是唯一的、无误的启示。他认为人人可以有神性，人人可以升天堂。天堂不在彼岸，而就在此世，信徒的使命就是要把天堂即天国在现世上建立。恩格斯曾指出，闵采尔所了解的天国不是别的，只不过是没有阶级差别、没有私有财产、没有高高在上和社会成员作对的国家政权的一种社会。闵采尔正是用宗教外衣掩盖下的实实在在的政治理想来领导农民求得自己解放的。

中外历史上的农民起义最后大都遭到了失败。其根本的原因就在于一方面，农民阶级并不是当时先进生产力的代表，他们提出并为之奋斗的理想只具有空想的性质。另一方面，也要看到，农民起义初期所利用的宗教往往会在起义过程中起消极作用，从而使宗教成为农民革命斗争失败的原因之一。以太平天国革命运动为例，洪秀全在发动起义之前自称是上帝次子，显然是为政治目的而编造的神话。但在太平天国政治军事形势开始逆转之后，他却日益沉溺于迷信之中，自认为是奉上帝之意，不怕江山不牢，以致错误估计形势，导致军事失败。再者，太平天国定都南京之后，政权明显地步入封建化的过程，而成为一种绝对的君主专制制度、封建等级制度再加上封建神权制度的混合物。拜上帝教的教义这时则成为这种新的封建体制的神学根据。可见，宗教在太平天国革命运动的过程中，起初作为革命的"外衣"曾起过积极的作用，但在后期，其麻醉作用则促进了革命的蜕化变质过程，成为太平天国最后失败的原因之一。托马斯·闵采尔的起义过程也是如此。当时，曾对闵采尔有过一定影响的代表新兴资产阶级宗教思想的路德，在农民起义达到高潮的时候，却表现出恐惧，并完全倒入统治者的怀抱，出卖了革命。1522年，他按照统治者的需要写了《劝基督徒勿从事叛乱书》，说"上帝禁戒叛乱"，群众起义是由于"魔鬼的挑动"，把闵采尔称为魔鬼的工具，呼吁基督徒服从执政者。路德用神学的语言道出的对官方的支持和对起义农民的诅咒，对农民起义所起的破坏作用是很大的。马克思曾深刻地指出："当时，农民战争这个德国历史上最彻底的事件，因碰到神学而垮台了。"[①]

　　欧洲新兴资产阶级反封建的斗争最初由于其力量的弱小也披上了宗教的外衣，采取了宗教改革的形式。它集中表现为16世纪由德国的马丁·路德发起的对西欧封建制度的主要支柱——以罗马教皇为首的天主教会发起的猛烈冲击。这次宗教改革提出了这样一些主张：反对罗马教皇对各国教会的控制；反对教会拥有地产；《圣经》为信仰的最高准则，不承认教会享有解释教义的绝对权威；强调教徒个人直接能与上帝相通，不必由神父做中介。1541年，以法国人加尔文为首的宗教改革激

---

① 《马克思恩格斯选集》第1卷，人民出版社1995年版，第10页。

进派，在日内瓦建立资产阶级共和式的长老制教会。宗教改革运动使西欧和北欧各国的世俗君主摆脱了罗马教皇的控制，把教会置于本国统治者控制下，产生了脱离天主教的各宗派。宗教改革的实质是使基督教教义上的改革和组织制度的改革适应了新兴资产阶级的需要，为资本主义的发展扫除了思想上的障碍，其政治目的具有主要的意义。历史事实也证明了宗教改革在资本主义较发达的法国、瑞士、荷兰、英国得到广泛开展，有力地促进了西欧从封建主义向资本主义过渡，加速了社会历史的发展进程。

除了农民起义利用宗教和资产阶级进行宗教改革以外，在历史上，在各种宗教内部出现的异端，往往也会被用作统治阶级与被统治阶级之间、统治阶级内部不同政治派别之间进行政治斗争的工具。所谓异端，是指在一种宗教内部，神学观点与占据统治地位的正统理论相对立从而受到教内权威排斥的派别。由于占据统治地位的正统理论往往受到世俗统治者的支持，因此，可以借助政权力量压制非正统的思想和教派，所以异端常常同反正统的政治派别，特别是同被统治阶级联系在一起，并被发展为以下层群众为主体的宗教运动。欧洲中世纪出现的基督教的各种异端可以说最具典型性。当时，异端的成分十分复杂，目标各异。如市民异端常表现为要求恢复原始基督教的简单教会制度，要求取消独霸的僧侣阶级。农民异端虽然许多要求与市民异端主张相似，但却比市民异端更彻底，它除了要求教区成员间恢复原始基督教的平等关系之外，还往往从"上帝儿女的平等"推论到市民社会的平等，甚至已经多少推论到财产的平等了。在近代资本主义社会诞生之前，各种宗教异端的目标虽有差异，但它们的矛头却都是对准封建统治和正统教会，从本质上看都是为了使现实资本主义得到发展，而不单纯是为了宗教。

三、宗教与群体性的政治生活

在承认宗教在阶级社会常常成为阶级斗争的工具这一历史事实的同

时，还要看到阶级关系和阶级社会既不是人际社会关系和人类社会的原始形态，更不是唯一和不变的形态；即使在阶级社会中，阶级关系也不是人际社会关系的全部内容，除此以外，还有非阶级性的人际关系。例如，人作为人类的一分子与人类其他成员结成的普遍的人类关系、种族关系、血缘关系、社区中的人际关系、行业性集体关系、不同宗教信徒之间的关系，等等。这些社会关系同样具有政治的、法律的、伦理的性质。但并不具有为特殊阶级服务的阶级性色彩。在历史上，传统宗教不具有阶级色彩的部分伦理规范、律法规定和政治制度，也一直发挥着巨大而深刻的影响和作用。宗教以神圣的名义，用"神意"、"天命"、"上帝的启示"、"神律"之类把这些人际社会关系以及相应的伦理规范、律法规定和政治体制神圣化，赋予这一切以不可改变、不容侵犯的神圣性，这就强化了社会成员对这些社会关系的认同和对相应的伦理规范、律法规定和政治制度的服从。宗教的这些作用是维系社会群体共同生活的需要，并不具有阶级性。各大宗教规定的各种戒律，对于信仰这种宗教的社会群体而言，不仅是他们自觉遵守的伦理规定，而且构成社会群体强制其一切成员必须服从和遵行的律法规定和政治准则。这些规定和原则，虽然并非来源于神命和宗教的创造，但它们之所以能得到社会及其成员的承认和实行，却有赖于宗教对它们的神圣化。

宗教在政治方面的普遍作用还不仅仅限于戒律上的规定。国家—民族宗教赋予整个国家和全民族以共同的信仰对象和共同的教义信条，这就能加强一个国家和民族的认同感和一体化，有助于使它在种族冲突和国际斗争中维系自己的独立存在。如果没有犹太教，犹太民族早就消失在历史的海洋中；如果没有伊斯兰教的共同信仰，阿拉伯国家恐怕也很难在殖民主义、帝国主义和霸权主义的压迫下维持其民族的特性和国家的独立。

当然，也要看到另一方面的情况，即共同的宗教信仰同时也强化了对持不同宗教信仰的国家、民族和群体的排斥。它将宗教信仰相同的人视为"兄弟"，但同时又把不同宗教信仰者看作敌人和"异端"，由此在历史上引发了讨伐异教、消灭异教徒的宗教战争。宗教所特有的这种排他性深化和神化了宗教间原有的矛盾，使之具有了神圣的性质，很难加以调和。

就是共同的宗教信仰对于社会群体的认同作用和凝聚作用也并不是在任何情况下都没有任何缺陷的东西。宗教将共同的宗教信仰绝对化、神圣化，不许人对之持任何怀疑的态度，更不许对持不同信仰的异教文明表示赞许，这固然可以维持稳定的社会秩序和政治结构，但它同时也把这种秩序和结构凝固起来，把人们的思想和观念凝固起来，从而使社会难以很快地向前发展。

总之，宗教在政治领域所起的作用，无论是在阶级斗争领域，还是在非阶级性的群体生活领域都具有积极和消极的二重性。

第三节　宗教与国家

国家是阶级产生以后形成的一种政治组织。它是经济上占据统治地位的阶级对被统治阶级进行政治统治的工具。它拥有政治权力（公共权力）以及构成这种权力的武装力量、监狱、立法、政府等强制机关。国家就是以这种政治权力为核心组成的政治机构。

宗教与国家的关系主要表现在宗教组织同国家政权结合的程度上。在历史的发展中，这种结合程度一般反映出宗教组织与国家政权之间由于力量的对比而表现出的宗教势力对国家干预程度的大小以及政府对宗教组织控制能力的强弱。从历史和当今世界现实已出现的情况来看，大致有以下几种类型。

一、宗教组织同国家政权合一的政教合一制度

政教合一制度是宗教与政治结合最密切的形式。其基本特点是：国

家元首和宗教领袖同为一人，政权和教权由一人执掌，国家法律以宗教教义为依据，宗教教义是处理一切民间事务的准则，并在上述情况制约下，民众为宗教狂热所支配。

政教合一制度在中世纪的欧洲、亚洲一些基督教、伊斯兰国家都实行过。近现代在极少数国家也还存在。特别是在欧洲的中世纪，当时封建统治阶级为了维护和加强自己的政治统治，需要利用宗教；而宗教首领为了扩大影响、争夺势力，也需要与封建统治者的联合。掌握神权和掌握政权的两大集团既彼此争夺权势，又相互依赖和利用。欧洲历史上曾出现过宗教控制政权或由封建君主担任教主的局面。如拜占庭皇帝亲自担当基督教东部教会的保护者和宗教事务的主持者；俄国沙皇伊凡四世曾滥用权力干预、支配教会事务；英国亨利八世、俄国彼得一世明确将教会定为政府机构的一部分，要求教会必须服从君主等。

在欧洲历史上，教皇国是典型的政教合一的国家。教皇国是从 756 年一直持续到 1870 年由罗马教皇在意大利中部拥有领土主权的国家。756 年，法兰克国王丕平为报答教皇支持他篡位，迫使伦巴德人放弃意大利中部大片占领地赠给教皇，此为教皇国开始。11—13 世纪为教皇国的鼎盛时期，教权控制了政权。1075 年，教皇格列高利七世发布教皇敕令，其中不仅宣称"唯有教皇一人具有任免主教的权力"、"唯有教皇一人具有制定新法律，决定教区划分、设立新教区的权力"，从而把国王控制教会的传统权力收归教皇，而且宣称："一切君王应亲吻教皇的脚"、"教皇有权废黜皇帝"，甚至宣布"罗马教会从未犯过错误，也永远不会犯错误"、"教皇可以命令臣民控告他们的统治者"、"教皇永不受审判"，等等。由此完全以神权控制了教皇国。不仅如此，罗马教皇还在西欧各国建立了一整套与各国行政体系并行的教阶体制。以罗马教皇为中心，形成了一个中央集权的教会统治体制。教会享有独立的行政、司法、财政等权力，并设有专门的法庭——宗教裁判所，残酷迫害异教徒和反对封建势力的人。以后，教皇国疆界进一步扩大，1527 年，奥地利占领罗马，教皇国被承认为独立国家。后随着新兴资产阶级的发展强大，教皇国势力才逐渐削弱。1870 年，普法战争爆发，法军撤出罗马，意大利王国得到统一。罗马被定为意大利首都后，教皇国事实上已不复存在。1929 年以后，教皇国名称不再沿用，改为梵蒂冈城国。

从伊斯兰教的历史发展来看，在伊斯兰教占统治地位的地方，政教合一的倾向特别显著。作为宗教和世俗最高首领的哈里发，其名分仅在安拉和穆罕默德之下。一些伊斯兰国家的元首至今仍采用"苏丹"或"埃米尔"这样的政教合一体制下的称号。伊斯兰教对多数穆斯林国家的社会政治有全面深远的影响，其教律往往被作为民法以至刑法。政教合一的各种表现，在伊斯兰国家都以不同的形式存在，而且至今犹存。极端者以沙特阿拉伯和伊朗最为典型。沙特阿拉伯是一个封建王国，国王同时又是教长，王室控制着一切权力，伊斯兰教的《古兰经》是法律的依据。大穆夫提是国王宗教方面的副手，掌握着国内宗教和司法的最高权力。庞大的穆斯林神职人员，如乌里玛、穆夫提、卡迪、毛拉等，往往兼任政府官员，享有宗教和世俗方面的很大权力，并有丰厚的收入。各级法院均按各自的法律权限，依据伊斯兰教法执行审判。伊朗宪法规定，伊斯兰教十叶派是国教。不能利用各种社会活动以及言论、出版自由来反对伊斯兰教。立法会议颁布的一切法律必须符合伊斯兰教教义和先知的法律。为监督立法，巴列维国王时期专门设立了一个由 12 名宗教领袖组成的监委会，对执法进行严格监督，对国家重大事件进行研究并作出裁决。政府内专门设有伊斯兰教指导部，负责伊斯兰教国内外事务工作。伊朗的法律还规定，在首都德黑兰和各省均设立伊斯兰法庭，凡有关穆斯林之间的纠纷，如死者遗嘱、财产继承、婚姻、教派争端等事宜，均由宗教法庭依宗教法裁决。长期以来，伊朗的王权与伊斯兰教上层一直存在着尖锐的矛盾。以巴列维国王为首的前政权曾不断扩大王权，由此导致 1979 年以霍梅尼为首的宗教势力最终推翻巴列维政权，并建立了以霍梅尼为国家元首兼宗教领袖的极端伊斯兰共和国。这种体制一直保持到现在。

我国历史上西藏地方政府也曾实行过政教合一制度。从 1265 年萨迦政权以后，西藏佛教就一直是在"政教合一"的制度下发展的，在以后的 700 多年中，西藏的宗教和政权密切结合，达赖喇嘛既是宗教的最高领袖也是政权的最高领袖，上层僧侣担任各级政府的官员，寺庙占有大量土地、农奴、牲畜，还拥有司法自主权，普遍设立了刑庭和监狱，备有各种刑具，对农奴和奴隶享有生杀予夺的权力。总之，宗教势力控制了整个西藏的政治、经济、文化等各个领域。西藏地方政府政教合一的制度一直延续到 1959 年。

二、大体上服从于国家政权的国教制度

国教是某些国家由统治阶级或执政当局定为国家的全民性信仰的宗教，它是一定社会中占据统治地位的官方意识形态，是维护统治秩序的最重要的精神支柱。实行国教制的国家，一般来说，国家政权具有很大的独立性，同时又需要继续依靠宗教来确立自己的统治权威与合法性。从宗教方面来说，它已不能凌驾于国家政权之上来控制政权，而是通过积极满足国家政权的需要来求得国家政权的支持和自身的生存、发展。在这种情况下，国家政权一般都会将它认为合适的某一宗教奉为国教，利用国家权力来保护和促进该宗教的发展，同时又求得该宗教在意识形态上对它的支持。目前，在世界上仍存在着许多国教体制的国家。如以基督教新教为国教的国家主要有挪威、瑞典、丹麦、冰岛、英国，等等；以天主教为国教的国家有西班牙、葡萄牙、哥伦比亚等；以东正教为国教的国家有希腊等；以伊斯兰教为国教的国家有巴基斯坦、伊拉克、约旦、科威特、卡塔尔、阿联酋、阿曼、也门、埃及、苏丹、利比亚、突尼斯、毛里塔尼亚等；以佛教为国教的国家主要有泰国。

三、政教分离的制度

政教合一不论是教皇国制度还是国教制度都是封建社会的产物。政教分离的思想产生于近代西方资产阶级反封建的民主革命时代，是资产

阶级要求民主、自由、平等在宗教上的反映，后来在西方各资产阶级建立的国家中得到较普遍的推广并在实际中得以贯彻实行。现在，政教分离差不多已成了世界上大多数现代国家处理宗教与国家政权相互关系的基本准则。

政教分离的基本含义是宗教组织和国家政权彻底分开。宗教组织不参与和不干预政府所管辖的一切世俗的事务，而只把自己的精力集中于满足教徒宗教信仰的纯宗教的事务上。从政府方面来说，则是把宗教信仰、宗教活动视为每个公民的私事、个人的权利和自由，而不对之进行任何干预和施加任何影响，并保障一切宗教团体的合法、正当的宗教活动。但是，实际的情况却是复杂的。其中，不仅有实行政教分离的国家政权不断干预宗教事务的情况，而且也有宗教组织千方百计地干预国家政权的情况。就以所谓最为自由、民主的美国来说，它在 1871 年就在法律上宣布了政教分离，但可以说，直到现在美国国家机关的工作仍然受着宗教的影响。美国国会两院的会议，常常以祷告开始，宗教宣誓盛行。国会有牧师，陆海军也有随军传教士。总统就职时，要手持《圣经》宣誓。美国有 42 个州的宪法序言包含有祈求上帝的内容。硬币上则铸有"我们信仰上帝"的箴言。一些州的现行法律不承认非教徒证人的证词，拒绝宗教宣誓的人同样也不得在法庭上作证，更不能在国家机关任职，公民还必须参加宗教仪式。有 16 个州的法律规定，反宗教的人要处以 30—100 美元的罚款，或者受到监禁处分，并可达三年之久。在历次总统竞选的过程中，教会更是积极进行干预，竞选人也积极谋求教会的支持。如基督教新教福音派牧师格雷厄姆就曾先后任约翰逊、尼克松、卡特和里根总统竞选及执政期间的非官方顾问、白宫布道家。美国建国以来，除 1961 年是天主教徒肯尼迪入主白宫外，其余各届总统皆为新教徒，其中基督教新教教会是起了重要作用的。

总之，政教分离制度虽然是处理宗教组织同国家政权相互关系的一种最先进的制度，但是，在实际上能否真正实现，还是一个长期的复杂的过程。

第四节　宗教与其他政治现象

一、宗教与政党

政党一般来说是代表一定阶级、阶层或集团的利益，旨在执掌或参与国家政权以实现其政纲的政治组织。宗教与政党密切结合的最高形式是宗教政党的出现。宗教政党既是一个政治组织，又是一个特殊的宗教团体；它既追求宗教目的，也追求政治目标。宗教政党主要是在第二次世界大战以后兴起的。目前，全世界约有 50 多个宗教政党分布在欧洲和第三世界 40 多个国家。

在西欧，第二次世界大战以后，法西斯主义臭名昭著，资产阶级保守党名声也不好。在这种情况下，一些资产阶级、小资产阶级的政治活动家利用宗教的影响并与宗教团体联合起来组成了资产阶级宗教政党。另一方面，宗教组织为了直接干预政治和扩大自己的势力，并使宗教势力具有强烈的政治色彩，有些宗教领袖就通过各种方式，在宗教组织的基础上组织起自己的宗教政党，或者由政治活动家同宗教领袖联合起来共同组织起宗教政党。这种宗教政党就是要利用宗教的社会力量来达到其政治目的。比如，在西欧政治舞台上，基督教民主党（包括基督教社会党、基督教人民党、天主教民主党、天主教人民党）已成为同社会党相抗衡的一支带有宗教色彩的重要政治力量。它自称要在自由主义与集体主义之间、资本主义与共产主义之间寻找一条"中间道路"。这种政治主张不仅在信教的选民中有深厚的社会基础，而且对一些不信教的中产阶级，特别是新的中间阶层和部分企业工人具有广泛的吸引力。目前，在西欧的意大利、荷兰、比利时、瑞士、卢森堡、爱尔兰和挪威等国，基督教民主党已成为执政党。当然，各宗教政党在政治目标和社会主张上各不相同，有的在政治上竭力维护现代资本主义制度，有的代表着大企业主和大农场主的利益，有的主张社会公正、社会改革并反对殖民主义和政治独裁，有的则既反对资本主义又反对共产主义，走所谓"中间道路"。

第三世界的宗教政党以流行于亚非的伊斯兰教的宗教政党较为突出。这类政党一般都遵循伊斯兰教教义的基本原则，极端者政治上最为保守，并具有强烈的宗教狂热。它们要求实行伊斯兰神权政治，既反对共产主义又反对西方文明。如伊朗的伊斯兰共和党、真主党，埃及的穆斯林兄弟会，叙利亚的穆斯林兄弟会等等。而埃及的穆斯林兄弟会最有代表性。该组织由哈桑·巴纳创建于 1928 年。它建立之初就强调宗教虔诚，号召回到《古兰经》去。第二次世界大战以后，穆斯林兄弟会成为埃及最强大的一股政治力量。它鼓吹建立伊斯兰政府，在公共生活中全面实施伊斯兰教法。现在"穆斯林兄弟会"已发展成为一个庞大的国际性组织，不仅在埃及，而且在叙利亚、约旦、苏丹等国的势力也很大。另外，伊拉克的"召唤党"、土耳其的"救国党"、黎巴嫩的"阿迈勒运动"和"真主党"、阿拉伯半岛的"伊斯兰革命阵线"，都是影响较大的伊斯兰反对派组织。它们或公开，或秘密，或采用竞选参政、游行罢工等和平方式，或采用袭击、暗杀、绑架、劫持等暴力手段与政府进行斗争。埃及前总统萨达特就是被激进的"圣战者"组织刺杀身亡的。科威特、沙特阿拉伯、叙利亚等国多次发生的反政府暴力事件也都是这些组织在伊斯兰口号下进行的。

不仅在第三世界，而且在东欧剧变、苏联解体以后，例如在今日的俄罗斯，也出现了在苏联条件下没有出现过的宗教政党现象。苏联在戈尔巴乔夫当政时期，在所谓的公开性、民主化的改革过程中，各种政治势力蓬勃兴起，并呈现了前所未有的宗教热。宗教界内的反共反社会主义势力也乘机迅速发展。他们不仅在宗教方面要求更充分的自由，例如要求公开传教，要求在中小学内设宗教课，军队设随军神职人员等，而且组成各种组织，形成政治势力，甚至导致一批宗教政党的出现，如俄罗斯东正教君主立宪党、基督教民主党、基督教爱国协会、俄罗斯基督教民主联盟、伊斯兰复兴党等等。从它们的政治纲领和宣言中可以看出，这些组织都是持反共反社会主义立场的。有的政党，如俄罗斯东正教君主立宪党甚至公开提出要复辟沙皇俄国时的君主立宪政体和恢复东正教在国家的特权地位，要将沙皇后裔接转回国；宣扬东正教在复兴俄罗斯的伟大事业中占有极为重要的地位。独联体中亚几个国家中出现的伊斯兰复兴党则进一步同民族分离势力结合在一起，在促使苏联的解体过程中起到了一定作用。当前，中亚一些国家的伊斯兰复兴党进一步鼓动极端伊斯兰的原教旨主义，扬言要用伊斯兰教改造国家。

二、宗教与殖民主义扩张和帝国主义侵略

近代以来，西方一些资本主义大国在其进行殖民主义扩张和帝国主义对外侵略的过程中，也充分利用宗教作为其工具，这主要表现为同军事行动同步的传教使团的传教活动。由于这种以宗教为掩护的殖民主义有更大的隐蔽性和欺骗性，它往往能起到单纯用军事手段所不能起到的作用。英国殖民主义者查尔士·华伦就说过，一个传教士抵得上一营军队。

当然，在传教士中也有不少确实是怀着虔诚的宗教信仰进行传教的人，但传教使团的活动总的来说是服务于西方殖民主义列强的政策的。

从中国近百年的历史遭遇来看，自鸦片战争以来，西方传教士就随着大炮大批地进入了中国，其中许多人积极参加了殖民主义活动。如鸦片战争后签订的中英不平等的《南京条约》，就是由英国传教士马儒翰、荷兰传教士郭实腊起草的。美国传教士明确指出，鸦片战争是上帝用来打开中国大门的手段。《南京条约》签订以后，次年美国又派使团来华定约。美国传教士裨治文被推为使团的牧师、秘书和翻译，在签订不平等的中美《望厦条约》过程中起了重要作用。1859年，英法联军入侵北京后，又与清政府签订了不平等的《北京条约》，该条约用相当多的篇幅明文规定了基督教的传教权利。这一事实表明，基督教传入中国与西方对我国的殖民主义侵略扩张是紧密地结合在一起的。之后，

英、法、美、俄等国传教士则广泛开展了对中国的传教活动，许多人打着传教名义暗中搜集中国的政治、经济和军事情报；有的人公开干预中国内政，如英国传教士李提摩太曾多次向清王朝直接提出要求，要由英国单独治理中国。美国传教士丁韪良主动要求参加美国使团来中国与清政府签约，他曾说过，按照上帝的意旨看来是必需的，首先应该使用武力，令这些高傲的亚洲人谦恭下来，然后才能够用福音把他们抬高。

亚、非、拉许多国家的近代史同样也有类似中国的情况，十字架同样是在殖民主义的炮火下在这些国家中竖立起来的。在天主教、基督教新教的海外传教事业中，许多传教士既传播福音，又探察殖民路线，搜集当地情报，或充当殖民军中的工作人员。某些西方传教团不仅是殖民侵略的先遣队，而且本身就是殖民者，直接参与经商，甚至是奴隶和鸦片的贸易。在亚洲和非洲，一些传教士鼓吹使用武力，向反对他们的人民进行军事征服。美国一名传教士说："战舰常常是为福音打开一国门户的手段，钢刀是精神之剑的先导。"因此，西方列强很重视传教士这支特殊队伍的作用，为保护传教活动，不惜使用外交压力、治外法权，甚至战舰的援助。

近代西方的传教活动既夹杂了殖民扩张，造成了民族隔阂和对抗，也在一定程度上促进了世界文明的相互交融，特别是向全世界扩张了西方的基督教文化，情况还是十分复杂的。

三、宗教与民族解放运动

同西方列强的殖民政策针锋相对，殖民地半殖民地的人民也曾以宗教的形式来争取民族的独立和解放。

在基督教方面，第二次世界大战结束以后，亚洲、非洲的基督徒们在民族解放运动蓬勃发展的新形势下发起了教会独立运动，要求教会民族化的呼声十分强烈，同时要求在组织、经费方面摆脱西方的控制。到

20 世纪 70 年代，亚洲多数民族教会取得了自主权。中国教会首开其端，印度、缅甸、朝鲜、越南等国的教会也陆续发起了独立自主运动。例如，在印度，反对西方传教活动由来已久。早在印度独立前，甘地就不断谴责西方传教团使贱民改宗是"宗教帝国主义"的表现。第二次世界大战以后，印度政界人士常把西方教会的活动视为"破坏民族团结"的行为，"极大地威胁着国家安全"。以后，印度加强了对政治性或宗教性的外国宣传机构的控制，除从事教育和医疗工作的传教士外，其他传教士很难获得入境签证。缅甸在强烈的民族主义支配下，政府也于 20 世纪 60 年代中期将教会学校和医院收归国有，教会仅保留神学院、少数慈善之家及医疗机构，并要求缅甸独立后入境的传教士离境。在非洲，第二次世界大战以后也出现了许多在神学、组织、经济方面完全与西方教会脱离关系的"独立教会"。1948 年，这种独立教会在非洲已达 800个，到 1967 年，猛增到 6000 个，拥有分属 300 个部族的大批信徒。这些独立教会，总的来说反映了非洲人民反帝反殖民主义的要求，是他们表达自己政治要求和社会理想的组织形式，因而是民族独立运动的同盟军。

在伊斯兰教方面，19 世纪中叶兴起的泛伊斯兰主义在当时抵御西方基督教国家侵略、反抗殖民主义的压迫的斗争中起到了重要作用。在18 世纪末叶，整个伊斯兰世界已成了西方列强殖民侵略的对象。伊斯兰教各国人民及一些宗教组织对于西方殖民主义的入侵进行了英勇顽强的抵抗和斗争。然而，抵抗和斗争往往是分散、孤立的，以致屡遭失败。在这种情况下，伊斯兰教国家为了实现宗教的复兴和国家的富强，抗击西方殖民主义侵略，伊斯兰世界的一些思想家根据《古兰经》"众信士皆兄弟"的思想和"你们当全体坚持真主的绳索，不要自己分离"的天启，号召全世界穆斯林联合起来，拥护一个哈里发，共同反对西方基督教国家的侵略。在这种情况下，泛伊斯兰主义思潮应运而生，并转变为声势浩大的宣传活动。泛伊斯兰主义反映了当时伊斯兰国家人民反对西方殖民主义侵略、要求社会进步的迫切愿望，客观上具有一定的进步作用。

在天主教方面，当代拉丁美洲天主教的革新运动适应了拉丁美洲各国人民争取民族独立和民主进程的斗争。几百年来，拉丁美洲人民遭受殖民主义、帝国主义和资本主义的残酷压榨，生活在极端贫困之中。天主教会也曾长期作为一切反动保守势力的精神支柱。20世纪以来，在由民族解放运动的开展引起的剧烈的政治动荡中，拉美各国天主教会内部普遍发生了分化，出现了革新派和激进派。他们反对独裁统治，反对帝国主义，要求社会变革。但革新派反对暴力革命，而由中、下层神职人员和教徒组成的激进派反帝反独裁的政治态度比较坚决，主张彻底改革，其左翼甚至自称信仰社会主义，并发展有组织的武装斗争。著名的哥伦比亚神父卡米洛·托雷斯本人就拿起武器参加了游击队，后在同政府军的一次战斗中阵亡，被拉美人誉为"革命神父"。1968年，在哥伦比亚的麦德林举行了"第二届拉丁美洲主教会议"，确立了教会的革新路线，强调对拉美不合理和不正义的社会结构采取和平变革的方针，但反对暴力手段。拉丁美洲天主教会革新运动的代表思想是"解放神学"。所谓"解放神学"，就是将宗教信仰和社会政治的解放运动联系起来。它以信仰上帝为原则，应用马克思主义的社会分析，向当地贫穷的天主教徒解释如何进行革命的实践。"解放神学"的理论主张教会应当站在穷人、受压迫者一边，并与压迫者作斗争，坚持社会主义，改变不合理社会。该理论还注意与实际相结合，注意做下层教徒的工作，主张走向人民，了解贫民疾苦，使人民自己起来解放自己。"解放神学"的理论在当代拉丁美洲人民的民族民主运动中发挥了重要的积极作用。它的另一积极作用在于，它的出现打破了欧洲传统神学在基督教会中的垄断地位，激励着广大第三世界的信徒和神学家创立适合于他们各自情况的神学体系。当然，"解放神学"不过是在宗教信仰原则下对当代一些社会现实的神学思考，并且，归根结底，这种神学是在并不触动现行社会制度和教会组织的前提下的一种改良思潮，即使在其最激进的流派的思想中，也都存在着阶级调和及限制真正革命者的斗争的论点。所以，"解放神学"的局限性也是十分明显的。

四、不同宗教与不同教派之间的纷争与政治斗争

不同宗教与不同教派之间的纷争与政治斗争的关系也是十分密切的。

历史上，不同宗教之间的纷争甚至导致过战争。11—13世纪发生的十字军东征就是典型的例子。十字军东征的根本原因是西欧基督教国家的封建地主阶级为夺取东方的土地和财富，借助宗教力量而发动的一系列军事远征扩张活动。但是其名义却是所谓收复被伊斯兰教控制的圣地耶路撒冷。十字军东征历时200余年，最后以十字军失败而告终。这场战争不仅给各当事国的人民造成重大的生命财产的损失，而且使伊斯兰教与基督教之间长期为此相互仇视。不同教派之间的斗争同样如此，如基督教系统内的天主教和新教之间的冲突，伊斯兰教系统内的什叶派和逊尼派之间的冲突，也都与政治斗争紧密结合，而且往往表现出十分残酷的状况。

在当今世界，不同宗教和不同教派之间的矛盾同样与国际及地区冲突、局部战争紧密地交织在一起。有关内容详见第十八章，此不赘述。

第七章
一个难解难分的话题
——宗教与民族

第一节 宗教与民族的联系和区别

宗教与民族的关系问题，无论是对宗教还是对民族都是十分重要的问题。古今中外历史表明，世界上没有一个民族没有过自己的宗教。一定民族的社会生活孕育产生了该民族的宗教；宗教产生以后，又在各民族的发展中逐步壮大，并对各民族的发展产生了深刻的影响。因此，宗教与民族的关系问题需要引起高度重视。

一、宗教与民族的联系

宗教与民族有着密切的联系，这首先表现在世界上所有的民族都有自己的宗教信仰，许多民族在发展过程中不止信奉过一种宗教。那么，什么是民族呢？一般来说，民族是指人们在一定的历史发展阶段形成的有共同语言、共同地域、共同经济生活以及表现于共同的民族文化特点上的共同心理素质的稳定的共同体。当今世界约有大小民族 2000 多个，其中超过 100 万人口以上的大民族有 300 多个，超过 1 亿人口以上的民族有 7 个。事实证明，在世界范围内还没有发现一个没有宗教的民族。

以我国的民族为例。汉族先民在原始社会就信仰原始宗教，传说中的颛顼帝时代信鬼神、重祭祀十分盛行，夏、商、周三代更盛行对天帝、祖先和鬼神的崇拜。以后，以孔孟为代表的儒家学说进一步与宗教神学相结合。东汉时代，产生了中国独有的道教。其后，佛教由印度传入我国。在其后的漫长的汉族历史上，儒、释、道三教均发挥着重要的社会作用。4—7世纪，拜火教和摩尼教先后传入中国，为一部分汉人所信仰，景教（基督教聂斯托利派）也于唐代传入中国。元代以后，天主教传入中国。明清时期，又传入基督教新教。1840年鸦片战争以后，天主教和基督教新教又随着帝国主义对我国的侵略，在我国汉族中进一步发展，还影响到一些少数民族。我国的藏族，最早信仰被称为"本教"的原始宗教，崇拜天上、地上、地下三界的神鬼精灵和自然物，以血牲祭祀祖神、占卜、祈福消灾，等等。5世纪时，佛教由印度传入西藏，经过长时期与西藏社会生活的适应，逐步形成了具有藏地特色的藏传佛教，而为绝大多数藏族群众所信仰。再如维吾尔族，最早信仰过萨满教，其后又曾信仰过摩尼教、佛教、拜火教和景教。10世纪中叶以后，随着伊斯兰教传入新疆，维吾尔族又逐步接受了伊斯兰教，到17世纪，新疆的维吾尔族全部信奉了伊斯兰教。回族是我国历史上唯一一个只信奉伊斯兰教一种宗教的民族，这是因为回族的先民大多是信仰伊斯兰教的阿拉伯、波斯的穆斯林。因此，伊斯兰教在中国的传播和发展，对回族的形成起了重要的凝聚和纽带作用，并在回族的社会生活中的影响特别深刻。

其次，许多民族基本上是全民信仰宗教，宗教的影响几乎渗透到这些民族社会生活的各方面。在我国，有近20个少数民族至今绝大多数群众仍信仰某一种宗教。如藏、蒙古、土、裕固、门巴等民族信仰藏语系佛教；傣、德昂、阿昌、布朗等民族信仰巴利语系佛教；回、维吾尔、哈萨克、乌孜别克、塔吉克、塔塔尔、柯尔克孜、撒拉、东乡、保安10个民族信仰伊斯兰教。西藏佛教在1959年以前实行了700余年的政教合一的制度。在西藏地方政权的强力推行下，在藏民族的政治、经济、教育、文化及日常生活中，宗教的影响无处不在。达赖、班禅在宗教和政治上都是最高领袖；原西藏地方政府的任何决议，没有拉萨三大寺代表的同意很难生效；宗教教义、戒律、寺庙规章都具有法律上的效力；数百年来藏族社会的每一次重大政治事件和历史运动，无不与寺庙有关并带着宗教色彩。在经济上，寺庙集团是西藏民主改革前的三大领主之一。寺庙和宗教上层通过地租、畜租、高利贷和商业盘剥等活动，向劳动人民进行残酷剥削。此外，各种名目的宗教剥削，也以神权的威吓从信教群众中搜刮财物。西藏僧侣在解放前有 12 万之众，占西藏整个人口的十分之一，其教义禁止喇嘛娶妻生子，造成人口递减，影响了藏族社会生产力的发展。在教育、文化上，寺庙就是学校，佛经就是课本，喇嘛就是教师；文学、音乐、舞蹈、绘画、建筑，无不表现宗教方面的内容。在人们的精神生活中，一切皆由天命、神权安排的宿命思想，曾长期束缚着人们的行动。生产上，有种种禁忌，许多肥沃的土地、茂密的森林、畅通的河渠被寺庙定为"神山"、"神河"等，严禁人们利用。春种秋收都要请喇嘛打卦占卜，问神选择吉日。自然灾害被认为是神降的灾祸，病虫害糟蹋庄稼，按佛教不杀生的信条和寺庙规定严禁伤害。在政教合一的封建农奴制社会条件下，人们只能从喇嘛教的教义中取得对人生和世界的看法。再如，伊斯兰教向来不仅被认为是一种宗教信仰、一种意识形态，而且被认为是一种社会制度、一种生活方式。也就是说，它与穆斯林的日常社会生活有着紧密的联系。在伊斯兰世界，它的影响实际上渗透于穆斯林社会生活的各个领域：政治的、经济的、法律的、伦理的、文化的、教育的、艺术的……以至于日常的饮食起居、婚姻丧葬等风俗习惯。所有这些，都可以从《古兰经》、《圣训》中找到神学上的根据。以穆斯林的两大节日古尔邦节、开斋节为例，这两大节日也是伊斯兰教的重要节日，其来源也见于《古兰经》。古尔邦节亦称宰牲节，定于伊斯兰教历 12 月 10 日。这一天，穆斯林要举行会礼，宰牲献主，是伊斯兰教朝觐仪式之一。据《古兰经》载，古代先知易卜拉欣晚年得子伊斯玛仪，当其子 13 岁时，安拉"启示"易卜拉欣宰子奉献。易卜拉欣谨遵不违，儿子也毅然从命。当父子正要在米那山谷执行"启示"时，天使吉卜利勒奉安拉之命送来一只绵羊，作为伊斯玛仪的替身。阿拉伯人为纪念易卜拉欣父子为安拉牺牲的精神，便在此日宰牲。后来，穆罕默德将此日定为古尔邦节并规定凡去麦加朝觐者都要在米那山谷宰牲（羊、牛、骆驼）。未参加朝觐的穆斯林也要举行会礼、宰牲。由此，成为全世界穆斯林重大节日。开斋节（在我国新疆又称肉孜节），又是与伊斯兰教的基本宗教制度五项功课之一的"封斋"联系在一起的。《古兰经》要求穆斯林在教历9月的斋月期间要封斋，即成年的男女穆斯林，除规定的几种人如患病者、途中旅行者、老弱病残者、孕妇和哺乳的妇女、未成年儿童等，斋月期间每日从天将破晓至日落禁止饮食、抽烟，不许男女房事或有任何非礼行为，以此来赞颂真主。穆罕默德说："谁若为真主之道封斋一日，真主定使其身体远离火狱七十年。"（《古兰经》21章）斋月最后一天见新月，次日开斋即为开斋节。如不见月，则继续斋戒，开斋节顺延。开斋节那天，所有虔诚的穆斯林都要沐浴更衣，身着节日盛装，到清真寺做礼拜，人们走访亲友，互相馈赠礼品，互相祝福。在我国，上述两个宗教节日也已成为10个信仰伊斯兰教的民族的盛大节日。

二、宗教与民族的区别

宗教与民族尽管联系密切，但毕竟不是一回事，它们之间有严格的区别。首先，宗教本质上是特定的人的群体在思想上对超自然力量的一种信仰，属于意识形态或思想领域、精神生活领域。而民族则完全属于社会群体领域，它具有共同语言、共同地域、共同经济生活、共同心理素质这四大基本特征，而宗教则与民族的四个特征没有必然联系。同是作为社会现象，宗教是居于社会的思想上层建筑的位置，而民族是包括一定的经济关系和一定的思想关系在内的综合形态，也可以说，宗教只是作为特定民族社会生活的一部分，是从属于民族而存在的。其次，宗教信仰不是民族的主要特征或主要标志。例如，不能说信仰藏传佛教的就是藏族，不信藏传佛教的藏族人就不是藏族，因为就我国来说还有蒙古族等几个民族也信仰藏传佛教，但他们并不是一个民族。在现代生活的条件下，藏族的许多成员已抛弃了传统的宗教信仰，但不能以此将这些人逐出藏族的大家庭。同样，也不能说伊斯兰教是回族一个民族的信仰，更不能说伊斯兰教是回族的主要标志。尽管伊斯兰教和回族的关系尤为密切，也不能得出这样的结论，因为在我国还有 9 个民族也信仰伊斯兰教。即便是回族中现在也有不少人已不信教，也不能由此断定这部分人不是回族了。第三，民族的风俗习惯与宗教也不一样。由于宗教对民族有很深的影响，在其长期的发展过程中，有些内容和形式已经演变成了这些民族的风俗习惯，但不能由此就认为民族的风俗习惯同宗教就是一回事。民族的风俗习惯主要是指一个民族在物质文化、精神文明等社会生活方面的传统，是各族人民历史相沿而形成的风俗习惯。它具体反映在各民族的服饰、饮食、居住、生产、婚姻、丧葬、节庆、礼仪、禁忌等方面。其风俗习惯比宗教包含的内容要广泛得多。有些民族的风俗习惯，如丧葬习俗、节日庆典、生活禁忌，等等，有些虽有宗教教义、教规的规定或受宗教信仰的影响，但毕竟是民族风俗习惯的一部分，它们与人们的日常生活融为一体，而不能看作是宗教活动。如穆斯林的禁吃猪肉的习俗，在阿拉伯半岛上，早在伊斯兰教产生以前，当时的一些游牧民族早已有视猪为污秽而不吃猪肉的习惯。后来，禁吃猪肉被列为伊斯兰教的教规。《古兰经》中多次指出禁食猪肉，认为猪是不洁的，猪肉是污秽的，要求每个穆斯林必须遵守这一戒律。我国的 10 个少数民族信仰伊斯兰教，自然也就信守这个戒律。但是，千百年来相沿至今，这种禁忌已经在很大程度上失去了原来宗教戒律的意义，变成了穆斯林的一种生活习惯。现实生活中，这些民族中有不少人已不信仰伊斯兰教，但还保持着这种饮食上的习惯。因此，对这些民族的禁食猪肉习俗就不能再当作宗教信仰问题，也不能视为落后现象。对保持这种习惯的人应当尊重，不能歧视，并应为他们创造必要的条件加以照顾。

第四，有些民族信仰过多种宗教，也有一些民族共同信仰某一种宗教。从我国的情况来说，唯一信仰一种宗教的只有回族。其他民族，如汉族、蒙古族、藏族、维吾尔族，等等，在历史上，都是信仰多种宗教的。除了有 10 个民族共同信仰伊斯兰教的以外，佛教、天主教、基督教新教都同时有几个民族信奉。由于上述理由，所以绝不能将民族与宗教等同起来。

第二节　宗教对民族发展的影响

宗教作为各个民族精神生活的一部分，是依赖于民族的经济、政治和文化发展的，但宗教作为社会的思想上层建筑，反过来也会对民族的经济、政治和文化的发展产生重大的影响。

一、在民族的形成和发展中，共同的宗教信仰强化了民族的基本特征，增强了民族的凝聚力

原始民族在形成之初，尚未摆脱血缘上的关系，共同血缘的确认需要某种辨识的标志。这种标志，就是作为氏族宗教崇拜中心的图腾。图腾崇拜及相应的图腾制度，对于禁止族内乱伦和实行族外婚姻制度，具有一定的促进和巩固作用，由此，才有了原始民族的存在及其发展为部落、部族和民族的过程。对大自然的崇拜，对于原始民族共同地域的确认和保护发挥着积极的作用。自然崇拜可以把氏族对于本族生活地域的依恋、敬畏和感激的情感加以深化，从而大大有利于氏族成员基于共同地域的相互认同。祖先崇拜由于相信在这片埋葬着其祖先的共同地域上活跃着祖先的灵魂，对于加强部落的集团意识起到了重要作用。宗教对民族的共同的经济生活和共同的语言文字形成发展也有着很大的影响。氏族的经济生活往往以宗教方式作出决定，当时盛行着祈求神灵的播种

仪式、收获仪式、求雨巫术以及渔猎前后的占卜和祭祀仪式，而氏族共同语言的形成和发展，也与宗教仪式的进行和占卜有密切关系。就氏族的共同心理素质来说，一个民族的伦理道德的形成，往往脱胎于原始的宗教禁忌，在其发展过程中也曾受到宗教教条的巨大影响。民族艺术的发展，也大多同宗教仪典的特征，包括其歌、舞、诗以及祭坛、祭器等造型的特征相关，同其宗教观念和宗教情感则有着更深刻的关系。风俗习惯受到宗教的影响更是众所周知的事实。

在民族的发展过程中，某一个民族的成员之间由于有共同的宗教信仰，随之产生了某种共同的宗教感情，从而增强了对同属一个民族的成员的认同感，对于加强该民族内部的团结和凝聚力起着重要作用。

二、在一定的历史条件下，某一种宗教的传播和发展对某一民族的形成影响尤为强烈

在这方面，我国回族的形成就是一个典型例子。从历史的发展来看，回族是以 13 世纪初叶开始东来的中亚细亚各族人以及波斯、阿拉伯人为主，并吸收汉人、蒙古人、维吾尔人成分以及别的成分融合并发展而形成的民族。和其他一些后来信仰伊斯兰教的民族相比，回族在其形成和发展过程中，受到伊斯兰教的影响特别深刻。回族的先民大都信仰伊斯兰教。东来中国以后，他们依然保持着自己的宗教信仰和风俗习惯，在分散中小聚居，以清真寺作为社会活动中心，经济上的联系日益密切，并由于政治上的共同命运和宗教上的一致性，逐渐形成了他们共同的民族意识。元代回回人遍布我国各地，他们的宗教信仰和风俗习惯开始被人们了解并引起广泛注意。人们很自然地把回回人信仰的伊斯兰教称为回教，明朝时大体上就习惯了这种称呼。清代以后，又把信仰伊斯兰教的维吾尔族、东乡族、撒拉族也加上了回字，称为"缠回"、"东乡回"、"撒拉回"，以致人们错误地从称谓上把回教与回族混淆甚至等同起来。由于伊斯兰教在回族中有着深刻的影响，有些回族人也往往误

认为回教就是回族，回回就是教门。

回族形成和发展的基础主要是经济和政治的原因，但伊斯兰教对回族的社会生活影响深远。从对政治经济制度的影响来说，回族中实行过的教坊制度，既是一种宗教制度，又是一种经济制度。几百户、几十户或十几户回民居住的地方，就建有清真寺，聘请教长主持这一地区的宗教事务，负责这一地区回民生活的各个方面，并向回民征收天课和其他捐税，形成一个教坊。清真寺不只是举行宗教活动的场所，也是公众议事的地方，教坊也就成为大分散小聚居的回族人民的社会活动单位。教坊是独立的，教坊与教坊之间没有从属关系。随着回族农业经济的发展，天课的增加，教长的财富随着增加，于是便投资土地，从事地租剥削，教长逐步成为地主。他们和世俗地主结合在一起，控制了教坊的一切权力，而清真寺的日常宗教事务则由聘请的阿訇来担任。随着土地的集中超越了原来一个教坊的范围，于是产生了管理许多教坊的门宦制度。门宦于明末清初首先出现于河州（今临夏）的回族聚居区。门宦是指宗教头人的高门世家，它将教主神化，并在教主的葬地修建拱北（墓亭），要所辖的教徒顶礼膜拜。教主一般是世袭的，对所辖教徒有绝对的权威，享有种种封建特权。门宦制度是一种以宗教形式掩盖着的大教主兼大地主的封建压迫剥削制度。门宦制度只实行于甘肃、宁夏、青海部分回民地区，而在内地回民中则一直实行着教坊制度。

从对回族日常生活的影响来说，过去，回族人从出生到结婚，直到死亡丧葬，以至饮食、服饰等生活习俗无不受到伊斯兰教的影响。如小孩出生不久，就要请阿訇给他起一个回回名；结婚时要请阿訇来证婚；死了人要速葬，要请阿訇主持殡葬，将死者冲洗后用白布包身，土葬，不用棺材，等等。再如，回民男子习惯于戴白帽或黑帽，这原是教徒们做礼拜时戴的；妇女戴黑、白或绿色的盖头，也和宗教规定有关。宗教上的一些规定，逐渐变成了民族的风俗习惯。

三、宗教对民族发展的影响具有积极和消极的二重性特征

同宗教在社会生活所起的作用具有二重性一样，宗教对民族发展的影响同样具有积极和消极的二重性特征。

从积极方面来说，前面已谈到，某一个民族的共同的宗教信仰有益于增强该民族成员的认同感，有利于促进该民族内部的团结，增强民族的内聚力。特别是在遭到外来的民族压迫和宗教压迫时，对宗教信仰的捍卫实际上就是对民族利益的维护。另外，以宗教形式反映和保存下来的民族的宗教文化中的精华，是该民族宝贵的文化财富，对发扬民族自尊心和自豪感也能起到积极作用。有的宗教既主张出世，又主张入世，积极参与社会生活，促进了信仰该宗教的民族素质的提高。如伊斯兰教注重"两世吉庆"，在强调人的后世的永恒福乐是最高幸福的前提下，也允许教徒享受今世生活，通过正当手段谋取生活资料，享受现世的物质福利。特别是鼓励经商，致使穆斯林善于经商而为世人皆知。

从消极方面来说，一个民族所处的传统宗教的氛围越浓重，一般来说该民族经济社会发展就比较缓慢。例如我国的藏族，在高寒缺氧、交通不便、环境闭塞的自然环境中顽强生存发展了几千年。固然地理环境的恶劣起到了十分重要的作用，但是，至今几乎全民信教的状况，特别是 1959 年以前漫长的政教合一的野蛮制度和宗教思想的束缚，对藏族的全面发展所起的消极作用是十分明显的。另外，有些民族或某一民族内部如果不能使自己的宗教或教派比较快地适应现代社会，仍然固守传统陈旧的东西，甚至将宗教信仰等同于民族本身，在这种情况下，宗教信仰的极端化往往会导致该民族一些成员的狭隘性和盲目的排外性。尤其是以宗教信仰为标准来处理社会各方面的关系，对这些民族的发展是不利的，甚至还会导致教派之间和民族之间的冲突。这在古今中外历史上是不乏其例的。

第三节　宗教与民族关系

　　民族关系一般是指民族与民族之间的和睦或矛盾，表现在政治、经济、文化诸方面。在阶级剥削压迫制度下，民族与民族之间，既有友好往来、互通有无的一面，又有民族压迫、民族歧视和民族掠夺的一面。在社会主义制度下，由于消灭了剥削制度和剥削阶级，民族关系基本上变为各民族劳动人民之间的关系。宗教由于同各种民族关系密切，因此，民族关系的状况既影响到了宗教，宗教状况也影响到民族关系。

一、民族关系的和睦与宗教

　　在中国民族关系史上，藏汉民族之间在吐蕃王朝松赞干布时期和唐朝时期的友好相处一直是千古美谈。特别是吐蕃王松赞干布迎娶唐朝文成公主这一盛事，佛教在其中起到了积极作用。据几部藏文史书记载，松赞干布执政时期致力于弘扬佛教，他为了吐蕃王朝的强大，一方面加强对国内的治理，另一方面也努力搞好与毗邻的尼泊尔和汉地的友好关系。为此，他提出按世间习惯的方式迎娶尼泊尔尺尊公主和唐朝文成公主的办法，同时希望要从尼泊尔和汉地迎请释迦牟尼8岁和12岁等身像。松赞干布先迎娶了尼泊尔尺尊公主，接着便迎娶唐朝文成公主。文成公主进藏之前，除请求携带五行经典、工艺技术、治疗疾病的医方、医疗工具及金银珠宝外，还特别要求太宗皇帝把稀世之宝释迦牟尼像给她，作为圣缘。而笃信佛教的松赞干布，为了顶礼膜拜佛祖释迦牟尼和表达对公主的爱，亲自到错那去迎接文成公主。文成公主到拉萨时，吐蕃臣民按照赞普的指示，举行了盛大隆重的仪式，迎接佛祖像和文成公主。松赞干布并下令修小昭寺专门供奉文成公主带来的佛像。吐蕃与唐朝之间的联姻，对藏、汉两个民族的长期友好产生了具有深远历史意义的巨大影响。当然，这种联姻是基于政治上的需要，但佛教的因素也是起了作用的。

在当代我国对外关系上，以宗教促进同外国的友好关系的例子也是很多的。如 1994 年 11 月至 1995 年 2 月，我国陕西法门寺佛指舍利应泰国政府的邀请赴泰国巡礼，在泰国的佛教城供奉了 83 天。佛指舍利在泰国供奉期间，泰国国王亲自前往朝拜，并主持了佛指舍利在泰国的开光典礼；泰国王室成员、政府官员、宗教界的高僧大德、泰国华人社团领导人以及僧俗各界群众 278 万人前往朝拜，盛况空前。这不仅反映了释迦牟尼在"黄袍佛国"人民心目中的地位和影响，也充分体现了泰国僧俗各界群众对中国人民的深情厚谊。佛指舍利赴泰巡礼，获得圆满成功，成为中泰友好关系中的一大盛事。

二、宗教与民族矛盾

民族矛盾即民族之间的对立和冲突。不同的民族由于民族特点、社会生活条件的不同，在经济、文化发展方面的要求不同，利害关系不同，在相互交往中不可避免地要产生各种错综复杂的冲突和矛盾。在阶级社会中，由于民族压迫所导致的民族之间的对立冲突是一种经常性的现象，民族矛盾往往利用宗教的力量加以解决，宗教的因素往往又会加剧民族矛盾。

1. 历史上的宗教与民族矛盾

在中世纪欧洲的历史上，十字军东侵就是在"保卫基督教"名义下进行的侵略扩张。在欧洲封建神权统治的全盛时期，从 11 世纪末开始的近 200 年间，罗马教会煽动法、德、意、英和其他封建主进行了八次对中东的军事殖民侵略战争，名义是从穆斯林手中夺回圣地耶路撒冷，实际上所谓"收复圣地"不过是以教皇为首的西欧封建主利用群众宗教情绪、煽动民族间对立、掩盖侵略实质的一个宣传口号。11 世纪西欧封建社会阶级矛盾的发展，形成一种饥荒、瘟疫、农民起义、逃亡、小骑士抢劫、大封建主之间战争的乱世局面。封建统治阶级急需寻求一条出路，一方面要转移农民对封建主的不满，另一方面又要设法满足封建主对土地、农奴、财富的掠夺欲望。当时，在南欧，意大利正处在东西方交通要道。意大利商人靠海运从事东西方贸易，积累了大量财富。但是西亚各国、埃及、北非直到西班牙，都在阿拉伯人手中。当时拜占庭帝国势力衰微，阿拉伯人很容易切断西欧与东方的海上交通线，迫使意大利商人与东方的贸易要经阿拉伯人转手。意大利和西欧的商人迫切要求打击阿拉伯人的势力，以便发展直通东方的海上贸易。以罗马教皇为代表的西欧封建主经过一系列的准备，在 1095 年，在法国南部的克勒芒召开宗教会议，与会的有 14 名大主教、200 多名主教和 400 多名修道院长。会上，教皇乌尔班二世发出远征东方的号召。为驱使农民和城市贫民参加十字军，教会还宣布：参加十字军的士兵，死后不必在炼狱中受熬煎，可以直升天堂，甚至号召所有罪犯出征东方，宣称这是赦罪的大好机会。从 1095 年到 1270 年，八次十字军东侵使欧洲和东方人民首先是农民死亡数百万，造成的破坏无法计算。而罗马教会则利用十字军东侵，夺取了在西欧封建主中间的霸权，还掠夺了当时繁荣的东方。在这 200 多年间，罗马教会的政治经济势力和思想影响也达到了顶峰。

从伊斯兰教的情况看，它的最初传播，也是与穆斯林的对外征服同时进行的。穆罕默德创立了伊斯兰教以后，他的继任者改称"哈里发"，意为安拉使者的继承人。最初的四任哈里发都是由阿拉伯军事团体从穆罕默德的近亲密友中选出的，他们集宗教、军事和行政大权于一身，是政教合一的国家首脑。但其时还没有形成完备的国家制度。第二任哈里发欧麦尔在位时（634—644 年），开始向半岛以外扩张。统帅卡利德号为"安拉之剑"，率骑兵北攻叙利亚，于 635 年占领大马士革，叙利亚全境入阿拉伯人之手。638 年，阿拉伯人进入基督教圣地耶路撒冷，不久即全部占有巴勒斯坦，并在那里定居下来。之后，于 642 年，又征服了伊朗和埃及。645 年，又占领了利比亚。到 8 世纪中叶，阿拉伯帝国最后形成。它的疆域东起印度河流域，西临大西洋，是一个横跨亚、非、欧三洲的伊斯兰大帝国。当时在世界上，只有唐代的中国可以与之相比。

在中国近代史上，西北回族人民进行的反对清政府民族压迫的大起义，其中宗教的因素也是起了作用的。19世纪60年代初，居住在陕甘等地的回族人民的大起义是与清朝政府的反动民族压迫剥削政策和反动的宗教歧视限制政策分不开的。清朝统治阶级凭借本族少数人口，来统治人口众多的汉族及其他各少数民族人民。由于西北地区回族与汉族杂居，因此清统治阶级反动民族政策是压制回族，挑拨汉、回关系，使其互相仇杀，同时，收买回民地主阶级和上层，"借回杀回"。他们的宗教政策是提高喇嘛教，压制回教，以制造蒙回矛盾，又采取助旧教、抑新教的方式，挑拨伊斯兰教内部纠纷。在民族压迫和宗教歧视下，西北回族人民奋起反抗。虽然数次起义均遭到清政府的镇压，但也沉重打击了清朝政府。在西北回民大起义中，其信仰的伊斯兰教起了作用。由于伊斯兰教对回族的形成与发展起了重要作用，这就使回族人民产生了一种把民族与宗教等同起来的潜在思想。凡对民族宗教的任何伤害，穆斯林人民都非常敏感。当他们受到清朝的民族与宗教压迫时，就以"同教一家"为号召，起而反抗，以争取民族平等和宗教信仰的自由。但同时，伊斯兰教内的教派纷争以及掌握教权的教主、阿訇们的利益冲突，也成为回族人民起义失败的原因之一。

2. 当代世界上宗教与民族的矛盾冲突

当代世界因民族与宗教的矛盾冲突而引发的国与国之间及某一国家内民族与民族之间的武装冲突日益增多，这已成为当今全球的热点问题之一。

例如，1980年爆发的两伊（伊拉克和伊朗）战争差不多打了整整八年，可以说是第二次世界大战以来伤亡人数最多、损失最大的一场局部战争。两伊冲突既有民族之间政治、经济、文化方面的根源，也有宗教上的根源，就是伊斯兰教中的逊尼派和十叶派的冲突。以波斯民族为主体的伊朗穆斯林绝大多数属于十叶派，十叶派被奉为国教，逊尼派人数很少。而伊拉克作为阿拉伯伊斯兰国家，十叶派穆斯林占人口总数的

60％，逊尼派占 40％。逊尼派人数虽占少数，但大多为城市居民，在政府、机关、军队往往担任重要职务，因此，历史上两派就长期不和。伊拉克的十叶派受波斯文化影响较大，因此，同伊朗的十叶派认同感接近。而逊尼派则受阿拉伯文化影响较深。到 20 世纪 70 年代，两伊关系曾有所缓和。1975 年 6 月，两伊签订了《伊朗伊拉克国际边界和睦邻关系条约》。但时隔不久，两国关系恶化。起因是，1978 年伊拉克政府应伊朗国王巴列维的要求，驱逐了流亡伊拉克达 14 年之久的伊朗十叶派领袖霍梅尼。1978 年底，霍梅尼发动的伊斯兰革命又推翻了伊朗的巴列维王朝，建立了极端的伊斯兰国家，两伊之间关系随之恶化。霍梅尼上台后坚持用伊斯兰教统一世界，反对伊拉克仅将伊斯兰教作为其中一部分的阿拉伯民族主义，极力主张向全世界输出伊斯兰革命。以后，两国相互攻击，互相驱逐对方侨民。伊朗重新支持伊拉克反政府的库尔德人，伊拉克也为伊朗反对派提供避难所和武器等。1980 年 4 月 1 日，伊朗支持的十叶派"达瓦"组织企图暗杀伊拉克副总理，使两国关系断绝，进而转化为边界军事冲突，并进一步引发为两伊战争。两伊战争开战，从伊朗方面来说是以伊斯兰世界主义猛烈抨击伊拉克复兴党奉行的阿拉伯民族主义政治路线，号召推翻伊拉克复兴党的世俗政权。同时，伊拉克也担心占国内穆斯林中约 60％的十叶派会受伊朗伊斯兰革命的影响，害怕一场十叶派革命会激起另一场十叶派革命，从而导致伊拉克首先开战。当然，两伊战争无论是打着十叶派与逊尼派斗争的旗号，还是表现为阿拉伯民族主义与波斯民族主义或伊斯兰世界主义的斗争，究其根本，都是双方国家利益的冲突。

在西方发达国家，宗教与民族冲突结合在一起的事件也不乏其例。英国的北爱尔兰问题就是其中之一。北爱尔兰是大不列颠和北爱尔兰联合王国的一部分，面积 1.4 万平方公里，人口 150 多万，其中有 50 万是信奉天主教的爱尔兰人，其余为信奉基督教新教的英格兰和苏格兰人的移民后裔。几百年来，这两个民族由于归属不同、文化传统相异及宗教信仰有别，经常发生冲突，至今仍未妥善解决，在国际上产生了很大影响。北爱尔兰问题由来已久，早在 12 世纪，盎格鲁—诺曼人就入侵了北爱尔兰，之后，英国大量移民，都未使北爱尔兰人同化。英国殖民者掠夺北爱尔兰人的土地，剥削北爱尔兰人，矛盾逐渐尖锐。16 世纪宗教改革以后，英国移民改信基督新教，北爱尔兰人依然保留了原有的天主教信仰从而使矛盾冲突进一步加剧。到 19 世纪，北爱尔兰人强烈要求地方自治，提出了维护和发展民族语言、文化教育、宗教及风俗习惯等要求。20 世纪初，两个民族之间的对抗更为激烈。1916 年，由爱尔兰激进的新芬党发动了都柏林起义，要求爱尔兰独立，遭到英国镇压。1920 年，英国议会才允许爱尔兰成立南北两个独立政府。南爱尔兰成立自由邦后，北爱尔兰问题越来越突出。其主要原因是，人口占少数的天主教徒在政治、经济上一直处于受压制的地位，而政府的权力历来掌握在新教徒中，甚至还成立了特种警察部队来镇压天主教徒的反抗。另外，在经济上，主要的经济命脉都掌握在新教徒手中，信奉天主教的北爱尔兰人失业比例一直居高不下。20 世纪 20—60 年代，由于当地天主教中新兴资产阶级发起了目的在于消除北爱尔兰政府和新教徒对天主教徒的一切不公正待遇的温和的民权运动，北爱尔兰出现了相对稳定的时期。但是，自 20 世纪 60 年代末以来，主张用武力统一爱尔兰的共和军加紧了恐怖暴力活动，至今尚未平息。北爱尔兰问题，从表面上看似乎是宗教冲突，实际上是典型的民族问题。信仰不同所产生的宗教矛盾，掩盖了深刻的民族矛盾。几十年来，北爱尔兰执政党推行了一套压迫和歧视爱尔兰人的政策，实质上是几百年来英国对爱尔兰所推行的殖民政策的继续。特别是爱尔兰分裂出北爱尔兰以后，生活在这里的爱尔兰人仍处于受歧视的地位，政治、经济、宗教上的不平等加剧了民族之间的矛盾，使之成为世界瞩目的问题。

　　在前东欧、苏联的一些多民族的社会主义国家，在其政治动荡、剧变以致国家解体过程中，宗教的矛盾和冲突也起了一定的作用。例如，前南斯拉夫多民族社会情况十分复杂，在 1989 年的东欧剧变中，前南斯拉夫社会主义联邦共和国已四分五裂，并引发了空前的战乱。南斯拉夫的民族宗教问题源远流长。从民族方面看，组成国家的 20 个民族，没有一个民族在人口及社会发展上占绝对优势；历史上国家长期处于分裂状态，统一的时间短暂；各民族之间经济、文化发展很不平衡；民族仇杀遗留的创伤深重。从宗教看，不同民族信奉的不同宗教信仰长期对立，南斯拉夫的多民族社会和曲折的历史发展，造成了在宗教方面的复杂情况。如塞尔维亚人和马其顿人从 9 世纪起就接受了东正教，克罗地亚人、斯洛文尼亚人等从 7 世纪起则先后信奉了天主教，而曾被奥斯曼帝国长期统治的波斯尼亚人和黑塞哥维那人中有不少又改信了伊斯兰教。教徒比例大体上东正教徒占 40%，天主教徒约占 30%，穆斯林约占 11%，还有人信奉其他宗教和教派。南斯拉夫的宗教问题长期与民族问题纠缠在一起。塞尔维亚正教会历来以塞尔维亚民族的代表自居，天主教会在克罗地亚、斯洛文尼亚也利用民族区别加强其地位，穆斯林则被认为是代表土耳其人的。由于各民族在历史上互相对立，各宗教的教徒也互相仇视，因此在南斯拉夫解体后，便爆发了长时间的波黑内战，且各民族的宗教狂热更使战乱复杂和加剧，对各个民族都带来了伤害。

第八章
天国的伦理与人间的善恶
——宗教与道德

第一节 宗教与道德的关系

宗教与道德都是社会意识的表现形式，有其各自的特点和发展规律。但在人类社会生活中，在一定的历史条件下，宗教与道德常常有密切的关系。尤其是历史上政教合一的国家和几乎全民信教的民族，宗教几乎支配着一切社会意识，也支配着人们的道德观念，以致处理人与人之间关系的道德规范也被纳入了宗教戒律之中，形成了特殊的宗教道德。那么，宗教与道德是怎样的关系？什么是宗教道德？宗教道德起着怎样的社会作用？都是需要科学地给予回答的问题。

宗教与道德同作为社会意识的表现形式有其共同点，这就是它们都是由适应一定生产力水平和要求的社会经济关系所决定的思想上层建筑；同样，它们也都是要随着社会经济关系的变革而变化，也都有程度不同的相对独立性；另外，道德和宗教也都必须为一定的社会经济制度服务，都有维护一定的社会秩序的作用。但是，宗教与道德又是有原则区别的。

一、宗教与道德的区别

首先，宗教和道德反映社会现实的方式和程度是不同的。宗教是社会生活在人们头脑中的虚幻的、颠倒的反映，它以一种超自然超人间力量的形式，曲折地反映客观世界；而道德则是对社会生活比较直接的反映，是调整人们之间以及个人和社会之间的关系的行为规范的总和。道德直接面对的是社会上各种各样的人际关系，它作为一种善恶标准，一方面通过舆论和教育的方式，影响人们的思想和心理，形成人们的善恶观念、情感和意向，以至集中形成人们内心的信念；另一方面，它又通过社会舆论、传统习俗和规章制度的形式，在社会生活中确定下来，成为一定社会和一定阶级约束人们相互关系和个人行为的原则或规范。人类特有的这种道德现象的出现及其在社会上发挥作用不需要求助于超自然的力量，不需要用神灵鬼怪、天堂地狱的形式来曲折地加以表达。道德虽然也需要依靠信仰的内在力量，表面上看与宗教信仰有类似的地方，但就其实质来说，这两种力量是根本不同的，因为道德的信念，是在一定社会关系的基础上形成的，反映着人们对社会关系中善恶的认识；而宗教的信仰，只是一种对神的盲目的屈从。

其次，在历史上，道德的产生比宗教要早得多。从史前文化的考古资料可以证明，宗教观念最早产生于旧石器时代的中期，距今不过十余万年。而在此之前，人类社会已经存在了 300 多万年，人类的道德观念也早已产生。按照历史唯物主义的观点，道德从萌芽到形成的发展是同人类社会的分工密切联系的。在原始社会的发展中，随着社会分工的出现，在氏族、部落中，个人利益与群体利益之间的矛盾日益明显，人与人之间的关系也逐渐复杂。这种矛盾的出现和日趋明显，一方面，在原始氏族的内部逐渐形成了比较明确的调整个人与群体关系的自觉要求，即个人对群体应该怎样和不应该怎样的行为准则，并通过群体的舆论使其趋于稳定；另一方面，在人们内心里，也产生了维护群体利益的义务感和荣辱观念，以及共同劳动、相互关心、自由平等等原始社会的道德观念。正是这些原始的道德观念调节着原始人之间的社会关系。后来，原始人才产生了灵魂不死和万物有灵的宗教观念，但这最初并不是处理氏族内部相互关系的道德上的需要，也不是由于各种精灵具有什么善德，而是出于对做梦、死亡等心理、生理现象的无知和对自己不能支配的强大的自然力的恐惧和依赖。可见，原始的宗教信仰起初只表明人与神灵，实际上也就是人与自然的关系，神灵观念尚未参与规范人与人之间的关系。

第三，宗教是人类社会发展到一定阶段的历史现象，在社会发展中，随着它赖以依存的根源的消失，宗教也将消亡，而道德则继续随着人类的向前发展而继续存在。

二、宗教与道德的联系

在人类社会生活发展的历程中，宗教与道德相互影响，相互渗透，具体表现为宗教的道德化以及世俗道德的宗教化，从而形成了特殊的宗教道德。

在原始社会，各个氏族集团信奉不同的神灵，也伴生出对神灵不应该做什么的宗教禁忌。禁忌起初并不具有宗教性质，随着一些人产生了违反禁忌会招致神灵震怒的观念以后，禁忌则与宗教发生了联系。各种禁忌逐渐被纳入宗教以后，其意义也发生变化，以至于凡是特别属于神的东西或被认为是神所特别厌恶的东西都成了禁忌。这样，禁忌在演变过程中一方面受社会的承认而成为道德风俗，另一方面受宗教的认可而成为宗教的禁忌，使宗教不仅增添了道德因素，而且进一步加强了它对道德的影响。它表现为通过崇拜共同的氏族祖先，加强氏族集团的血缘关系，维护氏族传统的稳定性，并以神的名义支持和强化传统的道德习惯，以至以神灵裁判的方式来维系社会伦理。

人类进入阶级社会以后，出现了利益根本对立的奴隶主和奴隶两大基本阶级，他们之间随之也规定了相互间一定的权利和义务。原始社会全民统一的道德，分裂为阶级的道德，原始宗教也逐渐被掌握宗教特权的奴隶主阶级改造成为神化自己及其统治的人为宗教。作为奴隶主阶级的宗教，其基本任务就是用神的安排来神化奴隶制的统治秩序和阶级关系，将它们说成是正当的、道德的，同时用来世的天堂和死后的奖赏使奴隶们安于现实的苦难。为此目的，宗教一方面将人与神之间的关系抬高到伦理观念中的核心地位，将人信仰神、服从神、崇拜神及对神承担各种义务列为其行为规范的首要原则，以是否信神作为善恶评价的根本标准，从而使宗教道德化；另一方面，宗教为了充分扩大自己的影响，又将现实世界调整不同阶级、不同阶层的人与人之间关系的世俗道德思想、信条和规范也改造成自己的教义、教规和戒律。这种情况几乎在各宗教的善恶观、忠义观以及各种戒色、禁欲和反对偷盗、反对获取不义之财的宗教信条、宗教戒规中可以明显地看出来。在这方面，宗教的教义思想，实际上不过是将世俗社会早已流行的道德主张以宗教信仰的形式再现出来并将其神圣化罢了。

第二节　宗教道德

宗教道德是在人类社会生活的发展过程中，宗教道德化与道德宗教化的结果。因此，宗教道德是与世俗道德相对的和建立在对神的信仰基础上的道德，是从属于宗教的基本教义和教规、调整教徒与其信仰的神之间的关系、以是否信神作为善恶评价根本标准的行为规范和准则的总和。

一、宗教道德的基本内容及特点

与宗教道德的形成过程相联系，各种宗教所谓的宗教道德实际上是由两部分内容组成。一部分涉及人和神的关系，如对该宗教神灵的信仰、顺从和爱，与崇拜神灵的宗教生活有关的宗教禁忌和戒律等等，如基督教"摩西十诫"中的前4条，伊斯兰教的顺从，佛教将信其教义视为首善，等等。另一部分则涉及人与人间的关系，如佛教"五戒"、"十善"的某些内容，基督教"摩西十诫"的后6条，还有伊斯兰教道德中的许多内容，不过是涂着宗教色彩的世俗道德。实际上，典型的宗教道德是第一部分内容。

宗教道德一般来说有以下几个特点：第一，宣扬道德源于宗教，是神灵的启示。这种启示或者表现为神直接或间接向人类颁布道德原则、规范、诚命，或者表现为一切善德均起源于对至善神的爱和追求。例如犹太教、基督教将其遵循"摩西十诫"说成是上帝在西乃山上亲自向摩西颁布的；基督教《新约圣经》将其道德的基本原则说成是上帝的道成肉身耶稣基督宣示的；伊斯兰教则宣扬《古兰经》的道德规范和伦理准则都是真主安拉通过其使者穆罕默德启示于人的；我国古代宗教也认为人间的伦理道德是上天赐予的。第二，以对神和超自然力量的信仰作为是否有道德的基本前提，作为判断善恶的根本标准。佛教认为，只有虔信和追求彼岸世界（涅槃、解脱或修成阿罗汉或成佛），遵守戒律并按特定方式从事修行、传教才是最大的善德；基督教宣扬，人类由于原罪单靠自己不可能改恶向善，只有信仰上帝，蒙受神的恩典才能获得完善德性；伊斯兰教则主张，人的善恶行为都是真主安拉的意志。第三，与宗教的基本教义、教规紧密结合。佛教主张人的灵魂不灭，前生、今生、未来三世轮回；人们现实生活中的贫贱富贵、长寿短命，皆由前生行为决定，今生的行为又决定来生的命运，如此流转不息；只有信从佛教，积善去恶，才能最后摆脱生死轮回，达到涅槃境界。一切道德实践均以此为目的。基督教也确认人是灵魂与肉体的对立，人生是来世和今世的对立；灵魂不死并高于肉体，来世高于今世；灵魂的得救和来世的幸福是人生的最终目的，只有实行禁欲苦修，拒绝、放弃尘世的物质福利和感官的享乐，死后才能得到善报和来世幸福。伊斯兰教虽然不完全否定现世的幸福，但是特别着重强调后世的幸福，强调末日审判时得到善报才是人生最高理想；今生的道德行为也完全服从于信来世、信末日审判等教义。第四，贬低人，使人屈从于神和命运，强调对神单方面尽道德义务。在宗教世界中，神是支配和操纵人类命运的主宰，人则被神剥夺了人的一切独立品格。神和人的关系变成了主奴、君民关系。神越被宣扬得崇高伟大，人越是卑微渺小。人为了蒙受神的恩典，只能在神的面前谦卑、忍辱、顺从。第五，表达方法大多以戒命、禁忌、契约、承诺、应当不应当等形式出现。

二、几种典型的宗教道德：佛教道德、基督教道德和伊斯兰教道德

1. 佛教道德

佛教修行的最后目的是超脱生死轮回而达到涅槃世界。为了能涅槃成佛，佛教除了有一套修行的理论和方法以外，还规定了一套行为规范和善行标准。

佛教道德的基本准则是"诸恶莫作"、"诸善奉行"，也就是要去恶行善。什么是恶？什么是善？按照佛教的说法，凡是有利于修行成佛的思想、言论和行为都是善，反之都是恶。

佛教的道德实践包括两部分：一是以消除自我的烦恼、痛苦，求得个人的解脱为目标的个体修行活动；二是以个人解脱和众人解脱的统一为目标的"自利利他"、"自觉觉人"的修养实践。对于求得个人的解脱，必须奉行"五戒"、"十善"的戒律；如果还要帮助别人，则还要求广修"四摄"、"六度"以利他人。可以说，五戒、十善、四摄、六度等构成了完整的佛教道德规范体系，集中体现了去恶从善的道德要求。

"五戒"是指不杀生、不偷盗、不邪淫、不妄语、不饮酒。"十善"是五戒另外再加上不两舌（不挑拨离间）、不恶口（不骂人、说人坏话）、不绮语（不花言巧语）、不瞋恚（不愤怒）、不邪见（不违背佛理）。以上是从否定方面谈的。如从肯定的积极的方面看，十善则分别

是放生、布施、恭敬、实语、和合、软语、义语、修不净观、慈忍、皈信正道。五戒中的前四戒是各个社会所提倡的公德。不饮酒，作为佛教戒条的特殊规定，主要在于饮酒会使人丧失理智，干出种种不道德的行为。受持五戒，可以约束自己的言行，避免大的过失，同时培养个人仁慈善良、诚实忠厚的道德品质。"十善"则在五戒基础上进一步从人的行为、言语、意念方面具体规范了人的言行。

大乘佛教产生以后，在强调个人解脱的基础上，又提出了普度众生的教义思想。在道德上，适应这种教义，又提出了"四摄"、"六度"，并以此作为信徒从生死此岸达至涅槃彼岸的修行方法和道德修养的途径。"四摄"指菩萨为助世人解脱、皈依佛道而应做的四件事，包括布施，就是在财物、知识、精神上给予别人帮助；爱语，即对人态度和蔼、语言真诚；利行，就是处处事事要为别人着想，热心帮助别人，做有利于大众的事；同事，就是与别人和睦相处。佛教认为，只要能行四摄，就可以使众生发慈悲之心，皈依佛道，以达到弘扬佛法，利益人生的目的。"六度"包括布施、持戒、忍辱、精进、禅定、智慧等。布施同前述意思；忍辱是要求信徒坚定信念，忠于信仰，宁愿忍受痛苦，也绝不做有害众生的事，特别是能容忍一切对自己的污辱伤害；持戒，就是守戒律，纯洁行为、庄严操守；禅定，是静思反省内心，使心灵纯化；智慧，则是要认识真理；精进，就是不断激励自己，有上进心。

大乘佛教宣扬的上述道德要求的楷模就是菩萨。菩萨身上最突出地体现了大乘佛教宣扬的慈悲博爱胸怀以及为救众生不惜自我牺牲的精神。佛经中有不少关于菩萨倾家施财、慈悲救生、舍身喂虎的寓言故事，既体现出道德崇高的一面，又具有愚昧和荒诞的色彩。

佛教传入中国以后，受中国传统伦理道德思想特别是儒家孝道思想的影响，形成了以孝为中心的中国佛教道德。它强调孝是天经地义的，是人们应普遍遵守的德行。在家信徒应忠君孝亲，出家僧人也应节衣缩食，以赡养父母。孝行不但要养亲事亲，而且要光宗耀祖。出家修行，给父母带来尊严和荣耀，是无上孝行。

2. 基督教道德

基督教道德在基督教发展的不同历史时期及各个教派之间，存在着某些具体差别，但是基本的说教是一样的。主要涉及以下几个方面：

首先，要爱上帝，爱人如己。基督教认为，上帝不仅是道德的源泉，而且是道德的化身，上帝就是至善、至爱。"因为神就是爱"，"神爱世人，甚至将他的独生子赐给他们，叫一切信他的，不致灭亡，反得永生。"（《约翰福音》3：16）上帝如此爱世人，人就更应爱上帝。人为了表明对上帝的爱，第一要守上帝的诫命，严守十诫，即崇拜唯一上帝而不可拜别的神，不可制造和敬拜偶像，不可妄称上帝名字，须守安息日为圣日，须孝敬父母，不可杀人，不可奸淫，不可偷盗，不可作假见证陷害人，不可贪恋别人的妻子财物。第二，爱上帝，还要遵照上帝之命，互相友爱，爱人如己，甚至要求爱仇敌，"不要与恶人作对"（《马太福音》5：39—44）。总之，"你要尽心、尽性、尽意，爱主你的神。这是诫命中的第一，且是最大的。其次也相仿，就是要爱人如己。这两条诫命，是律法和先知一切道理的总纲"（《马太福音》22：37—40）。

其次，鼓吹善恶报应、来世幸福。基督教从神善人恶、灵魂不灭、天堂地狱的教义出发提出即使人的肉体死了灵魂也会永远活着而进入来世，由上帝根据其生前善恶的行为给予报应的观点，认为人生的最终目的就在于求得来世善报和永恒的幸福。《圣经》中说："因有今生和来世的应许，这话是可信的，是十分可佩服的。我们劳苦努力，正是为此"（《提摩太前书》4：8—10）。"行善的复活得生，作恶的复活定罪"（《约翰福音》5：29）。"要报应那不认识神和那不听从我主耶稣福音的人"（《帖撒罗尼迦后书》1：8—9）。

第三，宣扬禁欲主义。在基督教看来，获得永生，求得来世幸福，虽说是人生的最终目的，但必须经过艰苦磨炼。因为在人身上始终存在着肉体和灵魂的冲突，人的情欲在魔鬼主使下千方百计害人的灵魂，阻止灵魂向上帝方向发展。因此，只有戕灭肉欲，才能拯救灵魂，求得道德完善，最后达到与神复归一体。为此，就要在精神上和肉体上进行苦修，拒绝、放弃尘世的物质福利和感官享乐，克制自己的欲望，尽力摆脱今世肉体的各种欲望的束缚，严守神的诫命。如《圣经》所说："凡为我的名撇下房屋或是弟兄、姐妹、父亲、母亲、儿女、田地的，必要得着百倍，并且承受永生。"（《马太福音》19：29）可见，禁欲被看作是很高的德行。

第四，主张谦卑、顺从、忍辱、勿抗恶。对于尘世存在的苦难、恶行和不公正，基督教道德强调人类陷于苦海是来自人本性的堕落，情欲的罪孽，而不能责怪上帝。上帝容忍世上的苦难正是对人类的考验。为了赎罪，为了摆脱苦难，就要学会谦卑、顺从，一切听命于神，服从于神，同时也要听命、服从地上的掌权者，"因为没有权柄不是出于神的"（《罗马人书》13：1）。所以，对于现实的罪恶和苦难绝不能反抗，"不要以恶报恶"，"不要自己伸冤，宁可让步，听从主怒"，要时时想到，"现在的苦处若比起将来要显于我们的荣耀，就不足介意了"（《罗马人书》12：17、19；8：18）。而这一切，都已由耶稣基督为人类作出了榜样。"你们当以基督耶稣的心为心。他本有神的形象……反倒虚己，取了奴仆的形象，成为人的样式。既有人的样子，就自己卑微，存心顺服，以至于死，且死在十字架上。"（《腓立比书》2：5—8）因此，人若能忍受冤屈的苦处，能为行善受苦，"在所受的一切逼迫患难中，仍旧存忍耐和信心，这正是神公义判断的明证，叫你们可算配得神的国"（《帖撒罗尼迦后书》1：4—5）。

第五，获取并完善德行的途径是要时时祈祷上帝，经常忏悔自己的罪恶。

以上就是基督教的主要道德说教。当然，基督教道德中还有如"十诫"中的须孝敬父母、不许杀人、不许奸淫、不许偷盗以及不鄙视劳动、妇女的观念，这些本来就是世俗社会的道德规范，基督教道德为了表明自己的神圣性和无所不包，也将其纳入了自己的范围中。总之，上帝是道德的源泉，是善恶的标准，人类的道德活动是向着上帝，为了上帝，这就是基督教道德的核心所在。

3. 伊斯兰教道德

伊斯兰教的道德规范集中反映在《古兰经》之中。主要涉及以下几方面内容。

首先，主张顺从（服从）。顺从是伊斯兰教道德的主要主张，在《古兰经》中是专指顺从真主、顺从使者、顺从真主的一切意志。在以后伊斯兰教的发展中，又产生出顺从君王、顺从双亲等含义，但对真主的信仰、热爱、敬畏和服从，则被认为是穆斯林的基本德行和最高的善功。在《古兰经》中，真主安拉的神性被描写为纯道德的属性：至大至公，至仁至慈。并强调对真主是否真正服从是判断善恶的标准。《古兰经》中说："终身不信道，临死还不信道的人，必受真主的弃绝，必受天神和人类全体的诅咒。他们将永居火狱，不蒙减刑，不获宽限。"（2：161—162）"谁背叛正教，至死还不信道，谁的善功在今世和后世完全无效"（2：217）。

其次，是坚忍。在《古兰经》中，坚忍被认为是人的一种极为重要的道德行为，即美德。它认为"真主是与坚忍者同在的"（2：249），"真主是喜爱坚忍者的"（3：146）。信仰安拉要"坚忍"，遇到困难要"坚忍"，为主而战时要"坚忍"，只有坚忍，才能逢凶化吉。

第三，是行善。行善常常和归信真主并列为伊斯兰教对人的两项主要教诲。"真主的确喜爱行善的人"（2：195），"真主的慈恩确是临近行善者的"（7：56），"自愿行善者，必获更多的善报"（2：184）。此外，善行还被认为"能消除恶行"（11：114）。但行善必须以信主为前提，"不信主者，他们的善功比如一堆灰"（14：18）。

第四，是施舍。即拿出自己剩余的东西去行善，救助孤贫。对真主"敬畏的人，在康乐时施舍，在艰难时也施舍"（3：134）。

第五，是守中。就是对人待物不要过分。如对待日常的物质生活，《古兰经》主张人们"应当吃，应当喝，但不要过分"（7：31）。对待对方的进攻，《古兰经》称"当为主道而抵抗进攻你们的人"，但"不要过分"（2：190）。对待诵经，《古兰经》主张的是既"不要高声朗诵，也不要低声默读"，而"应当寻求一条适中的道路"（17：110）。守中在《古兰经》中还被认为是信仰伊斯兰教的人们的一种共性，称所谓的真主以穆斯林为"中正的民族"（2：143）。

第六，强调安分。"真主使你们互相超越，你们当安分守己"（4：32），而不要有非分之想。

第七，主张宽恕。按照《古兰经》说法，人主阿丹所犯的罪过就是由于真主的宽恕才得免的，不然，人在今世还得负担着沉重的原罪。在《古兰经》中，宽恕作为一种人的美德主要是用于对待犹太教徒、基督教徒和改信伊斯兰教的麦加多神教信奉者的。

除上述主要道德要求外，伊斯兰教也强调要孝敬父母、尊重亲友、邻里，对人诚实，公正、团结互助、结交良友、注重礼节。反对饮酒、赌博、淫乱、谎言、伪证。总之，归结起来，伊斯兰教的道德规范也大体分为人与真主的关系和人与人之间的关系两个部分。

三、宗教道德的本质与阶级特性

由于宗教宣扬人世道德来源于永恒至上的神，将宗教道德说成是一种超历史、超阶级的永恒不变的道德，从而表现出宗教道德的唯心主义性质和抽象性。按照历史唯物主义的观点，虽然宗教道德主要是讲人对神的信仰、敬畏、顺从和爱，充满神秘色彩，但是，这并不意味着宗教道德不具有世俗内容。神是人造的，神的各种特性是现实社会的人赋予的。人与人之间的社会关系才是人与神之间的宗教关系的基础，后者不过是前者的歪曲表现。原始社会的一些神往往是氏族长老和部落酋长的形象，当时的人神关系基本上反映了社会一般成员与其至尊的氏族长老和部落酋长的关系。在阶级社会中，人与人之间的关系主要是阶级关系，当时的神人关系实质上是剥削阶级与被剥削阶级之间的关系的歪曲表现。因此，从神与人的宗教关系中引申出来的道德，本质上仍以世俗性道德作为基础。在阶级社会中，世俗性道德已分裂为阶级的道德。剥削阶级道德成为占据统治地位的道德，而剥削阶级利用的宗教也始终是占据统治地位的宗教，二者的结合更为紧密。因此，在阶级社会里，宗教道德本质上反映着剥削阶级的利益，具有鲜明的阶级性。

第三节　宗教道德的社会作用

宗教道德在社会生活中究竟起到什么样的社会作用？立足不同立场、持有不同观点的人，其看法是不一样的。宗教家、神学家都强调宗教道德是超乎一切时代、超乎一切人之上的，总是宣扬宗教道德的积极作用，认为只有以神、灵魂不灭、因果报应、来世报应等教义为基础的道德才能够促使人类去恶向善，稳定社会伦理秩序。认为如果没有宗教道德规范人们的行为，社会必然出现道德沦丧的局面，不信神的人是不可能有道德的。

我们认为，对宗教道德的社会作用的评价应该坚持以历史唯物主义的观点进行具体的科学的分析。历史唯物主义首先坚持用社会存在决定社会意识、社会意识也会对社会存在起反作用的观点来说明一切道德观念，当然也包括宗教道德的起源、内容和社会作用。其次是坚持宗教道德的社会作用绝不是抽象到可适用于一切时代，而认为它总是在一定的具体的历史条件下起作用的。第三，判断宗教道德在总体上或在本质上的社会作用要以是否有利于推动社会发展、促进人类进步为主要标准。按照上述原则，宗教道德从总体上说，由于是建立在对超自然力量信仰的基础之上，因而不是一种科学的积极的道德力量，从本质上说不利于推动社会的前进和发展。但是，由于宗教道德也吸收了一些世俗社会的道德规范，因此，在一定的条件下，这些具体的道德规范对于约束人们的行为也能起到一定的积极作用。

一、在阶级社会里，宗教道德在剥削阶级的利用下曾为剥削制度辩护，维护和巩固旧的社会秩序

首先，宗教道德掩盖社会产生邪恶、苦难的真正的原因。基督教将社会的苦难归因于人的原罪，说正是由于人类始祖亚当、夏娃在魔鬼诱惑下对上帝犯了罪又传及后代的原罪，才是世界一切灾难的原因。佛教则在人的生理痛苦中寻找原因，把社会的苦难单纯归结为个人的求生意志或人性的堕落。显然，这些说法都掩盖了造成社会苦难的阶级剥削和阶级压迫这一基本事实。

其次，以善恶报应、宿命论的说教为阶级社会不平等的贫富贵贱现象作论证。基督教宣传每个人生前和今世的行为都对自己现在、未来的命运产生影响；佛教则鼓吹三世轮回之说；伊斯兰教也强调人的命运皆由安拉所定，今生的行为决定来世的报酬。宗教道德的这种说教将贫穷而地位低下的劳动人民改变自己命运的愿望和努力引向了来世的虚幻天堂，也就巩固了剥削阶级现存的统治秩序。

第三，以抽象的"爱"和"行善"调和阶级对立。基督教宣扬爱人如己，甚至勿抗恶、爱仇敌；佛教、伊斯兰教则将"行善"作为自己道德内容的中心。但是，就在各大宗教内部，这些说教也意义不大。无论是圣书的记载，还是宗教的史实都证明，在"爱"和"善"的名义下所行的争杀之举是大量存在的。至于将"爱"、"行善"无条件地推行到剥削阶级与被剥削阶级之间，企图调和他们在根本利益上的对立，在现实中是行不通的。

第四，以禁欲主义扼杀人类追求现实幸福的正当愿望。各宗教大都将禁欲、苦修视为崇高的德性，作为取得来世善报、涅槃解脱、完善德行的重要途径，要求信徒违背自己的本性，放弃自己正常的世俗生活，以牺牲尘世幸福作为进入虚幻天国的代价，这是对人性的残酷

扼杀。

第五，宣扬谦卑、顺从、忍辱，要求被剥削被压迫的人民放弃自己求解放的斗争，使他们无条件地服从剥削阶级，甘心于受压迫的地位。

二、宗教道德的某些积极作用

宗教道德在特定历史条件下的积极作用表现在，当一种符合社会发展规律的新的社会制度出现时，宗教道德对它的维护有着积极意义。例如，在封建制度取代奴隶制度、资本主义制度取代封建制度的过程中，宗教道德同样宣扬这是神的旨意，要求人们对之敬畏和顺从，这有利于新的社会制度的巩固。

还要看到，宗教道德对许多虔诚的宗教徒乃至教职人员的确能起到规范他们行为的作用，尽管他们是出于求得来世幸福的动机，但是由于他们真诚地严守戒律，在客观上也能起到调整一部分人之间的关系的良好作用，有些信徒甚至还能成为实行人道主义的模范。

再有，历史上许多革命的群众运动，也往往利用宗教道德的训条和准则来对抗罪恶的统治集团和社会的黑暗势力。在当今世界上，也有许多宗教界人士和团体，以宗教道德为武器，反对种族歧视，进行反战和平运动，这些在客观上都起着良好的作用。

在社会主义社会，由于剥削制度和剥削阶级已被消灭，宗教赖以依存的阶级根源基本消除，宗教不再成为剥削阶级用来麻醉人民精神的工具，并转向适应新的社会主义制度的历史条件。在这种情况下，宗教道德的某些社会作用也必然会发生新的变化。今天，宗教仍然宣扬"爱人"、"行善"，要教徒不偷盗、不邪淫、不贪财、不妄语、尊老爱幼、照顾孤寡、不抽烟、不喝酒、不赌博，这些对信教群众仍有约束作用，有益于改善社会的不良风气，稳定社会秩序。当然，宗教道德体系的非科学的性质并没有随社会主义社会的建立而发生根本变化，所以，宗教道德的积极作用也是十分有限的。

第四节　宗教道德与社会主义、共产主义道德

社会主义社会是脱胎于旧的资本主义社会同时又具有共产主义社会某些特征的社会，具有过渡社会的性质。在社会主义社会，由于经济上是以公有制占主体多种经济形式并存，生产力水平还不高，还存在着体力劳动和脑力劳动、城乡、工农之间的差别，在经济、政治、思想文化方面还带着它脱胎出来的那个旧社会的痕迹。因此，社会主义社会的道德便具有过去的、现在的、未来的三种道德因素。一种是现行的、占主导地位的道德，即社会主义道德，它是共产主义道德的萌芽，如国家利益、集体利益、个人利益相结合的集体主义原则，"五爱"的基本要求等等；一类是未来的共产主义道德，它通过少数先进分子表现出来，在大多数人中倡导并鼓励追求的道德，如大公无私、公而忘私等等；再一种就是旧道德的残余，如封建社会、资本主义社会道德的残余，宗教道德基本上属于这一类。这就决定了宗教道德同社会主义、共产主义道德有原则上的区别。但另一方面也要看到，宗教道德作为社会主义社会中存在的一种道德因素，它也发挥着其应有的作用。

一、宗教道德同社会主义、共产主义道德的区别

社会主义道德同共产主义道德在本质上是一致的，它们与宗教道德的区别，首先就在于阶级基础不同。宗教道德是阶级社会出现以后，剥削阶级将自己的道德规范宗教化，同时将宗教道德化的产物。宗教道德尽管也包含一些人类共同的道德原则，但从根本上说是剥削阶级性质的道德。而社会主义、共产主义道德是从工人阶级的完整的利益中引申出来的，是在资本主义社会这一特定历史条件下，随着工人阶级成长及其斗争实践的发展而逐步产生和形成的，是适应于生产资料公有制为基础的社会形态的道德体系。

其次，在于世界观的基础不同。宗教道德是唯心主义宗教思想体系的一部分，以对虚幻的超自然的神和某种神秘境界的信仰为其世界观的基础。共产主义道德则以辩证唯物主义和历史唯物主义的科学世界观为基础。工人阶级在革命实践中逐步掌握了科学的世界观，才有可能懂得社会发展的规律，懂得资本主义必然灭亡和共产主义必然胜利的道理，了解自己肩负的伟大历史使命，从而使自己的道德达到成熟状况，形成真正科学的共产主义道德。

第三，在于道德理想的本质不同。宗教道德的理想境界是彼岸的"天堂"或"极乐世界"。这种理想不是引导人们去追求人生现实的幸福，而是号召人们去寻找死后的"快乐"，这只能给处于绝望而又不能自拔的人们提供一点点安慰，使他们幻想在天国摆脱绝望的处境。而共产主义的道德理想是要在全世界实现共产主义。这种理想是建立在科学的基础之上，是对社会发展的客观过程及必然趋势的反映，表达着人民群众的共同愿望，并从道义上鼓励人们切切实实为实现这一目标而奋斗。

第四，在于人生观不同。宗教道德的人生观将信神、爱神、服从神放在第一位，极力贬低人的价值，更不承认人世生活本身有什么价值。在它看来，人的一生不过是进入天堂前的赎罪过程，是一种特殊的考验，生命的意义不在于人的生命本身而在于死后在来世的善报。而社会主义、共产主义的人生观以实现共产主义和解放全人类作为最崇高最伟大的生活目的，以集体主义为确定人生目的和人生道路的原则。它肯定个人的利益和幸福，但是要求个人利益服从集体利益，即服从人民的和全人类的整体利益。

第五，在于评价行为善恶的标准不同。宗教道德以是否信神作为评价行为善恶的标准，在阶级社会里，本质上就是以剥削阶级的利益作为评价善恶的标准。而社会主义、共产主义道德评价善恶的标准，就是以工人阶级为代表的劳动人民的根本利益，有利于这一根本利益的行为就是善，反之就是恶。

第六，在于道德修养的根本方法不同。宗教道德的修养方法是脱离社会实践的自我残害的禁欲、苦修和向上帝、神灵的祈祷和忏悔，这些方法非但不能提高道德水平，只能使人的道德呈现畸形，成为宗教的牺牲品。而社会主义、共产主义道德修养的提高，则离不开工人阶级的革命实践，因为离开对客观世界的改造活动，离开各种形式的革命斗争，是不可能提高道德修养的。

二、宗教道德的某些内容，同社会主义、共产主义道德并不矛盾，在一定条件下还能发挥有益于社会主义社会的作用

在社会主义道德中，共产主义道德是其最先进的部分，代表着社会主义社会前进的道德方向，应该大力提倡。但是，在社会主义社会的条件下，要求全社会所有的人都树立共产主义道德是不现实的。因此，只有弘扬社会主义道德的主旋律，才符合社会主义社会的实际。社会主义道德建设要以人为本，以为人民服务为核心，以集体主义为原则，以爱祖国、爱人民、爱劳动、爱科学、爱社会主义为基本要求，开展社会公德、职业道德、家庭美德教育，在全社会形成团结互助、平等友爱、共同前进的人际关系。同时要把先进性要求同广泛性要求结合起来，鼓励和支持一切有利于解放和发展社会主义生产力的思想道德，一切有利于国家统一、民族团结、社会进步的思想道德，一切有利于追求真善美、抵制假恶丑、弘扬正气的思想道德，一切有利于履行公民的权利与义务、用诚实劳动争取美好生活的思想道德，团结和引导亿万人民积极向上，不断提高全民族的思想道德水平。显然，按照这些要求，宗教道德的某些内容是可以发挥这种作用的。如不偷盗、不邪淫、孝敬父母、对人恭敬、爱人如己、不恶口、不可作假见证、和睦邻里、怜恤孤贫等，对于和谐人际关系，维护社会稳定是有好处的。另外，对"顺从"，对"服从地上的掌权者"等观念作出的有益于社会主义的新解释，也是有利于社会主义社会的。

　　总之，对宗教与道德的关系问题要坚持唯物辩证的科学态度，要防止两种倾向：一种是，在当代社会条件下，将宗教道德同共产主义道德等同起来，如在西方，认为共产主义道德原则实际上就来源于早期基督教的道德，混淆两种道德的本质差别；另一种则将宗教道德同社会主义、共产主义道德绝对对立起来，否定宗教道德中有某些合理的因素。这两种倾向都是需要加以克服的。

第九章
诗与画的神灵世界
——宗教与文学艺术

第一节　宗教与文学艺术的关系

宗教与文学艺术同作为社会意识的表现形式，作为被社会物质生活过程所决定的人们社会精神生活的组成部分，其关系之密切历来为人们所熟悉。任何一种宗教，除了有它的抽象的理论形态以外，更多的是通过如诗歌、散文乃至于小说、戏剧等形象生动的文学形式，以及如建筑、雕塑、绘画、音乐、歌舞、工艺美术等艺术形式具体地表现出来的。由于人们的宗教生活在古今中外的历史上均是社会生活的一部分，作为源于社会生活又高于社会生活的各种各样的文学艺术形式，也必然要反映宗教方面的内容。特别是宗教对文学艺术的利用更是形成了特殊的宗教文学艺术，在社会生活中产生了广泛的影响。所有这些，都应该予以科学的认识。

一、宗教与文学艺术的区别

宗教与文学艺术虽然都是社会意识形式，同属于社会的思想上层建筑，也都具有具体的生动形象的特点，但是，二者之间还是有很大区别的，不能加以混同。

　　首先，宗教本质上是一种世界观，而文学艺术则是人类以情感和想象为特性的把握和反映社会生活的一种特殊形式。宗教作为一种世界观，也是关于世界的本质和各种关系的总的看法，但它是以对超自然力量的信仰为基础的，它依靠人们对神灵的崇拜和畏惧来宣扬自己的观点，如神的存在、神创造并主宰世界及人类、灵魂不死、来世生活、天堂地狱，等等。文学艺术当然也有其理论的观点，但是其理论一般是从美学的角度揭示文学艺术各种形式的特点和规律，并不具有对世界提出根本看法的世界观特点。文学艺术各种形式的产生尽管受到宗教的某些影响，但是其根源则是人类的物质生产劳动，以及随着生产的发展而出现的体力劳动和脑力劳动的分工，并不求助于超自然的力量。文学艺术所反映的是整个人类的社会生活，而人类社会生活的主要部分，如经济生活、政治生活、文化生活等，基本上是世俗性的。这就是说，宗教方面的内容仅仅是文艺作品内容的一部分。即使是宗教艺术本身，其内容和艺术表现形式也不能等同。

　　其次，宗教世界观同文学艺术的社会作用不同。宗教世界观对人们精神生活的影响从根本上说是消极的，它不能帮助人们科学地认识自然和社会的客观规律，不能激励和鼓舞人们全身心地通过改造自然和社会的实践活动创造现实的幸福生活。而优秀的文艺作品则能通过具体、生动的艺术形象，再现现实生活的图景，描绘各个历史时期的政治、经济生活和社会风尚，准确地表现各个阶级、各个阶层人们的生活状况和精神面貌，以及他们相互之间的关系。人们通过阅读和欣赏这些作品可以了解到各个时代社会生活的真实面貌，获得丰富生动的社会历史知识和生活知识，提高观察生活、认识生活的能力，同时帮助人们懂得什么东西是好的，是值得赞美的；什么东西是坏的，是应该反对的。特别是社会主义社会的文学艺术，它是建立在以公有制为主体的经济基础之上的，必须坚持为人民服务、为社会主义服务的方向，弘扬社会主义精神的主旋律。它要求以感人的艺术形象，培养人民的审美观念，坚定人民的理想，提高人民的精神境界，满足人民日益增长的文化需要，促进社会主义精神文明的建设和社会主义事业的发展。因此，社会主义的文学艺术要在坚持百花齐放、百家争鸣、推陈出新的方针下大力促进其发展和繁荣。而在社会主义条件下，宗教世界观的本质并没有变，它作为旧的意识形态是允许其存在的，但不需要它在全社会的广泛传播，特别是在思想领域，还要同有神论进行斗争，扼制宗教世界观的消极影响。

二、宗教与文学艺术的联系

宗教与文学艺术的相互联系，较之它们之间的区别表现得更加突出。在历史的发展中，二者曾相互渗透，特别是在封建社会，宗教对文学艺术的利用，要求文学艺术为弘扬宗教服务，达到了很高的程度。

首先，原始宗教同原始的文学艺术几乎浑然一体。例如，伴随着图腾崇拜的宗教礼仪的发展，图腾艺术得到了充分的发展。关于本民族的祖先与氏族图腾相互关系的神话传说，是原始的口头文学，如古埃及有"皇后与神鹰交合的传说"，古希腊有"女人与雄牛交合繁衍后代"的传说，中国古代《诗经》有"天命玄鸟，降而生商"的传说。各氏族大都用绘画、雕刻来表现氏族图腾的形象，并将它们装饰在房屋、帐篷、旗帜、立柱、器物之上，或作为文身的图像，如美国著名的阿拉斯加乌鸦部落酋长家的图腾柱，不仅是图腾氏族的标记，而且是精美的传说画廊。在举行图腾仪式时，还要表演舞蹈节目。图腾舞蹈主要是模仿图腾动物的动作，表现驱魔行为、演练狩猎场面，并含有乞求获得神授狩猎技能的含义，既是狩猎经济生活的反映，也是图腾氏族表达意愿和要求的形式，图腾舞蹈可以说是现代舞蹈的萌芽。与图腾舞蹈密切相关的是图腾音乐，人们模仿特定的声音，并使声音随着有节奏的舞蹈动作形成某种韵律，一般来说，原始的图腾音乐是原始文化阶段与图腾仪式相配合而形成的韵律节奏，是传递宗教情感、制造宗教气氛、渲染宗教意向的手段。除图腾艺术以外，原始宗教的巫术现象的通常形式，也是通过一定的仪式表演来利用和操纵某种超人的神秘力量以影响人类生活或自然界。巫术的仪式表演常常采取象征性的歌舞形式以通神。我国古语有"巫以歌舞事鬼，故歌舞为觋之风俗也"的说法，可见原始宗教行为与艺术结合的密切程度。

其次，宗教充分利用了文学艺术的各种形式来宣扬自己的思想。可以说，世界上没有一种宗教不依靠艺术而求得自身的传播和发展的。这是因为，单纯依靠抽象的神学理论和枯燥的说教是不能有效地扩大宗教影响的。而文学艺术由于其具体、生动和形象化的特点，常常能将许多深奥、抽象的宗教思想转化为广大普通群众都能领会和感受的形式，并将宗教特有的神圣、肃穆的性质表现出来。特别是在奴隶社会和封建社会，宗教在许多国家成为凌驾于其他社会意识形式之上的意识形态，在这种特殊的历史条件下，宗教强制艺术服务宗教，而艺术如果不依附于宗教，不但不能发展，甚至连生存的权利都成问题。这样，艺术除少量被用来表现世俗生活的内容外，多数都被用来为表现和宣扬宗教信仰和宗教活动服务，艺术几乎丧失了自己的独立性。这在欧洲中世纪表现得最为明显，当时的艺术可以说就是基督教艺术。如雕塑、绘画被用来塑造、描绘各种神灵的形象，以为教徒提供顶礼膜拜的对象；建筑、绘画被用来为神灵建筑、绘制金碧辉煌的寺庙和教堂，为教徒提供从事宗教活动的场所服务；音乐、舞蹈和诗歌被用来表达宗教感情，并用于宗教活动中，以增强宗教气氛和宗教信徒的虔诚。总之，通过以上艺术形式，宗教成功地把强烈的艺术感染力注入神学的肌体，从而巩固了信徒的宗教信仰和激发了他们的宗教感情。

第三，宗教文学艺术是宗教与文学艺术的结合，文学艺术从属于宗教的最高形式。宗教艺术大体上是在封建社会得到充分发展的，其形成的主要原因，一是宗教作为一种世界观必然影响到文学家、艺术家的世界观、人生观，直接影响到他们的创作活动；二是在历史上，宗教曾在社会意识的各种形式中占据统治地位；三是文学艺术形式十分适合传播宗教的需要。特别是第二个原因，造成了封建社会某些国家宗教文学艺术统治文艺的状况。

　　宗教文学艺术的最主要的特点，就是把自己的表现对象仅仅局限在以神为中心的宗教内容之中，而避开了无限广阔、丰富多彩的世俗生活，特别是活生生的人。即使有表现世俗生活的内容，也是处于神的威慑之下，屈从于神，而表现得苍白无力。中世纪欧洲基督教的艺术最为典型。例如，当时基督教禁欲思想的传播和隐修主义的盛行，使当时的文艺思想也带上了浓厚的禁欲主义的色彩。这种思想鄙弃人的自然情感和感官欲望，把现实和感情看作一种低级的、有限的甚至有害的东西。在这种思想支配下，"绘画在这里的主要任务就在于用摧残肉体的形状，把殉道者的沐神福的气象衬托出来，在面容和眼神的特点上描绘出抛舍，对苦痛的克服，以及自觉神的精神就体现在自己身上的喜悦，而雕刻则只能把肉体上所现出的那种痛苦痉挛状态突出地表现出来"①。千篇一律的对神灵的表现和对人性的压抑，导致了中世纪欧洲艺术的神秘化、抽象化、概念化的枯燥、冷漠、单调、死板的风格。

　　当然，以上谈到的是宗教文学艺术的极端表现。在封建社会，也有许多国家，宗教并未在意识形态领域占据统治地位，社会上也尚未形成神权的专制及艺术屈从神权的状况，这些国家的宗教艺术作品表现的往往并不是纯宗教的东西，还含有某些世俗的内容，如中国的宗教文学艺术。在欧洲文艺复兴时期也一样，宗教文学艺术的形式也反映出活生生的人文主义精神，这实际上曲折地表达了新兴的市民阶层要求自由的反封建精神。

　　宗教文学艺术作为在封建社会形成的特殊艺术形式，在进入资本主义社会后逐渐走向衰落。特别是在现代资本主义社会，生产力的极大发展，科学技术的飞速进步，扩大了人们的视野，急剧地改变着人们的生活。现实的世俗生活更多地吸引了人们的注意力，天国和彼岸世界被更多的人所抛弃。因此，纯粹以宗教为内容的文艺作品日益减少，世俗化

───────────────

① ［德］黑格尔：《美学》第2卷，商务印书馆1984年版，第308页。

的文学艺术占据了主导地位。在社会主义国家，宗教文学艺术同样不可能有大的发展。可以说，随着现代化社会的日益昌盛，宗教文学艺术主要是作为人类的文化遗产而体现自己的价值。

第二节　宗教对文学的影响

文学作为一种社会意识，最主要的特点就在于，它是语言的艺术，用语言来描绘现实生活，塑造形象，表达作者的思想感情。诗歌、散文、戏剧、小说就是文学的基本体裁。宗教对文学的利用和影响，文学对宗教的反映和描绘，无论在宗教史和文学史上都是有大量事实可以证明。

一、宗教经典既被奉为教义和神学的根本依据，又是具有很强文学性的历史文献，其中有不少是文学作品

佛教典籍俗称佛典。汉文佛教典籍的总集《大藏经》所收经籍，佛经总数约在两万卷左右，可谓浩如烟海。佛经作为佛教传教的文字记录，首先是为了宣传佛教，佛陀的教法、佛陀的形象，也主要是依靠这些佛典流传下来的。但是佛典的价值，又远远超出宗教的宣传。因为在佛典中，除了教义宣传外，还包含着关于社会、历史、经济、法律、哲学、伦理学、心理学、美学、文学、艺术、语言学以及医学等自然科学许多领域广阔而有价值的内容。就其有关文学的内容而言，许多佛典的语言和表现是非常富于文学性的，一些佛典包含着古代印度的民间文学创作，还有一些本身就是文学作品。如关于佛祖释迦牟尼的生平故事、赞颂佛的经文、譬喻和譬喻经、因缘经等，都是佛典中文学性很强的部分。印度叙述佛陀前生的《本生经》就是著名的传记文学；马鸣的《佛所行赞》是印度著名的长篇叙事诗之一；《百喻经》已被译成多种文字，

其中的譬喻故事被认为是世界文学的珍品；至于《维摩经》、《妙法莲华经》、《楞严经》等，本身就是瑰丽的文学作品，向来为文人所喜爱。其他如佛典中的偈颂、赞、散文、故事、俗讲、变文、语录、游记等，均为优美的佛教文学作品。

基督教的《圣经》由《旧约圣经》和《新约圣经》组成。从内容上看，实际上是有关历史、传奇、律法、诗歌、论述、书函等文献的汇集。其中记载的古希伯来传说中世界与人类的开始，关于以色列民族形成发展的历史和传说，以及关于耶稣的生平事迹，均可以说是出色的叙事文学。旧约中的《诗篇》共 150 篇，多为犹太教关于宗教活动的诗歌，《雅歌》中的诗歌大多以爱情为题材，新约中的《启示录》则用启示文学所特有的形象化语言，描写了世界末日的景象。在西方，《圣经》中的故事、格言、典故、传说等，构成了所谓的"圣经文学"。

再如伊斯兰教的《古兰经》，被称为是穆罕默德宣布的"安拉启示"的汇集。它的全部内容确立了伊斯兰教的基本教义和制度，同时也反映了穆罕默德时代阿拉伯半岛汉志地区的社会现实和伊斯兰教传播过程中的斗争概况。《古兰经》既是一部宗教经典，也是第一部散文形式的阿拉伯文献。阿拉伯语《古兰经》是带韵的散文，语言凝练、节奏明快、铿锵有力，其语言辞藻和表达形式，至今仍被奉为阿拉伯文学的典范。该经中的某些命题和典故，一直是伊斯兰教和阿拉伯文学的创作题材。由于《古兰经》在语言文字上的权威性，使阿拉伯语得以统一和规范化。

二、宗教经典中的内容往往成为文学创作的题材

例如，我国戏剧中一些剧目的题材都取自佛典或佛教故事。如《张羽煮海》就间接利用了佛典中关于"龙王"的记载；一些包公阴间断案戏，有的就具体描绘了佛教的地狱情景；《目连救母》的故事更是直接源于佛教中的《目连因缘功德经》、《目连上净居天经》。按中国佛教的

说法，目连母亲刘氏，生前悭吝作恶，死后堕入地狱受苦，如处倒悬，目连求佛救度，佛让他在七月十五日备百味饮食供养众僧，他终以神通将母亲救出。特别是在清代，目连故事成了戏曲的重要题材。

至于基督教《圣经》中的内容成为文学作品的题材就更多了。早在7世纪英国诗人凯德蒙就以《创世纪》内容创作了长篇诗歌，而17世纪英国诗人弥尔顿再次以《创世纪》内容创作了《失乐园》。8世纪，英国长诗《基督》则用《圣经》中基督诞生、升天、末日审判的故事来劝诫人们过德性生活。15世纪前后，欧洲更流行着许多大型耶稣受难神秘剧和奇迹剧，著名剧本有《亚当的故事》、《受难神秘剧》、《以撒献祭上帝》等，它们均取材于《圣经》故事。特别是弥尔顿的代表作《失乐园》、《复乐园》和《力士参孙》这三部诗体巨著，内容均取自《圣经》的故事。

三、许多文学作品渗透着浓重的宗教思想

古今中外各国许多文学作品之所以渗透着浓重的宗教思想，主要是因为宗教思想深深影响了历代作家，也影响了他们世界观、人生观、审美观以及创作方法，从而使他们自觉和不自觉地在作品中反映宗教的内容或表达宗教的思想情绪。

在欧洲文学史上，被誉为中世纪的最后一位诗人同时又是新时代的最初一位诗人的意大利文学家但丁（1265—1321年），其代表作就是宗教诗体文《神曲》。《神曲》是一部长达14233行的宏伟诗篇，深刻地反映了当时意大利的社会现实，描绘了佛罗伦萨从封建关系向资本主义关系过渡时期的社会和政治变化，揭露了教会的贪婪腐化、封建统治者的残暴专横以及城市市民的贪财好利。但是，在写法上他采取了欧洲中世纪梦幻文学的形式，通过游历基督教确认的"地狱"、"炼狱"和"天堂"的过程，构成了整个诗篇的三部曲。这种形式也是受到中世纪基督教神学家托马斯·阿奎那神学体系影响的结果。作品分三部，每部各

33篇，连同序诗共有100篇，全篇结构匀称、完备，自下而上排列整齐，给人一种神学上"三位一体"的象征性、完美性和神秘感。在内容上，《神曲》提及了《圣经》的许多人物如亚当、亚伯拉罕、挪亚、摩西、大卫、耶稣、圣母等等，并对《旧约》和《新约》中的说教、象征、启示、福音等均有详尽的刻画和展示。在寓意上，《神曲》采用由地狱到天堂的经历，也是表述《圣经》神学所宣扬的人的精神道德通过净化罪恶而趋于完善的过程。可见，《神曲》的思想在许多方面同《圣经》中的神学思想是分不开的，这也直接反映出宗教对作家本人的影响。再如，17世纪英国著名作家班扬的长篇小说《天路历程》，具体描绘了一个背着沉重包袱的基督徒为追求天国的光明而抛家舍业，历尽艰辛，冲破重重困难最后终于到达天国之门的故事，同时也写了这个基督徒之妻"女基督徒"尾随丈夫寻找天国的故事。这部小说的主旨是紧紧围绕着《新约圣经》福音书中所宣扬的只有敢走"窄门"、属灵之人才能获得永生，到达天国的道理。19世纪俄国伟大作家列夫·托尔斯泰的作品曾被列宁誉为俄国革命的镜子，但是他的思想和许多作品也渗透着基督教的影响，特别是他在当时的俄国极力宣扬不用暴力抵抗邪恶的思想受到了列宁的批评。他的一些作品，特别是晚期的作品《复活》，不仅书名就表达了基督教反复宣扬的拯救、复活、升天的思想，而且在全书的开头还引用《新约》福音书中的四段话来作为题词，表达自己的创作意图和要达到的目的就是要为《圣经》的道理作见证。从《复活》主题构思到其故事的宗教寓意都可以看出，托尔斯泰在文学创作上受《圣经》的影响之深。

在中国古典文学的发展中，宗教对历代作家和作品的影响同样是很深的。如从晋代的陶渊明，到唐宋时期的王维、李白、白居易、柳宗元、王安石、苏轼，到明清的李贽、袁中郎、黄宗羲、龚自珍、谭嗣同、章太炎、梁启超等大作家、大文人，无不受到过佛教的影响。如唐代大诗人王维就是一位著名的信佛作家，他信仰的佛教禅宗对他的诗文产生了很大影响。以禅语入诗，以禅趣入诗，以禅法入诗，是王维诗歌的主要特点。王维的诗篇主要是山水诗，通过田园山水的描绘，宣扬隐居生活和佛教禅理。如《鹿柴》："空山不见人，但闻人语响。返景入深林，复照青苔上。"诗中所描绘的远山的人语衬托着山的空寂，黄昏时分落日微光返照在深林里的青苔上，象征着世界的无常。这是依据禅宗的"返照"、"空寂"的义理，通过描绘鹿柴深林中傍晚的景色，表现寂灭无常的心境。又如《辛夷坞》："木末芙蓉花，山中发红萼。涧户寂无人，纷纷开且落。"芙蓉花这里指辛夷花。此诗是说在幽深的辛夷坞山谷里，辛夷花盛开怒放，又纷纷凋谢。这里通过写花自开自落的情景，表现作者的一种任运自在的恬淡、空灵的心境，也正是禅宗的人生处世态度的形象表述。宋代大诗人苏轼的诗词也极富禅宗色彩。如《和子由渑池怀旧》说："人生到处知何似？应似飞鸿踏雪泥；泥上偶然留指爪，鸿飞那复计东西。"这首禅诗所体现的人生无常、虚空悲凉的心境，正是禅宗所提倡的。又如其名诗《题西林壁》："横看成岭侧成峰，远近高低各不同。不识庐山真面目，只缘身在此山中。"从横看侧看山形不同，悟出世界万物因人的观察角度不同而结果相异的道理，体现了禅宗的"彻悟言外"的教义。我国的一些古典文学名著也受到过宗教的影响。如《西游记》直接取材于《大唐三藏取经诗话》，故事取自佛教，内容虽然是佛教、道教相混，但主要是宣扬佛的威力。《封神演义》在"成汤气数已尽，周室天命当兴"的宿命论前提下，写到了助周的阐教与助殷的截教之争，阐教是道教的正统，又得到佛教的支持，表现了佛、道相杂的思想。《济公传》中的主人公是宋代的禅僧道济，他扶危济困，嘲弄官府，却浑身神怪妖异，书中有相当一部分宣扬了佛教的内容。《金瓶梅》是我国第一部文人独立创作的描写世态的写实性长篇小说，其中受到佛教的影响也相当深刻。书中详尽地描写了当时市井的宗教生活：吃斋、礼佛、宣卷、斋僧，同时宣扬了善恶有报的轮回思想。《红楼梦》的主题也有浓厚的佛教色彩，在封建大家族的衰败和爱情的破灭中流露出的梦幻意识，与佛教大乘的四大皆空观念有直接的关系；从开头空空道人关于"色空"的说教、甄士隐的《好了歌》到宝玉出家，最后，宝玉对薛宝钗感叹"我们生来已陷溺在贪嗔痴爱中"，然后与一僧一道飘然远去，其语言和思想都是佛教的。

四、宗教的发展和传播也在一定程度上促进了文学形式的发展

如佛教传入中国初期以译经为主，东晋以后，佛教的翻译家逐渐创造了一种融合汉梵的新体裁——翻译文学，为中国文学史开辟了新的园地。中国传统文学较少富于幻想力，很少超时空、超现实的幻想，偏重于写实的描述，即使是一些列仙传、神仙传，也显得简单拘谨。而佛教则富有上天下地毫无拘束的幻想力，不受时空的限制，什么十八层地狱，三十三层天，三千大千世界，无边无际，表现了浓烈的浪漫色彩，大大推动了中国浪漫主义文学的发展。佛教对我国的说唱文学和小说的影响也十分显著。自南北朝以后，佛教为了进一步在民间吸引信徒，扩大影响，开始推行经文的"唱经"、"咏经"、"唱导"的宣传教义的方法，有利于佛教在民间的普及。这些形式由于有诵读、讲说、歌唱、赞叹，有说有唱，说唱结合，因此不仅开佛教俗歌的风气，而且促进了变文、宝卷、弹词、鼓词等文学形式的相继产生。可以说，我国一些通俗的说唱文学是直接来源于佛教的。

第三节　宗教对艺术的影响

宗教不仅对文学这样的语言艺术产生过深刻影响，而且深深影响了其他一些艺术形式，如以音乐、舞蹈为主的表演艺术，以绘画、雕塑、建筑为主的造型艺术，以戏剧、影视为主的综合艺术形式，形成了丰富多彩的宗教艺术宝库，其中包含着许多艺术瑰宝。

一、佛教艺术

以中国佛教艺术来说，佛寺建筑集中表现出佛教的建筑艺术。中国的佛寺建筑早期以佛塔为主。佛塔俗称"宝塔"，起源于印度，原为坟墓的意思，为印度佛教埋葬舍利子或安放经卷的建筑。秦汉时代，我国流行神仙迷信，以为神仙就住在云雾缥缈的天空高处，所以秦始皇、汉武帝都修建过高楼台榭，以迎候仙人下凡。在这种神仙思想的强大影响下，印度佛塔一传入中国，就与我国的建筑文化传统相结合，形成楼阁型塔的新形式。中国佛塔通常平面以方形、八角形居多，多层但一般为单数，含有吉祥之意。类别则有木塔、砖塔和石塔，单层塔和多层塔，楼阁式、瓶形式等。我国的佛塔建筑是集建筑和雕塑于一体的建筑物，其分布之广，数量之多，规模之大，层级之高，造型之美，在古代建筑中是首屈一指的。众多的佛塔，点缀于青山绿水之间，蓝天白云之下，为景物添彩，为山河增辉。佛教的寺院殿堂更是不计其数，形态各异。汉地佛教寺院基本采用传统的院落式格局，院落重重，常有数十院之多，层层深入。以佛殿为中心，在南北中轴线上置主要建筑物，东西两侧为附属设施，布局对称。而藏传佛教寺院，则以佛殿为中心，周围环绕其他建筑，大的寺庙如拉萨的哲蚌寺，宛如一座宗教小城镇。

佛教的雕刻艺术，气势最为宏伟的莫过于石窟艺术。在佛教东来的路上，新疆留有古代龟兹、高昌等洞窟的造像；甘肃有敦煌千佛洞、天水麦积山的石窟造像；再东进有山西大同的云冈、河南洛阳龙门、辽宁义县万佛堂等大小石窟造像；在江南有栖霞山石窟造像、四川的广元千佛崖摩崖造像、重庆的大足石刻等，真可说是佛教石窟遍及全国。尤其是云冈、龙门和敦煌石窟更是闻名世界。在众多的石窟和寺院殿堂中供奉的多姿多彩的佛、菩萨的各种塑像和各种绘画，更是造型艺术的画廊。如今存于麦积山石窟和敦煌莫高窟中隋唐时代的壁画，堪称绘画艺术珍品。佛像造型十分生动，色彩艳丽。关于西方极乐世界的描绘，也是极富想象力。如彩绘七宝楼台、香花伎乐、莲池树鸟等，十分美丽。

而其中所绘的佛、菩萨、诸天、力士等，都是健美的化身。有些佛画还点缀着许多人间社会生活小景，乐观、明朗，富有情趣。藏传佛教美术，在中国佛教美术中独具风格。北京雍和宫、西黄寺及承德须弥福寿之庙，其殿宇、佛像等，均属藏传佛教艺术体系。拉萨布达拉宫，藏有古代流传下来的大量佛画和金铜佛像，以及刺绣和木刻的版画佛像。在青海塔尔寺，每年都以酥油制作酥油花礼佛，更是特殊的佛教艺术。

佛教音乐是寺院和信众在举行宗教仪式时所用的音乐。声乐有独唱、领唱和齐唱、轮唱等形式。器乐主要演奏的曲牌，各地各派寺院各有不同。乐器除打击乐外，吹奏管乐器有管、笛、笙、唢呐、箫等。放焰口和水陆法会规模较大，费时较多，有的还有情节内容，其音乐和舞蹈、诵白的结合安排都有一定的艺术水平。音乐旋律有的庄重，有的活泼，有的凄厉，有的热情，随仪式发展而变化。如放焰口，据传有九板十三腔，完全不同的唱腔旋律有几十种，放焰口的音乐结构实际上相当于一出音乐清唱剧。佛教音乐对于中国民间说唱音乐、音韵学以及乐律、音阶和乐谱学的发展均有重要影响。

二、基督教艺术

基督教的造型艺术是以基督教圣经、教义、历史和传说中的人物、事迹为题材而创作的绘画、雕塑，以及教堂、修院、祭坛等建筑物所表现的造型艺术。教堂建筑在基督教艺术中占据特殊而重要的地位。早期教堂是模仿罗马长方形大会堂形式建造的，这种结构在当时被认为是最完美的教堂建筑形式，其风格曾在东西方教会中流行了数百年。后在拜占庭有以君士坦丁堡圣索菲亚大教堂为典型形式的拜占庭式。俄罗斯正教会的教堂仿自拜占庭，内部装饰更为富丽堂皇。11世纪后，西欧教堂多为罗马式，空间宏大，横厅宽阔，中堂纵深呈长方形十字架形。厚实的墙体、圆形的穹隆、半圆形的拱门窗和层层叠叠的连拱柱廊，装饰也更为豪华。此以意大利比萨大教堂和英国的坎特伯雷大教堂为代表。

12 世纪后，在法国出现了哥特式教堂，其特点在于它的外形，它运用尖拱券、尖塔、飞扶臂和修长的立柱，增加教堂的高度，用色彩斑斓的玻璃花窗增添教堂的神圣感。最具代表性的有巴黎圣母院、意大利米兰大教堂、德国科隆大教堂等。文艺复兴时期提倡古典文化形式，哥特式逐渐为仿古的希腊罗马式所代替，如罗马的圣彼得大教堂。到近现代，欧美各国又采用现代化建筑技术，应用新型建筑材料，摆脱传统格式，又设计了各种新颖的教堂建筑。如纽约圣约翰大教堂，被认为是世界上最大的新哥特式教堂，可容纳 7000 人。英国利物浦的君王基督大教堂（1967 年建成）没有传统的高塔，顶为王冠状，下为一圆形建筑，祭坛在中央，为著名的中心式教堂。

在基督教堂的内外，保存着许多极有艺术价值的绘画和雕塑。中世纪拜占庭的宗教镶嵌画达到了很高的艺术境界，如君士坦丁堡圣索菲亚大教堂内作于 13 世纪的镶嵌画《祈求》，画中基督在祈祷，两旁分别为马利亚和施洗约翰，人像比例协调，形象生动，圣母充满温柔与母爱，基督的表情也一改其呆滞的特点，不再令人生畏。14 世纪，拜占庭又出现了微型镶嵌圣像，在木板或蜡版上镶嵌金银和别的贵重材料，小的只有 20 厘米左右，十分精致。巴黎曾是哥特式雕塑艺术的中心，教堂内外装饰着各种圣像的雕塑，风格继承了罗马式的内容和形式，但更追求自然和完美，雕像大多比例适中，姿态自然，表情安详。

文艺复兴时期基督教艺术的杰出成就表现在绘画方面，它彻底改变了呆板的、程式化的传统，出现了具有现实主义倾向的作品。画面多以大自然或建筑物为背景，以和平宁静的人物形象表现宗教和虔诚。如乔托的组画《基督的人生》、马萨乔的《亚当与夏娃被逐》、弗兰切斯的《圣十字架的传说》等，结构严谨、形象生动。文艺复兴全盛期以罗马为中心，以达·芬奇、米开朗琪罗、拉斐尔为代表，进一步发展了气魄雄伟、优美典雅的古典风格。达·芬奇的壁画《最后的晚餐》和米开朗琪罗的《创世纪》、《末日审判》均为传世之作。拉斐尔一生画了一百多幅圣母像，其中《西斯廷圣母》最为杰出。雕塑方面则突破了中世纪身裹厚袍的雕像传统，创作出圆雕裸体人像。多那太罗的《大卫》铜像是第一个裸体雕像。米开朗琪罗的雕塑作品具有庄严、雄浑、完美无瑕的特点，代表作有《摩西》、《大卫》、《哀悼基督》等。基督教音乐集中表现为教堂崇拜仪式中的音乐。

基督教早期音乐主要是以颂调为主的礼仪歌曲音乐。6世纪，教皇格列高利一世改进教会音乐，亲自主持编订乐谱，形成了音调简朴优美的格列高利颂调，至今仍通用于天主教会弥撒仪式中，成为天主教会音乐的典范。以颂调为基础的圣礼中的颂歌一般由教士或指定人员组成的男声唱诗班齐声合唱。中世纪教堂音乐的形式主要有：经文歌，为单音无伴奏齐唱；弥撒曲，包括《求主怜悯颂》、《荣耀颂》、《信经颂》、《三圣文》、《上帝羔羊颂》五个乐章，是罗马天主教会唯一的大型礼仪音乐；赞美诗，为复调分节歌曲，用拉丁文；合唱赞美诗，为四声部合唱圣歌。基督教音乐的乐器主要是管风琴，现代更发展了电风琴、合成风琴等。教堂器乐有礼拜仪式开始前的序乐、礼拜后的殿乐、婚礼音乐、献堂和庆典音乐、安魂曲等。基督教音乐可以说影响了近两千年欧洲音乐的发展，并进一步影响了全世界。许多著名的作曲家都亲自撰写过宗教作品，其名作如亨德尔的《弥赛亚》、海顿的《创世纪》、贝多芬的《橄榄山上的基督》、门德尔松的《以利亚》、巴赫的《圣马太受难曲》等。

三、伊斯兰教艺术

伊斯兰教艺术的主要表现是清真寺的建筑艺术。清真寺是信仰伊斯兰教的穆斯林礼拜的场所。典型的清真寺结构严整、质朴。中心部位是礼拜大殿，大殿建筑一般呈凸字形，内部设置比较简单，墙壁素洁淡雅，通常不绘画景物，但可有阿拉伯艺术字体和几何线条图案。大殿地板一般铺以绒毯、垫褥或席子，大殿正面后墙称为正向墙，墙壁正中有一圆形凹壁，原为一小门，供伊玛目进出领拜，后演变为礼拜朝向的标志；殿内右前方设有讲坛，供宣讲人在聚礼日及每年开斋节、古尔邦节两会礼日宣讲教义之用。较大的清真寺还有宣礼塔，为召唤穆斯林前来礼拜之用。阿拉伯国家的宣礼塔外形多细长，塔顶呈尖形。阿拉伯国家清真寺大多为穹隆建筑。包括由分行排列的方柱或圆柱支撑的一系列拱门，这些拱门再支撑着圆顶、拱顶以及平面的或人字形的木屋顶。建筑物外表敷以彩色或其他装潢。中国内地的一些著名清真寺，多为殿宇形式，既有伊斯兰建筑艺术特色，又保持中国传统建筑艺术。其格局大多是大殿居中，两旁南北讲堂相对，后殿凹壁外部角楼屹立，内部绘制经文。有的更是碑亭遥峙，雕梁画栋，悬匾垂联。我国新疆喀什的艾提卡尔清真寺、宁夏同心清真大寺、陕西西安化觉巷清真寺、北京牛街和东四清真寺，都是中国伊斯兰教著名的清真寺，同时又是建筑艺术的杰作。它们风格各异，都是中国文化与阿拉伯文化交流的产物，是历代各族穆斯林智慧的结晶，也是中华民族文化的宝贵财富的组成部分。

伊斯兰教的绘画艺术在世界绘画艺术中也独树一帜。它的艺术特点是将宗教神学信仰、科学的几何原理和特有的色彩融为一体。它超乎三维空间，极富幻想力和抽象性，如绘画装饰图案多采用花叶、几何图形，以伸向无限，象征宇宙的苍茫。伊斯兰绘画在阿拉伯、波斯和土耳其又形成各具特色的三大支系。阿拉伯风格以其千姿百态的图案、优美的文字书法和宗教的上天使命完全融会而著称，土耳其风格以鲜明色彩、突出的主题见长，而波斯风格则以诗情画意而突出。伊斯兰文字书法也别具一格，穆罕默德的传人阿里曾说："一手好字将使真理更加熠熠生辉。"伊斯兰书法不仅强调正确，而且强调美的享受，并把书法艺术融会到绘画、雕塑、建筑、彩陶、编织等工艺上，在书法艺术的发展中又与各国传统艺术相结合。例如伊斯兰教传入中国后又吸收了中国美术中花卉、翎毛、人物等艺术，使伊斯兰书法艺术得到进一步发展。

四、道教艺术

中国的道教艺术也有自己独特的风格。如道教美术，主要包括日常供奉和用于祈祷祭祀活动的神仙画像或雕塑的神像、故事画以及宫观、法器的装饰艺术等。早期道教的塑像或画像曾受到佛教艺术的一定影响。现存道教石刻造像的代表作品为福建泉州北郊清源山太上老君石刻像。该像背松倚望，美须大耳，慈祥和蔼，全身线条遒劲有力，洗练概括。石像高 5.1 米，以整个天然巨石雕成，宏伟壮观，实为道教造像艺术中的珍品。神仙画像，更是历代不绝。唐代画家吴道子所画的五帝、五官、星宿像十分有名。道教壁画也相当出色，现存泰山岱庙的巨幅壁画《泰山神启跸回銮图》，以皇家宫廷生活为模式，描绘泰山神东岳大帝出巡和回銮的情景，场面浩大，人物众多，生动逼真，山水人物相互衬托，堪为佳作。山西永乐宫道教壁画画长 90.68 米，高 4.26 米，实绘大山神像共 286 尊，规模巨大。历代文人关于道教的绘画也十分繁多，如唐代吴道子、宋代武宗元、元代颜辉、明代吴伟、清代金农、当代张大千等，均有道教绘画传世之作。至于道教美术的民间创作，也一直十分兴旺。道教仪式广泛使用民间木雕、刺绣以及纸扎工艺作为法器和陈设，各道观建筑普遍采用民间广泛流传的八仙、麒麟、万年青等吉祥避邪的装饰图案；木板印制的门神、灶君、关帝、财神等神像则在民间流传尤盛。

　　道教的音乐在道教的仪式中据称有感动神灵的作用。道教音乐有独唱、齐唱、散板式吟唱和鼓乐、吹打乐以及合奏等各种形式，内容多配合禳水灾、旱灾、虫灾、雷击、瘟疫、伤病以及悼亡和延寿等各种法事，音乐以法事情节需要，组合串连成各种道曲。道教音乐的诵唱和乐器伴奏，均由道士担任，信众不参加音乐活动。千百年来，道教音乐广泛吸收民间音乐养料而愈益丰富。新中国成立前，在江浙及南方诸省中，看道场欣赏道教音乐是农民文化生活中的盛事。

　　道教建筑是用以祭神、修道、传教以及举行祝祷祈禳仪式的建筑物。常由神殿、膳堂、宿舍、园林四部分组成，总体布局基本上采用中国传统院落式，分区明确，配置适宜，联系方便，给人以庄严肃穆、清新舒适之感。此外，它还将壁画、雕塑、书画、联额、诗文、碑刻、园林等各种艺术形式与建筑物综合统一，因地制宜，巧作安排，具有较高的文化水准和多彩的艺术形象及强烈的艺术感染力。道教建筑的总体布局、体量、装饰以及用色等，均体现出其建筑思想承袭了中国古代的阴阳五行说。其中季节、方位、色彩的配置与道教建筑关系尤为密切。现存著名的道教建筑主要有河南鹿邑的太清宫、四川青城山的古常道观、成都青羊宫、苏州玄妙观、山西永乐宫等。道观主要奉祀三清、四御等道教尊神。道教建筑随道教的形成而出现，并随宗教礼仪的制度化和规范化而逐渐完备。在其漫长发展过程中，既吸收了世俗建筑的形式，又有自己巧妙独特的处理方法。它作为中国民族文化的组成部分，具有较高的艺术价值。

第十章
理性与非理性的对立
——宗教与科学

第一节　宗教与科学的关系

宗教与科学究竟是怎样的关系？历来是人们非常关心的问题。在我国，曾经有一个时期，社会上对宗教与科学的关系只是强调二者的对立和斗争，这是一种片面性。实际上，在人类社会漫长的历史发展中，宗教与科学同作为人们的精神生活的一部分，同作为社会意识的形式，存在着十分复杂的关系。它们之间既有相互区别和对立的一面，又有相互联系和相互作用的一面，从而对人类文明的发展产生过巨大的影响，需要全面准确地加以认识。

一、宗教与科学的区别

宗教与科学虽同属于社会意识领域，但是它们却是在本质上有所不同的社会意识形式。宗教本质上是客观现实世界在人们头脑中的虚幻的、颠倒的反映，而科学则是客观现实世界在人们头脑中的正确反映，它不需要采取超自然的形式，而是按照客观世界的本来面目来认识世界。正是二者的上述特点，决定了它们之间在本质上是对立的和不可调和的。

宗教与科学的区别还在于，宗教是以一种唯心主义世界观的形式出现的，它以存在着一种决定和主宰客观物质世界的超自然力量为根据，对世界从何而来、人类从何而来、精神与物质是怎样的关系、人类和自然界是如何发展变化的、人类的最后归宿在哪里等最一般的、最普遍的带有规律性的问题提出了自己的基本看法。而科学则是关于自然、社会和思维各个领域的事物的具体的和具有规律性的知识的理论体系，它不仅要通过观察和实验记载和描述具体的事实，而且要解释和说明事实，建立各种门类的科学理论，把人们的认识不断推向前进。科学作为知识的理论体系，大体上可以分为自然科学和社会科学两大门类，涵盖了自然、社会和思维三个领域的知识。自然科学是人类关于自然界的各种知识的总结和总和，它揭示自然现象的本质，认识它们的规律，并指出在实践中利用自然规律的可能性。现代自然科学主要包括数学、力学、物理学、化学、生物学、天文学、地质学、自然地理学等部门。每一部门，又可细分为许多比较局部的科学，如生物学又可分为动物学和植物学，等等。自然科学是工农业技术和医学的理论基础，直接服务于物质生产，满足物质生产的需要。而社会科学则是关于社会现象的学问，它的研究对象是人的社会关系、经济关系、国家形式、法律形式，以及道德、宗教、艺术等意识形态现象。与之相应，则形成了政治学、法学、伦理学、文学、艺术理论、宗教学、语言学、逻辑学等。从上述可以看出，宗教的世界观在人类历史的发展中尽管对社会产生过很大影响，但毕竟和科学不是一回事。

宗教与科学的另一个区别是，科学是社会分工的特殊部门，而宗教不具有这一基本特点。在社会发展的最早阶段，各种社会活动混为一体，随着生产的发展，体力劳动和脑力劳动的分工，各种社会意识形式逐渐分化，才出现了科学。后来，自然科学广泛采用科学实验这种研究手段，社会科学采用社会调查等科学方法，科学就越来越成为一种独立的社会活动，一种专门的社会职业。这表现在适应社会物质生产、经济、政治、军事和其他社会生活的需要，社会上逐渐出现了许多研究机构和学术团体，拥有一大批专家、学者、科学技术人员和各种专业工作者，积累了丰富的图书情报资料，创造出先进的仪器、设备，有各种实验室、实验基地、试验单位，对自然、社会和思维现象进行着广泛的有组织、有计划的深入探索，科学活动日益社会化。科学已经像工业、农业、教育等部门一样，成为社会分工的一个独立部门，在社会系统中占据重要地位。现代科学已经成为一种国家的事业和社会事业。现代社会对科学的要求很高，提出的科研项目庞大，问题复杂，难度增加，综合性很强，需要多学科、多部门共同努力；而且内部分工越来越细，研究规模越来越大，这都带来科学工作的社会化。如原子能、宇宙探测、登月飞行、热核聚变、生命起源等方面的研究，资源、能源、环境、人口等问题的解决，大多要采用国家化的形式，有的甚至要采用国际化的形式。科学往往由国家来组织管理。随着自然科学和社会科学的飞速发展，科学作用的增强，科学知识、技术力量和科研水平的高低，已经成为衡量一个国家经济、政治、军事实力的重要指标。而宗教虽然也有一定数量的教职人员，有相应的组织，但是这种组织主要是通过自己的活动来满足信仰该宗教的信徒的宗教生活需要，局限在精神生活领域，基本上脱离社会的物质生产。因此，宗教的组织和活动不可能构成一种国家的事业和社会产业，宗教的兴衰不是衡量一个国家国力强弱的指标之一。

最后，宗教与科学在人类认识世界和改造世界中的作用是不同的。科学是一种在历史上起推动作用的、革命的力量，科学是认识世界和改造世界的知识武器。这首先表现为，科学能转化为社会生产力，成为改造世界的强大物质力量。从18世纪中期到19世纪中期，人们在生产中应用力学、热力学等方面的成果，改革生产技术，制造了机器和蒸汽机，用自然力代替了人力，在不到一百年的时间内所创造的生产力，比过去所有时代所创造的生产力的总和还要多。从19世纪70年代到20世纪初，运用电磁学原理制造了发电机、电动机以及输电设备，使电力得到推广，又大大提高了生产效率，使许多资本主义国家的工业产值大幅度增长。20世纪40年代到60年代，科学空前发展，带来了一场以原子能、电子计算机和空间技术为标志的影响极其深远的技术革命。电子计算机、系统论、控制论和信息科学使生产实现自动化，原子物理、高分子化学帮助人类找到新能源和新材料，半导体、激光、宇航技术、分子生物学为生产开辟了新的行业和途径，从根本上改变了物质生产的面貌。如果说，过去的技术革命是依靠科学用自然力代替人力、用机器延长人的肢体、减轻或代替体力劳动的话，那么，这一次技术革命就不仅是进一步减轻人的体力劳动，而且是运用科学创造智能机器，延伸人脑，扩展智力，取代部分脑力劳动。人类改造世界的能力空前地得到增强。除自然科学以外，社会科学中的许多学科如经济学中某些学科以及管理科学等，也能转化为生产力。把社会科学应用于生产，能够帮助人们制定发展经济的正确方针和计划，合理地利用人力、物力、能源、资源、财力，调节生产过程，改善劳动组织和生产结构，加强管理，大大提高生产力。其次，科学是改造社会生活和进行社会管理的重要手段。特别是经济学、社会学、法学、伦理学、历史学等方面的知识，对于帮助人们揭示社会生活各个方面发展的客观规律，制定正确的社会改革方案和计划，对社会实行科学管理和科学的领导、预测和决策，都起着重要作用。自然科学能够提供科学方法和先进的技术手段，帮助人们管理和改造社会。例如，运用数学、控制论、信息论、系统论的原理和方法，可对社会进行定性和定量的分析，确立改革和管理的最佳方案；运用电子计算机，可对社会生活的一些方面进行科学管理，提高改革和管理的效能，等等。而宗教在人们认识和改造世界的斗争中，由于以根本不存在的神灵世界和来世世界为其根据，因而不能使人们科学地认识和揭示自然界和社会发展的客观规律，更谈不上改造自然界和人类社会了。所以，总的来说，宗教世界观不仅无助于人们正确认识和改造世界，而且起到了阻碍科学发展的作用，特别是在宗教影响特别巨大的时期和国家，这种消极作用更为明显。宗教思想不仅不能转化为现实的生产力，相反还会阻碍生产力的发展。

二、宗教与科学的联系

宗教与科学之间在本质上的对立以及表现出的重要区别，是我们站在现代社会发展的高度，努力运用辩证唯物主义和历史唯物主义的科学世界观和方法论进行科学分析的结果。实际上，在人类历史漫长的发展过程中，宗教与科学之间的对立是交织在它们的错综复杂的联系之中的。

首先，在原始社会，科学知识的一些萌芽基本上是包含在原始宗教之中的。当时，宗教除了作为信仰以外，还曾长期作为人们认识和解释世界的重要工具，而且几乎是唯一的工具。这种情况，是同人类的生产力与改造和认识自然的能力都很低的状况相适应的，因为当时还无法产生和形成像现代科学一样的实证知识来帮助人们认识自然界。另一方面，原始宗教信仰也并非都是胡言乱语，而是人们探索人与自然关系的必然产物。正是这种情况，决定了原始社会中一些科学知识的萌芽同宗教信仰、神话、巫术等交融在一起，形成你中有我、我中有你的复杂关系。例如，古希腊神话故事里就有许多对自然现象的说明，其中有一些素朴的科学因素。古埃及人盛行用巫术、咒语给人治病，并且出于宗教目的而形成了用香料保存尸体的风俗，因此，他们在数千年前就有了初步的解剖学知识，懂得配制药物、香料的医药学知识。建立在天人感应论基础上的占星术也积累了一定的天文资料，为以后天文学的形成创造了条件。特别值得一提的是，原始宗教的巫术中包含着一定的征服自然为人所用的因素，这比起只提倡崇拜神灵的一般宗教来讲，它更接近于科学的可操作性。因为纯粹的宗教崇拜，只能使人无所作为地屈从于神灵；而巫术一方面崇拜神灵的神力，另一方面又力图使神力听从人的指令来达到人们预期的目的。当然，巫术也是一种幻想，其绝大多数的后果都是落空的，而且往往会起到伤人害命的副作用。但有时也会偶然地达到预期的目的，得到意想不到的实际效果。我们在原始宗教的历史中常常可以看到，巫师同时也是最早的医生，道教中追求长生成仙的炼丹术成就了原始化学和原始医学，占星术则成为最早的萌芽状态的天文学。正是在这种意义上，可以说，原始宗教或其他宗教中的那种控制和操纵神力的巫术活动，既是人类力图控制自然力的一种最初的幻想和原始行为，也是一种具有萌芽性质的原始科学的实际操作活动。

其次，有些宗教教职人员在从事宗教活动中往往在客观上对科学的发展作出了贡献，甚至许多自然科学家本人就是宗教教职人员。例如，我国春秋时期的占星家鲁国的梓慎、郑国的裨灶、宋国的司星子韦等，他们对天象进行观察所得的结果，为以后天文历法的研究积累了有价值的资料。唐代著名僧人一行，也是一位天文学家，他同梁令瓒同制黄道游仪，用以测定150余颗恒星的位置，这是世界上第一个发起对地球子午线长度进行的测量，并推算出相当于子午线纬度的长度。道教的许多道士在实践道教追求长生成仙的过程中，继承和吸取了中国传统医学的成果，在内修外养的过程中，积累了许多医药学知识和技术，形成了独特的道教医药学。如东晋道士葛洪继承了汉代炼丹理论，整理了当时流行的各种炼丹术，并在长期研制金丹的实验中，积累了丰富经验，认识了某些物质的特性及其化学变化，写下了著名的炼丹著作，成为炼丹史上一位承前启后的人物，为研究中国炼丹史以及古化学史提供了珍贵的史料。他还总结了战国以来神仙方术理论，在他的《抱朴子内篇》一书中，概述了东晋以前外丹、行气、服食、守一、房中术等基本概况，把为人治病列为"上功"，亲自汇集百余种药方，编成中国第一部急诊手册。南北朝时的道士陶弘景同样精于医学、药物学，勤于炼丹、撰写丹书和医药及养生著作。唐初道士孙思邈，集唐以前医学之大成，他亲自采药制药，广泛搜集验方，对医学发展有较大贡献，被后人称为药王。西方一些大科学家，如哥白尼，其本人就是神父，但他在对天体的长期观察和实验中，竟创立了直接违反基督教教义的"太阳中心说"，打破了神学对科学的统治，开创了天文学上的伟大革命。他的继承者伽利略、布鲁诺同样是天主教教职人员。创立生物遗传学理论的孟德尔自己就是奥地利神学院院长。这些神职人员之所以能在科学上作出贡献，同基督教关于上帝创造了按规律运动的宇宙这一观点也是有关的，这种观点促使了神学家们去探索宇宙运动的具体规律，但却往往得出了否定基督教神学的一些结论。

宗教的经典也包含着一定的科学的成分，为以后的科学发展提供了资料。世界的各种宗教的经典，尽管都蒙上了神的启示的色彩，但在实际上都是特定时代特定民族社会生活的反映，每种宗教经典都不是预先定制好的，都有一个由宗教教职人员逐步编纂而成的过程，而且几乎汇集了当时所有的重要文献，包括经济、政治、历史、法律、道德、文艺以及自然科学的许多知识。如果我们要研究以色列民族的形成及历史，就必须研读《旧约圣经》；如果我们要了解7—8世纪的阿拉伯社会，那么《古兰经》则是最重要的文献；而我国道教的典籍所包含的自然科学的知识更是十分丰富多彩。《道藏》中所辑录的各种内外丹经、黄白方术、阴阳五行、药饵术数等著作，记述了许多炼丹方法，仅《金丹》一篇所涉及的化学材料和矿物成分就有22种之多。它们还记载了一些用于炼丹的主要物质材料及其化学反应过程，还相当透彻地阐明了强身保健、增强体质以抗风寒暑热的科学道理，为化学和医药学的发展作出了贡献。

第二节　科学必将战胜宗教

宗教与科学在各自发展的过程中尽管呈现出相互交织的复杂关系。但是，从根本上说二者是对立的。这种相互对立的本质决定了宗教与科学之间必然展开激烈的斗争。科学正确反映客观世界的本质表明，科学本身是彻底革命的，为了自己的生存和发展，它不断向旧思想、旧传统、旧权威，其中包括向宗教思想进行挑战。历史的发展表明，宗教与科学之间的斗争是一个十分漫长和曲折的过程。在人类的原始时代，科学的萌芽包含在宗教之中；在古代和中世纪，它包含在自然哲学中。由于当时社会生产力水平很低，科学尚未形成自己独立的形态，力量十分弱小。特别是在中世纪的欧洲，基督教独霸意识形态领域，一切科学知识都成为神学的婢女，教会势力利用神权和政权不惜任何代价地对有损于宗教的科学思想和科学家进行扼杀和镇压。但是，科学的革命性毕竟是压制不住的。近代自然科学作为一种独立的形态出现后，便以自己的丰硕成果向宗教世界观发起猛攻，并取得了决定性的胜利。在当代，世界科学技术进一步突飞猛进，宗教已无力阻止，转而力求与科学进行某种妥协。历史的辩证法就是这样。科学的本质决定它必将战胜宗教。

一、近代自然科学及其反对宗教神学的斗争

真正意义上的近代自然科学是从 15 世纪下半叶开始的。恩格斯说："随着中间阶级的兴起，科学也迅速振兴了；天文学、机械学、物理学、解剖学和生理学的研究又重新进行起来。资产阶级为了发展它的工业生产，需要有探索自然物体的物理特性和自然力的活动方式的科学。而在此以前，科学只是教会的恭顺的婢女，它不得超越宗教信仰所规定的界限，因此根本不是科学。"[①]

15 世纪以来的地理大发现不断扩大欧洲人的眼界，在气象学、地理学、动物学、植物学等方面展示了许多前所未知的新现象。航海事业推动了天文学的研究。资本主义工业的发展不仅产生了很多力学上的（纺织、钟表制造、水磨等）、化学上的（染色、冶金、酿酒等）和物理学上的（透镜制造）新事实，为科学研究积累了大量的观察材料，而且使新式仪器（如天体望远镜、显微镜）的制造成为可能，为科学研究提

———————
① 《马克思恩格斯选集》第 3 卷，人民出版社 1995 年版，第 706 页。

供了有力的新手段。在科学理论方面也有了一些新的发现。如力学方面，达·芬奇已接近了解斜面落体定律、加速度原理、惯性原理和功的概念；化学方面，出版了乔治·鲍威尔的《论冶炼过程》、毕林戈丘的《烟火制造术》；对人体生理方面的研究，尼德兰的维萨留斯的《论人体》奠定了解剖学的基础，西班牙的塞尔维特发现了心肺间的血液循环。新兴自然科学的发展动摇了中世纪基督教神学世界观的基础，给教会统治以沉重的打击。尤其是宇宙学、生物学和物理学领域中的成就，更是对宗教神学的致命打击。

1. 哥白尼的"太阳中心说"是对神学世界观的第一次公开对阵

在哥白尼提出"太阳中心说"之前，在欧洲，从亚里士多德和托勒密以来近 2000 年的时间，地球中心说一直被奉为不可动摇的绝对真理。这个学说认为太阳和一切星球都绕着地球转动，共有九重天，地球是整个宇宙的永恒不动的中心。这种说法同《圣经》所说的人是上帝的特别造物、上帝创造一切都是为了处于宇宙中心的人等宗教说教正相吻合，因此在中世纪它成为教会学说的一个柱石。同时，由于地球中心说表面上符合人的直观印象，所以也容易为人们所接受。哥白尼虽身为神父，但却有探索真理的精神，他没有被权威所吓倒，也没有被表面的现象所迷惑，而是根据实验和数学的论证大胆地推翻了教会的这个假科学的支柱。他在批判地球中心说或地球不动说时指出："自然科学家要想建立地球不动说的主要论证大部分是根据表面的现象；所以在我说明了理由以后，这样的论证就垮台了。"[①] 哥白尼的《天体运行论》一书的主要内容是：地球不是宇宙的中心，而在月球轨道的中心；包括地球在内的一切行星的轨道都以太阳为中心，太阳是宇宙的中心；天上星辰看上去在不断移动，但实际上不是天动，而是地球自己在转动；每天太阳由东向西的运行，不是太阳在移动，而是地球在自转。哥白尼的学说不仅在天文学上开辟了一个新时代，而且对于近代唯物主义和无神论思想的发

_____

① ［波兰］哥白尼：《关于天体运动的假说》，科学出版社 1983 年版，第 2 页。

展有极大的影响。它既然证明了地球不过是环绕太阳转动的一个行星，在天空中并无特殊地位，这就使教会依据地球中心的臆说编造的种种荒谬神话破产了。恩格斯高度评价了哥白尼学说的革命意义。他说："自然科学借以宣布其独立并且好像是重演路德焚烧教谕的革命行为，便是哥白尼那本不朽著作的出版，他用这本书（虽然是胆怯地而且可说是只在临终时）来向自然事物方面的教会权威挑战。从此自然研究便开始从神学中解放出来……科学的发展从此便大踏步地前进，而且得到了一种力量，这种力量可以说是与从其出发点起的（时间的）距离的平方成正比的。"① 正因为如此，天主教会对哥白尼学说感到无比恐惧，罗马教皇在 1616 年宣布《天体运行论》为禁书。紧跟哥白尼以后，在天文学上推进他开始的革命进程的科学家是开普勒和伽利略。开普勒进一步证明，行星的运动轨道是椭圆形，太阳则处于这椭圆的一个焦点上。伽利略也通过自己的科学活动进一步证实和发展了哥白尼体系，他借助自己制成的望远镜发现了太阳有黑子、月亮表面布满崎岖的山脉和荒凉的山谷，证明了天体并不像传统神学世界观所说的那样完美；他用望远镜证实了哥白尼学说中行星运动必然有周期性的盈亏现象；他还写了《星际使者》一书，指出木星的四个卫星是证明哥白尼学说的强有力的证据；特别是他写的《关于托勒密和哥白尼两大世界体系的对话》，同样威胁到基督教的根本教义。于是罗马教廷便对伽利略采取了终身囚禁的制裁措施，并企图以此来阻止科学真理的传播。同时，曾当过修道士的布鲁诺也支持哥白尼的"天体运行论"，并进一步推广了"太阳中心说"，并认为整个无边无际的和无始无终的宇宙是没有中心的。这一科学论断意味着对"神创论"的全盘否定，因而导致天主教会勒令布鲁诺放弃自己的学说，并于 1600 年将坚持科学真理的布鲁诺活活烧死在罗马鲜花广场上。尽管如此，也并未能阻止科学前进的步伐。之后，德国天文学家康德以及拉普拉斯等人继续发展了哥白尼学说，以科学的力量一步步把

———

① 《马克思恩格斯选集》第 4 卷，人民出版社 1995 年版，第 262—263 页。

基督教《圣经·创世记》中的说法变成了纯粹的神话，甚至神学家们后来也不得不承认《创世记》只有寓言的宗教意义了。

2. 物理学、生物学的成就对宗教观念的否定

如 19 世纪初发现的能量守恒和能量转化定律表明，能量是既不能创造也不会消灭，只能互相转化。物理学通过物质结构的理论，更进一步地证实了世界的物质性，从而否定了上帝这一纯精神实体存在的可能性。爱因斯坦的相对论，更进一步地证明了物质、运动、时间和空间是密切联系在一起而不可分割的，也说明了超物质、超时空的上帝是不存在的。在生物学领域，达尔文提出的生物进化论彻底粉碎了基督教宣扬的上帝创造人类和生物的神学说法。达尔文生物进化论的形成受到了地质学关于地层演化理论的影响。18—19 世纪，地质学家们发现地球的地层保存着许多现已绝种的生物的化石，而且越是古老的地层，生物越是简单；越是新生的地层，生物越是复杂，更加接近于高等生物。这些地层的形成自然而然地被认为是通过悠久的历史过程而慢慢演化的结果。如果按《圣经》的说法，地球的整个历史不过 6000 年左右，这对于地层化石层的沉积来说，时间实在是太短了。既然不同化石层中的生物有着巨大的时间差距，所谓上帝在六天之内创造整个世界和一切生物的说法就没有根据。而且，如果把不同化石层的生物物种连接起来，就可以合理地构成一部生物连续进化的谱系和历史。与此同时，生物学的发展也不断冲击着神创论。特别是在新发现的土地上，发现了许多《圣经》中根本未提及的上百万种的动植物。法国生物学家拉马克首先提出生物进化的思想。英国生物学家达尔文则集其大成于 1859 年发表了科学巨著《物种起源》，系统论证了生物进化论，提出生物是由物种进化而来的：由于生物的高度生殖力引起生存斗争，进而产生对遗传变异优胜劣汰的自然选择过程，于是造成了生物的进化。所以，自然选择是生物进化的原因和机制。达尔文学说以其丰富的实证和科学的推理很快在学术界和公众中产生了巨大反响，这对上帝创世说是致命的一击。为此，宗教神学家们对达尔文主义进行了疯狂围剿。他们攻击自然选择原

则同《圣经》是绝对不相容的，并哀叹如果让生物进化论占了上风，那么上帝拯救人类的计划就成了泡影。这些来自神学家的攻击并不能阻挡科学真理的广泛传播。赫胥黎为达尔文主义所作的辩护和阐述，得到了生物学家的支持和公众的承认。对于达尔文的伟大科学发现及其无神论意义，恩格斯曾给予高度的评价和热情的赞扬。1859 年 12 月，恩格斯在致马克思的一封信中写道："我现在正在读达尔文的著作，写得简直好极了。目的论过去有一个方面还没有被驳倒，而现在被驳倒了。此外，至今还没有这样大规模的证明自然界的历史发展的尝试，而且还做得这样成功。"① 神学目的论被驳倒，实质上也是整个神学世界观的破产。

二、现代宗教逐步协调同科学的关系

人类进入 20 世纪，科学技术进一步繁荣发展，人们越来越接受科学的真理，怀疑甚至摒弃许多宗教神学的观点，有神论的影响正在减弱。这种情况决定了宗教势力再也不可能公开压制和阻碍科学的发展。为此，现代宗教在维护其基本立场的前提下，对科学不得不作出某些让步，缓和与科学的紧张关系。

1. 宗教界被迫承认某些科学原理，但又力图给予神学解释

达尔文发表《物种起源》后，罗马教皇曾在其文告中宣称："达尔文学说要把我们变成猿猴。"红衣主教们也攻击达尔文主义是所谓"牲畜哲学"。1925 年，美国田纳西州曾发生了一起"猴子审判案"。当时该州的一位中学教师在课堂上向学生讲授了有关从猿到人的进化理论，这使基督教原教旨主义者极为不满。他们指控这位教师违反了该州的法律，致使该教师被判有罪。到 1950 年，罗马教皇庇护十二世专门发表了一个关于人种起源的"通谕"，虽然仍然坚持人的精神是属于上帝的，

---

① 《马克思恩格斯全集》第 29 卷，人民出版社 1972 年版，第 503 页。

但承认人的身体是从动物进化而来的。这种观点同上帝用泥土造人等说法相比，无疑是前进了一大步。前几年，美国路易斯安那州又有一名中学教师对该州关于上帝造人说的法律提出了挑战，一直上告到最高法院，终于胜诉，使60多年前的"猴子审判案"的冤情得到平反。美国天主教大学教授高尔顿更进一步将达尔文的进化论包含在中世纪托马斯·阿奎那的神学理论之中，认为在阿奎那神学的"运动"概念中，早已建立了一个关于动物由低级到高级发展的进化理论，并且认为是达尔文进化论的思想来源。在英国，坎特伯雷大主教也不得不宣布，达尔文的进化论同基督教教义并不冲突。

2. 逐步改善同科学家的关系

为了阻碍科学的发展，中世纪基督教会曾残酷迫害过许多进步的科学家。现在，野蛮的时代已经过去，教会也在逐步注意改善自己同科学家的关系了。1927年，世界基督教代表大会的决议强调："神学界与科学界人士，应当寻求一个共同的基础。"1936年，罗马教皇在梵蒂冈正式成立了"罗马教廷科学院"，并邀请著名科学家普朗克和波恩等参加成立大会。1979年，罗马教皇在公开集会上郑重宣告为伽利略平反，正式承认300年前教廷对伽利略的审判是不公正的，对此还作出了检讨式的忏悔，并承认这是教会发展史上抹不掉的污点。

3. 号召教徒和神职人员钻研科学

1979年4月4日，罗马教皇约翰·保罗二世公开号召教徒和神职人员要学习和钻研科学，要求他们"既要有真正的科学训练，又要有世界水平的专门知识"。在教廷科学院和神学院，都有人专门研究现代科学，特别注意科学界的最新研究成果。如1951年，当时的教皇庇护十二世就对"大爆炸宇宙学"的最早创始人勒梅特的"初始原子论"的说法表示赞赏，并进而将这个"初始原子"说成是上帝的创造物。当代基督教神学家还根据科学界关于可见宇宙的形成时间大约为一百亿光年的见解，而把《圣经》中上帝六天创造宇宙的过程也改为六个阶段，以传统神学观念来适应自然科学。

4. 充分利用现代科学成就为宗教服务

避雷针刚刚发明时，被教会指责为侵犯了神的权限。硫酸醚被制造出来并用作外科麻醉剂时，神学家们极力反对，尤其是反对把这种药用在妇女难产上，因为《圣经》上说过："你生产儿女必受苦楚。"现在，教会不仅不谴责避雷针，而且还在高大教堂的顶端装上了避雷针。当科学家提出制造飞行用的人造翅膀时，教会曾指责这是魔鬼的诱惑。如今，周游世界的主教、神父、牧师们，也是乘坐超音速飞机穿云破雾的。先前，神父和牧师布道时，仅凭嘴说，现在在教堂中差不多都装上了扩音录音设备。罗马教廷使用着世界上最现代化的电台，《圣经》也被输入了电脑，广播影视都成了宗教宣传的重要手段。

由于宗教对科学的"让步"是被迫的，因而是不彻底的。如对达尔文进化论，罗马教廷尽管有所让步，宣称作为一种假说可以加以讨论，但又极力否认恩格斯关于"劳动创造人"的论断。宗教向科学让步的根本目的，并不是为了发展科学，而是为了利用和歪曲科学知识来为宗教神学服务。如"大爆炸宇宙学"提出以后，神学家就立即用它来论证宇宙有个初始，以证明宇宙不是从来就有的，而是上帝创成的。但无论怎样，在科学面前，宗教的神圣性、权威性被彻底动摇了。

三、科学和宗教本质上不能调和，科学必将最后战胜宗教

尽管科学的发展已使宗教在许多领域丧失了绝对影响力，但宗教是不会自动退出历史舞台的。为了固守自己的阵地，神学家曾提出与自然科学分工的理论。如有的认为，宗教只保留上帝创造世界这一至上的理论，而整个世界的具体变化发展则由科学去解释和研究；有的主张，把已知领域交给科学，把未知领域仍旧留给宗教神学；有的还说，宗教只管人的精神世界，把物质世界留给科学，等等。这种以防守为主的策略的目的是要保住宗教的根基。但是科学真理的发展是不以人的意志、更不以神的意志为转移的客观规律。科学真理的发展过程，是同谬误斗争

的过程，又是从相对真理不断接近绝对真理的过程，物质世界的发展永无止境，人类的认识也永无止境，没有人类不能正确认识的领域。因此，科学不赞同分工论。

神学家们还常常举出开普勒、牛顿、莱布尼茨、普朗克、爱因斯坦这些既虔诚信仰宗教同时又是大科学家的例子来证明"自然科学可以同宗教协调一致"，但这也是根据不足的。因为自然科学的真理与宗教观念的谬误之间的关系，同某一个科学家既深信科学又信仰宗教的矛盾状况不是一回事。如果神学家的上述理由可以成立的话，那么，我们也可以举出更多的不信仰宗教的大科学家的例子来证明"自然科学同宗教是根本对立的"。同样，这种理由也是不深刻的。对于西方一些大科学家信仰宗教的问题，不能简单地、孤立地加以理解，而应该结合他们所处的西方的历史、传统、风俗文化来认识，同时还要对每个科学家的实际情况进行具体分析。总的来说，信仰宗教的大科学家们的世界观具有二重性，既有唯物主义的自然观，又有唯心主义的神学观念：在试验室和科学研究中，他可以是一个唯物主义的无神论者。但在他的精神生活中，却可能是一个虔诚的宗教徒，或者是具有宗教感情的人。这主要取决于以下几个原因。

首先，基督教对欧美社会生活的深刻影响。在这种影响下，人们从出生到婚配、死亡都要得到教会的承认、蒙受上帝的恩典；在宗教家庭中，儿童启蒙教育的第一本教科书就是《圣经》；在各类学校，神学是必修课；基督教的节日是全民的节日。这种情况至今还不同程度地存在于欧美各国。在充满着浓厚宗教气氛的环境中成长起来的人，包括许多后来成为科学家的人，他们从幼年开始，就接受了社会和家庭的宗教熏陶，宗教信仰已成为他们精神生活的一部分。如奥地利著名遗传学家孟德尔，青年时代就成为一名修道士，后来不仅成了牧师，还当上了神学院院长。量子理论的奠基者，德国物理学家普朗克，其祖辈多为牧师，祖父是有名的神学教授，他也是在宗教家庭中成长起来的。在西方，宗教传统的影响还表现在信不信宗教关系到个人的荣誉、信用、升迁，无神论者及不信宗教者往往受社会的歧视。

其次，有些科学家理论上不彻底，不能正确认识"宇宙之谜"，把自己觉得暂时还无法解决的课题设想成原则上是不可认识的，最后只得求助于上帝。近代物理学的奠基人牛顿，由于对宇宙中的物体最初为什么会运动起来的问题无法解释，于是便认为上帝提供了第一推动力。晚年，他更陷入了宗教狂热之中。

再次，独特的生活经历所造成的心理状态的失衡。比如普朗克，不仅从小受宗教家庭的影响，而且个人生活非常不幸，经受着种种沉重的打击。他 22 岁结婚，不久妻子去世，儿子卡尔死于第一次世界大战中，两个女儿先后死于分娩，他的长子由于一桩涉嫌谋杀希特勒案而于 1944 年被处死。普朗克经历了两次世界大战。在 1944 年的一次空袭中，他在柏林的手稿和书籍几乎全部被炸毁。普朗克的个人经历，使他到宗教中寻求精神寄托。他从 1920 年起，直到去世，一直担任着柏林格鲁纳瓦尔德教会的执事。可见，普朗克的宗教信仰，与他的科学成就没有直接关系。

最后，对西方自然科学家所信仰的宗教的含义，要进行具体分析。大体说来有三种情况：一是信仰传统的基督教。这是少数，且他们大都是处于资本主义初步发展、自然科学刚刚形成的时期的科学家。二是信仰宇宙宗教，比如爱因斯坦、普朗克、海克尔等人，他们心目中的宗教并不指向超自然的主宰世界的上帝，而是指向和谐有序的宇宙秩序和不以人的意志为转移的自然规律。爱因斯坦曾明确说他信斯宾诺莎的上帝，这实际上是一种泛神论观点，是一种披着神学外衣的不彻底的唯物主义。三是信仰所谓道德宗教。一些科学家针对社会道德普遍沦丧的情况，幻想以宗教作为道德准绳，把宗教仅仅归结为一种道德原则，这已经不是传统宗教的含义了。目前，西方多数科学家的宗教信仰大都表现为后两种形式。

宗教与科学相互对立而又相互关联的状况还要长久地存在下去，但是科学日益昌盛、宗教逐步衰落的大趋势是改变不了的。

下篇

当代中国的宗教问题

第十一章
重大的变化，全新的面貌
——当代中国宗教状况

第一节　当代中国宗教发展概况

我国是一个有多种宗教的国家，主要有佛教、道教、伊斯兰教、天主教和基督教新教，还有东正教以及一些少数民族特有的宗教和地区性的民间信仰等等，宗教方面的国情十分复杂。在旧中国，在长期封建社会和一百多年半殖民地半封建的社会中，总的来说，我国各种宗教都曾经被统治阶级控制和利用，起过重大的消极作用。国内封建地主阶级、领主阶级以及反动军阀和官僚资产阶级，主要是控制佛教、道教和伊斯兰教的领导权；后来的外国殖民主义、帝国主义势力，则主要是控制天主教和基督教新教的教会。中华人民共和国成立以后，经过社会经济制度的深刻改造和宗教制度的改革，我国的宗教状况发生了根本的变化。

一、佛教的发展概况

佛教是与基督教、伊斯兰教并列的世界三大宗教之一。公元前 6 世纪至前 5 世纪，由释迦牟尼创建于古印度，以后广泛传播于亚洲很多国家和地区，对这些国家和地区的社会政治和文化产生过重大影响。公元

1 世纪，佛教开始由印度传入中国，经过长期传播发展，而形成了具有中国民族特色的佛教。由于传入的时间、途径、地区和民族文化、社会历史背景的不同，中国佛教形成了三大系统，即汉地佛教、藏传佛教和云南地区的上座部佛教。佛教在中国曾有过辉煌的历史，特别是在唐代，达到了它的极盛时期。但从唐朝末年起，由于种种原因，汉地佛教逐渐走上了学术上的停滞和组织上的衰落。延至近代，随着西方殖民主义侵入中国，佛教与中华民族一切传统文明一样，遭到了悲惨的命运。由于外部势力的破坏、摧残和佛教界内部的萎靡和混乱，使得历史悠久的佛教走上了衰落之途，全国各地虽然僧尼、寺庙不少，但佛教之真精神已所剩无几。

新中国成立以后，佛教逐渐获得了自己的新生。在政治上，废除了封建特权和剥削压迫制度。绝大多数僧尼和信徒通过学习和今昔对比，表明了他们拥护中国共产党和宗教信仰自由的政策。在土地改革、镇压反革命、取缔反动会道门的运动中，绝大多数僧尼能分清敌我，认识到封建剥削是僧团腐败的主要根源。在抗美援朝运动中，佛教界捐献了"中国佛教号"和"中国喇嘛号"飞机，积极参加保卫世界和平的运动。特别是 1953 年 6 月，成立了中国佛教协会，实现了全国各地区、各民族、各宗派佛教的大团结，最终结束了旧中国各民族、各宗派佛教徒之间相互隔绝、四分五裂的状况，为现代中国佛教的发展奠定了组织基础。在佛教内部事务方面，针对佛教界特别是汉地佛教在出家、受戒、修持等方面仍然存在的一些混乱现象，经过讨论和整顿，广大佛教徒认识到应站稳人民的立场，在爱国主义基础上坚持自己的信仰，从事宗教活动；出家僧尼依佛制应剃发受戒，结婚的便是还俗，便是自动放弃僧尼身份；佛教徒以受持三皈（即皈依佛、法、僧）为基本条件，一般崇信神鬼的人不能视为佛教徒；佛教活动一般应以寺院、佛教团体或居士家庭为范围。经过各地佛教界和全体佛教徒的共同努力，佛教界的混乱现象，特别是组织上、制度上的混乱状态到 1957 年已基本肃清。在思想上，佛教界通过学习，澄清了许多模糊认识，逐渐认识到社会主义制度是佛法久住的基本保证。各地佛教徒响应中国佛教协会提出的"庄严国土，利乐有情"的号召，积极支援国家建设，参加保卫世界和平运动，扶危济困，修桥补路，绿化山林，为社会做了不少好事。除此以外，佛教界在政府支持下，修复整理了各地名山圣迹；成立了中国佛学院，明确了佛学院的办学方向就是要培养走社会主义道路并具有相当佛学水平的佛教知识分子；开展佛学研究，编纂了中外佛教的史料集，对佛教文物，特别是佛教建筑和石窟艺术进行了研究。在国际友好联系方面，与几十个国家的佛教界进行了友好往来，增进了中国佛教界和各国佛教徒的相互了解，促进了佛教事业和世界和平事业的发展。与此同时，佛教界从新中国的实际出发，进一步倡导"诸恶莫作，诸善奉行"、"庄严国土，利乐有情"的社会理想，号召佛教徒应创造现实的人间极乐世界，即佛教徒不应只是进行诵经念佛，还要参加社会实践，做利乐众生的事。要发扬中国佛教农禅并重的优良传统，把生产劳动看作是佛教修持的一部分，倡导"一日不作，一日不食"。总之，新中国成立初期，中国的佛教事业取得了前所未有的健康发展。

20世纪50年代末期以后，随着国家政治生活的"左"的影响越来越厉害，佛教界也受到了冲击，特别是在"文化大革命"的十年动乱中更遭到全面摧残。

十年动乱结束后，特别是党的十一届三中全会以来，经过全面的"拨乱反正"工作，中国佛教迎来了恢复和发展的新时期。佛教界的冤假错案得到平反，修复并开放了一批重点寺庙，被占房产和散落在外的财产陆续得到清退，中国佛教协会重新恢复活动，流散的僧尼陆续回到寺庙内，各地正常的佛教生活得到恢复。

1983年，中国佛教协会在北京举行纪念佛协成立30周年大会，这是中国佛教史上一次具有重大意义的会议。在这次会议的报告中，赵朴初会长从理论和实践两个方面，总结了中国佛教界30年来弘法利生的经验，提出了为使佛教适应新的时代，应当提倡"人间佛教"的思想，并对这一思想的内容、目的、理论基础作了精辟的论述。"人间佛教"

思想的依据就在于：佛陀出生在人间，说法度生在人间，佛法原本就是源出人间，并要利益人间。提倡"人间佛教"思想，就要奉行五戒、十善以净化自己，广修四摄、六度以利益人群，就会自觉地以实现人间净土为己任，为社会主义现代化建设这一"庄严国土、利乐有情"的崇高事业贡献自己的光和热。实践"人间佛教"的思想，就要发扬中国佛教农禅并重的传统，注重学术研究的传统及国际友好交往的传统。

随着新时期社会主义物质文明和精神文明建设的推进，佛教界进一步提出了佛教要为两个文明服务的问题。赵朴初会长多次指出，佛教徒积极参加社会主义物质文明建设是我们爱国主义和社会主义思想觉悟的体现。另一方面，佛教的利生思想，即利益人群思想和"一切资生事业（工农商业）悉是佛道"的教义，"农禅并重"和"一日不作，一日不食"的优良传统，也激励着佛教徒积极参加社会主义物质文明建设。佛教教义中建设人间净土、庄严国土、利乐有情的理想，众生平等的主张，报国家恩、报众生恩、普度众生的愿力，诸恶莫作、众善奉行、自净其意的原则，慈悲喜舍、四摄六和的精神，广学多闻、难学能学、尽一切学的教诫，自利利他、广种福田的思想，禁止杀、盗、淫、妄等戒规，以及中国佛教的许多优良传统，都与"四有"、"五爱"的要求有相通之处，对我们佛教徒来说都是有助于参加社会主义精神文明建设的。"人间佛教"思想的弘扬，使中国佛教进一步走上同中国特色的社会主义事业相适应的道路。

改革开放以来，佛教界在协助党和政府贯彻落实宗教信仰自由的政策方面做了大量工作。如在宪法有关条款的制定上，在一些指导性文件涉及宗教问题的提法上，佛教界领袖人物参加了协商讨论，提出了积极建议。全国各民族佛教徒在各自的岗位上积极参加了两个文明的建设。各地佛教的许多寺庙在举办生产服务事业、保护文物、护林造林、修桥补路以及赞助社会公益福利事业和支援外国灾民等方面作出了显著成绩，涌现了一批先进单位和模范人物，受到了社会各界的称誉。同时，佛教教育事业也进一步发展，除恢复了中国佛学院外，还先后开办了中国佛学院分院和地方佛学院共 10 所，一些地方佛协和重点寺庙举办了僧伽培训班，培养了一批佛教事业急需的人才。佛教界同港澳台同胞和海外侨胞佛教界的联系和交往日益密切，对于推进"一国两制"的实施、香港的回归、促进祖国和平统一和振兴中华发挥了积极作用。在佛教界对外友好活动方面，同日本、韩国、东南亚国家的佛教界进一步加强了友好往来，增进了与这些国家的友谊。同时积极参加世界宗教徒和平会议，举行祈祷世界和平法会。所有这些，都是为社会主义祖国作出的贡献。

新中国成立以来，我国藏传佛教的发展具有自己的一些特点。从1951 年到 1958 年，党和政府对西藏的宗教采取了特殊的保护政策，西藏佛教继续维持其传统政教合一的宗教制度及传统宗教活动不变。达赖、班禅的宗教地位、政治地位不变。特别是新中国成立初期，经过中央人民政府的工作，使十四世达赖喇嘛和十世班禅重归于好，十世班禅重返西藏，解决了近 30 年来西藏佛教内部长期不团结的问题。1956 年，达赖喇嘛在西藏藏族自治区筹委会成立大会上总结和肯定了那几年的宗教工作。他说："进藏人民解放军和工作人员严格遵守宗教信仰自由政策，认真地保护了喇嘛庙，尊重藏族人民的信仰。同时每年向广大僧众发放布施……"

1959 年，西藏上层反动集团发动了武装叛乱，中央政府及时作出了平息叛乱、实行民主改革的决定。1959 年到 1965 年，对西藏的宗教制度也慎重地进行了改革。总的精神是坚持宗教信仰自由政策，保护爱国守法的寺庙和宗教界人士，彻底肃清寺庙的叛乱，彻底摧毁寺庙的封建特权。具体内容是，废除寺院的生产资料所有制，废除寺院的高利贷、债务和劳役、差役制度，废除寺院的封建管理制度，包括管家制度、等级制度、惩罚制度及寺院之间的隶属关系，调节过多的寺院和僧尼数目。对于西藏宗教制度的改革，班禅大师曾指出："我们宗教的宗旨就是普度众生，众生就是人民大众，凡是有害于人民大众的东西按宗教教义是完全可以改革和应该改革的。"西藏宗教在实行民主改革的过程中，始终贯彻了宗教信仰自由政策，全自治区的宗教活动始终没有停止。十年动乱期间，西藏佛教同样遭到摧残。1978 年以后，西藏佛教得到恢复，宗教活动日趋正常化。具体来说，1980—1985 年为西藏佛教恢复期。这期间，国家拨出巨款维修开放寺院，"文化大革命"期间失散的大部分宗教物品重返寺院，宗教活动逐渐恢复。从 1986 年以来，西藏佛教大体上进入了正常发展时期，宗教活动进一步正常顺利地开展，寺院管理取得了一定成绩，已开放的寺庙及其他宗教活动场所，基本上满足了信教群众的需要，藏传佛教文化的研究也进一步开展。在促进西藏佛教正常化的过程中，伟大的爱国者和藏传佛教的领袖班禅大师作出了重要贡献。

1989 年 1 月 28 日，第十世班禅大师圆寂。出于对班禅大师遗愿的尊重，出于对广大藏族信教群众宗教信仰和宗教感情的尊重，出于对藏传佛教宗教仪轨的尊重，国务院于班禅大师圆寂三天后就作出了《关于第十世班禅大师治丧和转世问题的决定》，由日喀则扎什伦布寺主要活佛、堪布、高僧组成的寻访班子通过占卜、观湖、秘密寻访等宗教仪轨，遴选出三名班禅转世灵童候选人，报经西藏藏族自治区人民政府并呈请国务院批准，通过金瓶掣签认定其中一名为班禅转世真身。

班禅转世是藏传佛教的大事，也是西藏社会生活的大事。但是，围绕班禅灵童的寻访认定，经历了一场严重的政治斗争。达赖在国外某些势力的支持下，一开始就为寻访灵童设置种种障碍。在屡遭失败以后，他又孤注一掷，公然擅自宣布认定"灵童"。他的所作所为完全是非法的、无效的，经过一场激烈的斗争，达赖的破坏活动遭到破产。1995 年 11 月 29 日，认定十世班禅转世灵童的金瓶掣签仪式在拉萨大昭寺释迦牟尼像前，严格按照藏传佛教仪轨举行。西藏那曲地区嘉黎县 6 岁男童坚赞诺布中签，被认定为第十世班禅转世真身。12 月 8 日，在日喀则扎什伦布寺，第十一世班禅坐床典礼隆重举行。至此，完成了十世班禅的转世工作。

目前，藏传佛教除在西藏外，在云南、四川、甘肃、青海的藏区及内蒙古地区总体上均正常地发展。

云南地区的南传上座部佛教也大致经历了类似汉地佛教的发展过程，近些年来，基本上处于稳定的正常发展状态。

中国佛教目前自身还存在一些问题。从汉地佛教来说，主要表现在一些寺庙在管理方面问题不少。比如佛事安排不当；对佛学的研习、人才培养工作还需加强；一些寺庙戒律松弛，甚至从事与出家人身份不相符的活动，损害了佛教的声誉；有的寺庙只着眼于修寺庙、塑佛像、收受供养，宗教形象只限于低层次的礼拜、烧香、祈祷菩萨保佑；佛教界人才严重缺乏，而且青黄不接；幸存的高僧大德或佛学专家很少，新一代尚未成长起来。藏传佛教除上述问题外，最突出的就是仍然受到达赖为首的分裂势力的严重干扰。达赖以藏传佛教领袖身份进行分裂祖国的反动政治活动，使藏传佛教问题仍然十分复杂。

二、道教的发展概况

道教是以"道"为最高信仰的中国传统宗教，产生于东汉中期，是在中国古代宗教信仰的基础上，沿袭方仙道、黄老道的某些宗教观念和修持方法而逐渐形成的。它主张人经过一定的修炼有可能长生不死，成为神仙。道教发展到隋唐北宋，达到了自己的极盛期，特别是不少帝王也崇奉道教。南宋以后，道教宗派纷起。明代中叶以后，道教逐渐衰微，清代更是重佛抑道，其上层地位日趋衰落，而民间通俗形式的道教仍很活跃。唐代以后，道教流传到了朝鲜、日本、越南和东南亚一带。道教的经书也远传到了欧美。在近代中国一百多年半殖民地半封建的社会中，地主阶级、反动军阀和官僚资产阶级均曾掌握过道教的领导权，利用道教作为控制、剥削人民的工具。但是也应看到，在革命年代，开明的道教界人士及广大道教信众在政治上其主流是爱国的，在经济上，总的来说，有地主庄园性质的宫观是少数，大多数是属于既有宗教收入又有劳动收益的所谓宗教职业者，宗教收入为主要经济来源，在思想上，道教徒特别是出家的全真道，一般只是终日诵习道经，清净修持，不大过问庙外时事，更是不谈国事。一般香火道士文化较低，整天勤洒扫，迎香客，服劳役，也无条件求职议政。总的来说，道教界大多爱国，但文化素质较低，也较保守。在新中国成立前，道教实际上也处于衰败状态。

新中国成立以后，在党和政府的宗教信仰自由政策的保护下，道教也进入了新时代。首先，道教在政治态度方面发生了根本转变，逐步改变了超脱尘世、不问政治的状况，能够适应新社会的要求，接受中国共产党的领导，走社会主义道路。其次，宫观经济方面发生了重大改变。土地改革没收了宫观的多余土地，取消了地租收入，道士们开始从事生产性劳动以自食其力。对道教界生活困难者，政府则给予适当的照顾。第三，在思想面貌方面，道教界反帝爱国观念增强；劳动光荣，按劳取酬的观念逐步确立；逐步关心国家时事，消极出世思想有所改变；开始接受新文化，剔除了一些封建迷信的方术；重视了与其他宗教及各界人民的团结。第四，宫观管理制度也发生了改变，改变了封建性很强的等级森严的制度，通过选举组成了宫观的民主管理委员会。1957 年 4 月 12 日，成立了中国道教协会，明确了协会的宗旨为：联系和团结全国道教徒，继承和发扬本教优良传统；在人民政府领导下，爱护祖国，积极支持国家的社会主义建设，参加保卫世界和平运动；协助政府贯彻宗教信仰自由政策。著名道教界人士岳崇岱、陈樱宁被推选为会长和副会长。道教协会成立后，按照协会的宗旨，开展了不少工作，如协助党和政府贯彻宗教信仰自由政策，并向政府提出了许多合理建议；组织道教界人士的思想改造活动；参加农业、手工业及服务业的生产劳动；开始系统地开展道教的历史、经籍等方面的研究；进行了一些对外友好交流活动。

1957 年以后，极"左"思潮也影响到道教界。道教的一些上层人士被打成右派。"大跃进"时，许多珍贵的古鼎、古炉、古钟被熔化为钢铁，宫观生活方式几乎变成了以生产劳动为主的生活方式，道教人数进一步减少。"文化大革命"期间，道教同样惨遭厄运。

　　1978 年以后，道教逐步恢复了正常的宗教活动。首先，是协助政府贯彻宗教信仰自由政策，平反道教界人士中的冤假错案，落实有关道教的房产政策，贯彻落实汉族地区重点道观确定和管理工作，开放了一百多处宫观。其次，是开办"道教知识专修班"，在道教徒和信教群众中培养一批年轻的、具备道教基础知识的爱国爱教的道教人才，从事各山宫观的管理工作和教务工作。第三，是推动道教徒为四化建设多做贡献，逐步实现宫观"自养"。如著名的青城山道协办了道家酒厂和茶厂，武当山道协办了制药厂，茅山道院办了泥塑厂，北京白云观办了服务社。还有许多地方的宫观也大都根据各自的条件，从事农业、手工业、育林护林、种植果木、采药等，取得显著成绩。第四，是协助一些地方道教界恢复或成立地方道协组织并开展工作。开展形势和政策教育，帮助道教界人士提高爱国主义和社会主义觉悟，订立了"道教界爱国爱教公约"。第五，是继续发扬道教的优良传统，开展道教学术研究工作。整理发表了著名人士、原道协会长陈樱宁先生的遗著；修订、编写了《中国道教史》、《道教知识》等著作。第六，是接待港澳同胞、海外侨胞及外宾的参观访问。其中包括英国的李约瑟博士、韩素音女士、美国前国务卿基辛格等人。所有这些，都使中国的道教出现了崭新面貌并走上了与社会主义社会相适应的健康发展道路。

　　但是，也要看到，目前道教还存在一些有待解决的问题。一是由于人员剧增，成分复杂，管理体制不健全；组织松散，管理不严，从而对社会秩序的稳定有不利影响。二是近些年入教的很大一部分年轻道士，由于师父滥收徒，致使他们在政治思想、文化知识、道德修养、道教知识等方面素质均较低。有的宫观不像宫观，道士不像道士。此外，还有一些宫观存在经济管理混乱以致引起纠纷的现象。

三、伊斯兰教发展概况

　　伊斯兰教是与佛教、基督教并列的世界三大宗教之一，中国过去又称回教、清真教或天方教。伊斯兰教于 7 世纪由穆罕默德创建于阿拉伯半岛，17 世纪中叶，开始传入我国。唐、宋、元三代是伊斯兰教在中国传播的重要时期。经过一千多年的发展，伊斯兰教不仅在我国回族、维吾尔族等 10 个少数民族中扎下了根，而且形成了中国化的伊斯兰教。中国化的伊斯兰教首先表现为伊斯兰教和中国封建制度相结合，从而导致了中国伊斯兰教的特殊性——教坊制和其后的门宦制。教坊制实际上是以一个清真寺为中心的穆斯林聚居区，它由该地区的全体教徒所组成，是一个独立的、地域性的宗教组织单位。由阿訇任教长。门宦制是清朝初年在教坊制基础上形成的，它是伊斯兰教的神秘主义派别（苏非派）和中国封建主义制度的进一步结合。各门宦创始人和首领被尊为教主，因其身份、地位、权力多为世袭，后逐渐成为宗教领袖的高门大户，拥有政治、经济、宗教方面的特权。门宦最初产生于甘肃临夏，后来逐步发展到甘、宁、青等其他地区。中国门宦以虎夫耶、哲合林耶、库不林耶、嘎得林耶为代表，以下又分出若干大小支系。中国化伊斯兰教的另一特点就是形成了以儒家思想阐发伊斯兰教义为特征的宗教哲学，还有中国特色的经堂教育。此外，在伊斯兰教的建筑、节日、习俗等方面，也吸收了大量中国地方性的东西。

在旧中国，伊斯兰教作为一部分少数民族的宗教，在政治上既受到历代汉族统治阶级的压制，又被控制和利用。特别是在少数民族聚居区，又被本民族统治阶级所控制和利用。伊斯兰教的封建特权制度曾使广大穆斯林遭受了深重的苦难。另一方面，穆斯林群众在封建制度下又具有反抗封建统治阶级压迫和掠夺的传统。

中华人民共和国成立以后，中央人民政府贯彻执行宗教信仰自由政策，尊重广大穆斯林的宗教生活和风俗习惯。新中国成立之初，政务院就发布通令：信仰伊斯兰教的各族人民三大节日（尔代节、古尔邦节、圣纪节）食用的牛羊免征屠杀税，并放宽检验标准。1953 年 5 月 11 日，成立了中国伊斯兰教协会，包尔汉任协会主任。协会宗旨确定为协助人民政府贯彻宗教信仰自由政策，发扬伊斯兰教优良传统，爱护祖国，保卫世界和平。协会成立后，开展了大量工作。加强了全国伊斯兰教界的联系和学习，组织宗教界人士参观国家建设成就；协助政府贯彻宗教信仰自由政策，广泛进行调查研究，向政府有关部门反映伊斯兰教界的意见和要求；为了培养我国伊斯兰教界具有爱国主义思想和一定经文水平的阿訇，1955 年 11 月在北京正式成立了中国伊斯兰教经学院，受到国内外伊斯兰教界的好评；组织了多起去麦加的朝觐团，实现了我国穆斯林的朝觐愿望和增进了我国穆斯林与世界各国穆斯林的联系；进行了伊斯兰教界的学术研究工作；加强了与世界伊斯兰教界的友好往来；积极参加了反帝反殖民主义、争取世界和平的斗争。这一切，使中国的伊斯兰教事业出现了大发展。

1958 年，为了进一步促进信仰伊斯兰教的少数民族的发展进步，顺应少数民族的要求，开展了废除伊斯兰教中的封建特权和封建剥削制度的工作。到 1960 年，宗教制度改革的基本任务全部完成，我国伊斯兰教的状况发生了根本变化。随着剥削阶级和剥削制度的消灭，伊斯兰教不再是剥削阶级利用的工具，不再有干涉国家行政、司法、教育、婚姻制度的合法权利。伊斯兰教逐步成为主要是满足穆斯林宗教信仰的组织。

经过"文革"十年动乱，从 20 世纪 70 年代末起，中国伊斯兰教进入了发展的新时期。由于逐步落实了宗教信仰自由政策，广大穆斯林过上了正常的宗教生活。广大伊斯兰教人士和信教群众在社会主义两个文明建设中做了许多有益的事情。许多宗教界人士，有的在地处偏僻的家乡倡导支持义务教育工作，并筹资帮助建立学校，动员自己的子弟进学校，学科学、学文化；有的还动员自己的家属带头实行计划生育；在种草种树，绿化祖国的活动中，寺坊的阿訇、毛拉们利用清真寺周围的空闲土地辟建苗圃，广种树木；一些地区的清真寺和伊协利用寺产或由穆斯林集资兴办旅社、饭馆和小型作坊以及服务性店铺、诊疗所、托儿所等，自力更生地从事生产、生活服务和社会公益事业，既为清真寺自养取得了经济收入，也为社会提供了服务。一些地方的伊斯兰教协会还协助政府妥善处理了几起地方报刊刊登违反宗教政策，影响民族团结、伤害穆斯林感情的文章和出版物的事件，避免了事态的扩大，也使当事人受到了民族宗教政策的教育。此外，伊斯兰教协会还重视团结工作，主动为调解教内、教派之间的矛盾、纠纷，发挥了很好的作用。

另外，各地伊协还在协助政府落实宗教政策，恢复和开放清真寺，培养和造就伊斯兰教接班人，印制伊斯兰教经书，进行教义学术研究，组织穆斯林朝觐及开展国际友好往来和学术交流等方面，继续做出了很大的成绩。

进入 20 世纪 90 年代以来，伊斯兰教进一步发扬自己的优良传统，积极引导伊斯兰教界人士和穆斯林群众加强团结，弘扬爱国主义精神，为社会主义物质文明和精神文明建设服务。如伊协号召穆斯林重视寻求两世的吉庆和幸福，为两个文明建设出力，这既是爱国的行动，也是爱教的表现。要求发扬伊斯兰教关于团结友爱、助人为乐、忠信诚实、尊老爱幼等主张，处处讲文明、讲礼貌、遵纪守法，爱护公共财产，树立社会主义道德风尚。

适应我国社会主义建设新时期形势的需要，中国伊协的章程也作了一些相应的修改。明确中国伊斯兰教协会是中国各族穆斯林的全国性宗教团体，突出了各民族的色彩，进一步丰富了协会宗旨的内容；强调伊协要协助人民政府贯彻宗教信仰自由政策，发扬伊斯兰教优良传统，代表伊斯兰教界人士和穆斯林的合法权益，办好教务，团结各族穆斯林，爱护祖国，积极参加社会主义物质文明和精神文明建设，促进祖国统一大业，发展和加强同各国穆斯林的友好联系和往来，维护世界和平。

目前，我国伊斯兰教内部还存在需要进一步解决的问题。一是教派之间和教派内部的团结问题。在某些地区有某些清真寺不够安定团结，教派矛盾、教派内部纷争时有发生。极少数不顾大局不识大体的宗教界人士争权夺利，以种种借口，利用群众宗教感情，制造矛盾，贬低对方，抬高自己，做超越正常宗教活动范围的事。二是清真寺内部的管理，有不少寺管会还不够完善，没有必要的规章制度，少数人利用清真寺搞教派纠纷。三是有少数清真寺的领导者，自觉不自觉地留恋已被废除的旧的宗教制度，有的甚至加以恢复，还有极少数的教职人员受到民族分裂主义思想的影响。这些都需要进一步加以解决。

四、天主教发展概况

天主教是与东正教、新教并列的基督教三大派别之一。天主教也称公教，意思是"全世界的"、"普遍的"。天主教自称是唯一的公教，由于以罗马为中心，故又称罗马公教。天主教最初传入中国是 13 世纪元朝时，但是由于只在王公贵族中传教，没有在群众中传播，致使教会随着元朝的灭亡而自行消失。16 世纪，天主教随着西方殖民主义浪潮再度传入中国。由于与中国传统文化的矛盾冲突，天主教在中国的发展几经沉浮。鸦片战争以后，中国沦为半殖民地半封建社会。西方来华的天主教士，虽然其中有一些在客观上做了一些有利于中国的事，但他们大多数是殖民主义扩张努力的御用工具。在旧中国，中国的天主教神职人员和教徒一直处于任人摆布的无权地位，一切教务活动都受制于罗马教廷。尽管教内的有识之士和一些有民族气节的神长教友为此大声疾呼，义正词严地提出中国天主教应由中国人来办，要求改变中国天主教的面貌，但是由于封建制度及国穷民弱，他们的呼声是软弱无力的。

中华人民共和国成立以后，帝国主义被驱逐出中国，这就为中国天主教摆脱外国势力的控制，实现独立自主自办教会创造了最根本的条件。由于罗马教廷继续干涉中国内政，敌视新中国，这样，在 1949—1955 年期间，中国天主教界就掀起了爱国运动。其主要任务是，反对罗马教廷继续干涉中国内政，肃清天主教内的反革命势力，夺回办教自主权，挽救中国天主教会。1950 年 11 月 30 日，四川省广元县王良佐神父和 500 多名教徒率先发表了《自立革新宣言》，主张中国天主教"与帝国主义割断各方面的联系"，"建立自治、自养、自传的新教会"。这一正义行动立即在全国天主教界引起强烈反响，不仅受到各界人民欢迎，也得到党和人民政府的支持。在这期间，还将罗马教廷驻华公使黎培里驱逐出中国，破获了天主教界龚品梅反革命集团，沉重打击了教会的反革命势力。

经过1953年的反帝斗争和1955年的肃反斗争，中国天主教的反帝爱国运动取得了决定性胜利，在越来越多的教徒走上爱国爱教道路的基础上，各地的爱国组织——天主教爱国会纷纷建立。1957年8月，成立了中国天主教教友爱国会。确认该爱国会为中国天主教神长教友组成的爱国爱教的群众团体。其宗旨为团结全国神长教友，发扬爱国主义精神，积极参加祖国社会主义建设和各项爱国运动，保卫世界和平，并协助政府贯彻宗教信仰自由政策。以后，爱国会在自己的工作中认真贯彻这一宗旨，特别是进一步开展了以独立自主自办教会为中心内容的反帝爱国运动，逐步认清梵蒂冈罗马教廷追随美帝国主义侵略政策，破坏中国人民的革命事业的反动本质；同时协助教区办理教务，大力支持各教区自选自圣主教，组织好满足神长教友的宗教生活。1962年，中国天主教教友爱国会第二届代表大会对《章程》加以修改。如将"中国天主教教友爱国会"改为"中国天主教爱国会"，宗旨中增加了"在中国共产党和人民政府的领导下"，更突出了爱国的色彩。坚决反对梵蒂冈教廷利用宗教干涉我国内政，彻底割断政治上、经济上与梵蒂冈的关系，使中国天主教真正走上独立自主自办教会的道路。

"文化大革命"十年动乱期间，天主教完全处于瘫痪状态。1978年以后，由于恢复并贯彻了宗教信仰自由政策，天主教也重新恢复活动并逐步走上正轨。最近30多年来，天主教界举行多次会议，重申中国天主教是生长在中国土地上的教会，中国的神长教友是热爱祖国、热爱社会主义的，中国天主教会的教务，无论现在还是将来都将按照中国的情况，依靠中国神长教友自己的力量来办，并与梵蒂冈罗马教廷继续干涉我国内政进行坚决斗争。经过新中国成立以来的发展，中国的天主教已经发生了历史性的变化。天主教界人士和信教群众的爱国主义意识和民族自尊感已成为中国天主教的思想主流，中国的天主教事业已基本上实现了自主自办，天主教界内部进一步加强了团结合作关系。

在社会主义建设的新时期，中国天主教紧紧围绕着"爱国爱教，敬主爱人，投身四化，服务人群"的中心任务，做了大量的有益于社会的工作，取得了显著成绩。如协助政府落实宗教政策，逐步满足信教群众的宗教生活的需要，创办天主教的神哲学院、修院，着手培养和造就一支年轻的爱国爱教的教职人员队伍；鼓励神长教友为社会主义两个文明建设贡献力量，出现了不少先进模范人物；积极开展与海外天主教人士的友好交往，增进与国外天主教界的情谊，越来越多的国际天主教友好人士了解了中国天主教会的真实情况，对我国独立自主自办教会事业表示同情和支持；不断加强学习，提高神职人员和广大信徒的爱国主义觉悟；进一步坚持独立自主自办教会的原则，抵制外来势力的干扰和破坏。特别是自选自圣主教，是独立自主自办教会的重要内容之一。最近20多年来，中国天主教排除来自罗马教廷的干扰和破坏，自选自圣了若干主教，增强了中国天主教独立自主自办教会的能力，使中国的天主教事业进一步得到健康发展。

目前，中国天主教面临的主要问题仍然是罗马教廷的渗透活动。罗马教廷企图重新控制中国天主教。它一方面诋毁、攻击我国天主教中的爱国神职人员，另一方面利用天主教的普世性和教徒、神职人员对教皇的宗教信仰，不断派遣人员来华或用其他方法，秘密委任主教，策动和扶植地下势力，妄图分裂我国天主教。罗马教廷的渗透活动，使我国一部分天主教神职人员和教徒群众对独立自主自办教会的方针发生动摇，思想比较混乱。另外，由于1958年以前，天主教主要依靠房地产收入维持自养。经过历次政治运动特别是"文化大革命"，天主教的房地产几乎全部被占用，经济来源大量减少，自养十分困难。改革开放以来，经过落实宗教政策，大部分房产已归还了天主教，但还有遗留问题。为了进一步坚持天主教的独立自主自办教会方针，必须很好地解决这些问题。

五、基督教新教发展概况

基督教新教是与天主教、东正教并列的基督教三大派别之一，产生于 16 世纪西欧的宗教改革运动，是从天主教中分裂出来的。基督教是基督教新教的中国称呼（因此以下皆以基督教指称基督教新教）。基督教于 17 世纪正式传入中国台湾省，后来，随着荷兰殖民主义势力被逐出台湾，基督教在台湾也逐渐消失。基督教再次传入中国是 19 世纪。1807 年，英国伦敦会的牧师马礼逊来到广州，成为第一个到中国大陆传教的基督教传教士。由于基督教长期作为西方殖民主义侵略中国的工具，又由于它与中国传统文化的矛盾冲突，基督教始终未能在中国得到广泛传播。到新中国成立前夕，全国基督教徒只有 70 多万人。

中华人民共和国的成立标志着基督教在中国发展史上的新起点的开始。从 1950 年到 1957 年，基督教开展了以自治、自养、自传为主要内容的三自革新运动。1950 年 7 月，在吴耀宗先生倡导下，40 位基督教会领导人联合发表了《中国基督教在新中国建设中努力的途径》的宣言，开始了中国基督教的三自爱国运动。宣言号召广大教徒"认识过去帝国主义利用基督教的事实，肃清基督教内部的帝国主义影响"，同时要求各教会"拟定具体计划，在最短期内实现自力更生的目标"，"促进一个为中国人自己所主持的中国教会"。宣言得到了基督教界的响应，到 1954 年，签名拥护宣言的教徒达 40 多万人。1954 年，中国基督教第一届全国会议在北京举行，成立了中国基督教三自爱国运动委员会。强调在中国共产党和人民政府的领导下，团结全国基督教徒，热爱祖国，遵守国家法令，坚持自治、自养、自传及独立自主自办教会的方针，保卫"三自"爱国运动的成果。不久，全国各地也先后成立了地方性的"三自"爱国组织。与此同时，由于一些敌视中国的西方国家利用传教士破坏中国的社会主义革命和建设事业，中国政府不得不对此采取必要的措施。到 1959 年，随着留在中国的基督教士最后离开中国，中国基督教会彻底割断了与外国教会的关系，使中国基督教最终成为了由中国基督徒自己主持的宗教事业。

1958年以后，特别是十年"文化大革命"中，中国基督教也受到许多冲击，走了一段非常坎坷的道路。

1978年以后，由于党的宗教信仰自由政策的恢复并逐步落实，中国基督教也重新得到恢复和发展。1980年10月6日至13日，在南京举行了中国基督教第三届会议。会议回顾了30多年来基督教会的历程，讨论了所面临的迫切任务和重大问题，成立了全国性的教务机构——中国基督教协会。到1986年，全国已恢复的礼拜堂超过了4000多所，这些礼拜堂还联系着许许多多聚会点；绝大多数省、市、自治区已恢复或成立了三自爱国运动委员会和基督教协会（或教务委员会）；新按立的牧师近300名，成立了神学院校10所；印刷和发行了《圣经》200多万册；重新恢复和出版了《天风》杂志；为加强教会内部的团结，各教派在互相尊重、求同存异、照顾特点的原则下继续实行1958年以来就行之有效的联合礼拜。

改革开放以来，广大基督徒坚持爱国主义，积极参加社会主义四化建设，涌现了不少爱国爱教的先进人物。许多教徒思想觉悟不断提高，增强了对国外反动势力利用基督教进行渗透破坏活动和违法活动的识别能力。例如，1983年前后，外来的反动组织"呼喊派"大肆宣扬异端邪说，从事反对人民政府的活动，就受到爱国基督教徒的抵制和批判，进一步坚定了走"三自"爱国道路的信心和决心。随着我国国际地位的空前提高，国际基督教界一些人士改变了对我国以及我国"三自"爱国运动的敌视态度，由此推动了中国基督教界的对外交往，增进了中国基督徒与各国基督教徒之间的友谊，进一步削弱了利用宗教进行反华、反"三自"运动的海外反动势力。

随着建设中国特色的社会主义事业的深入发展，中国基督教沿着"三自"爱国的道路，引导教徒爱国爱教，在积极参加社会主义建设方面继续取得了较大成就。特别是基督教会通过召开几次全国性会议，进一步总结了工作经验，为自己提出了若干重大任务，标志着中国的基督教事业进一步走上了健康发展、积极与社会主义社会相适应的道路。这些任务主要是：热爱社会主义祖国，积极通过各种途径为祖国四化建设事业服务；大力支持社会公益事业；学习并遵守宪法和法律，协助政府贯彻宗教信仰自由政策，维护教会的合法权益；警惕海外反动势力的渗透，制止国内有人利用基督教进行非法、违法活动；发扬基督教爱人的精神，引导信徒关心集体，与人和睦相处，互助友爱；深入宣传"自治、自养、自传"的原则，搞好教务；本着"互不隶属、互不干涉、互相尊重"的精神，发展与港澳地区教会的友好关系，为统一祖国进行努力；积极参加保卫世界和平的运动，为世界和平祈祷，等等。

1996 年 12 月 29 日至 1997 年 1 月 3 日，中国基督教召开了第六届全国代表大会。会议总结了中国基督教三自爱国运动委员会和中国基督教协会五年来的工作。会议进一步强调了要全面贯彻党的宗教信仰自由政策，坚持按三自原则办好教会的方向，实行爱国爱教，进一步加强我国基督教内的团结，努力提高基督教的素质，进一步促进基督教与社会主义社会相适应。这种精神一直坚持到现在。

当前，基督教在其发展中也还存在一些问题。首先，近些年来，一些地方基督教盲目地发展，带来了教徒素质的低层次化，由此带来宗教活动的无序状态比较突出；有些自封传道人没有传教资格，有的本人并不是教徒而进行跨地区传教布道，甚至有的自封传道人公开反对社会主义制度和政府的领导，宣扬极端主义观点，传播异端邪说，煽动宗教狂热，惑众敛财，甚至残害群众；一些非法组织常常打着基督教的旗号进行违法活动，由于没有受到教内有效的抵制而损害了基督教的形象；特别是在我国对外开放进一步扩大的情况下，西方基督教会的反动势力更图谋卷土重来，控制中国基督教会，他们以金钱为诱饵，动摇教会人士的"三自"决心，策动恢复基督教会内部的宗派活动，破坏中国基督徒的团结，妄图分裂中国教会。这些都使中国基督教面临着更繁重的工作任务。

六、当前我国宗教现状和发展趋势

1. 宗教总体上有了较快的发展，个别宗教发展更为迅速，宗教的社会影响明显增强

最近三十年来，我国宗教发展较快的状况，主要是相对于20世纪50年代末至70年代中期宗教被人为压制的状况而言的。宗教的发展，首先表现为新中国成立六十年来，宗教徒的人数并没有减少，还有增加。尽管中国的宗教徒在全国人口的比例只占约十分之一，但绝对数之多绝不可以忽视。一些宗教，如伊斯兰教、藏传佛教、南传上座部佛教，历史上就有约20个少数民族几乎全民信教。由于这些少数民族人口的自然增长，信教群众的数目也随之增长。如我国信仰伊斯兰教的十个少数民族总人口现已增至2000万人，信仰藏传佛教的群众约750万，南传上座部佛教信众近200万人。有的宗教，如天主教，尽管有体制严密性的限制，但信徒的发展也是稳中有升，已达500多万人。而汉地佛教和道教，除了正式皈依者增加以外，善男信女的大量增加而导致其香火愈盛。最为引人注目的是基督教，最近20年来发展更快，教徒已由新中国成立初的70余万人，增至1600万人以上。宗教群众性的特点，不仅表现在处于比较落后状态的广大农牧区、边疆偏远地区，而且表现在城镇，包括许多大中城市；不仅表现在生活贫困的人群之中，而且表现在富裕起来和文化素质较高的人群之中。

其次，宗教的社会影响继续不断扩大。宗教社会影响的扩大一方面来自宗教本身在现行法律、政策允许的范围内不断发展自己。总体上来说，国家落实宗教政策，使合法宗教活动恢复的工作已基本结束。中国各主要宗教均已进入正常的发展时期，他们都希望并努力使自己的实力进一步增强，要求开放并新建新修更多的活动场所，各类宗教活动日益频繁。另一方面，社会各界在日益宽松的社会环境中对宗教也表现出浓厚的兴趣，在很大程度上改变了传统上对宗教单纯的负面的看法，尽管很多人不信宗教，但对宗教已不再像以往那样采取歧视或敌视的态度，

甚至抱有好感，认为宗教对当今中国社会不仅无害，反而有益。宗教社会影响的不断扩大在目前的一个显著标志就是宗教文化热的形成。将宗教不仅看成是一种意识形态，一种社会历史现象，而且看成是一种文化现象，可以说是社会各界，尤其是理论文化界对宗教看法的重大突破。现在，可以说宗教书刊越来越多，表现宗教内容的文艺作品日益增多，新闻媒体中宗教方面的信息量也相当可观，旅游文化中的宗教成分日益浓厚。这其中，又以佛教文化和基督教文化在社会各界中的影响更为突出。

2. 在建立社会主义市场经济体制的社会转型时期，社会上一些混乱无序的现象也反映到了宗教领域

这表现在，某些地区、某些宗教的寺庙发展失控，滥建寺庙、乱收僧尼、私办经文学校的现象突出；少数宗教教职人员干预基层行政、司法、国民教育的事情时有发生；一些地方的寺庙甚至在一定程度上恢复了宗教封建特权和剥削。在佛教、道教方面，一些寺观游离于佛协、道协之外自行其是，一些寺观内部管理混乱，滥传戒、滥收皈依弟子的现象时有发生，一些寺庙随着经济实力的逐步增强，贪污腐化现象也时有发生。另外，在伊斯兰教、基督教内部教派纷争现象近些年也日益明显。这些都在很大程度上损害了宗教自身的形象。除五大宗教以外，一些地区的民间宗教也日益活跃。在佛、道教影响较大的广大农村，乱建乱修小庙现象也十分突出。

除了宗教自身存在无序现象以外，近些年来，一些非宗教单位也在利用宗教，搞所谓"宗教搭台、经济唱戏"。在一些干部的纵容、支持下，乱建寺庙、乱建露天大佛，一时成风，至今尚未得到彻底治理。这种情况不仅干扰、损害了合法的宗教活动，而且导致宗教事务的管理处于混乱状态。它使非法建立的非宗教活动场所出现了一些违法行为，比如乱安置"僧道"人员，乱举行开光仪式，乱设功德箱收取布施，借机敛财。更值得注意的是那些利用宗教进行的非法活动，这些活动既不受宗教事务部门的行政管理，又游离于宗教团体以外，致使封建迷信活动

掺杂其中，甚至裹挟着邪教和反动会道门活动。此外，搞所谓"宗教搭台、经济唱戏"还为境外敌对势力利用宗教进行渗透提供了可乘之机。特别是搞所谓中外合资建宗教景点、露天大佛，负面影响更大。一些地方的风景旅游景区、景点，一度以开发建设为名，违反国家有关法规乱建乱修庙宇，有的还用各种封建迷信活动诱导游客，造成了一定的混乱。

3. 境外宗教加大对我国传教力度，特别是境外敌对势力利用宗教对我国的渗透逐步加剧

随着我国对外开放的逐步扩大，宗教方面的国际交流越来越频繁。从目前的状况来看，一方面，促进我国宗教界与国外宗教界的正常友好往来是发展的主流，这不仅有利于我国宗教的正常发展，而且对于推进国家的外交工作也起到了积极作用。另一方面，对外开放越扩大，境外宗教对我国传教的力度也在加大，我国五大宗教的现有格局受到挑战，特别是境外敌对势力利用宗教对我国进行的政治渗透更为加强。这些情况可以说是新中国成立以来前所未有。他们在我国周边地区设立广播电台进行空中传教，利用各种渠道向我国境内偷运宗教宣传品，利用来华旅游、探亲、经商、讲学等机会进行传教活动，在我国出国打工、留学人员中传教布道，直接、间接提供经费修建教堂寺庙，插手干涉我国宗教事务、培植地下势力，同我国爱国宗教组织争夺信教群众以对抗中国政府，支持宗教界极少数民族分裂主义分子搞分裂祖国、破坏民族团结的活动，等等。境外敌对势力渗透的活动，主要表现在天主教、基督教和伊斯兰教、藏传佛教方面。

4. 宗教问题与民族问题相互交织引起的社会矛盾比较突出

特别是在大多数群众都信仰宗教的少数民族地区，由于面临着与汉族发达地区经济社会发展差距的进一步加大，引起了少数民族的群众、干部和知识分子的心理不平衡和失落感。在改革开放的条件下，各民族之间进一步扩大交流，不可避免地会出现利益、文化、宗教、风俗习惯方面的碰撞，特别是社会上一些人不懂党的民族、宗教政策，做出了一

些伤害信教群众宗教感情的事情，使某些宗教的民族性又出现强化的趋向。特别还要看到，社会上还有极少数敌视社会主义、破坏民族团结和祖国统一的人，他们以宗教教职人员的身份，打着维护民族利益和宗教信仰的旗号，从事反动的政治活动，更增加了民族问题与宗教问题密切交织的程度。

5. 邪教、迷信活动以及伪科学真巫术现象干扰着合法宗教的正常活动

社会转型时期引发的某些社会失范，也促使某些历史的沉渣泛起。近些年，邪教、迷信活动泛滥，伪科学真巫术也打起了宗教的旗号，严重地干扰着合法宗教的正常活动。

总之，当前中国宗教的现状是，在正常发展的主流前提下，也包含着相当程度的混乱现象，且这种状况还会持续一段时间。

根据中华人民共和国国务院新闻办公室关于《中国的宗教信仰自由状况》（1997 年 10 月）公布的情况，据不完全统计，中国现有各种宗教信徒 1 亿多人，宗教活动场所 8.5 万余处，宗教教职人员约 30 万人，宗教团体 3000 多个。培养宗教教职人员的宗教院校 74 所。具体情况为：

佛教现有寺院 1.3 万余座，出家僧尼约 20 万人，其中藏语系佛教的喇嘛、尼姑约 12 万人，活佛 1700 人，寺院 3000 余座；上座部巴利语系佛教的比丘、长老近万人，寺院 1600 余座。

道教现有宫观 1500 座，乾道、坤道 2.5 万余人。

信仰伊斯兰教的少数民族总人口约 1800 万，现有清真寺 3 万余座，伊玛目、阿訇 4 万余人。

天主教徒约 400 万人，教职人员约 4000 人，教堂、会所 4600 余座。

基督教（新教）现有教徒 1000 万人，教牧传道人员 1.8 万余人，教堂 1.2 万余座，简易活动场所（聚会点）2.5 万余处。

全国性的宗教团体为中国佛教协会、中国道教协会、中国伊斯兰教

协会、中国天主教爱国会、中国天主教主教团、中国基督教三自爱国运动委员会、中国基督教协会等。

近 10 年来，上述情况又有一些新的变化。如信仰伊斯兰教的民族人口已达 2000 万人，基督教徒已增至 1600 万人，天主教徒增至约 500 万人。

我国宗教从进一步发展的趋势来看，总的来说，将会转入平稳而正常的发展时期，宗教方面的消极因素将会进一步得到扼制。大体可以作出以下几点预测：

1. 宗教将继续平稳发展，总体发展的大起大落现象在未来若干年内将不会出现

进入 21 世纪以后，中国特色的社会主义事业将会进一步健康发展，经济发展会更快，社会会更加稳定。党和国家的宗教信仰自由政策将长期保持连续性和稳定性，可以说，在未来若干年内，中国社会将不会出现大的动荡，更不会出现类似极"左"年代对宗教政治上的压制。

2. 宗教的发展还会继续下去，但会进一步有序化、世俗化并努力向高层次发展

对宗教发展的长期性要有足够的思想准备。这是因为在我国社会主义初级阶段，是不可能彻底消除宗教存在和发展的社会根源、自然根源、认识根源和心理根源的。现在，需要进一步研究在社会主义市场经济条件下，促使宗教进一步发展的各种因素。如市场经济的不稳定和盲目性的一面对一部分人的生活的影响，政治环境的进一步宽松所导致的人们思想信仰的多元选择，社会转型时期经济、政治、思想领域各种矛盾的突出将增加许多人精神上的困惑，对外开放的进一步扩大引起的中外文化、宗教的频繁接触及碰撞，等等。但是，可以预见，由于中国社会机制的转型已趋于平稳和成熟，宗教的总体发展的无序方面会大大减弱，会进一步以同社会主义社会相适应为基础平稳发展。

在未来中国宗教的发展中，世俗化的倾向将进一步加强，这在经济发展比较快的地区会更加突出。所谓世俗化，即非神圣化。表现在社会

方面，即社会生活的各个领域逐步摆脱宗教的控制和影响；表现在宗教方面，即传统宗教不断调节自身，以适应现实社会的发展。例如，改革开放以来，我国市场经济发展较快的地区，尤其是沿海发达地区的许多信教群众商品经济意识进一步强化，在他们的日常生活中，更多地关注在市场经济大潮中如何发财致富，参加宗教活动的次数有所减少，对神的虔诚信仰程度有所降低。宗教界经济活动的规模逐渐加大，许多寺观教堂兴办起各种实业，不少宗教人士成为懂经济的能人，这不仅可以解决自养问题，许多寺庙甚至已积蓄了相当多的经济财富。在市场经济大潮的影响下，不少中青年教职人员更多地关注于自己的世俗利益，积蓄钱财，享受现代化的世俗生活和娱乐活动，信仰上的虔诚和修持上的严格均有所减弱。新皈依宗教的人，特别是一些年轻的出家人，功利主义目的比较明显。

另外，宗教努力向高层次方向发展的趋势也日益明显。近些年来，在积极引导宗教与社会主义社会相适应的社会条件下，党和国家领导人十分关心我国的宗教如何进一步向高层次发展。宗教界的一些领袖人物和教职人员也积极作出了种种努力。如加强内部自身的管理，反对迷信活动和邪教对宗教的影响，提高宗教的文化品位，发挥宗教文化及道德教化的功能。在这些方面，各大宗教的领袖人物都在进行这种具有战略性的思考和实践。

3. 抵制境外敌对势力利用宗教对我渗透的工作依然艰巨

进入 21 世纪以来，随着我国对外开放进一步扩大，境外宗教对我国传教力度会更为增强，境外敌对势力利用宗教对我进行西化、分化的战略不会改变。境外敌对势力利用宗教对我的渗透，对基督教来说，主要还是通过经济上的资助和宗教上的密切交往动摇基督教界"三自"的信心，同时，加剧基督教内部的教派矛盾和冲突，破坏中国基督教的大团结；对天主教来说，则是梵蒂冈以宗教事务为名干涉我国教会管理的内部事务，扶植对抗我国政府的天主教地下势力；而对伊斯兰教来说，主要是民族分裂主义分子在泛伊斯兰主义和伊斯兰原教旨主义思潮的影响下，会继续打着维护伊斯兰教的旗号进行分裂祖国的罪恶活动。此外，达赖集团也将继续在西方敌对势力及其他势力的支持下与我争夺西藏佛教寺庙的领导权，培植藏传佛教界中的分裂势力。一些新的宗教和教派乃至邪教仍有可能进入中国大陆。

境外敌对势力对我国渗透及对我国宗教内部的干预，将在宗教领域中的人权问题上有所加强。西方国家主要是美国会继续在这个问题上大做文章，并对我国施加政治压力。此外，现代计算机技术在宗教领域中的应用，电子网络的形成，会进一步加快各种宗教传教的速度、广度和深度。国际互联网在促进各宗教之间以及宗教内部各教派之间的联系和交往的同时，也会产生不少负面的效应，如在政治上和宗教上敌视我国的信息会更加畅通无阻，甚至邪教也可以上网流行，这些都会对我国宗教的正常发展带来不利的影响。

第二节　当代中国宗教的社会性质

从上述新中国成立以来我国各大宗教的发展概况可以看出，与1949年以前的旧中国相比，当代中国的宗教状况已发生了根本的变化，这一根本变化决定了当代中国宗教的社会性质也发生了根本变化。从总体来说，这一社会性质主要表现为，当代中国的宗教是处于社会主义条件下存在和发展的宗教，是摆脱了帝国主义势力控制和剥削阶级利用的宗教，是爱国守法并能积极适应社会主义社会的宗教，是基本上以合法宗教活动满足信教群众宗教信仰的宗教，宗教问题上的矛盾已经主要属于人民内部矛盾。

促使中国宗教的社会性质发生根本变化的根本原因就在于，随着中华人民共和国的成立，我国建立了社会主义的经济基础和人民民主专政的国家政权，新的社会制度必然决定党和政府要领导爱国宗教界人士和信教群众清除教会中的帝国主义势力，推行独立自主自办教会和"三自"（自传、自治、自养）的正确方针，从而使天主教、基督教由帝国主义的侵略工具变为中国教徒独立自主自办的宗教事业。此外，还废除了宗教封建特权和压迫剥削制度，揭露和打击了披着宗教外衣的反革命分子和坏分子，使佛教、道教和伊斯兰教也摆脱了反动阶级的控制和利用。党和政府宣布和实行了宗教信仰自由的政策，使广大信教群众不仅和全国各族人民一道获得政治上和经济上的翻身解放，而且开始享受了宗教信仰自由的权利。同时对宗教界人士实行了争取、团结、教育的方针，团结了宗教界的广大爱国人士。

社会发生的根本变革首先使各宗教的教职人员和以上层教徒为代表的宗教界人士的政治立场发生了重大变化，使他们大多数都站到了拥护社会主义制度、爱国守法的立场上。特别是一些宗教界的进步人士进一步发扬爱国主义精神，成为爱国爱教的带头人。他们有的早在新民主主义革命时期就参加了民主运动，并且与共产党建立了友谊，做了不少有益于革命的工作，因此，在新中国成立后他们坚定地拥护新中国，引导着宗教界前进的正确方向。如佛教界赵朴初居士、圆瑛法师、喜饶嘉措大师，基督教界吴耀宗、邓裕志、刘良模，伊斯兰教界包尔汉，等等。随着新中国的向前发展，宗教界爱国人士的队伍进一步扩大。他们热爱祖国、拥护共产党的领导和社会主义制度，维护祖国统一，又具有宗教学识，并能联系信教群众，带领他们走爱国爱教道路，是爱国宗教组织的骨干力量。在他们创立、组织和领导之下，各大宗教的全国性爱国协会组织，成为各宗教的领导核心，并与中国共产党在政治上肝胆相照，密切合作，在社会主义事业中发挥了积极作用。

其次，宗教界在政治上的重大变化也促使他们在神学思想方面作出了有利于社会主义社会的变化。例如，基督教界提出，真正的自传，就是要中国的信徒必须自己去发掘耶稣的福音的宝藏，摆脱西方神学的羁绊，清算逃避现实的思想，创造中国信徒自己的神学体系；同时要适应新社会，根据基督的教训，就是要分清是非善恶，反对罪恶势力，投入各项正义的斗争和事业中去。在社会主义建设新时期，更是提出了爱国、爱教、荣神、益人、团结、和平的口号。佛教界提出了"人间佛教"思想，并对佛教的"慈悲"、"不杀生"等教义作出了有益于新社会的解释。天主教界提出了"爱国爱教，敬主爱人，投身四化，服务人群"的任务。伊斯兰教则提出了"爱国是伊玛尼（信仰）的一部分"。道教也同样强调发扬爱国爱教的优良传统。

第三，宗教界在社会政治方面的变化集中反映在各全国性爱国宗教组织的章程之中。这些章程的内容就是它们的政治宣言，它们均明确表达了爱国爱教守法的立场。

当代中国宗教的社会性质决定了各宗教是能够同社会主义社会相适应的，宗教方面的矛盾主要是人民内部因思想信仰上的差异而造成的矛盾，一定范围内存在的阶级斗争对宗教方面的影响从总体上说是次要的。

当代中国宗教状况的根本变化并不意味着宗教会很快削弱，也绝不意味着构成宗教的核心内容和基础部分，即以对超自然力量信仰为主要特征的宗教世界观的本质发生了根本变化。社会主义社会仍然存在着宗教得以长期存在和发展的根据，宗教也还要继续在社会主义社会发挥其应有的作用，这都需要进行具体分析和研究，并给予科学的说明和评价，以便正确认识和处理好当代中国社会主义条件下的宗教问题。

第十二章
仍然具有旺盛的生命力
——社会主义时期宗教继续长期存在的原因

在社会主义社会，随着剥削制度和剥削阶级的消灭，宗教存在的阶级根源已经基本消失。但是，由于人们意识的发展总是落后于社会存在，旧社会遗留下来的旧思想、旧习惯不可能在短期内彻底消除；由于社会生产力的极大提高，物质财富的极大丰富，高度社会主义民主的建立，以及教育、科学、文化、技术的高度发达，还需要长久的奋斗过程；由于某些严重的天灾人祸所带来的种种困苦，还不可能在短期内彻底摆脱；由于还存在一定范围的阶级斗争和复杂的国际环境，因而，宗教赖以存在的社会根源、自然根源、认识根源和心理根源并没有消除，宗教在社会主义社会一部分人中的影响，也就不可避免地还将长期存在。

第一节　社会根源和自然根源

宗教作为社会的产物，其最深刻的根源存在于社会之中。在我国，社会主义制度的建立，为社会生产力的发展创造了良好的条件，劳动者成了生产资料和劳动产品的主人，从而成了社会的主人。在这样的社会中，劳动者不再因对封建主义、资本主义的生产方式导致的阶级剥削和阶级压迫的恐惧而把它超人间化，宗教赖以存在的阶级根源已基本上不复存在。但是，由于我国的社会主义社会脱胎于半殖民地半封建社会，建立社会主义制度的物质文化条件的不充分，使得我国还将长期处于社会主义初级阶段。社会主义初级阶段的社会特点是，一方面，在经济基础和上层建筑中，社会主义成分占据主导地位；另一方面，是社会经济文化发展的不充分、社会主义经济基础发展的不完全和社会主义上层建筑的不完善。这些客观事实就造成了社会所不能完全控制的、盲目的、异己的力量，从而为宗教的继续存在提供了社会根源。而在现阶段，受科学技术发展水平和人们征服自然的能力的限制，人们还时常会遭受大自然的侵害，还不能完全消除自然的压迫。这种自然力量的异己性也就继续成为宗教存在的自然根源。

一、当代中国宗教长期存在的社会根源

社会主义制度的建立基本上消除了宗教存在的阶级根源，但宗教赖以存在的社会原因尚未完全消除。宗教的阶级根源和社会根源既有联系又有区别的两个概念，社会根源的内涵比阶级根源更广泛，在社会历史中起作用的时间更长久。在社会主义社会，宗教的阶级根源基本消失以后，阶级根源以外的社会原因则上升为主要原因。

1. 相当程度的贫困及愚昧落后的现象仍然存在

列宁曾经指出："宗教偏见的最深刻的根源是穷困和愚昧。"[1] 我国社会主义制度的建立，为社会生产力的发展提供了良好的条件。在新中国成立半个多世纪后，特别是改革开放三十多年来，我国的社会生产力有了巨大的发展，我国不仅建立了自己独立的、比较完整的工业体系和

---

[1] 《列宁全集》第 35 卷，人民出版社 1985 年版，第 181 页。

国民经济体系，实现了经济的高速增长，而且在科技、教育、文化、卫生等方面也有了巨大的发展，人民的生活水平、生活质量都有了显著的提高。但是，由于我国社会主义制度赖以建立的物质文化基础比较落后，使得我国在进入社会主义社会后的一个相当长的历史时期内，经济文化发展水平、人民生活水平都将处于一个较低的水平上，与西方发达资本主义国家相比还有较大的差距。而这些又突出地表现为历史遗留的局部地区的贫困落后状况长期没有得到根本改变，现在全国还有约3000万人的温饱问题还未得到解决；在许多农村地区，很多学龄儿童由于家庭贫困还不能上学，卫生事业的落后则使得一些人有病得不到及时的治疗；同时，城市中的贫困人口还有增加的趋势。这些情况的存在，就使得一部分群众转向求神拜佛，信仰宗教。如在西藏藏族自治区，一些年龄很小的学龄儿童出家到寺庙也是为生活所迫。前些年，在一些农村新出家的僧尼也是由于生活贫困所致，而在要求进佛学院、神学院学习的青年中，有些就是来自贫困地区，想以宗教职业作为谋生的手段。

党的十一届三中全会以来，随着我国改革开放政策的实行，我国的社会经济生活发生了巨大的变化，这表现在经济生活上就是出现了以公有制为主的多种经济成分，私营经济、个体经济等有了很大的发展，而收入分配差距的拉大突出地表现为百万富翁甚至是亿万富翁的出现。社会经济生活的变化势必影响到宗教的变化和发展。一些私营企业主、个体工商户在激烈的市场竞争中常常面临着破产、倒闭、失业的威胁，使他们对自己的生产经营、对自己的前途和命运产生了捉摸不定的感觉，并由此转化为对命运之神的信仰，以企求神灵和上帝来保佑其财运亨通，于是就有了一些百万富翁、"大款"去求神拜佛。与此同时，随着市场经济体制的逐步建立，国有企业也被推向市场。一些国有企业由于经营不善、产品不对路等各种因素导致企业停工、破产、倒闭，从而使得大批的工人面临着失业的威胁，于是就有一些下岗、失业的工人转向信仰宗教以祈求神灵给予庇护。此外，在整个社会大转型的过程中，不少人对种种社会问题感到困惑不解，其中的一部分人就转向了信仰神灵和上帝，以求在神灵和上帝的开导下消除困惑。

新中国成立以来，特别是改革开放三十多年来，我国的教育、文化、科技、卫生事业都有了很大的发展。但是由于我国整体经济发展水平不高，我国的教育、科技、文化、卫生事业还处在一个较低的发展水平上，特别是在一些贫困落后地区，科教文卫事业更处于十分落后的状态。首先，从教育上看，我国公民受教育的水平还不高，还存在着大量的文盲和半文盲，而且近些年来又出现了不少新文盲。受教育水平的低下导致文化知识的匮乏，而文化知识的匮乏则极易受宗教思想和传统鬼神观念的支配。其次，从文化上看，广大群众特别是农民文化生活的贫乏，也是宗教长期存在的原因之一。在我国广大的城乡，人民群众的文化生活是比较贫乏的，戏剧、电影等文化娱乐活动与许多基层群众无缘，在一些贫困地区，人们的生活还处在"日出而作，日落而息"的状态。在这些贫困地区生活的人们，特别是一些受过教育的年轻人，不满足于劳动、吃饭、睡觉这种单调的生活，就转向宗教文化活动，以丰富自己的业余文化生活。如在一些地方，有的年轻人就是因为对于宗教活动中的集体唱赞美诗感兴趣而信仰基督教的；在一些农村，基督教的聚会点兴办唱诗班与乐队，这对一些年轻人很有吸引力。再次，从卫生事业上看，我国的卫生事业总体上还很落后，医院少、医生素质不高，在一些老少边穷地区，缺医少药，人们生了病常常得不到及时治疗，有的是生了病没钱治疗。于是，一些有病的人就抱着听天由命的态度试图从宗教信仰中获得救助。近年来，基督教在一些农村地区发展较快的原因之一，就是有人宣传向耶稣祈祷可以治病。

2. 宗教传统的影响

在宗教的发展史上，传统的影响也是一个不可忽视的因素。宗教一旦形成，总包含有某些传统的东西，因为在意识形态的一切领域内，传统都是一种巨大的保守力量。我国是一个宗教发展历史久远的国家，因而，宗教传统的影响十分强大，这种宗教传统的影响，成为社会主义时期宗教得以长期存在的原因之一。宗教传统的影响主要表现在以下几个方面：

首先，在历史上宗教活动比较集中的地区，宗教传统的影响很大。在我国，不论是我们的民族宗教，还是从国外传来的世界宗教，都有着比较长的发展历史。各种宗教在其发展的过程中，由于各种原因而在某些地区影响特别巨大。道教、佛教一般在名山大川建庙说法，因而佛教的九华山、普陀山、五台山、峨眉山四大名山都留有大量的佛教圣迹；天主教、基督教这些外来宗教最先在沿海地区传播，因而在沿海地区的影响比较大。在这些宗教圣迹比较集中、某种宗教比较盛行的地区，常能吸引众多教徒参加宗教活动而成为宗教生活的中心，每逢重大的宗教节日，就有大批信众聚集于此。这些对于宗教的传布有着非常大的作用。

其次，各种宗教独特的礼仪和传教方式至今仍对部分群众有一定的吸引力。如佛教、道教的法会、道场对于不信教的群众好比观赏宗教艺术表演，而对信教群众则是宗教感情的满足。又如，基督教近些年发展势头较快，其原因之一就在于它的传教方式，按基督教的传统，不仅教职人员在教堂内讲经传教，而且教徒也被鼓励去"结果子"（发展新教徒），作"见证"（讲述本人信教的经历），以带领非教徒走到教堂里听道，这些极易吸引不信教的群众去信教。

再次，丰富多彩的宗教文化至今仍向人们传递着宗教的信息，使人们在了解宗教文化的过程中，对宗教产生好奇，以至发生兴趣并产生心理需求，其中的一部分人则由此转而信仰宗教。如有的知识分子在研究宗教典籍、宗教文化和艺术的过程中逐渐对宗教产生了浓厚的兴趣，进而产生了宗教信仰。

第四，在那些几乎全民信教的少数民族中，宗教已与其民族的文化、心理、生活及习俗等密切结合，渗透于他们的日常生活之中了。如在藏族中，根据天地万物皆由水、火、风、土四物形成、遗体应还于原物的信仰，人死后要实行天葬、火葬、土葬、水葬，并都需举行宗教仪式。由于宗教已与其民族的文化、生活及习俗密不可分，因而在相当长的时间内，宗教肯定还会按传统的方式延续下去。

第五，宗教家庭对青少年信仰宗教的影响很大。在宗教家庭里，宗教徒在家庭内所造成的宗教气氛，经过长期耳濡目染，对其家庭成员，特别是儿童和青少年影响巨大，在这些家庭里成长起来的年轻人信教的比例相当大。这在藏传佛教、南传上座部佛教、伊斯兰教、天主教中表现得更为明显。

3. 现实中存在的种种社会矛盾和问题对人的困扰

人是生活在现实社会中的人，而现实社会是一个充满矛盾和问题的社会，所以人在一生中要面临着各种矛盾和问题的困扰。在各种矛盾和问题的困扰面前，一部分人会躲避、逃遁，企图从宗教的虚幻世界中寻求解脱，并由此成为宗教信仰者。在社会主义条件下，各种社会矛盾和问题仍然存在，而且在一定的条件下还会导致社会的不稳定。这些矛盾和问题的存在，就为宗教在社会主义社会长期存在提供了条件。

首先，党风、政风的不正和党政机关中存在的消极腐败现象，使一部分群众丧失了对党和政府的信任，转而信仰宗教。我们共产党和共产党领导下的人民政府是工人阶级和广大劳动人民的党和政府，其宗旨是为人民服务。党和政府机关的工作人员不论其地位多高，权力多大，都是人民的公仆，任何人行使权力时都要从人民的根本利益出发。但是，由于封建主义、资本主义腐朽思想的影响，少数党政机关的工作人员却背离了为人民服务的宗旨，把人民委托给他们的权力当成了为少数人、为他本人谋取特权的工具，他们不关心人民群众的疾苦，搞特殊化，甚至滥用权力、贪污腐化、腐败堕落，由人民的公仆蜕变成了骑在人民头上胡作非为的社会主人。这些人尽管是极少数，但影响极坏，他们不仅破坏了党和政府的形象，毒化了党风、政风，而且破坏了党群关系，使一部分人民群众丧失了对党和政府的信任，这部分群众失望之余就转向从宗教中寻求精神的寄托和慰藉。例如，据报道，1991 年 2 月 8 日下午，时任中共中央总书记的江泽民到洛阳白马寺参观，寺中一位名叫印中的和尚为江总书记奉献香茗。当他正欲退下时，江总书记同他攀谈起来。这位印中和尚名叫陶翠中，当时 24 岁。总书记问他出家的原因，印中和尚欲言又止。见到印中和尚似有难言之隐，总书记对他说："没关系，咱们随便谈。你在生活中有什么失意和坎坷只管实说。我就是想听你的心里话。"印中和尚略加思索，才说出了自己出家当和尚的原因。他说他就是因为不满现实社会存在的不正之风和腐败现象，并进而对国家前途感到希望渺茫，才遁入空门以求得精神上的解脱的。

其次，党和政府工作中的某些失误，给一部分群众带来了困苦，使他们转而信仰宗教。新中国成立60多年来，我们党在领导人民进行社会主义建设的探索实践中，出现了一些失误，包括"文化大革命"那样的严重的错误。这些失误不仅给我们的国家和民族带来了灾难性的后果，也使一部分群众感到命运多舛。特别是在"文化大革命"中，不少的领导干部和群众无辜地受到迫害，使得他们感到苦难深重，有的人便从不信教转向信教，有的从信教比较冷漠转向比较虔诚，而"文化大革命"中因信仰问题而受到迫害的宗教徒则不仅没有改变其信仰，相反激起了他们对宗教的狂热。有的群众本身在"文化大革命"中虽然未受到迫害，但他们对现实感到失望，转而信仰了宗教。如某地派性斗争尖锐，武斗频繁，有个青年对此感到厌倦，幻想有一个无争的世界，并认为只有信仰佛教才能实现这个理想，便出家为僧了。党的十一届三中全会以后，我们完成了"拨乱反正"，恢复了宗教信仰自由政策，但是我们对宗教事务的管理却没有及时跟上，致使宗教在一些地方出现了混乱现象，乱建乱修寺庙教堂，乱收僧尼等现象比较突出。而在实际工作中出现的"一手硬、一手软"，则使得在一些干部和群众中对马列主义、毛泽东思想的信仰发生了动摇，产生了信仰危机；再加上我们的思想政治工作说教过多，较少考虑人际关系的和谐和社会心理的调适，对社会转型期的群众心理需求关心不够，则给宗教的发展留下了余地，使得宗教在一些地区发展很快。在一些农村，基层党组织和政府不能正确处理党群关系、干群关系，为群众服务的少，索取的多，从而使得基层干部在群众中的威信下降，干群关系紧张，宗教势力则乘机发展。有的地方政府搞所谓的"宗教搭台、经贸唱戏"，有的领导干部甚至公开参与宗教活动，这些就更助长了宗教的发展势头。更有甚者，在少数地方，我们的基层政权陷于瘫痪状态，使得邪教在这些地方滋生、蔓延，如在某省破获的邪教"被立王"，就是在很短的时间内发展起来的一种利用宗教的外衣，诈骗钱财、奸污妇女的非法组织。

第三，工作和生活中的挫折给人们带来的困苦使一部分人转而从宗教中寻求解脱。在社会主义条件下，广大人民群众作为国家和社会的主人享有管理国家和社会的权利，有升学、就业、工作、恋爱、婚姻等自由。但是，由于现实的经济、政治、文化等条件的限制，使得许多人在工作和生活、恋爱和婚姻以及家庭等方面会遇到程度不同的挫折，有的是沉重的打击。面对这些挫折和打击，一部分人经受不住，就转向宗教，以求得精神上的解脱。如某市有个妇女干部，由于家庭人口众多，负担过重，长期经济困难，却从未得到过组织上的帮助和关怀，苦闷之余，她皈依了佛教，成为一名虔诚的佛教徒。再如，某地一女青年上中学时因用脑过度得了神经衰弱症，不能升学，参加工作后，又两遭辞退，屡受打击，病情恶化。后来她在一基督教堂得到了同情和关心，使她重新鼓起了生活的勇气，于是她成了虔诚的基督徒。在一些农村，不少人因无法摆脱家庭纠纷的烦恼而信教，这些纠纷有的是婆媳不和，有的是夫妻不睦。而造成这些纠纷大都是因为愚昧、贫穷造成的心胸狭窄、互不尊重和不理解。基督教在农村宣传孝道，对于解决家庭纠纷有一定的积极作用，于是有些人面对家庭纠纷无力自拔时，就到基督教中寻求慰藉。如在安徽某地，基督教自编的诗歌《十劝》中就写道："一劝媳妇仔细听，千万莫与公婆争……你孝公婆尽力行，真神帮你增福寿，你婆媳妇与你同，贤良媳妇落好名。""一劝公婆仔细听，千万莫与媳妇争……吃穿莫少她一点，你爱媳妇主喜欢。"所以，基督教在这些地方发展得很快。

第四，外来宗教势力的影响也是宗教在社会主义条件下长期存在的原因之一。当今世界是一个开放的世界，世界各国之间有着广泛的联系，这不仅包括相同社会制度间的国家联系，也包括不同社会制度间的国家联系。由于历史的原因，各大世界宗教都有自己的国际组织，存在着长久而广泛的国际联系和交往。近些年来，随着我国实行对外开放的政策，宗教方面的国际交往也日益增多，我国的宗教不可能不受海外宗教的影响。这种影响既包括国外的友好人士根据宗教内互通有无的传统主动为我国宗教事业的发展提供的物质援助，包括不附带条件的捐赠宗教用品、宗教书籍等，也包括旅居国外的华侨出于对祖国和宗教的双重感情，利用回国探亲的机会捐资修复庙宇等。此外，国外宗教界出于传播宗教的意愿，也通过各种途径，在我国扩大其影响，以吸收更多的人信仰宗教。如来我国旅游的外国教徒把入境时携带的《圣经》、赞美诗等经书赠送给我国的公民，也有一些侨胞带回《圣经》以鼓励国内的亲友信教。

第五，国内外一定范围的阶级斗争也是宗教在社会主义条件下长期存在的原因之一。在社会主义条件下，阶级斗争虽然已不是社会的主要矛盾，但是在一定范围内，阶级斗争仍将长期存在，在一定的条件下还会激化。这种一定范围的阶级斗争在宗教上的反映就是国内外的敌对势力和敌对分子利用宗教进行违法犯罪活动、分裂活动和颠覆活动。一方面是国内的敌对势力和敌对分子利用宗教攻击党和政府，进行反党反社会主义的非法活动，利用宗教破坏祖国的统一和民族团结，利用不同宗教不同教派的矛盾，挑起宗教冲突，破坏社会政治稳定。如在新疆就有极少数分裂主义分子为了达到其分裂祖国的目的，极力煽动宗教狂热，支持修建和扩建清真寺，鼓吹所谓的"圣战"，并鼓动私办经文学校，有的经文学校还教学生习武、格斗，为所谓"圣战"作准备。另一方面，境外的敌对势力利用宗教加紧对我进行渗透活动。他们主要是利用广播进行"空中传教"，鼓吹使"13亿中国人归主"，使中国"福音化"；派遣人员偷运宗教宣传品进入中国大陆，这些宣传品包括经书、宗教报刊、录音录像带等，其中绝大多数都有煽动宗教狂热、攻击我国的社会主义制度和党的领导的反动内容；利用来华旅游或探亲访友之机，传教布道，用金钱拉拢我宗教团体；利用与我进行经济、科技、文化教育等交流合作之便，进行传教活动；招收留学生或拉拢威胁我出国探亲、朝觐、经商人员，妄图利用他们在我国进行反动的宗教活动。境外敌对势力加紧对我进行宗教渗透活动的目的，就是要把宗教作为对我进行颠覆的一种武器，梦想达到改变我国社会主义制度的目的。由于这些境外的敌对势力披着宗教的外衣，以传教为幌子进行渗透和颠覆活动，在一定程度上蒙蔽了一些人，使宗教的影响有所扩大。这也是社会主义时期宗教长期存在的客观原因之一。

二、当代中国宗教长期存在的自然根源

马克思主义的宗教观认为，低下的生产力发展水平是宗教产生和存在的最深刻的物质基础，只有当人认识到自然的秘密并发现了它们的规律的时候，生产力才能有相应的发展；也只有生产力的高度发展，自然界才能从异己的对象转化为为我所用的对象，自然崇拜的神灵才能从人们的头脑中被驱逐出去，人才能真正成为自然界的主人。

社会主义制度在中国的确立，为我国社会生产力的发展开辟了广阔的道路，也为人类征服自然、揭开自然界的奥秘提供了良好的条件。新中国成立半个多世纪以来，我国人民改造自然的能力有了极大的提高和发展，人们利用现代科学技术的力量来发展经济，不断地改善人与自然的关系，大大削弱宗教这种超自然力量的自然属性。但是，我们也必须看到，尽管我国的科学技术有了很大的发展，生产力也有了很大的提高，但我国整体的科技水平还不高，征服自然、改造自然的能力仍然十分有限，因而自然物和自然力的异己性也就不可能完全消失。这种自然物和自然力的异己性主要表现在两个方面。一方面是由于科学技术发展水平的限制，人们进行社会生产的手段还比较落后，获取物质生活资料的能力还受到很多限制。在农村生产方面，"靠天吃饭"的问题还未能解决，耕作技术仍然十分落后，特别是在一些落后贫困的山区，牲畜和人力仍是从事农业生产的主要动力，根本谈不上所谓机械化生产。这种

落后的耕作方式带来的是许多人的温饱问题得不到解决。在一些受自然条件影响较大、危险性较大的行业，如海洋捕捞、采矿、伐木、民航等行业的从业人员及其家属，更容易感受到自然的威胁。在面对贫穷和自然力的威胁时，一些人就祈求神灵和上帝的保佑以获得精神上或心理上的慰藉。如在福建、浙江一带的渔民大都供奉"妈祖"，信仰佛教，他们期望通过对神灵的求拜来保佑他们平安，以减轻内心对大自然"不测风云"的恐惧。另一方面，我国对地震、台风、海啸、冰雹等一些重大的自然灾害现象的预测和防治的技术手段还十分有限，这些重大的自然灾害常常给人民的生命财产造成巨大的损失，给人们的精神以沉重的打击。在每一次大的自然灾害之后，往往会有一些人因感到自身的渺小、命运的不可捉摸而皈依宗教。

在社会主义的条件下，科学技术发展水平的有限性使宗教得以存在的自然根源难以彻底消除。不仅在社会主义的初级阶段，而且即使到了社会主义的高级阶段，只要人类还不能完全控制大自然，让大自然根据人的需要来运动，人们就会面对自然的、异己的盲目力量而产生幻想，宗教在社会主义社会就会长期存在。

第二节　认识根源和心理根源

宗教作为人类所特有的认知现象和心理现象，它与人的认识活动和心理活动直接相关。因而，人的认识能力的局限性以及心理素质的复杂性和心理活动的不平衡性在一定条件下成为宗教存在的根源之一。在社会主义条件下，人类认识能力有了空前的提高，一个个自然之谜得以揭开，人们的物质生活水平有了极大提高，与此同时，人们成为社会的主人，享有充分的思想、言论、信仰的自由，使得人们的精神面貌、心理素质大为改观。但是，由于人类认识能力的局限性，由于人们在现实生活中还会遇到各种挫折和失败而造成心理失衡，在一定条件下，这种认识能力的局限性和心理的失衡，使得一些人容易接受宗教的宣传，企图祈求神灵的保佑，得到精神上的慰藉与感情上的满足。这就是宗教在社会主义条件下会长期存在的主观因素之一。

一、当代中国宗教长期存在的认识根源

宗教作为人类对自然和社会的一种虚幻反映，是人在认识客观事物的复杂过程中出现偏差与谬误的结果。我们知道，人类的认识能力是无限的，客观世界是可知的，但是就人类的某个个体而言、就人类认识的某个阶段来说，人们的认识又是有限的，人类对客观世界中的许多事物和现象又是不能完全认识的。因为，每个人的认识能力都要受其所处的历史条件，个体的知识水平、认识方法及精神状态的限制，这种限制使人有时候对客观世界的认识是正确的，有时则是错误的；即使是同一个人，在不同的场合，不同条件下，对不同的认知对象，也会产生不同的认识，得出不同的认识结论，有时是正确的，有时则是错误的。人们在认识客观事物上的这种差异，就为宗教的产生和存在提供了主观条件。

在社会主义条件下，人类的认识领域和能力随着社会生活和科学技术的发展在不断扩展与增强，如人类空间技术的发展，使过去不能解释的日食、月食和陨石雨等许多宇宙现象都为人们所了解，而宇宙飞船登月的成功使人们了解到月球上既无嫦娥，也无狄安娜，火星探测器的发射成功使人们揭开了火星上有无生命的奥秘。再如，生命科学的发展使人类认识到生命乃是物质存在的高级形式之一，人工合成牛胰岛素的成功和克隆动物的出现，使人类在揭开生命之谜上有了巨大的进步，等等。这一切都使得宗教存在的认识上的原因必然退居次要地位。

但是，客观世界本身是复杂的，又在不断地运动、发展和变化，人类对客观世界的认识还只是处在一个初步发展的阶段，无论是宏观世界还是微观世界，尚未认识的对象还很多，尚未被揭开的自然之谜还很

多。特别是我国还处于社会主义的初级阶段，整体的科技水平还落后于西方发达资本主义国家，国民的整体素质还很差，未被揭示的自然规律和社会规律更大量存在。在这种情况下，宗教就有生存的土壤，宗教的宿命论、神创论就会有市场。

人类认识的局限性最为突出地表现在以下方面：宇宙的产生、存在及运动规律的问题，生命的繁衍与终结的问题，人自身的发展机遇与挫折的问题，等等。在这些问题上，仍有许多未被揭示的奥秘，这些奥秘的存在为宗教教义的"神创论"、"法相说"等的存在提供了市场。

例如，在生命的繁衍与终结的问题上，人类虽然揭开了生命产生的奥秘，可以合成生命体；但是在生命的终结特别是人的死亡上，还有许多奥秘未被揭示出来。而且，尽管辩证的生命观认为生死都是物质的运动形式，人的死亡是一种自然规律，但是，人们出于不愿意死亡到来的愿望或由于社会的、家庭的、感情的等种种原因，仍然执著地向往长生不死，而不愿意接受科学的生死观，不愿科学地面对死亡。为求得自我安慰，便导向了宗教。

再如，在如何看待人生中的机遇与挫折的问题上，也常常使许多人感到困惑。应该说，社会主义制度的优越性理应为每个人在把握自己的前途、实现自己的良好愿望方面提供充分条件。但是，由于我国社会主义还处在初级阶段，在物质、文化、思想和体制等方面还有许多局限，使得社会中的每个人的人生道路常常不可能是一帆风顺的，包括在升学、就业、婚姻等重大的人生问题上。有的人在这些问题上进展顺利，每一次好的机遇他都能碰到并且能抓住，婚姻美满，事业有成；有的人则是好的机遇与他无缘，升学不成，就业无路，婚姻也不美满。这些人生挫折会导致人在精神上备受折磨并感到困惑和迷惘。于是，有的人就把这些挫折和失败归于自己的机遇不佳、命运不好，而陷入宗教所宣扬的宿命论中。在社会主义条件下，这些人生挫折和打击所造成的痛苦经历的确存在。特别是在当前的社会转型期，体制改革所带来的各种矛盾和问题，如工人下岗待业、干部铁饭碗被打破、大学毕业生求职难以及离婚率的居高不下，等等，使许多人感到困惑，其中一些人便感到自己完全不能准确地把握前途和命运，于是转而向宗教中寻找答案。

总之，在社会主义条件下，人们对自己的人生及命运尚能完全把握，自然和社会的许多奥秘和问题还未被揭示和解决，社会力量和自然力量还具有异己性和盲目性，人们认识的局限性就有可能将人导向宗教信仰的道路。

二、当代中国宗教长期存在的心理根源

人是一种有精神需求、感情生活和心理活动的高级动物。而宗教作为一种与人们的认识、感情、意志等有关的心理活动，在某些方面可以满足人们的精神需求和心理需求。在我国，社会主义制度的确立，使人民的物质文化生活水平有了很大提高，但如上所述，某些天灾人祸给人们带来的痛苦还不能在短时期内消除，科学技术的发展还不能完全回答和解决人们在生活中所产生的种种疑问。这些都使得人们在现实生活中备尝酸、甜、苦、辣，有时甚至连遭厄运，灾难不断。当人们身处苦难、险恶的逆境时，一旦不能正确地认识和面对，就会感到人生是"苦海无边"，就会产生恐惧、孤独、空虚、紧张、苦闷、压抑等复杂的心理感觉和情绪，就需要得到援助、爱抚、宣泄和解脱。为此，一部分人往往会到宗教中寻找依托，以求获得精神上和心理上的慰藉与解脱。而宗教教义所宣扬的博爱、普度众生、灵魂拯救恰恰能满足这部分人的这种心理需要，为他们提供精神上的慰藉，满足他们对爱与关怀的渴望，帮助他们化解愤懑和怨气，给予他们感情上的满足及许诺的未来永恒的福乐。

宗教心理的产生首先来自于感情需要。人们在现实生活中时常会受到外部力量的限制，人的能动精神也时常遭到压制，这些往往使人在精神上、心理上产生一种压抑感。这种精神上和心理上的压抑感需要通过某种方式宣泄出来，否则就会导致人们精神和心理的失调。宗教则可以

为这种感情上的宣泄提供一种方便的途径。一些人通过参加宗教活动，暂时忘却了精神的烦恼，获得了心灵上的宁静；一些人则通过向神灵诉说苦难，打开了感情的闸门，缓解了精神上的紧张和抑郁；有的人则通过信教而暂时摆脱了社会给他造成的精神上的苦闷和烦恼。所以在现实中，有些人在现实生活中遭受到挫折和打击、精神上和感情上感到苦恼和压抑时，就转而去求神拜佛；有些人在感到不能把握自己的命运、产生精神上的空虚时，就皈依了宗教。

宗教心理还产生于寻求道德的约束。宗教具有较强的道德力量。因为宗教道德被教徒认为是神的旨意，若违背了宗教道德就会受到神的惩罚，所以宗教道德对教徒能起到趋善避恶的自律效用。而宗教作为一种道德的力量，它既具有神圣不可抗拒的权威的一面，也有宽容、释减人们负罪感的心理安慰的一面，所以，作为道德权威的神灵总是被描述为既威严、不可抗拒，又慈祥、仁爱和宽容。在现实生活中，一些正直的人看到社会上出现不正之风，社会公德被践踏，为了洁身自好，有的人便会到宗教中去寻求利用宗教道德的原则和规范来追求自我道德的完善，增加对自己的道德自律及对社会的责任感。也有的人因为在生活中犯了错误，出现了内疚感和负罪感，为了缓释内心的痛苦，而皈依了宗教，以求获得心理的平衡。例如，近年来，在一些农村，家庭纠纷增多，一些年轻的媳妇对婆婆、公公不尊重，辱骂、羞辱公婆，她们的这种不道德的行为不仅破坏了家庭的和睦，而且也受到邻居的指责。一些人为此而感到痛苦，就信了基督教，其目的就是通过皈依基督教而改过自新，以求得精神上的解脱和心理上的平衡。

宗教心理的产生还来自于人们寻求群体交往的需要。宗教作为一种群体，是由具有共同的信仰和期望、共同的情感和心理、共同的行为规范和价值取向的成员组成的，因而这些成员之间具有特殊的亲切感和认同感。现代社会的发展一方面为人们交往的扩大提供了条件，使人们交往的范围可以跨越国界、超越种族；另一方面，现代社会的快节奏和家庭人口的减少，又使人们之间的交往受到许多限制，同在一个单位工作、同住一幢楼的人们，在工作之余也很少交往，甚至住在同一个单元楼里的人也可能"老死不相往来"。人们交往的这些限制使许多人在心理上产生一种孤独感、空虚感，他们渴望扩大自己的社交范围。而宗教这种社会群体在一定程度上可以满足人们的这种需要，于是，一些人就皈依了宗教，以求获得与他人的交往。

在组织性较强的宗教内，像天主教、基督教等，宗教徒通过集体的宗教活动不仅能增强和坚定教徒的宗教信仰，促使教徒间的宗教感情相互交融以增强宗教徒的团结，而且也对一些心理上有失落感、感情上有空虚感、生活上有孤独感的非教徒具有强大的吸引力。如上海有个女青年在患慢性病后，同学、朋友甚至情人都逐渐离她而去，兄弟姐妹也嫌她"白吃饭"，时常冷言冷语，这使她心中十分苦闷。后来她得到了几个教徒的同情和关心，她从几个教徒那儿获得了心理上的安慰，于是她就信了教。她说，我生病以后，同学、朋友、情人甚至兄弟姐妹都离我远去或不闻不问，使我处在一种孤独之中，而教会的兄弟姐妹却从物质和精神上给我帮助，使我摆脱了孤独，从精神上得以解脱。

宗教心理的产生还来自于宗教有时可以起到从心理上解脱痛苦的精神作用。生老病死是一种自然规律，但是人从精神上、心理上总是渴望健康、长寿，畏惧疾病和死亡。所以一些病魔缠身的病人和风烛残年的老人在面对疾病和死亡时，常常被宗教所宣扬的来世说、轮回说或得道成仙说等所打动或宁可信其有不可信其无，因而皈依了宗教。在一些情况下，信仰所导致的精神的高度集中以及心态的平和，也会起到一些精神治疗的作用，从而延缓病情或增强对病痛的忍受力。于是，就有人把这归因为神灵的作用，并以此"作见证"而到处传播，从而进一步扩大了宗教的影响。

总之，在社会主义社会，由于种种原因，宗教将会长期存在，而且在一定的条件下和一定的时期内还会有大的发展。但是，从历史的发展趋势来看，在社会主义条件下，宗教的社会影响将会日趋减弱，尽管不可能消亡。

第十三章
尚未彻底摆脱的二重性品格
——当代中国宗教的社会作用

宗教在社会主义时期将长期存在的现实，决定了它在社会生活的各个方面会继续产生影响并发挥自己独特的社会作用。这种作用在我国的社会主义经济建设、民主政治建设、社会主义精神文明建设以及对外交往方面都有具体的表现。总的来说，在现阶段，我国宗教在社会上的作用仍具有二重性，其积极的方面是主要的，也有一定的消极作用。

第一节　宗教与社会主义经济建设

一、社会主义经济建设是包括信教群众在内的全体人民的伟大事业

经济建设是我国社会主义建设事业的中心。社会主义的根本任务是发展生产力，在发展生产力的基础上不断提高人民的物质文化生活水平，使人民达到共同富裕。我国现在在总体上已达到小康社会，到 21世纪中叶，力争达到接近世界发达国家的水平。这是我国各族人民的共同理想。这个共同理想，集中反映了我国全体劳动者和爱国者，包括无

神论者和宗教信仰者的利益和愿望。由于我国是在半殖民地半封建社会比较落后的基础上起步建设社会主义的，科学文化基础比较薄弱，又经历了十年"文化大革命"的破坏，加之国际上少数西方国家又不断给我们制造麻烦，面临的问题很多，因此，只有提高全体人民对自身利益的认识，调动他们建设中国特色社会主义的积极性，发挥他们的创造精神，社会主义经济建设的根本任务才能实现。否则，便不可能顺利实现。可见，社会主义经济建设事业是我国全体人民的伟大事业。在我国，据估计，信仰各种宗教的信教群众约有1亿人，大多数都处于生产第一线，是经济建设的主力军之一。因此，社会主义的经济建设，必须把信教群众和不信教群众的积极性与创造性都激发和调动起来。

要调动广大信教群众的社会主义经济建设积极性和创造性，是有基础的，也是可能的。社会主义的经济建设，是我国全体人民的根本利益之所在，国家的兴衰与每个人的命运相连。因此，社会主义经济建设的共同目标能够调动广大信教群众的积极性和创造性，能够使信教群众和不信教群众紧密地团结起来，投身到社会主义建设的洪流中，成为我国现代化建设的重要力量，积极推动社会主义经济建设的发展。

在社会主义条件下，经过社会主义社会的深刻改造，教徒的面貌发生了很大变化。大多数信教群众的思想意识受到社会主义现实的决定性影响，教徒虽保持着自己的宗教信仰，但是在实际生活中并不总是指望上帝的慈悲而主要是依靠自己的劳动、依靠科学和技术来求得生存和发展。信教群众本身所表现出来的二重性表明，他们既是精神上的信仰主义者，而其绝大多数又是世俗社会的劳动者。广大宗教信徒从自身物质利益出发，在市场经济竞争中，努力创造着物质财富并改善着世俗生活，对社会主义经济建设表现出很大的积极性和热情。另外，在社会主义条件下，信教群众同时受着社会主义文化和宗教文化的双重影响，这使一部分宗教信徒获得了一定的科学知识和道德修养，或一定的管理和经营能力。如伊斯兰教一直十分重视并提倡学习，这对穆斯林努力学习科技知识，在生产中采用新技术、新设备就有鼓励作用。

在社会主义经济建设中，调动少数民族宗教信徒的积极性和创造性，具有特殊的意义。我国有一些少数民族几乎是全民族信仰一种宗教，如藏传佛教基本上是全体藏族人民的宗教，伊斯兰教基本上是全体回族、维吾尔族等 10 个少数民族的宗教。这些少数民族又大多聚居在广大的边疆地区，这些地区基础薄弱，条件较差。边疆地区的社会主义经济建设，必须依靠广大少数民族和广大信教群众。如果不团结广大信教群众，不调动他们的积极性和创造性，边疆的开发建设就是一句空话。因此，发挥广大信教群众社会主义经济建设的积极性和创造性，对于我国的民族团结与繁荣，对于逐步消除地区之间的贫富差距，增强整体国力，是十分重要。这是社会主义发展的一个重大战略问题。

党的十一届三中全会以后，党和政府正确的宗教政策得到恢复和贯彻，保障了信教群众的信教自由和正常的宗教生活，消除了他们信仰上的心理障碍，激发和调动了他们的劳动积极性，使他们投入到了改革开放的社会主义经济建设大潮中。在我国，广大的穆斯林群众，历史上就素有善于经商的传统，商品经济在其经济生活中占有相当的优势，而今社会主义市场经济的条件更为他们提供了用武之地。他们活跃于广大城乡之间，致力于城乡的商品流通，其商贸行业遍布全国，这不仅使少数民族群众增加了收入，促进了穆斯林地区的经济起飞，而且他们的商业活动还极大地促进了各民族之间的经济交往，密切了全国各地间的经济联系。

二、宗教团体的正常经济活动有利于社会主义建设

在市场经济的大潮下，宗教团体的经济活动也表现得十分活跃，各个宗教都在发挥自己的优势，扩展着自己的经济活动。基督教在"自养"的名义下开放场所兴办经济实体。有的地方教会办起了"三自企业"、"三自商店"、"三自医院"，有的教会成立自养促进会兴办企业及

工、商服务行业，他们提倡"取之于教，用之于教"，把办经济实体获得的收入用来装修教堂、添置设备等。佛教、道教以其寺庙景观和文物优势开发旅游业。有的寺院开设宾馆、饭庄、茶室、冷饮，成为综合性的服务业，有的还恢复了传统的庙会市场。这些举措既获得了宗教"自养"和继续发展的资金，而且也增加了当地政府和有关部门的收入，用之于文化教育和社会福利事业。基督教和天主教还素有从事文教和科技以为社会服务的传统，如今各地教会兴办起诸如各种外语学校或补习班、体育强身训练班，等等，均收到了为经济建设服务的良好效果。在伊斯兰教方面，特别是一些大中城市的清真寺，利用其寺产和资金，或者由清真寺的管委会主持由穆斯林群众集资，开办了适合于城市服务行业的餐馆、旅社、书店、诊所等。另外，我国的佛教、基督教、天主教和伊斯兰教都有着传统的对外的广泛联系，因此，这些宗教的这种联系在当今发展对外的经济活动中，又可起到牵线搭桥的作用。

当前我国宗教的这些经济活动，是有利于社会主义建设的。首先，宗教团体走自养道路，有助于改变旧的传统观念，并可减轻群众和社会负担，增加社会财富。第二，可扩大就业渠道，缓解社会矛盾，有利于社会安定和政治稳定。第三，有利于宗教界增强自己的经济实力，抵御境外势力利用经济手段进行的渗透活动。当然，在市场经济体制下，尤其是在新旧体制转轨交替中所出现的某些消极现象，也必然会反映在宗教的经济活动中，如有些寺观教堂内部经济管理比较混乱，等等。这些问题的解决，关键在于加强引导和管理。

三、宗教思想也有与社会主义经济建设不适应的地方

第一，宗教对超自然力的信仰，在一定程度上会影响信徒社会主义建设积极性的发挥。宗教的幻想性不能使人们正确理解社会主义在发展过程中遇到的一些难以避免的问题和现象，在面对这些问题和现象时，

又不是想办法去克服和解决，而往往是消极厌世，把出现的困难、挫折和一时难以解决的问题归之于"神的惩罚"，祈求神灵的保佑，安于现状，听天由命，这就成为阻碍人们开拓进取、大胆创新的思想障碍。社会主义建设事业是在国内外复杂矛盾的环境下进行的，又是前无古人的崭新事业，要解决的都是一些尖锐的现实问题。只有富于创新开拓的进取精神，敢于冲破一些陈规陋习，发现现实生活的规律，才能有效地解决各种社会矛盾，理顺各种关系，推进社会主义现代化的建设事业。如果只注重于个人修身养性，回避现实问题，甚至消极厌世，把各种社会矛盾和现实中的困难留待上帝神灵和未来去解决，社会主义的市场经济就无法建立，社会主义现代化建设就无法进行。

第二，宗教的传统避利性，不利于社会主义市场经济的发展。传统佛教追求的是超越现世，不以追求现世利益为主要目的。传统基督教追求的也不是财富和荣誉，并认为财富是虚幻的、危险的和应当抛弃的；它还认为，无论什么人，若不撇下一切所有的，就不能做它的信徒。这些观念都与市场经济需要的竞争、效益及功利等价值观念相冲突，不利于产生导向市场经济和现代化建设的动力与取向。

第三，宗教长期形成的保守性在社会主义市场经济发展中有一定的消极影响。我国的社会主义社会是在半殖民地半封建社会的基础上建立起来的，有相当的教徒受传统宗教意识和教条的影响较深，他们在适应现代社会的发展方面还有不少困难。特别是在一些边疆民族地区，不少教徒甚至至今还把宗教信仰同科学种田、科技致富、市场经济对立起来，认为学习科学知识、运用农业科技种田不属灵，不能上天堂，因而对科学种田、科技致富有抵触情绪，甚至不接受政府分给的化肥，也不施用化肥。遇到病虫害时，又由于受不杀生戒律的影响而不敢灭虫。对于长途贩运、做生意、智力致富等也不理解，认为这不道德，只有靠体力劳力挣来的收入才是应该的。这些思想和观念无疑阻碍着生产发展和科技进步，是与社会主义市场经济、现代生产力的发展很不适应的，需要认真地加以引导。

四、做好宗教工作，引导宗教为社会主义经济建设服务

事实证明，宗教是能够与社会主义经济建设相适应的，但这种适应并不是自然而然、一蹴而就的事。要团结广大宗教界人士和信教群众为实现我国经济建设和社会发展宏伟战略目标，为全面建设小康社会，建设中国特色社会主义的伟大事业而奋斗，需要我们去做认真细致的工作，去积极加以引导。

首先，要最大限度地把各种宗教活动引向社会主义现代化建设的轨道。特别是在一些几乎全民信教的边疆贫困山区，宗教信仰在相当程度上影响着经济的发展，造成越信越穷、越穷越信的恶性循环。对生活在这些地方的信教群众，党和政府要满怀同情心，加以耐心教育引导，关心他们的生活，帮助和引导他们自己动手创造人间幸福，把意志和力量集中到生产致富和建设现代化的社会主义强国这个共同目标上来。

第二，尊重和引导各种爱国宗教团体的经济活动，使其朝着有利于社会主义经济建设的方向发展。要鼓励和支持各级爱国宗教团体和寺观教堂兴办生产和服务事业，主要是发展第三产业，逐步实现自养，减轻国家负担，同时为社会创造财富；利用各宗教的国际联系，积极为引进资金、技术和人才牵线搭桥；佛教、道教的名观大寺，既是宗教活动场所，又是祖国的文化遗产，要利用这一优势，大力开发旅游资源，发展旅游事业，举办社会公益慈善事业；对寺庙为自养而办的企事业要在政策上给予适当照顾和扶持，动员寺庙组织僧尼通过自己的劳动逐步实现自养，等等，使宗教工作更好地为社会主义现代化建设服务。

第三，共产党人要在宗教界广交朋友，努力做好宗教界上层爱国人士的工作，充分发挥宗教在社会主义经济建设中的适应功能。宗教在社会主义经济建设中的适应作用，当然要靠整个宗教组织、宗教信徒和上层宗教爱国人士的共同努力，但宗教界的上层人士有巨大的影响力、号召力，上层爱国宗教人士的工作做好了，能使他们通过层层宗教组织，做好全体宗教徒的教育、疏导和团结工作，调动全体教徒建设社会主义

的积极性。

第二节　宗教与社会主义民主政治建设

社会主义民主政治建设是社会主义现代化建设的重要目标，是全面建设社会主义的重要组成部分。在人民掌握了政权、人民共和国确立以后，民主就成为社会主义的重要内容。没有民主，人民的主人翁地位和权利就得不到保证，也就不可能实现社会主义的现代化。正因为如此，在粉碎"四人帮"以后，特别是党的十一届三中全会以来，在邓小平建设中国特色社会主义理论的指导下，我国把加快社会主义民主政治建设的进程提上了议事日程。

与此同时，在我国，宗教力量也有不同程度的上升。作为由多层结构组成的宗教体系，对社会有广泛而深刻的影响。宗教的社会影响，在社会主义条件下，对于我们的民主政治建设，既有某些积极作用，也有一定的消极作用。我们必须充分估计到宗教的这种二重作用，一方面创造条件促使其积极因素的充分发挥；另一方面依法加强对宗教事务的引导和管理，尽量缩小、控制其消极因素。这是社会主义民主政治建设得以顺利发展的一个重要条件。

一、宗教信仰自由是社会主义民主的组成部分

社会主义民主是社会主义的本质特征，社会主义与民主有着内在的本质的联系，没有民主就没有社会主义。社会主义民主是工人、农民、知识分子和其他劳动者所共同享受的民主，是历史上最广泛最真实的民主。社会主义民主保证全体人民真正享有各种公民的权利，其中包括宗教信仰自由的权利。

宗教信仰自由，是欧洲资本主义上升时期由资产阶级提出来以反对

封建专制制度的口号，在当时的历史条件下是有进步意义的。但是，资产阶级在夺取政权以后，并没有真正实现这一口号，因为资产阶级也和以往的统治阶级一样，需要把宗教作为巩固自己统治的工具。

在资本主义国家里，没有也不可能有完全的信仰自由，在它们的宪法里也可以见到"信仰自由"、"宗教自由"、"宗教信仰自由不受侵犯"等词句，但几乎见不到有保护不信仰宗教者或做无神论者的字眼，千百万不信仰上帝的人们的信仰，完全得不到重视。许多资产阶级国家宣称实行政教分离，实际上存在的是有形或无形的国教或某个教会占统治地位，存在着的是对其他信仰的教徒和非教徒的歧视。宣布信仰自由的资产阶级宪法，总要对此加上各种附加条件和限制，这在实际上削减了这种自由。只有在社会主义国家，才能使信仰自由的民主权利得到真正实行。我国宪法规定，宗教信仰自由是公民的一项基本权利。任何国家机关、社会团体和个人都不得强制公民信仰宗教或者不信仰宗教，不得歧视信仰宗教的公民和不信仰宗教的公民，否则，就是侵犯公民的权利。在我国，不论信教的公民，还是不信教的公民，在政治上都是平等的，都享有同等的权利和义务，绝不容许因为信仰上的不同而产生权利和义务不平等的现象，国家保护正常的宗教活动。

我国的信仰自由，是公民自己做主，自愿选择。这里，绝不允许采取强制的手段，也不允许采取歧视的态度（包括政治上、生活上、精神上和经济利益上的各种歧视）来变相强制公民信仰或不信仰宗教，以及选择什么样的宗教信仰。不管是谁，无论是国家机关、社会团体，还是个人，如果对公民的信仰问题采用了强制手段，那就违背了国家的宪法和法律，就要受到有关法律的制裁。我国的宗教信仰自由，还包含公民有不信教的自由，同样受到法律保护，同样不允许强制和歧视。资本主义国家的信仰自由实际上是宗教选择的自由，社会主义的宗教信仰自由则是完整的信仰自由，既有信教的自由，也有不信教的自由。

在中国，不仅宣布实行宗教信仰自由，而且特别重视对这一自由的保障。其主要保障就是结束了教会的一切特权，实行教会同国家分离和教会同学校分离，国家不干涉教会的内部事务，教会不参与国家的行政事务，消除了对公民信仰的强制，使人们能够独立地、不受国家的任何压力来解决信仰或不信仰宗教的问题。除此之外，还有对教徒公民权利的保障，教徒和非教徒在法律面前一律平等。

由上可见，中国公民充分享有宗教信仰自由的权利，宗教信仰自由是社会主义民主的一个组成部分。那种"中国没有信仰自由"的攻击是没有根据的和不符合事实的。

二、坚持政治上团结合作，思想信仰上相互尊重，巩固和发展同爱国宗教界的统一战线

新中国成立以后，在党的宗教政策指导下，在党的爱国统一战线感召下，我国广大宗教界人士的思想面貌发生了深刻的变化，一部分宗教界人士成了爱国爱教的带头人。宗教界人士和宗教组织在爱国主义旗帜下，爱国、守法，拥护党的领导，拥护社会主义制度，拥护祖国统一和民族团结，努力将思想上的信仰与政治上的爱国统一起来，协助政府贯彻落实宗教政策，在教育信教群众遵纪守法及动员和组织信教群众积极投身社会主义两个文明建设方面起了重要的积极作用。

在世界观上，马克思主义同任何有神论都是对立的，但是在政治行动上，马克思主义者与爱国的宗教界人士和信教群众却完全可以而且必须结成为社会主义现代化建设共同奋斗的统一战线。这种统一战线，应当成为党在社会主义时期所领导的规模宏大的爱国统一战线的一个重要组成部分。

要建立和发展同爱国宗教界的统一战线，必须坚持"政治上团结合作、思想信仰上互相尊重"的原则。一方面，从我们党和政府来说，要坚定不移地贯彻执行尊重和保护公民宗教信仰自由的权利、保护正常的宗教活动、保护宗教界的合法权益这样一些长期不变的基本政策；另一方面，从宗教界来说，要坚定不移地拥护中国共产党的领导，拥护社会

主义,坚持独立自主自办教会的原则,坚持在宪法、法律、法规和政策规定的范围内开展宗教活动。实践证明,只有在政治上真诚团结合作,才能真正做到在信仰上互相尊重;而只有在信仰上相互尊重,才能有效地巩固和加强政治上的团结合作。这两者相辅相成,缺一不可。只要我们坚定不移地执行这个原则,我们就一定能够团结宗教界爱国人士和广大信教群众,不断巩固和扩大新时期的爱国统一战线。

三、依法对宗教事务进行管理,是社会主义民主法制建设的重要方面

宗教的存在不仅仅表现为思想信仰的存在,还表现为社会力量的存在。宗教信仰作为公民个人的私事,政府及任何单位、个人都不应干涉。但是,宗教作为一种社会现象、一种社会活动、一种社会群体,理所当然地应受到政府的行政管理和法制管理。

社会主义民主与法制是不可分割的。社会主义法制是社会主义民主的保证,是社会主义民主的最重要因素,任何对法制的破坏,都是对民主原则的背离。也就是说,法制是民主的不可分割的部分。为了使党的宗教信仰自由政策得到全面贯彻执行,维护公民宗教信仰自由的权利和宗教团体的合法权益,调节宗教与社会各方面的关系,保护正常的宗教活动,禁止宗教方面的非法违法活动,抵御境外敌对势力的宗教渗透,加强信教与不信教群众之间的团结,适应改革开放的形势,建设富强、民主、文明的社会主义国家,就必须加强宗教方面的法制建设,加强宗教立法工作,对宗教事务依法进行管理。

公民行使权利和自由,包括行使信仰自由的权利,均不得损害社会和国家的利益及其他公民的权利,必须反对在宗教旗号下的任何侵害公共利益的行为,防止煽动反社会主义秩序和法律的行为。包括教徒在内的一切公民都要遵守国家法律,遵守现行的法律、法规。一切违反国家法律、法规的行为,诸如利用教徒集会进行反社会主义演说、煽动教徒

逃避履行公民义务、举行危害公民健康的宗教仪式，等等，都是不许可的。

对宗教事务进行管理，是为了使宗教活动纳入法律、法规和政策的范围，而不是去干预正常的宗教活动和宗教团体的内部事务。

党的十一届三中全会以来，党的宗教政策逐步得到贯彻落实，开放和安排了宗教活动的场所。恢复和建立了爱国宗教团体，公民宗教信仰自由的权利、正常的宗教活动和宗教团体的合法权益都受到法律和政策的保护，宗教活动在大多数地区得以正常开展，各民族信教群众积极参加社会主义物质文明和精神文明建设。但是，必须看到，境外敌对势力一直利用宗教作为其对社会主义国家进行和平演变及分化和西化的一个重要手段，不断对我国进行渗透和破坏活动。特别是在东欧剧变、苏联解体以后，这种渗透活动更为加剧。他们干预、插手我国宗教的内部事务，煽动信教群众同党和政府对立，进行非法违法活动，扰乱社会秩序，甚至危害国家利益和人民生命财产，直接影响到国家安全和社会稳定。达赖集团也利用民族宗教问题对西藏等藏族地区进行"藏独"渗透，鼓吹"藏独"。中亚等地区的伊斯兰原教旨主义则向我国新疆等地进行渗透。与国外反动宗教势力相呼应，国内少数分裂主义分子也利用宗教煽动骚乱闹事，进行反党、反社会主义活动。

为了维护国家和社会的稳定，切实保障公民的宗教信仰自由的民主权利和正常的宗教活动，就必须依法制止借宗教名义进行的各种非法活动，打击利用宗教进行的颠覆社会主义制度、破坏社会稳定、破坏民族团结和祖国统一的各种犯罪活动，依法取缔打着宗教旗号反对四项基本原则、危害国家安全的非法组织。

保障人民的民主权利和惩治一切犯罪活动，这是我们国家职能不可分割的两个方面。在我国，充分保障公民享有宗教信仰的自由权利，与坚决打击一切披着宗教外衣进行破坏活动的刑事犯罪分子，两者是不矛盾的。国外一些人打着"人权"旗号，诬蔑我国打击利用宗教的犯罪活动是侵犯宗教信仰自由，这完全是不顾事实的捏造，是对我国内政的干涉。对此，我们要进行坚决的斗争。

四、正确认识和处理宗教方面两类不同性质的矛盾

在社会主义时期，大多数宗教方面的矛盾是属于人民内部矛盾，正确处理宗教方面的人民内部矛盾，团结广大信教群众，共同致力于社会主义的现代化建设，是我国政治生活的内容之一。

当前，宗教方面的矛盾主要有：第一，宗教教职人员、信教群众与政府对宗教事务依法管理之间的矛盾。由于一些宗教教职人员、信教群众对党和政府的宗教政策在理解及认识程度上的差距，以及前者宗教意识的增强、宗教利益突出和长期以来法制观念的淡薄，给依法加强对宗教事务进行管理带来一些阻力。其表现为政府要依法管理，而一些寺庙僧尼不服管、不让管，我行我素，有些基层党政干部则表现为不愿管、不敢管、不会管而放任自流，导致了诸如滥建寺庙、寺院管理组织不健全、盲目吸收僧尼等现象，从而给人民群众增加了负担。第二，因书刊、广播、电影、电视节目宣传不当，一些群众的民族宗教感情受到伤害而引起的矛盾。第三，宗教寺庙旅游资源开发和利用与旅游部门和当地政府之间的利益矛盾。如有的地方的宗教寺庙仍由国家单位作为旅游地在收门票、收功德钱。第四，由于风俗习惯、宗教信仰以及民族心理的不同，在现实生活中产生的误解而带来的一些矛盾。如有的地方的信教群众仍受到歧视，受到不平等的对待。第五，当地宗教与外来宗教的矛盾，教派之间、教派内部、寺院内部的利益矛盾，寺院和当地群众的矛盾。第六，要求落实宗教政策而引发的矛盾。第七，正常的宗教国际交往和朝觐与境外敌对势力、分裂势力对我国进行渗透的矛盾。第八，在活佛转世问题上产生的矛盾。如有计划地办理活佛转世与当地群众和寺庙滥找灵童、争认灵童的矛盾。特别是在活佛转世问题上，我国同达赖集团的斗争仍很激烈。

这些矛盾，概括起来，主要是宗教事务管理和宗教内部的矛盾。其

产生的根本原因是，在有的地方党的政策法规还没有真正得到贯彻落实，还存在着不尊重宗教界和信教群众的合法权益的现象，在管理工作中一些同志对宗教问题的"五性"认识不足，而习惯用简单的行政命令的办法去处理问题。另一方面，有些信教群众和教职人员对宗教信仰自由的理解具有片面性，认为宗教信仰自由就是不要任何管理、不要任何约束，想怎么搞就怎么搞。还有些矛盾是由于利益的不同而引起的，有些是由于违反党的民族、宗教政策而引起的。

对这些矛盾，在处理上，总的原则是要按照人民内部矛盾的处理方法，化解矛盾，消除隐患，增强团结。对宗教纠纷要尽可能地解决在萌芽状态，宜解不宜结，宜疏不宜阻，宜散不宜聚。有的地方闹事，里面也可能有坏人，但从整体上讲，未必都是敌我矛盾，要注意宗教问题和政治问题的联系与区别。从领导来讲，要增强政策观念，把问题解决在基层，解决在内部。对受蒙骗出现信仰混乱的地方，要帮助信教群众入"正道"，通过长期艰苦的工作，消除混乱现象，引导和促进宗教活动正常化，防止和制止不法分子利用宗教闹事，制造混乱，违法犯罪。对民族地区的宗教问题，既要把宗教与民族分开，又要看到二者的联系，在处理宗教问题时要注意防止引起民族矛盾。对边疆落后地区的宗教问题，要采取综合治理的办法，用政治的、经济的、文化的、科技的、行政的、法律的手段，多管齐下，团结教育绝大多数的群众，依法打击违法刑事犯罪分子。对已发生的因宗教引起的矛盾纠纷，要做缓解矛盾的工作，按照有关法律解决，是什么问题就按什么问题处理，防止矛盾复杂化、扩大化。严防国内外敌对势力利用宗教问题进行分裂破坏活动，要保持清醒头脑，绝不可掉以轻心。要培养一批爱国爱教、拥护党和社会主义的宗教人士。

对宗教方面的"乱子"问题，领导者要旗帜鲜明、态度坚决，用法律和教育这两个手段来解决问题。要高举维护人民利益的旗帜，高举维护法律尊严的旗帜，争取民心，取信于民，尽量缩小问题的范围，要有利于增进民族团结，维护社会稳定，推进祖国的现代化建设。

第三节　宗教与社会主义精神文明建设

　　精神文明是人类在改造客观世界的同时改造主观世界的成果，即社会的精神生产和精神生活发展的成果。以马克思主义为指导的社会主义精神文明是社会主义社会的重要特征。社会主义精神文明建设，包括思想道德建设和教育科学文化建设两个方面。

　　在社会主义建设的新时期，对宗教在社会主义精神文明建设中的作用，要全面地分析和研究。对其消极的方面要克服，对其与社会主义精神文明相适应的因素要吸收和继承。

一、宗教与社会主义思想道德建设

　　我国的社会主义精神文明建设以共产主义思想为核心，这与宗教信仰是有差别的，但这只是信仰上的差别。在政治方面，在爱国主义和建设中国特色社会主义方面，二者又是相通的。在爱国主义和社会主义的旗帜下，宗教作为信教群众的一种共同的精神力量，对促进和发展信教地区安定团结的政治局面可以起到好的作用。所以，我们绝不能用强制的办法要求宗教教徒放弃宗教信仰而接受共产主义世界观，也不能因为思想信仰上的差别而否认宗教教徒能够积极参加社会主义精神文明建设。社会主义精神文明是一个多层次的、内容广泛的体系。其中，共产主义思想是高层次的要求，不是对广大信教群众的要求。信教群众和宗教界只要是拥护中国共产党的领导，拥护社会主义制度，爱国守法，维护民族团结和祖国统一，不进行反对马列主义、毛泽东思想的宣传，那么，除了信仰上的差别外，广大信教群众是可以按社会主义精神文明的要求去行动，并在社会主义精神文明的建设中作出贡献的。社会主义精神文明建设所要求的具有革命的理想、道德和纪律，以及社会主义制度所要求的主人翁思想、集体主义思想、社会主义劳动态度、爱国主义等，信教群众不仅都积极地身体力行，而且有些人还堪称楷模。

此外，宗教道德的某些内容可以引导教徒弃恶从善，有利于社会主义的思想道德建设。宗教道德是一种以宗教形式出现的道德规范，有些是人们为之披上了一件宗教信仰外衣的社会道德，其内容主要通过各种戒律来体现。宗教的戒律吸取了人类社会在悠久的历史发展过程中为维护人类生存和人际关系形成的一些伦理道德观念。不管宗教道德的出发点和归宿如何，但其保障社会公德的作用是客观事实。在社会主义道德占主导地位的条件下，宗教道德对社会主义道德有一定的促进作用。如惩恶扬善、讲和平、守信义、倡平等以及博爱、人道主义、保护生灵等伦理道德观念，在调节人际关系、规范宗教信仰者的行为、维系社会的安定团结等方面，都能起到一定的积极作用。

如佛教要求信徒不杀生、不偷盗、不邪淫、不妄语和不饮酒等；基督教把孝敬父母、不许杀人、不许奸淫、不许偷盗、不许作假证陷害别人、不许贪恋别人的财物等作为道德准则；伊斯兰教倡导怜孤恤寡、赠贫济困、买卖公平、善待人、不失言、忍让、宽容、精诚团结、禁止赌博、禁止偷盗和奸淫以及讲卫生等；道教规定不得杀人夺物，不得谋害国家，不得欺凌孤贫，不得厌弃老病，等等，这些道德规范都是积极和可取的，其中提出的一些人与社会、人与人之间的价值关系思想，其影响远远超出了宗教徒之间的关系，已经成为社会公德的一个重要组成部分，可以与社会主义道德相适应，并对社会风气的改善起积极作用。

随着市场经济的发展，宗教的道德功能大大增强了。这是因为，经济的发展，生活的改善，使人们更注重面对现实社会，面对今生今世的生活，"神至高无上、神主宰一切"的观念有所淡漠；也更重视人自身的价值，重视人的独立发展。用宗教徒通俗的语言来表达，就叫做"一半靠人，一半靠神"，实际上，靠神是为了靠人。由于神的观念相对减弱，宗教的神秘性相对降低，人与人之间的道德关系得到升华。在人们中影响巨大的宗教道德在宗教中就上升到更为重要的地位。这样，调整人与人之间行为规范的道德观念，就日益成为我国宗教徒所追求的思想境界和终极关切。他们在弘扬宗教教义的同时，大力倡导遵守道德规范，他们办医院、施义诊、救死扶伤、赈灾济贫，推行慈善事业。在有的信教群众较多的地区，犯罪率很低，人们的行为较为自律，这反映了宗教道德对社会稳定和进步的积极作用。尤其在目前思想政治工作较为薄弱，拜金主义、享乐主义抬头，一些地方社会治安情况不好，一些腐败、丑恶现象又沉渣泛起的情况下，能够高扬社会道德，"众善奉行"，无疑对社会主义道德建设是有帮助的。

当然，必须明确，培养社会主义新人，绝不能以宗教道德代替社会主义道德，也不能把宗教道德的作用估计过高。但是，否定宗教道德对社会主义道德建设有一定的积极作用，也是不对的。社会主义道德作为人类更高类型的道德，不仅有革新性而且有继承性，它要把历史上劳动人民长期积聚的优秀道德成果在马克思主义指导下升华为崭新的伦理道德。

二、宗教与社会主义教育科学文化建设

宗教不仅与社会主义精神文明的思想道德建设有相通之处，而且与社会主义精神文明的教育科学文化建设有相通之处。

1. 宗教与科学既相互对立，又保存有某些科学资料

宗教与科学作为社会意识形态在内容、形式和作用上各不相同，它们互相对立，但又互相联系、相互作用和相互影响。在庞杂的宗教思想体系中，蕴藏着一些反映自然和社会的科学思想与命题，保存着一些科学资料。

有着悠久历史的各种宗教，在其漫长的发展过程中，都分别吸取了同时代社会精神生产和精神生活的某些成果，自觉或不自觉地反映了人与自然、人与社会的关系，并且留下了浩如烟海的宗教经籍。这些宗教经籍，规模巨大，蕴藏着丰富的哲学、天文、地理、生物、化学、医学、体育等学科的知识，是人类思想的一个重要宝库。如《古兰经》中

包含有健身卫生方面的有益知识，《道藏》中包含有很多如强体、健身、炼丹、化学、阴阳五行等古代的科学资料，今天仍有实用价值。当然，所有这些合理的科学成分，需要我们去挖掘、分析、过滤、鉴别、消化，去其宗教神学的糟粕，取其科学成分的精华，以为当代的科学建设服务。

2. 积极引导宗教教育为社会主义教育事业服务

宗教教育是指宗教的教育实践活动，即某种或某些宗教信仰及其活动的导入、传承或教授。宗教教育是民族文化传承乃至弘扬的一种方式。宗教教育的内容包括宇宙观的教育、教义的教育、行为规范的教育、文化艺术与体育的教育等。

宗教与宗教教育难以分开，可以说，有宗教便有宗教教育。宗教教育的存在是不以我们的好恶而改变的事实。甚至现代民族学校教育系统的发展，在很多地区也遇到了来自宗教教育的强大挑战。宗教教育在一些民族教育之中常常能决定或影响该民族的其他教育实践活动。

宗教教育中合理性和保守性的并存，是我们对宗教教育性质的总体认识。宗教教育的合理性包含两个方面：（1）宗教教育产生的合理性；（2）宗教教育存在的合理性。宗教是人类文化发展史的一个必经阶段。宗教及其教育的产生是符合人类认识事物能力的发展规律的。无论艺术、文学、哲学、社会学等人文科学知识，或者是天文、历法、数学、生物、地理等自然科学知识，都能在宗教教育的内容中找到其萌芽、演变及其发展的历程。借助宗教教育，人类文化的一部分精华才得以反映和传承。从现实来看，宗教教育的存在也有其合理性。社会主义制度的建立，使不少民族的生活发生了重大的变化。但是，宗教及其教育却有其相对的独立性。特别是当宗教及其教育的作用已深深地渗透到民族文化的方方面面，成为一种风俗习惯、一种行为和生活方式的时候，这就不仅仅是社会制度的改变就可以立即改变的。既然宗教教育有其产生和存在的合理性，在我们的社会主义教育中，就要认真研究并加以借鉴其有益的方面。既然宗教教育在民族文化的形成和传承中起到过一定的作用，那么它对普及和提高信教群众的文化知识就是有重要作用的。当然，宗教教育也有其保守性。宗教教育尽管在客观上起到了传承民族文化的巨大作用，但也对发展民族文化中的科学知识起到了不容低估的作用，因为宗教教育的根本目的是为了向信徒灌输宗教观念，宗教教育中的一些知识教育都是服从这一目的的。

宗教教育的合理性意味着社会主义社会将在相当长的一段时间内都必须与宗教、与宗教教育发生关系；宗教教育的保守性则又意味着宗教教育对民族现代化进程、对民族教育的现代化发展等，都将有不容低估的消极作用。我们既要承认宗教教育的合理性，允许其存在和发展，又要充分认识其保守性，不能听任其阻碍民族进步的消极作用的发挥。这就要求，宗教教育要服从民族教育，担负起民族教育的责任，并超越宗教教育，如在南传上座部佛教教育中白天让入寺学经的小和尚集中学习现代科学文化知识，而晚上再让其随佛爷等一起学经；又如在伊斯兰教的经堂学校开设国民教育课程等。由此引导宗教教育推动现代民族学校教育，为社会主义教育事业服务。

3. 吸取宗教文化精华，发展社会主义文化事业

宗教文化包括宗教经典、宗教文学、艺术、体育及有关科学文化知识等。中国宗教文化的精华和优良传统，是中华民族文化的重要组成部分，蕴含着丰富的科学文化知识。

我国的五大宗教在其产生或传入、演变、发展的历史长河中，创造了丰富多彩的宗教文化。其精华是灿烂的中华文明宝库中光彩夺目的瑰宝。不仅在哲学、文学艺术、伦理道德、科学技术等领域具有较高的价值，而且留下了星罗棋布、蔚为壮观的文物古迹和博大精深的经典论著。尤其需要指出的是，我国一些少数民族传统文化的主体就是其宗教文化。

在我国社会主义初级阶段，建设社会主义精神文明，发展我国民族文化事业，应当重视宗教文化的正面价值，探索其深层文化内涵，使其为社会主义文化建设服务。

社会主义文化大厦是在历史文化基础上建立起来的，因而应当批判地继承包括宗教文化在内的一切历史文化。只有继承和发展历史文化，才有可能构建创新型文化，这种文化才会有强大的生命力和活力。对宗教文化中的哲学、文学、史学、民俗、音乐、舞蹈、美术、天文、地理、生物等中的精华，社会主义的文化建设者，必须加以消化地吸收。这些宗教文化，尽管其内容是宗教的，但它是现代民族文化生活中不可缺少的东西，是历代劳动人民伟大智慧和创造才能的结晶。在社会主义建设的新时期，对作为历史传统文化重要组成部分的宗教文化应当结合时代特点，推陈出新，为创造社会主义的新文化服务。

三、唯心主义的宗教世界观与社会主义精神文明建设是有矛盾的

必须指出，宗教作为一种世界观、一种意识形态，本质上是唯心主义的神学世界观，是"颠倒了的世界观"，是非科学的。它不能使人们自觉地接受先进科学技术，勇于探索自然奥秘，它以求神拜佛来妨碍科学知识和文化教育的普及。宗教神学思想和一些宗教活动不仅束缚和牵制着宗教徒，而且也影响和恫吓着社会上一部分不信教的群众，特别是一些在现实生活中遭受挫折和痛苦而暂时无力摆脱或者由于愚昧落后对宗教缺乏科学认识的人，其中包括不少青少年和一部分基层干部，妨碍他们顺利地接受科学知识和先进的道德观念，削弱他们参加社会政治生活和文化生活的积极性，继续起着麻醉人民精神的消极作用。

传统宗教大都按照虚幻的想象构建出一个支配人间世界的超人间的世界，不是要人们用自己切实的努力去争取现实的改善和现世的幸福，而是要人们寄希望于虚幻的来世或彼岸世界，并且把希望的实现寄托于本不存在的人格化的超自然力量的恩赐，这自然不可能激发人们改造自然、改造社会的积极的愿望和行动。而只会使人们对现实采取迁就态度，忍受现实世界的一切痛苦和不幸，并且在向并不存在的人格化的超

自然力量的祈求中，在幻想来世或彼岸的幸福中，获得虚假的解脱和安慰。宗教的这种"虚幻"本质，禁锢了人们的思想，使人们意志消沉，不利于社会主义精神文明建设。

第四节　宗教与我国的对外交往

在我国宗教中占有重要地位的佛教、伊斯兰教、天主教和基督教，同时也是在国际上占有重要地位的几大宗教。天主教、基督教在欧洲、北美、拉丁美洲和其他地区，佛教在日本、朝鲜和东南亚，伊斯兰教在亚非几十个国家中，都有众多的信徒和广泛的社会影响，其中有的还在一些国家中被奉为国教。我国人民和世界人民在宗教方面的交往已有上千年的历史。中华人民共和国成立以来，宗教方面的对外交往已成为我国同世界各国民间交往的重要组成部分。特别是在社会主义建设的新时期，随着我国对外开放的不断扩大，我国宗教界通过各种渠道出访世界各国，外国和我国港、澳、台地区的宗教组织和人士也纷纷来访，通过各种交往，宣传了我国社会主义建设的伟大成就，宣传了我国的宗教信仰自由政策，增进了我国人民同世界各国人民的了解和友谊，对我国的改革开放事业产生了良好影响。

以改革开放以来的情况为例。佛教界多次组团参加亚洲宗教界和平会议、世界宗教和平会议。特别是 1986 年 11 月，班禅大师率领全国人大代表团访问尼泊尔参加"世界佛教联合会"第十五届大会的开幕典礼，赵朴初会长以特别顾问身份同行，同时中国佛教协会派团出席了"世佛联"大会，产生了较好的对外影响。中国同日本佛教界的友好往来更为频繁，直接推动了中日友好。1982 年，赵朴初会长应邀访问日本，接受日本佛教传道协会授予的第十六届佛教传道功劳奖和日本佛教大学授予的名誉博士称号。1985 年，赵朴初会长又应邀赴日接受庭野和平财团授予的"庭野和平奖"。1984 年，中英两国政府关于香港问题的联合声明发表后，中国内地与香港佛教界的交往增多。1986 年，中国佛教协会为随喜香港宝莲寺建造"天坛大佛"，发起成立了"香港天坛大佛造像随喜功德委员会"，聘请内地诸山长老担任委员，筹集净资。同年 9 月，赵朴初会长应邀赴港出席天坛大佛建造工程签约仪式，推进了与香港佛教界的友好交流与合作关系。1995 年 5 月，根据中国佛协会长赵朴初居士关于建立中、韩、日三国佛教黄金纽带的提议，为人类共同繁荣和弘扬佛法，在北京召开了第一次中韩日佛教友好交流会议；1996 年 9 月，在汉城又召开了韩中日佛教友好交流会议，并发表了"21 世纪中韩日佛教的使命"的汉城宣言，强调面对 21 世纪，三国佛教界要紧密合作，巩固相互间的纽带，为追求人类共存和繁荣的价值观，加强相互间的人际交流和文化交流而努力。1996 年 12 月，中国佛教协会为在佛祖释迦牟尼诞生地尼泊尔的蓝毗尼修建中华寺举行了奠基仪式，仪式中，中国佛教代表团的 55 位活佛、名刹住持、法师居士等身披袈裟，为奠基举行近两个小时的洒净等法事活动，祈祝兴建中华寺为增进中尼友谊、弘扬佛教文化、维护亚洲和世界和平作出新的贡献。

中国内地道教界还广泛接待港澳同胞、海外侨胞及外宾的参观访问。如著名的北京白云观，从 1984 年 3 月重新开放，到 1986 年 8 月，接待港澳香客千余人次，外宾近 7000 人次。在接待的知名人士中，有法国的成之凡女士，"世界宗教和平会议"前秘书长、日本著名学者福永光司，香港的全国政协常委安子介先生。随着香港回归祖国，内地道教界与港、澳、台地区道教界交往日益增多，为推进"一国两制"、实现祖国统一大业作出了贡献。

伊斯兰教同亚非伊斯兰国家及伊斯兰世界联盟、世界穆斯林大会、利比亚伊斯兰宣教协会等国际伊斯兰组织间的友好交往和学术交流活动也广泛开展。除协助政府有关部门做好来访的伊斯兰国家总统、议长等贵宾的接待工作外，仅 1980—1987 年，中国伊斯兰教协会就邀请并接待了 20 多个国家和地区共 32 起 126 人次的穆斯林代表团来华进行友好访问。同时，还派出 25 起 73 人次的代表团，前往西亚、北非、南亚和东南亚等伊斯兰国家进行友好访问，出席伊斯兰国际学术会议。还多次派出代表参加亚洲宗教和平、世界宗教和平会议，与亚洲和全世界宗教界人士共同为维护世界和平作出了自己的努力。

天主教界，改革开放以来共接待了 100 多个国家及我国港、澳、台地区天主教界人士。同时也应邀派员赴欧、美、亚各国及港澳地区的教会和文化机构进行友好访问。

基督教界从 1981 年起，先后接待过加拿大、美国、澳大利亚、日本、英国、印度的基督教会联合会代表团、亚洲基督教领袖代表团以及德国、朝鲜、匈牙利等国基督教代表团对我国的访问。其中有国际知名人士英国坎特伯雷大主教伦西博士、瑞典乌泼撒拉大主教松贝博士、世界基督教联合会总干事伦特博士、亚洲基督教会议总干事叶金豪会督等人。我国基督教"两会"也多次派出教会代表团出席一些国际会议或研讨会，并访问了加拿大、美国、英国、爱尔兰、瑞典、芬兰、德国、匈牙利、澳大利亚、新西兰、日本、印度等国和香港地区。多次参加世界宗教和平会议和亚洲宗教和平会议，开展为世界和平祈祷活动。特别是1996 年 10 月，由丁光训主教率领的中国宗教界和平委员会代表团去泰国参加亚洲宗教和平会议第五次会议期间，坚决抗议亚洲宗教和平会议个别领导人搞的"两个中国"、"一中一台"的阴谋，维护了祖国的尊严。

近些年，我国各大宗教的对外交往活动进一步加强和扩大，在对外树立新中国形象、让世界各国人民了解中国宗教信仰自由的真实情况、促进各国人民的友好交往等方面作出了重要贡献。

在我国宗教界的对外交往中，也要看到境外敌对势力利用宗教对我国的渗透日益加剧。他们在我国周边地区设立广播电台，进行空中传教；利用各种渠道，向我国境内偷运宗教宣传品；利用来华旅游、探亲、经商、讲学等机会，进行传教活动；在我国出国打工、留学人员中进行传教布道；直接插手干涉我国宗教事务，培植地下势力，同我国爱国宗教组织争夺信教群众，对抗中国政府；利用宗教破坏我民族团结、祖国统一。在这种情况下，我国各宗教坚持独立自主自办的原则面临新的考验，也出现一些新情况新问题，需要进一步解决。

　　总之，当代中国宗教的社会作用，总的来说，对建设中国特色社会主义事业、构建社会主义和谐社会是起到积极推动作用的；同时，也要看到它在一定范围、一定程度上的消极作用。在我国社会主义时期，宗教的社会作用尚未彻底摆脱二重性品格，需要党和政府、宗教界及社会各界共同努力，正确认识和处理好我国现阶段的宗教问题，积极引导宗教与社会主义社会相适应。

第十四章
坚持马克思主义宗教观的指导
——正确处理当代中国宗教问题（一）

第一节　科学对待马克思列宁主义宗教观

马克思主义是我们党立党立国的根本指导思想。马克思主义宗教观则是我们党认识和处理宗教问题的指南。正确处理当代中国的宗教问题，必须坚持马克思主义宗教观的指导。

一、全面把握马克思主义宗教观的含义

宗教观，顾名思义，就是人们对宗教和宗教问题的基本认识，以及在这种认识基础上表明的对宗教的态度和提出的解决宗教问题的办法。宗教是一种十分复杂的社会文化历史现象，对于宗教的认识，由于人们所属的民族、阶级、阶层不同，信仰不同，社会文化背景不同，科学教育素质不同，认识宗教的世界观、方法和角度的不同，从而形成了各种各样的宗教观。

马克思主义宗教观是由马克思、恩格斯创立的，以后又经历了不断丰富发展的过程，是迄今为止最为科学的宗教观，对它的含义需要全面把握。

1. 马克思主义宗教观实质上就是历史唯物主义宗教观

马克思主义宗教观同以往一切宗教观的本质区别，就在于它是建立在马克思、恩格斯所创立的辩证唯物主义和历史唯物主义这一迄今为止最为科学的世界观和方法论的基础之上的。按照这一哲学的基本原理，宗教作为一种社会意识，作为人类精神生活的一部分，作为一种思想上层建筑，是人类的社会生活过程在人们头脑中的曲折反映，归根结底是由人类社会的生产力和生产关系、经济基础和上层建筑的矛盾运动所决定的。宗教并不是像宗教神学所宣扬的那样是由客观存在的超自然的力量如神灵等所创造和决定的；也不是像主观唯心主义者所说的那样是来自所谓人类先天就有的信仰宗教的本性。这就比以往任何一种宗教观都更科学地把握了宗教的本质，从而实现了宗教观历史上的根本变革。

2. 马克思主义宗教观是与时俱进的理论政策体系

马克思和恩格斯是马克思主义宗教观的创立者，他们在 19 世纪的中后期，在创立科学世界观和领导欧洲工人阶级进行推翻资本主义旧制度、争取社会主义的斗争过程中，不可避免地要研究并破除当时居于思想领域主导地位的宗教思想的束缚，形成自己崭新的历史唯物主义宗教观，表明对宗教的基本态度，并进一步提出处理社会主义运动中宗教问题的方针原则。列宁于 20 世纪初在领导俄国工人阶级争取社会主义革命的胜利、建立苏维埃政权以及进行社会主义革命和建设的初步实践中，以自己对宗教研究的新成果和处理俄国革命中的宗教问题的新经验，将马克思主义宗教观发展成一个较为完整的理论政策的体系。中国共产党的三代领导集体，在领导中国革命和建设的过程中也十分重视宗教问题，将马克思主义宗教观同中国的宗教实际相结合，不仅基本成功地处理好了宗教问题，而且进一步丰富和发展了马克思主义宗教观。

3. 马克思主义宗教观可以作狭义和广义两种理解

狭义的理解，即马克思主义宗教观主要是指马克思、恩格斯关于宗教问题的思想，列宁主义宗教观主要是指列宁关于宗教问题的思想，还有中国共产党人的宗教观，等等。广义的理解，则泛指作为一个不断与时俱进的历史唯物主义宗教观。我们今天强调要树立马克思主义宗教观，是从广义上来理解的。

4. 马克思主义宗教观具有鲜明的党性

马克思主义宗教观是马克思主义者和共产党人的宗教观。对不是共产党员的人来说，他们是否愿意接受马克思主义宗教观，是他们自己的事，不能强求。在社会上，不同的宗教观应该互相尊重，求同存异。但是，在我们党内，必须用马克思主义宗教观统一对宗教问题的认识。在我国，马克思主义宗教观代表着科学认识宗教的方向，应该确立马克思主义宗教观的主导地位。

二、科学对待马克思、恩格斯和列宁的宗教观

马克思、恩格斯和列宁的宗教观是马克思主义宗教观的开端和进一步的发展，反映了他们从 19 世纪下半期到 20 世纪初，在欧洲社会主义发展进程中对宗教问题的认识，是他们所处的社会历史条件和特定国情的产物。在进入 21 世纪以后的中国，为了进一步解决好中国特色社会主义进程中的宗教问题，我们学习和研究马克思主义宗教观，首先要解决好如何科学对待马克思、恩格斯和列宁的宗教观的问题。

科学对待马克思、恩格斯和列宁的宗教观，要解决好两个认识问题：一是马克思、恩格斯和列宁的宗教观包含着十分丰富的内容，简单地将其归结为"鸦片论"是错误的；二是对马克思、恩格斯和列宁的宗教观的基本思想不能否定，但又不能采取教条主义的僵化的态度。

1. 马克思、恩格斯宗教观的基本内容

第一，要用历史唯物主义关于社会存在决定社会意识的原理说明宗教。马克思、恩格斯多次强调，人们的一切法律、政治、哲学、宗教等等观念归根结底都是从他们的物质生活条件中引导出来的。历史上出现的一切社会关系和国家关系，一切宗教制度和法律制度，一切理论观点，都是从社会的经济基础上发展起来的上层建筑，因而，也必须由这

个基础来解释。

第二，关于宗教的本质、根源、社会作用及其发展的规律。马克思、恩格斯认为，宗教的神灵观念是人们的头脑对支配自己日常生活的外部力量幻想的反映。宗教的根源不是在天上，而是在人间，必须在人类社会的矛盾中去寻找。要根据宗教借以产生和存在的社会历史条件去说明它的形成和发展。宗教的功能和社会作用具有二重性。宗教的基本思想本质上起着麻醉人们精神的消极作用。在阶级社会中，占统治地位的剥削阶级利用宗教维护自己的统治，宗教也依附于统治者。历史上被统治者往往也会利用宗教来达到自己的政治经济目的。基督教是殖民主义进行侵略扩张的工具。在中世纪的欧洲，宗教严重阻碍了科学的发展。宗教最终会自行消亡，这是社会历史发展的规律，但要有雄厚的物质基础，要经历一个漫长的曲折的过程。

第三，工人阶级政党对待宗教的态度和原则。社会主义与宗教在世界观上是对立的。要实行真正的宗教信仰自由。必须实行国家和教会分离，学校同教会分离。对宗教僧侣要进行阶级分析。纠正社会主义运动中对待宗教的"左"倾错误。在社会主义事业中，不能将宗教和无神论问题提到不适当的地位。

马克思、恩格斯的宗教观在帝国主义和无产阶级革命条件下，进一步被列宁加以丰富和发展。

2. 列宁宗教观的基本内容

列宁的宗教观是列宁在领导俄国革命的进程中，根据革命和建设的需要，将马克思主义宗教观与俄国的宗教国情相结合而逐步形成的。

第一，必须以历史唯物主义为指导研究宗教问题，对宗教问题要坚持阶级分析。

第二，关于宗教的根源和社会作用。阶级社会中宗教的根源主要是社会根源特别是阶级根源。在阶级社会，宗教是剥削阶级维护自己统治的精神工具。宗教首领是剥削阶级一部分，教会组织是隶属于剥削阶级国家的机构。资本主义条件下的宗教和教会都是资产阶级用来捍卫剥削制度、麻醉工人阶级的机构。

第三，工人阶级政党对待宗教的态度和原则。科学社会主义的世界观与宗教世界观不能调和。处理宗教问题要十分周密、谨慎，要服从社会主义事业的总任务。要消灭宗教剥削及特权，实行教会同国家、学校分离和宗教信仰自由。在社会主义运动中，要注意争取团结进步的宗教界人士。必须同宗教问题上的"左"倾错误进行斗争。宗教对国家来说是私人的事情，对工人政党来说就不是私事。坚持对党员对人民群众进行无神论教育。

3. 对马列主义宗教观的基本原理不能否定，但又不能采取僵化和教条主义的态度

应该指出，上述马克思、恩格斯和列宁关于宗教的基本点，是散见于他们各种有关著述中的，事实上，在他们的全部革命生涯中，宗教问题并不是他们关注的主要问题，他们专门以宗教为题的著作并不多。如果我们从马克思主义宗教观形成的标志，即 1843 年 1 月发表的《〈黑格尔法哲学批判〉导言》一文算起，到列宁 1922 年 3 月发表《论战斗唯物主义的意义》一文止，时间跨度达 80 年。其中不同程度涉及宗教内容的著作，马克思、恩格斯共约有 100 篇，列宁约有 150 篇，这在他们浩如烟海的著作中所占的分量是很少的。而其中专门以宗教为题的著作更少，马克思、恩格斯共 5 篇，列宁则有 10 篇左右。他们对宗教问题的论述，大量的是在论述哲学、经济学、科学社会主义中的宗教问题时涉及的。

还应指出的是，马克思、恩格斯和列宁作为无产阶级的革命导师，对宗教问题的研究主要是为了争取社会主义事业的胜利，为工人阶级政党提供认识和解决宗教问题的思想武器，因而他们主要是从意识形态、社会政治的角度，用阶级、阶级斗争的观点和阶级分析的方法来研究宗教和宗教问题的，关注的重点是对宗教维护旧的剥削制度的负面作用的批判。他们不是专门的宗教学家，不能苛求他们对宗教的方方面面，特别是在当时无产阶级对资产阶级斗争十分激烈的社会条件下，对宗教文

化进行全面的学术性的考察研究。简言之，他们关于宗教的基本观点，导源于他们所处的时代以及他们所承担的历史使命。在当时的历史条件下，他们对宗教的认识以及对宗教问题的处理主要是服从于为工人阶级创立科学的世界观的目的，服务于如何充分发动几乎都是信仰宗教的广大工人、农民一类的基本群众冲破宗教的束缚去投入争取社会主义胜利的斗争。

马克思、恩格斯和列宁的宗教观，在他们所处的时代发挥了重要的科学指导作用。当然，也不可避免地具有时代的局限性。尤其是对工人阶级政党执政后如何正确认识和解决好社会主义条件下的宗教问题，马克思恩格斯没有亲身的实践，列宁也只是有初步的实践。他们都不可能具体预测到未来社会主义条件下宗教将发生什么样的变化，不可能十分具体地提出解决社会主义条件下宗教问题的所有办法。尽管在今天看来，他们针对当时特定条件下的宗教问题的一些具体论断已不完全适用，但是，他们关于宗教问题的基本观点、基本原理仍是科学的，它们不仅没有过时，而且至今仍然有着强大生命力，对于工人阶级政党正确认识和处理社会主义时期的宗教问题依然具有重要的指导意义。

同马克思主义本身一样，马克思列宁主义宗教观也是随着社会实践的发展而不断发展的。马克思、恩格斯和列宁以后的马克思主义者和共产党人根据新的实际和实践丰富和发展了马克思主义宗教观，其中最成功的还是中国共产党。

第二节　马列主义宗教观的中国化

马列主义宗教观的中国化，主要表现为中国共产党的宗教观的形成和发展。它是马列主义宗教观与中国国情，主要是与中国宗教国情逐步正确结合的产物。在中国共产党诞生之际，旧中国的社会苦难，不仅支撑着中国各种传统宗教的生存和发展，而且导致形形色色的鬼神迷信盛行。帝国主义利用宗教作为侵略中国的工具，国内封建地主阶级和官僚资产阶级同样也利用宗教作为维持自己统治的手段。广大群众，特别是农民深受有神论思想的束缚。许多少数民族基本全民信教，宗教的影响更为深重。面对这种情况，中国共产党在领导全国各族人民进行革命的时候，就十分注意正确认识和解决中国的宗教问题。

但是，中国的宗教国情不同于马克思、恩格斯所处的德国，也不同于列宁所处的俄国。中国历史上一直是多种宗教并存，各宗教基本上能相互宽容，不存在一种在全国范围始终占绝对优势的宗教；中国封建时代的宗教势力向来是依附于世俗的皇权；除了在局部地区如西藏出现过政教合一的地方政权以外，中央政权在政治上基本上是能够控制宗教的；从未有任何一种宗教思想在意识形态领域占据过统治地位。这种情况决定了旧中国的宗教对中国革命和建设的阻碍远比基督教对德国和俄国的阻碍小得多，中国共产党在领导中国革命的进程中，对宗教的认识和对宗教问题的处理必须以马列主义宗教理论作为指南，但绝不能完全照搬马列主义的宗教观，也不能完全照搬马克思、恩格斯、列宁解决当时德国和俄国宗教问题的办法。中国共产党走出了一条将马列主义宗教观同中国宗教国情逐步正确结合的独特道路，形成了一整套解决中国宗教问题的思想、路线和方针政策，丰富和发展了马列主义宗教理论，实现了马列主义宗教观的中国化。

中国共产党的宗教观，经历了毛泽东思想的宗教观、邓小平理论中的宗教观和"三个代表"重要思想中的宗教观三个阶段。

一、毛泽东思想的宗教观

毛泽东思想的宗教观主要反映了以毛泽东为核心的党的第一代中央领导集体的宗教观。它经历了新民主主义革命时期和新中国成立后的最初时期。主要包含以下内容：

1. 对群众反神权和鬼神迷信的斗争要加以引导，要服从反封建的政治斗争和经济斗争

在第一次国内革命战争时期，毛泽东在领导湖南农民运动的过程中，首次涉及对中国革命进程中宗教问题的认识和处理。1927 年在他写的《湖南农民运动考察报告》中，他把湖南农民运动对城隍土地菩萨的神权的冲击，看作湖南农民运动所做的 14 件大事中的一件予以赞扬，同时又特别强调，"对农民应该领导他们极力作政治斗争，彻底推翻地主权力"。至于家族主义、迷信观念的破坏，乃是政治斗争和经济斗争胜利以后自然而然的结果。若用过大的力量生硬地勉强地从事这些东西的破坏，那就必被土豪劣绅借为口实，提出"农民协会欺神灭道"等反革命宣传口号，来破坏农民运动。这就鲜明地提出了农民反对神权和鬼神迷信的斗争要服从反封建的经济和政治斗争的重要思想，摆正了宗教问题的解决在革命斗争中的位置。毛泽东同时指出，对农民打菩萨的事，共产党的宣传政策应该是"引而不发，跃如也"，即要加以引导，因为菩萨是农民自己立起来的，到了一定时期农民会用自己的双手丢开这些菩萨，无须旁人过早地代替农民做这些事情。

2. 对宗教徒要作具体的阶级分析

在第二次国内革命战争时期，毛泽东在他的《寻乌调查》、《兴国调查》中分析农村阶级状况的时候，提出了对宗教徒和宗教教职人员要坚持进行具体的阶级分析，因为他们是分散在社会各个阶级各个阶层之中的。例如寻乌县城中有宗教徒 22 人，只有耶稣教和天主教的传教士才是统治者。神、坛、寺、观则属于神道地主，因为它们的主持者掌握着大量土地和寺产。而"寺产都是大地主'施'出的，'施'了田的大地主，叫做'施主'。大地主为什么'施'田给和尚呢？因为佛教是大地主阶级利用的宗教。大地主为了'修子修孙修自己'，所以施田给和尚"。于是，也就出现了神道地主。他们也利用土地剥削农民。他们对革命的态度和普通的宗教徒对革命的态度是不一样的。

3. 保证民众宗教信仰自由，特别要尊重少数民族宗教信仰

1934 年 1 月，在瑞金召开的第二次全国苏维埃代表大会首次在中央苏区通过了《中华苏维埃共和国宪法大纲》。大纲的第 13 条规定了宗教方面的政策，即"中华苏维埃政权以保证工农劳苦民众有真正的信教自由为目的，绝对实行政教分离的原则"①。

其后，红军长征经过西南西北少数民族地区，并在西北建立了陕甘宁革命根据地。西南西北的少数民族普遍信仰宗教，针对这种情况，中国共产党对宗教方面的工作十分重视。红军各有关部门多次发布文告，宣传和执行宗教信仰自由政策。如 1935 年 5 月，中国工农红军西北军区政治部专门发布了少数民族工作须知，全面分析了少数民族地区的宗教状况，指出："我们主张信仰自由，不伤害他们的风俗习惯与宗教感情。"② 特别是到了西北回族聚居的地区，中国工农红军总政治部在 1936 年 5 月 24 日专门作了关于回民工作的指示，提出了《对回民之三大禁条四大注意的口号》，即"禁止驻扎清真寺；禁止吃大荤；禁止毁坏回文经典。讲究清洁；尊重回民的风俗习惯；不准乱用回民器具；注意回汉团结"。③

1945 年 4 月，在抗日战争胜利前夕，毛泽东在《论联合政府》中又总结了党的宗教工作。他说，根据信教自由的原则，中国解放区允许各派宗教存在。不论是基督教、天主教、回教、佛教及其他宗教，只要教徒们遵守人民政府法律，人民政府就给以保护。信教的和不信教的各有他们的自由，不许加以强迫或歧视。多年以来，陕甘宁边区和华北各解放区对待蒙回两民族的态度是正确的，其工作是有成绩的。人民的言论、出版、集会、结社、思想、信仰和身体这几项自由，是最重要的自由。在中国境内，只有解放区是彻底地实现了。

---

① 《民族工作文献选编》，中央党校出版社 1991 年版，第 208—209 页。
② 同上书，第 282 页。
③ 同上书，第 365 页。

4. 共产党人可以同宗教界建立政治上的统一战线

早在 1922 年 7 月，党的第二次代表大会关于"工会运动与共产党的决议案"第 19 条就提出，为工人们目前利益的奋斗，我们共产党人要随时与国民党、无政府党甚至基督教合作。在建立抗日统一战线的工作中，毛泽东明确把对宗教界人士的工作作为党的统一战线的一个方面来处理。1940 年，毛泽东在《新民主主义论》中指出，新民主主义的文化是科学的。它是反对一切封建思想和迷信思想，主张实事求是，主张客观真理，主张理论和实际一致的。共产党员可以和某些唯心论者甚至宗教信徒建立在政治行动上的反帝反封建的统一战线，但是绝不能赞同他们的唯心论和宗教教义。这就提出了处理好共产党与宗教界政治上团结一致与思想信仰上存在差异的关系问题。

5. 帝国主义利用宗教作为他们侵略中国的工具

1939 年 12 月，毛泽东在《中国革命和中国共产党》中指出，帝国主义列强采取各种办法侵略中国。他们对于麻醉中国人民精神的一个方面，也不放松，这就是他们的文化侵略政策。传教、办医院、办学校、办报纸和吸引留学生等，就是这个侵略政策的实施。其目的，在于造就服从他们的知识干部和愚弄广大的中国人民。1949 年 8 月 30 日，毛泽东在《"友谊"还是侵略？》中指出："美帝国主义比较其他帝国主义国家，在很长的时期内，更加注重精神侵略方面的活动"，"强迫中国接受美国人传教"，并"由宗教事业而推广到'慈善事业'和文化事业"，"据说都是为了'加深友谊'"。[1]

6. 中国宗教具有长期性、群众性、民族性、国际性、复杂性的特点

新中国成立以后，党和国家明确提出在全国范围实行宗教信仰自由政策，制定了积极慎重的宗教工作方针，以保障广大信教群众的宗教信仰自由权利和正常宗教活动的进行。

1954 年，在中共中央《关于过去几年内党在少数民族中进行工作

---

[1] 《毛泽东选集》第 4 卷，人民出版社 1991 年版，第 1506 页。

的主要经验总结》的文件中，首次提出了中国宗教具有"五性"的重要思想。宗教"五性"的思想，即宗教具有长期性、群众性、民族性、国际性、复杂性的特点。但这份文献在文字表述上只明确提出了少数民族宗教的长期性、民族性和国际性。

宗教"五性"反映了我国的宗教国情。对宗教"五性"的科学认识，成为新中国成立后党和国家处理宗教问题的现实出发点，它强调对待宗教信仰问题，必须长期采取十分谨慎的态度，任何简单急躁的做法都是错误的。

7. 坚持和扩大对宗教界的统一战线，特别要团结少数民族宗教上层人物

新中国成立后，开展对宗教界的统一战线工作，一直是党的统战工作的重要部分。新中国成立之初，毛泽东就指出，对宗教家，必须在反帝反封建的基础上将他们团结起来。他还说过，我不信佛教，但也不反对组织佛教联合会，联合起来划清敌我界限。统一战线是否到了有一天要取消？我是不主张取消的。对任何人，只要他真正划清敌我界限，为人民服务，我们都是要团结的。周恩来也指出："我们主张，在《共同纲领》的基础上，信教的、不信教的可以共存。我们要团结和照顾到各种社会力量，使大家各得其所，同心协力，建设新中国。"①

8. 宗教在社会主义时期还将长期存在，宗教要有益于社会

社会主义制度的建立，标志着中国社会发生了根本变革。这种根本变革对宗教将会产生怎样的影响？是国内外宗教界以及中国共产党内及党外干部和群众都十分关心的问题。1956 年 5 月 30 日，周恩来在同巴基斯坦伊斯兰教代表团和印度尼西亚伊斯兰教代表团谈话时，针对来访者所关心的宗教在中国的前途如何的问题，指出中国的宗教徒有几千万，如果加上在家里信教而不到寺庙去的就更多，差不多有一亿了。此

---

① 《周恩来统一战线文选》，人民出版社 1985 年版，第 185—186 页。

外，对全民族信仰一个宗教的少数民族来说，宗教对家庭关系、社会关系影响就更大些。所以不能够取消宗教，必须实实在在地执行宗教信仰自由政策，不信教的尊重信教的，信教的尊重不信教的，大家和睦相处，团结一致。1957年8月4日，周恩来在《关于我国民族政策的几个问题》的讲话中，又针对宗教界朋友担心经济基础的改革对思想方面有影响的顾虑指出，思想方面的变化，不会像政治制度的改革那样发展。思想变化的过程是最慢的，信仰宗教的人，不仅现在社会主义的国家里有，就是将来进入共产主义社会，是不是就完全没有了？现在还不能说得那么死。周恩来明确表示，宗教界的朋友们不必担心宗教能不能存在。按照唯物论的观点，当社会还没有发展到使宗教赖以存在的条件完全消失的时候，宗教是会存在的。现在应该担心的不是宗教能不能存在，而是民族能不能繁荣。宗教要服务于人民，要有益于社会。李维汉也说过，人们对自然和社会必然性的认识和能力随着人类实践历史的发展而逐步增加，社会剥削的消灭，生产力的彻底解放和高度发展，科学和文化的高度发展和广泛普及，最后要导致广大人民解除有神论和宗教信仰的束缚。但是，这是要经过一个很长时间才能逐渐解决的问题。这样，宗教就有它的群众性和长期性。

9. 正确对待人们的宗教信仰，信教的和不信教的要相互尊重、和睦相处

1957年，毛泽东在《关于正确处理人民内部矛盾的问题》中指出，企图用行政命令的方法，用强制的方法解决思想问题，是非问题，不但没有效力，而且是有害的。我们不能用行政命令手段消灭宗教，不能强制人们不信教。不能强制人们放弃唯心主义，也不能强制人民相信马克思主义。他还说，一部分唯心主义者，他们可以赞成社会主义的政治制度和经济制度，但是不赞成马克思主义的世界观。宗教界的爱国人士也是这样。他们是有神论者，我们是无神论者，我们不能强迫这些人接受马克思主义世界观。周恩来强调，现在只把宗教信仰肯定为人民的思想信仰问题，而不涉及政治问题。不管是无神论者，还是有神论者，大家

一样地能够拥护社会主义制度。人们的思想有各种各样，只要他不妨碍政治，不妨碍经济生产，我们就不要干涉。要养成一种习惯，不信教的人尊重信教的人，信教的尊重不信教的，和睦相处，团结一致。这对我们民族大家庭的团结互助合作是有利的。他还强调，在处理少数民族宗教问题时，汉族首先应该尊重少数民族的宗教信仰。

10. 在宗教问题领域，要正确区分和处理两类不同性质的矛盾

两类社会矛盾的学说，在马克思主义发展史上，是由毛泽东首先明确提出并作出系统阐述的。他运用这一理论及方法，正确有效地处理了大量的宗教问题。提出凡是利用宗教进行反共、反人民的反动势力，他们与人民群众的矛盾属于敌我矛盾，这种矛盾必须采取专政的方法来解决。至于宗教界爱国人士和信教群众由于宗教不同而引起的同其他劳动群众之间的矛盾，则是属于人民内部矛盾。对于这种矛盾，只能采取民主的方法，按照宗教信仰自由的政策来处理。正确认识和处理宗教领域两类不同性质的矛盾的思想，是对马克思主义理论的发展。

1957年4月4日，李维汉在全国第七次统战工作会议上的发言中指出，现在，由于民主革命的胜利和社会主义改造的胜利，除个别民族地区外，宗教矛盾的社会背景已经起了根本性的变化。宗教已经基本上摆脱了剥削阶级和中外反动派的控制。也就是说，除个别地区外，宗教矛盾已经从既是人民内部的矛盾又是敌对阶级的矛盾，转化为基本上是人民内部的矛盾，基本上不是敌对阶级的矛盾，已经基本上成为人民内部信仰或者不信仰宗教的矛盾，信仰这种宗教或者信仰那种宗教的矛盾，信仰这个教派或信仰那个教派的矛盾。

上述这些观点，对于进入社会主义社会初期国家的宗教工作，起到了良好的指导作用。但是，不久之后，上述观点和政策就因为党和国家的"左"倾错误的逐步发展不但没有有效地得到落实，反而逐步被抛弃。直到"文化大革命"结束，上述观点才得以恢复。

二、邓小平理论中的宗教观

邓小平理论中的宗教观主要是以邓小平为核心的党的第二代中央领导集体在党的十一届三中全会以后的拨乱反正期间形成的，集中反映在邓小平个人的有关论述和 1982 年中共中央 19 号文件中。

1. 邓小平关于宗教问题的有关论述

早在新中国成立初期，邓小平主持中共中央西南局工作期间，就十分重视少数民族的宗教问题。1950 年 7 月 21 日，他在欢迎赴西南地区的中央民族访问团的大会上，谈到中国人民解放军进军解放西藏的时候就指出，进藏过程中"尊重藏民的风俗习惯、宗教信仰，不住喇嘛寺等，这样就赢得了藏族同胞的信任"。他还领导西南局根据党中央的指示和西藏的具体情况，提出了和平解放西藏的十条政策，其中就强调"实行宗教自由，保护喇嘛寺庙，尊重西藏人民的宗教信仰和风俗习惯"。

在 1978—1982 年的拨乱反正时期，邓小平对宗教工作多次作出了重要指示。

1979 年 6 月 15 日，邓小平在全国政协五届二次会议所致的开幕词中指出，新中国成立三十年来各民族的不同宗教的爱国人士有了很大的进步，并代表党和国家明确否定了"文化大革命"对宗教界人士的不公正的待遇。

1979 年 9 月 1 日，邓小平在听取第十四次全国统战工作会议的情况汇报时，强调宗教工作也有许多政策问题，要统战部议一议宗教问题。

1980 年 4 月 19 日，邓小平在《人民日报》发表《一件具有深远意义的盛事》一文，通过纪念唐代高僧鉴真，充分肯定了宗教人士在国际文化交流中的积极作用。

1980 年 8 月 26 日，邓小平在同十世班禅大师谈到西藏的发展时指出，对于宗教，不能用行政命令的办法，但宗教方面也不能搞狂热，否则同社会主义，同人民的利益相违背。

1980 年 10 月 15 日，邓小平在会见格林率领的英国知名人士代表团并接受电视采访时说："我们建国以来历来实行宗教信仰自由。当然，我们也进行无神论宣传。马克思主义者认为，像宗教这样的问题不是用行政方法能够解决的。林彪、'四人帮'破坏了我们一贯的宗教政策，我们现在开始恢复老的政策，特别是我们中国，一般都是少数民族在宗教信仰方面问题最多。我们要实行正确的民族政策，必须实行宗教信仰自由。"①

邓小平关于宗教问题的指示，对于当时在宗教问题领域中拨乱反正起到了重要的指导作用。

2. 1982 年中共中央 19 号文件的基本观点

按照邓小平的指示，在胡耀邦同志的主持下，中共中央书记处对宗教问题进一步进行了专门讨论，并主持起草了《关于我国社会主义时期宗教问题的基本观点和基本政策》这一重要文件。文件的观点，集中表现了中国共产党对马克思主义宗教理论的重大发展。这个文件重申了我们党前此提出的并被实践证明是正确的科学的关于宗教问题的观点和政策，如关于"宗教五性论"的观点；关于在政治行动上，马克思主义者和爱国宗教信徒必须结成统一战线的观点；关于绝不能依靠行政命令或其他强制手段一举消灭宗教的观点；关于正确区分和处理宗教领域中两类不同性质的矛盾的观点；关于宗教信仰自由政策是一项基本的长期的政策的观点，等等。同时，又提出了关于社会主义时期宗教问题的一系列新观点。主要有：

第一，论述了宗教是一种社会历史现象。文件指出："宗教是人类社会发展到一定阶段的历史现象，有它发生、发展和消亡的过程。宗教信仰、宗教感情，以及同这种信仰和感情相适应的宗教仪式和宗教组织，都是社会的历史的产物。"② 这一论述改变了以前把宗教仅仅看成

---

① 《邓小平思想年谱》，中央文献出版社 1998 年版，第 134 页。
② 《新时期宗教工作文献选编》，宗教文化出版社 1995 年版，第 54 页。

是一种唯心主义的意识形态的观点，对宗教的把握更为全面准确。

第二，全面阐述了宗教在社会主义条件下必然长期存在的根源。文件首先强调，在社会主义社会中，随着剥削制度和剥削阶级的消灭，宗教存在的阶级根源已经基本消失，也就是说，剥削阶级对宗教的利用和扶持已经不是宗教存在和发展的主要原因。社会主义时期宗教长期存在和发展的原因主要是："由于人们意识的发展总是落后于社会存在，旧社会遗留下来的旧思想、旧习惯不可能在短期内彻底消除；由于社会生产力的极大提高，物质财富的极大丰富，高度的社会主义民主的建立，以及教育、文化、科学、技术的高度发达，还需要长久的奋斗过程；由于某些严重的天灾人祸所带来的种种困苦，还不能在短期内彻底摆脱；由于还存在一定范围的阶级斗争和复杂的国际环境，因而宗教在社会主义社会一部分人中的影响，也就不可避免地还会长期存在。"[1] 因此，对于社会主义条件下宗教存在的长期性，全党同志务必要有足够的清醒的认识。那种认为随着社会主义制度的建立和经济文化一定程度的发展，宗教就会很快消亡的想法，是不现实的。那种认为依靠行政命令或其他强制手段，可以一举消灭宗教的想法和做法，更是背离马克思主义关于宗教问题的基本观点的，是完全错误和非常有害的。

第三，明确指出了在社会主义时期，我国宗教的状况已经有了根本的变化，宗教问题上的矛盾已经主要是属于人民内部的矛盾，处理好宗教方面的人民内部矛盾，已经成为宗教工作的主题。同时又指出，宗教问题还受到某些阶级斗争和国际复杂因素的影响。这就抛弃了长期以来在"左"的思想的影响下，坚持以阶级斗争为纲来处理宗教问题的指导思想，准确地把握住了社会主义条件下宗教问题与阶级斗争的关系。

第四，提出要善于体察民族问题与宗教问题的区别和联系。文件强调，我国既是一个多民族的社会主义国家，又是一个有多种宗教的国家。"在宗教同民族的关系问题上，各个民族和各种宗教有不同的情况。

———————————

[1] 《新时期宗教工作文献选编》，宗教文化出版社1995年版，第55页。

有些少数民族基本上全民信仰某一种宗教，如伊斯兰教和喇嘛教，那里的宗教问题和民族问题往往交织在一起；但在汉族中，佛教、道教、天主教和基督教则同民族问题基本没有联系。因此，要善于具体地分析各个民族和各种宗教的不同情况，善于体察民族问题与宗教问题的区别和联系，并且正确地加以处理。一定要警惕和反对任何利用宗教狂热来分裂人民，破坏各民族之间团结的言论和行动。在领导中国这样一个多民族大国进行社会主义现代化建设的伟大斗争中，我们党如果不能清醒而坚定地掌握这一方面的问题，我们就不能很好地团结各族人民共同前进。"①

第五，告诫要处理好宗教问题主要是反对"左"的倾向，又要防止和克服放任自流的倾向。1977—1982 年拨乱反正期间，在宗教工作方面，主要也是纠正"左"的错误，但中央又及时提出防止一种倾向掩盖另一种倾向的问题。邓小平同志 1980 年 8 月 26 日在一次谈话中指出，对于宗教，不能用行政命令办法，但宗教方面也不能搞狂热，否则同社会主义，同人民的利益相违背，党中央 1982 年 19 号文件坚持了在宗教工作中防止两种倾向的唯物辩证的态度。

第六，明确了处理我国社会主义时期一切宗教问题及贯彻执行宗教信仰自由政策的根本出发点和落脚点，是使全体信教和不信教的群众联合起来，把他们的意志和力量集中到建设现代化的社会主义强国这个共同的目标上来，并强调，任何背离这个基点的言论和行动，都是错误的，都应当受到党和人民的坚决抵制和反对。这就根本改变了在极"左"年代单纯把促使宗教消亡，甚至消灭宗教作为处理宗教问题的出发点和落脚点的错误观点。

第七，重申和充实了宗教信仰自由政策。如全面完整地表述了宗教信仰自由的含义；强调在保证信教自由的同时，也应当强调不信仰宗教的自由；绝不允许宗教干预国家行政、司法、学校教育和社会公共教

_____

① 《新时期宗教工作文献选编》，宗教文化出版社 1995 年版，第 68 页。

育，不允许强迫十八岁以下的少年儿童入教；绝不允许恢复已被废除的宗教封建特权和宗教压迫剥削制度；绝不允许利用宗教反对党的领导和社会主义制度，破坏国家统一和国内各民族之间的团结。文件还强调，争取、团结和教育宗教人士是贯彻执行宗教政策的极其重要的前提条件；合理安排宗教活动场所，是落实宗教政策，使宗教活动正常化的重要物质条件；充分发挥爱国宗教组织的作用，是落实宗教政策、使宗教活动正常化的重要组织保证；要正确区分和处理正常的宗教活动与在宗教外衣掩盖下的违法活动以及不属于宗教范围内的迷信活动。

第八，专门就共产党员不得信仰宗教，不得参加宗教活动的问题进行了阐述，特别强调在那些基本上是全民信教的少数民族当中，这项规定的执行，需要按照实际情况，采取适当步骤，不宜简单从事。对少数民族中政治表现好但还不能完全摆脱宗教影响的党员，要进行耐心教育；发展新党员要从严掌握；对表现极端恶劣且不悔改的党员要清除出党；有违法犯罪行为的，还应当追究法律责任。对在基本上全民信教的少数民族当中，生活在基层的共产党员，即使已经摆脱宗教信仰，为了联系群众，参加一些含有某些宗教色彩的传统的婚丧仪式和群众性节日活动，应当是允许的。

第九，提出了用马克思主义立场、观点、方法对宗教问题进行科学研究，是党的理论工作的一个重要组成部分。文件指出，用马克思主义哲学批判唯心论（包括有神论），向人民群众特别是广大青少年进行辩证唯物论和历史唯物论的科学世界观（包括无神论）的教育，加强有关自然现象、社会进化和人生的生老病死、吉凶祸福的科学文化知识的宣传，是党在宣传战线上的重要任务之一。建设一支用马克思主义武装起来的宗教理论研究工作队伍，努力办好用马克思主义研究宗教问题的研究机构和大学的有关专业，是党的理论队伍建设的一个不可缺少的重要方面。在报刊上公开发表涉及宗教问题的文章，要采取慎重态度，不要违背现行宗教政策，伤害信教群众的宗教感情。学术界要尊重宗教界的思想信仰，宗教界也要尊重学术界对于马克思主义的宗教理论的研究和宣传活动。

第十，文件最后强调，"全党同志一定要清醒地理解，党的宗教政策，绝不是临时的权宜之计，而是建立在马克思列宁主义、毛泽东思想的科学理论基础上的，以团结全国各族人民共同建设社会主义现代化强国为目标的战略规定。在社会主义条件下，解决宗教问题的唯一正确的根本途径，只能是在保障宗教信仰自由的前提下，通过社会主义的经济、文化和科学技术的逐步发展，通过社会主义物质文明和精神文明的逐步发展，逐步地消除宗教得以存在的社会根源和认识根源。这要经过很长的历史时期，经过若干代人，包括广大信教和不信教的人民群众的共同奋斗，才能成功。"①

总之，在改革开放的初期，中国共产党根据马克思列宁主义和毛泽东思想的宗教理论，在全面总结中国社会主义时期宗教工作正反两方面的历史经验，以及借鉴外国经验教训基础上提出的关于宗教问题的基本观点和政策，表明我们党关于社会主义时期宗教问题的理论已经走向成熟，构成了邓小平理论中的宗教观的重要内容。

三、"三个代表"重要思想的宗教观

"三个代表"重要思想的宗教观，集中表现为以江泽民为核心的党的第三代中央领导集体关于社会主义时期宗教问题在理论上的新贡献。

在1989年6月23—24日召开的中共十三届四中全会上，党的第三代中央领导集体正式形成。当时，国际上风云变幻，东欧剧变，苏联解体。国内改革开放进一步深入和扩大，又经历了一场政治风波。中国特色社会主义处于一个重要转折点上。在宗教问题领域，尽管当时总的形势是好的，但也出现不少错综复杂的新情况、新问题。在新的形势下，党对宗教问题进一步予以高度重视，对处理好世纪之交的宗教问题提出

---

① 《新时期宗教工作文献选编》，宗教文化出版社1995年版，第72—73页。

了一些重要思想，进一步丰富了马克思主义宗教观。

1. 民族宗教无小事，全党要高度重视宗教问题

早在 1990 年 12 月 7 日，江泽民同志在同全国宗教工作会议部分代表座谈时的讲话中就指出：宗教问题是一个大问题。宗教问题是很复杂的，宗教具有一定的群众性，而且总是与政治问题结合得很紧。历史上，统治阶级总是利用宗教来加强统治。现实生活中，世界上不少国家和地区的民族矛盾和宗教纷争十分突出，频频引发流血冲突和局部战争，动乱不断。国际敌对势力把民族问题和宗教问题作为对社会主义国家实行"西化"和"分化"的突破口。国内的敌对分子也利用宗教进行破坏活动。因此，宗教问题关系到我们整个国家的安定团结，关系到民族的团结、祖国的统一，关系到渗透和反渗透、和平演变和反和平演变的斗争。李鹏在 1990 年 12 月 5 日召开的全国宗教工作会议上明确提出，正确对待和处理宗教问题，是我国社会主义建设事业中的一个重要内容。李瑞环也强调，民族宗教问题是重大的问题，也是复杂的问题。它常常涉及千百万群众，有时还联系到某些国际因素，因而处理民族宗教问题是政治性、政策性很强的工作，必须采取十分谨慎的态度。

1993 年 11 月 7 日，江泽民在全国统战工作会议上又提出"民族、宗教无小事"的论断，以通俗的语言再次要求全党对民族宗教问题切不可掉以轻心，必须高度重视。2000 年 12 月 4 日，他又在全国统战工作会议上强调，国内外的历史和现实都充分证明，没有民族问题、宗教问题的正确解决，就没有国家的团结、稳定和统一。2001 年 12 月，他在全国宗教工作会议上又强调，做好宗教工作关系到加强党同人民群众的血肉联系，关系到推进两个文明建设，关系到加强民族团结、保持社会稳定、维护国家安全和祖国统一，关系到我国的对外关系。

2. 正确认识和处理宗教问题要有世界眼光

江泽民指出，宗教问题从来就不是孤立存在的，它总是同政治、经济、文化、民族等方面历史和现实的矛盾相交错，具有特殊复杂性。从国内外形势的发展变化出发，科学分析宗教问题，深刻认识宗教问题的

特殊复杂性，正确把握宗教的活动规律，是我们做好宗教工作的前提。要了解当今世界必须了解宗教，对宗教问题在当今世界政治社会生活中的影响，绝不可低估。从历史和现实的角度看，观察世界的宗教问题，必须把握住其三个主要特点：第一个特点是，宗教的存在有着深刻的社会历史根源，将会长期存在并发生作用；第二个特点是，宗教与一定社会的经济、政治、文化问题交织在一起，对社会的发展和稳定产生重大影响；第三个特点是，宗教常常与现实的国际斗争和冲突相交织，是国际关系和世界政治中的一个重要因素。宗教的这三个特点，是相互联系、相辅相成的，最根本的是宗教存在的长期性。我们观察和分析宗教问题，开展宗教工作，必须时刻注意并充分估计宗教的这些特点及其带来的影响。

3. 社会主义时期的宗教问题突出表现为长期性、群众性和特殊的复杂性

江泽民指出，正确认识我国社会存在的宗教问题，关键是要立足于我国社会主义初级阶段的基本国情，充分认识宗教存在的长期性，以及在复杂的国内外形势下宗教问题所具有的特殊复杂性，而根本则是长期性。这是因为，宗教作为人类社会发展到一定阶段的历史现象，其存在有复杂的自然根源、社会根源和认识根源。在漫长的历史发展进程中，世界发生了巨大的变化，科学技术取得了巨大的进步，人类对自然界和社会运动的规律性认识大大提高，人们对宗教现象的认识也大大深化了。但从世界范围看，宗教不仅存在，还时有蔓延发展之势。传统的几大宗教继续发展，而且内部教派林立；各种新兴宗教组织层出不穷，有人估计有数千之多；一些极端势力利用宗教以及邪教也吸引了大批信徒，制造了不少骇人听闻的事件；特别是在西方国家，科学技术不可谓不发达，生活水平不可谓不高，但宗教的影响根深蒂固，信仰宗教的人数并没有明显减少。这表明，人类社会物质文明和精神文明发展的程度，以及人们思想认识的水平，还远未达到足以消除宗教根源的程度，宗教还有存在的相当深厚的条件。社会发生的剧烈变化，人们在物质生

活或精神生活中遇到的困难和空虚等情况，如贫困、疾病、灾害、犯罪、动荡、战争带来的社会不安和苦难，以及生命和宇宙中还存在的很多尚未作出科学解释的现象，都可能成为促使人们到宗教中去寻求精神依托的原因。以至世界上很多大科学家，由于世界观和各方面的原因，也信仰宗教，或者有自己的宗教观念。历史和现实都说明，宗教存在的根源在于现实社会，而现实社会的矛盾斗争和不平衡发展的长期性，又决定了宗教根源存在的长期性，决定了宗教存在的长期性。

宗教的特殊复杂性首先基于宗教是一种群众性的社会现象。宗教往往成为社会各种势力利用和争取的对象，同时反过来宗教又往往成为一些现实斗争和矛盾的依托和深刻的背景。人们争取和利用宗教力量，目的就是要争取和利用众多的信教群众。综观世界历史，各种宗教既相互联系又相互渗透，始终同复杂的社会政治斗争和民族关系交织在一起。统治阶级往往力图借助宗教来加强其政治统治，而被压迫群众为摆脱苦难也往往以宗教作掩护或号召而进行反抗。在当今世界上，宗教更是为各派政治和社会力量所加紧利用，一些国家和地区矛盾激烈，冲突不断，往往与民族、宗教问题卷在一起。世界许多争端都有很复杂的民族、宗教因素。由于宗教牵涉数量庞大的信教群众，而且总是与社会政治问题结合得很紧，因此，如何对待和处理好宗教问题，始终是一个很敏感很复杂的社会课题。

江泽民说，宗教是人们在自然力量和社会力量的压迫下，不能依靠自己的力量解放自己产生的错误认识。宗教产生后，有一般民众苦于不能摆脱自己悲惨命运而寻找精神寄托的一面，也有被历代统治阶级利用的一面。宗教作为一种社会现象，具有漫长的历史，在社会主义社会，宗教赖以存在的根源依然存在，宗教也将长期存在。宗教走向最终消亡也必然是一个漫长的历史过程，可能比阶级和国家的消亡还要久远。经济建设搞不上去，人的科学文化素质提不高，就宗教论宗教是解决不了问题的。只有随着生产力的发展，随着人民对自然界规律与自身命运的认识和把握，宗教观念才会减少并最终消失。因此，在对待宗教问题上我们绝不能操之过急，不能用简单的方法去处理复杂的宗教问题，不能重复"文化大革命"中"左"的做法，必须有长远的考虑，必须扎扎实实地去做工作。李瑞环也说过，宗教的产生和发展有着极其深刻的社会根源。现在这方面也有许多需要重新研究的问题。比如，我们曾经把信仰宗教归结为经济的落后、科学文化的不发达，但事实上在当今许多发达国家，信仰宗教仍然是一种普遍的现象。这都需要深入研究。

4. 科学分析了宗教社会作用的积极与消极的二重性

江泽民强调，要充分调动宗教中的积极因素为社会发展和稳定服务。他指出，我国宗教在其产生和发展的过程中，与我国文化的发展相互交融，吸取了我国的建筑、绘画、雕塑、音乐、文学、哲学、医学当中的不少优秀成分，可以研究和挖掘其中的精华。宗教道德中弃恶扬善的内容对鼓励广大信教群众追求良好的道德要求有积极的作用。宗教通过对信教群众的心理慰藉，对稳定信教群众的情绪，调节信教群众的心理也有积极的作用。当然，肯定宗教中的积极因素，目的不是为了发展宗教，而是要努力使已经存在的宗教为祖国统一、民族团结、经济发展和社会稳定服务。在处理这个问题时，分寸一定要把握好。宗教中积极因素可以肯定，但不能夸大。

5. 实行宗教信仰自由政策是尊重人权的表现，要保持这一政策的稳定性和连续性

江泽民、李鹏、李瑞环都强调，共产党人相信无神论，绝不意味着就可以用"左"的态度对待宗教信仰。把人们信仰上的差异等同于政治上的对立，企图用行政手段去限制正常宗教或消灭宗教是错误的。对广大群众必须坚持宗教信仰自由的原则。共产党人既要坚持马克思主义的世界观，同时也要认真贯彻国家宪法规定的宗教信仰自由政策。我们党的宗教政策是马克思主义关于宗教的基本理论同我国宗教的具体实际相结合的产物，是马克思主义宗教观在我国的具体表现。实行宗教信仰自由政策为我们党的基本观点决定，为我们党的根本宗旨所要求，为引导宗教在社会上发挥积极作用所必需，也与我国讲求"和合"的历史传统

文化相一致。我国宗教坚持独立办教的原则，不允许任何国际势力进行干涉。要坚持政教分离的原则，无论哪一种宗教都没有超越国家宪法和法律的特权，都不允许干预行政、司法、教育等国家职能的实施。国家保护合法的宗教活动。公民不论信仰或不信仰宗教，都享有法律规定的各种权利，同时也必须履行法律规定的各种义务。

江泽民多次代表党和国家公开表明，党的宗教政策会保持长期的稳定性和连续性。这是因为，新中国成立以来的实践证明，这个政策是正确的，只要正确贯彻这一政策，就有利于民族团结、国家和社会的稳定，有利于社会主义建设，否则就会产生多方面的负效应。并特别告诉那些有声望的宗教界人士，我们党的宗教政策是稳定的，宗教信仰自由政策是绝对不会改变的，这是我们的宪法规定的。我们再也不会重犯"文化大革命"十年那种历史性的错误。当然，对宗教中出现的问题，采取听之任之、放任自流的态度，也是错误的。

尊重信教群众的信仰，是把我国一亿多信教群众紧密团结在党和政府周围的前提。如果对他们的信仰不尊重、不理解，甚至采取错误的做法，广大信教群众就不会靠拢我们，就会与党和政府离心离德。所以，认真执行党的宗教政策，有利于巩固和扩大党的群众基础，增强党对广大信教群众的凝聚力和吸引力。宗教信仰自由要坚持权利和义务的统一的原则。宗教信仰自由不等于宗教活动可以不受任何约束。宗教界人士和信教群众首先是中华人民共和国公民，要把国家和人民的根本利益放在首位，承担遵守宪法、法律、法规和政策的义务。实行宗教信仰自由政策也并不是说就可以放弃对他们的思想政治工作，放弃在他们中开展思想道德建设和教育科学文化的工作。要努力使他们成为有理想、有道德、有文化、有纪律的社会主义建设者。宗教方面涉及国家利益和社会公共利益的事项和活动，必须纳入依法管理的范围。任何宗教都没有超越宪法和法律的特权。

把宗教工作的根本归结为就是做信教群众的工作，是要团结和教育信教群众为祖国富强和民族振兴积极贡献力量。衡量宗教工作抓得好不好、得力不得力的标准是党的宗教政策是否得到落实，宗教事务管理是否走上法制化轨道，与民族宗教问题相关的矛盾纠纷是否得到有效预防和妥善处理，信教群众与不信教群众是否团结一致共同致力于社会主义现代化建设。

6. 同宗教界政治上团结合作，思想信仰上互相尊重

1991 年 1 月 30 日，江泽民在会见我国各宗教团体主要领导人的谈话时首次提出了这一原则。他指出，总的来说，在我们国家，无神论者和宗教信仰者在政治上和经济上的根本利益是一致的，在思想信仰上的差异是次要的。我国各宗教团体的主要领导人，是在同我们党长期合作共事中经受了考验、可以完全信赖的朋友。在我国宗教界还有一大批同我们党真诚合作的朋友。爱国主义和建设中国特色的社会主义，是我们党同宗教界合作的政治基础。有了这样的政治基础，党领导的各民族宗教界的爱国统一战线就会不断巩固和发展。实践证明，只有政治上真诚团结合作，才能真正做到在信仰上互相尊重；而只有在信仰上互相尊重，才能有效巩固和加强政治上的团结合作。为此，要努力做好团结教育宗教界人士的工作，特别是要做好宗教界上层人士的工作，因为他们在信教群众中有相当的影响，做好他们的工作意义重大。同样，还要培养一支政治上热爱祖国、具有一定的宗教学识、能联系信教群众的年轻的宗教教职人员队伍，因为这关系到我国宗教组织将来的面貌，是关系到我们党同宗教界长期合作的大问题，是具有战略意义的问题。

7. 国家要依法对宗教事务进行管理

依法对宗教事务进行管理是从依法治国的角度做好宗教工作的重要保证。1991 年 2 月 5 日，中共中央、国务院关于进一步做好宗教工作若干问题的通知中，在总结十余年宗教工作的基础上，正式提出了依法对宗教事务进行管理的问题。江泽民、李鹏、李瑞环多次阐明了这一问题。指出依法对宗教事务进行管理，并不违背宗教信仰自由的政策，而是全面贯彻宗教信仰自由政策的需要，是维护安定团结和各民族人民根本利益的需要。阐明了依法对宗教事务进行管理，是指政府对有关宗教

的法律、法规和政策的贯彻实施进行行政管理和监督，根本目的是为了更好地保护正常的宗教活动和宗教界的合法权益，也有利于防止和制止不法分子利用宗教和宗教活动制造混乱和从事违法犯罪活动，有利于抵制境外敌对势力利用宗教进行渗透。这种管理绝不意味着干涉宗教团体内部正常的宗教活动，更不是宗教政策收紧了。他们还强调，在依法对宗教事务管理的同时，要严防一切违反爱国爱教的宗旨、违反国家法律的行为。政府有关部门要依法对宗教事务进行管理，这项工作必须加强，而绝不能削弱，更不能放弃管理。

8. 处理好宗教领域中的矛盾，要坚持"四个维护"的原则

1993 年 11 月 7 日，江泽民在全国统战工作会议上的讲话中指出，民族和宗教问题中的矛盾，大量的是属于人民内部矛盾。一定要做好人民内部矛盾的疏导工作，要认真解决，绝不能掉以轻心。即使出了一点乱子，也要始终立足信任、争取、团结最大多数群众，以利于坚决、准确地孤立和打击极少数的敌对分子。对有人蓄意利用宗教来破坏安定团结，制造民族分裂的罪恶行径，一定要高度警惕，防微杜渐，未雨绸缪，始终保持头脑清醒。1994 年 7 月 4 日，李瑞环在同新形势下民族宗教问题研讨班学员座谈时，在总结前些年处理民族宗教问题的经验时强调，民族宗教方面发生的问题，主要属于人民内部矛盾，但也不排除有的问题带有对抗的性质。对于人民内部矛盾，只能用耐心说服、改进工作的方法来解决，绝不能把非对抗性的矛盾当作对抗性矛盾，人为树敌；不能把非对抗性矛盾激化为对抗性矛盾，自讨苦吃。对一些人利用民族宗教问题引发事端，制造动乱，我们也不能丧失警惕，必须严肃对待，果断处理。此类事端，有时是非对抗性矛盾和对抗性矛盾交织在一起，不明真相的群众和别有用心的坏人搅和在一起，增加了我们工作的难度。事实证明，正确地识别和处理这类问题，必须坚持维护人民利益、维护法律尊严这两面旗帜。任何人以任何理由损害人民利益、践踏法律尊严都是不能允许的，都必须坚决制止。

1995 年 11 月 5 日，李瑞环在班禅转世灵童寻访领导小组第三次会

议上，在分析与达赖集团的斗争时，鲜明地指出，在我们国家，任何人、任何团体，包括任何宗教，都应当维护法律尊严，维护人民利益，维护民族团结，维护国家统一。绝不能允许违反国家法律，损害人民利益，制造民族分裂，破坏祖国统一。这是最基本的行为准则。

9. 在坚持扩大开放的前提下，独立自主自办教会，抵御境外势力利用宗教进行渗透

坚持独立自主自办教会的原则，是基于我国曾经长期遭受帝国主义的侵略和掠夺，有的宗教有被帝国主义控制和利用的历史事实，是我国信教群众作出的自主选择，为我国社会各界所欢迎，并得到世界许多国家、组织和人士的理解和支持。随着对外开放的扩大，我国宗教界与世界各国宗教界的友好交往日益增多，但境外势力利用宗教对我国的渗透的问题也日益突出。对这些动向，必须保持高度的警觉，切实加以防范。要继续鼓励和支持宗教界在独立自主、平等友好、互相尊重的基础上开展对外交往，增进与各国人民及宗教界的相互了解和友谊，为维护世界和平作出积极贡献。要有针对性地加强对外宣传工作，把我国宗教政策和宗教信仰自由的实际情况介绍给各国人民与宗教界，以增进了解，减少误解，争取国际舆论，维护我国的国际形象。

10. 积极引导宗教与社会主义社会相适应（详见第十七章）

11. 共产党员不能信仰宗教，要对群众进行唯物论和无神论教育

近些年，针对中国共产党党内受到有神论、迷信甚至邪教影响的具体情况，江泽民强调宗教世界观同马克思主义世界观是根本对立的，共产党员不能信仰宗教，不能参加宗教活动。他说，马克思主义世界观是我们共产党人的指导思想，我们应该学习并坚持历史唯物主义观点，要有宣传马克思主义无神论的勇气。对那些参与宗教活动的党员，要耐心进行教育，使他们逐步摆脱宗教束缚。对那些利用宗教牟取私利，甚至支持、策划违法活动的党员，一定要按照党纪国法严肃处理。至于对群众进行无神论教育，要同对党员的要求区别开来，并同社会主义两个文明建设，同培育"四有"新人的具体实践结合起来。要善于用唯物主义

的观点说明宗教信仰的根源，下工夫提高人们的科学文化素质，防止简单从事而伤害信教群众的宗教感情，防止用行政命令的方法强迫人们不信教。

第十五章
牢记处理社会主义时期
宗教问题的历史经验
——正确处理当代中国宗教问题（二）

第一节　处理社会主义时期宗教问题的探索

科学理论的力量归根结底是为了指导实践。中国共产党在领导全国各族人民进行新民主主义革命的时候，就坚持将马克思主义宗教理论同中国的宗教国情相结合。宗教问题的正确解决在一定程度上对中国革命起到了配合作用。新中国成立后，中国共产党面临着在执政条件下如何正确解决宗教问题的新任务。正如在什么是社会主义、怎样在中国建设社会主义等重大问题上经历了一个探索过程一样，对如何正确解决中国社会主义条件下的宗教问题也经历了一个探索过程。

一、新中国的宗教政策

1949 年新中国成立，中国的社会制度发生了根本变革。历史上延续下来的各种宗教都面临着如何尽快适应新中国的问题。中国共产党作为刚刚执政的党，在新中国成立初期面临的主要任务是医治战争创伤，巩固新生的人民政权，继续完成新民主主义革命所遗留的任务，恢复和发展国民经济。为服务于这样一个中心任务，在对宗教问题的处理上，党和政府坚持马列主义、毛泽东思想的宗教理论，明确提出在全国范围实行宗教信仰自由的政策，制定了慎重稳进的宗教工作方针和一些具体政策，以保障广大信教群众的宗教信仰自由权利和正常宗教活动的进行。

新中国成立前夕通过的具有宪法地位的《中国人民政治协商会议共同纲领》的第 5 条明确规定宗教信仰自由政策是新中国的一项基本政策，即"中华人民共和国公民有宗教信仰自由权"。对于少数民族地区人民群众的宗教信仰问题，在《共同纲领》的第 53 条特别规定"各少数民族均有发展其语言文字、保持或改革其风俗习惯及宗教的自由"。1950 年 12 月 2 日，政务院发布通令：信仰伊斯兰教的各族人民三大节日（尔代节、古尔邦节、圣纪节）食用的牛羊免征屠宰税，并放宽检验标准。1951 年 5 月 23 日，在《关于和平解放西藏的办法的协议》中，规定对西藏现行的政治制度不予变更；对达赖喇嘛和班禅额尔德尼的固有地位和职权，应予维持；有关西藏的各项改革事宜，中央不加强迫。1952 年 11 月 22 日，毛泽东在接见西藏致敬团代表时重申："共产党对宗教采取保护政策，信教的和不信教的，信这种教的或信别种教的，一律加以保护，尊重其信仰，今天对宗教采取保护政策，将来也仍然采取保护政策。"① 宗教信仰自由政策的贯彻执行使全国各民族人民发自内心地拥护党和国家的民族、宗教政策，信任人民政权，拥护人民解放军，从而使国家呈现团结安定的局面，新生的人民民主专政政权得到了巩固。

二、新中国成立初期宗教工作基本成功的实践及经验教训的初步总结

1. 基本成功的实践

---

① 参见 1952 年 11 月 22 日《人民日报》。

　　新中国的宗教政策是在马克思主义宗教观指导下制定的崭新的宗教政策。但是，面临着新中国成立之初民族宗教问题的复杂情况，宗教政策的贯彻落实是一项十分艰巨的任务。在这一过程中，党和政府采取了一系列的措施。

　　为了全面正确地贯彻党的宗教政策，中央人民政府和地方各级人民政府都设立宗教事务工作机构。制定了一切从实际出发的慎重稳进的宗教工作方针。党和政府在下发的一系列宗教工作的文件中，把宗教信仰问题与政治问题严格加以区分，反对急躁冒进，反对用简单的行政命令的办法对待信教群众的思想信仰问题。在全国各族群众中，特别是在少数民族信教群众中广泛深入地宣传宗教信仰自由政策，使他们加深对宗教政策的了解，消除反动势力散布的"共产党是消灭宗教的"的谣言。

　　涉及具体的宗教工作方针，主要有：

　　（1）在汉族的佛教、道教方面，鉴于这两种宗教历史久远，政治文化影响很大的复杂状况，国家既尊重广大信教群众的宗教信仰自由，又妥善地照顾到他们的生活，保护寺庙道观，同时引导教职人员广泛参加爱国主义教育活动，支持成立中国佛教协会和中国道教协会。

　　（2）对基督教问题，鉴于既涉及群众的宗教信仰，又涉及基督教长期被帝国主义利用为对中国进行侵略的工具的历史状况，采取了十分慎重的方针。在保障宗教信仰自由的前提下，强调要反对基督教中的帝国主义势力，要在广大教徒中进行爱国主义教育，扩大爱国主义影响，积极支持基督教界的"三自"爱国运动，以使中国基督教由帝国主义的侵略工具，变为中国基督教徒自治、自养、自传的宗教事业。

　　（3）由于天主教传入中国以后一直为罗马教廷和外国修会所控制，成为帝国主义侵略中国的工具；由于新中国成立后，罗马教廷继续反对新中国，为此，国家对天主教工作的方针政策是，必须充分揭露帝国主义利用天主教侵略中国的罪行，清除天主教内的帝国主义分子，割断中国天主教与帝国主义在政治上和经济上的联系，使中国天主教由帝国主义的侵略工具，变为中国天主教界独立自主、自办的宗教事业。要惩办披着天主教外衣的反革命分子。对待教徒群众和教职人员，要保障他们的宗教信仰自由，同时要做好耐心细致的团结教育工作。正确处理教会的土地和外国修会在华的房地产。正确对待中国天主教与罗马教皇的关系。支持成立天主教爱国会，支持天主教界自选自圣主教。

（4）伊斯兰教问题主要是历史性、民族性的群众思想信仰问题，必须毫不动摇地坚持宗教信仰自由的政策，视具体条件逐步实行宗教与民族分开、宗教与行政分开、宗教与国民教育分开、宗教信仰与宗教制度分开的原则。西北地区农村中的土地改革必须慎重。对阿訇等教职人员要采取争取、团结、教育的方针。对穆斯林群众要进行爱国主义教育。要充分尊重广大穆斯林的风俗习惯。支持建立中国伊斯兰教协会。

（5）对于藏传佛教，在西藏和平解放过程中，毛泽东亲自指示，进藏部队要认真执行党的民族政策、宗教政策和做好统战工作。邓小平也强调，到西藏去，就是靠政策走路，靠政策吃饭，政策就是生命。要用正确的政策去扫除中外反动派的妖言迷雾。人民解放军在进藏途中，随时注意宣传宗教政策，尊重藏民的风俗习惯、宗教信仰，不住喇嘛寺等，从而赢得了藏族同胞的信任。

党和国家提出的宗教工作的慎重稳进的方针，在全局上指明了正确的方向，取得了重大成绩，各族信教群众以及大多数宗教上层人士积极拥护党的宗教政策，进一步消除了民族隔阂，加强了民族团结，维护了社会稳定，巩固了人民政权。

2. 经验教训的初步总结

新中国成立初期处理宗教问题特别是处理少数民族宗教问题的实践也存在着一些问题。在经过对执行民族宗教政策的大检查的基础上，1953年6月，中共中央统战部形成了《关于党的民族政策执行情况的初步检查》的文件，提交第四次全国统战工作会议讨论。后来，毛泽东提议将该文件的题目改为《关于过去几年内党在少数民族中进行工作的主要经验总结》。1954年10月，中共中央批发了这一文件。这是中华人民共和国成立以后，第一份系统总结民族宗教工作经验的重要文献。

　　文献在运用马克思主义宗教观总结处理少数民族地区的宗教问题的经验教训时提出了关于宗教具有"五性"的思想，即中国宗教具有长期性、群众性、民族性、国际性、复杂性的特点。强调在几乎是全民信教的少数民族地区，由于宗教的民族性，宗教问题不仅是个人信仰问题，而且是整个民族问题不可分离的一个重要部分。指出共产党人虽然是唯物主义者、无神论者，但绝不意味着可以用行政命令的手段去使劳动群众也不信仰宗教，主要是依靠政治、经济、文化教育事业的发展和社会改革的实践，自然地、间接地、迂回曲折地去逐步削弱宗教影响，任何简单急躁的做法都是错误的。要求努力进行上层统战工作，争取、团结一切可以争取、团结的宗教上层人物。对少数民族共产党员信仰宗教的问题要采取既坚持原则又灵活处理的态度。同时提出进行系统的调查工作和马克思主义宗教理论及党的宗教政策的研究，是使我们党的政策与少数民族地区实际情况正确结合的基本方法，也是克服急躁冒进和机械搬用汉族地区和其他先进民族地区经验的主观主义错误的基本条件之一。

　　除此以外，1955 年，政府对汉族佛教工作也进行了总结，指出汉民族佛教工作取得了很大成绩，但也存在不少缺点和错误，主要是急躁冒进和放任自流。其原因是不少同志对宗教产生的社会根源还不认识或认识不足。不少同志对于佛教的历史性、群众性、国际性、民族性还缺乏深刻的认识和体会。不少同志还不了解党对宗教问题的基本政策是宗教信仰自由，不了解这一政策符合人民的根本利益。

　　总之，关于宗教工作的经验教训的总结是新中国成立初期中国共产党将马克思主义宗教理论与新中国宗教工作实际相结合的结晶。它不仅及时纠正了工作中的缺点，而且出色地运用马克思主义宗教理论并提出了新的理论观点和新的策略方法，从而进一步推动了宗教工作的健康顺利发展，使广大从事宗教工作的干部受到一次实际的马克思主义宗教理论和宗教政策的教育。

三、对解决社会主义时期宗教问题的曲折探索

1956 年，经过生产资料私有制的社会主义改造，我国进入了社会主义社会的初级阶段。如何使宗教进一步适应新的社会主义历史条件，以及党和政府如何进一步处理好社会主义条件下的宗教问题，新中国成立初期处理宗教问题的成功经验提供了一个较好的基础，但还需要进行新的探索。从 1956 年到 1966 年这十年间，中国共产党在探索建设社会主义道路的过程中，形成了一些正确的和比较正确的理论观点与方针政策，积累了一些正确的和比较正确的实践经验。另一方面，1957 年以后，"左"的思想开始抬头，逐渐占了上风，也形成了一些错误的理论观点和政策思想，积累了一些教训。这两种倾向都反映到了对宗教问题的处理上，从而使宗教工作出现了曲折发展的状况。

1. 中国共产党关于宗教问题理论的新发展

进入社会主义时期，面临中国宗教状况的新变化，中国共产党进一步充实和发展了关于宗教问题的理论，提出了一些重要的新观点，如在社会主义时期，宗教还将长期存在；要正确对待社会主义条件下人们的宗教信仰问题；在宗教问题领域，要正确处理两类不同性质的矛盾；进入社会主义时期以后，宗教问题上的矛盾已经主要是人民内部矛盾。上述观点，对于进入社会主义社会初期国家的宗教工作，起到了良好的指导作用。但是，不久，上述观点和政策就因为党和国家的"左"倾错误的逐步发展不但没有有效地落实，反而逐步被放弃。

2. 在汉族宗教界开展社会主义教育

1957 年的反右派斗争和 1958 年的"大跃进"，中国政治生活中的"左"倾错误开始滋长。在宗教界人士中，尽管没有提出反右派，但在实际工作中却搞了反右派。由于极少数资产阶级右派分子的言论影响到一些宗教界人士，为了端正宗教界人士的思想认识，分清是非，中共中央统战部于 1957 年开始对汉族宗教界进行社会主义教育。主要是推动各教召开代表大会，划清敌我界限，坚定反帝、爱国、守法和走社会主

义道路的决心。但是在教育中，把少数有错误言论的宗教界人士错划成了右派分子，伤害了他们的感情，造成了关系紧张。实际上这些错误言论，基本上是思想认识问题，当属于人民内部矛盾。对此，通过学习和教育帮助，使他们端正思想认识是必要的。但是，把这些思想认识上的错误，当成政治上的反动，并把他们划成右派分子，一直到"文化大革命"以后，才给予平反，这就混淆了两类不同性质的矛盾，留下了深刻教训。

3. 少数民族地区宗教制度的重大改革

在少数民族地区改革和社会主义建设不断发展的过程中，到 1958 年，存在于伊斯兰教和藏传佛教中的封建剥削制度和封建特权，尚未进行根本的改革。它们同社会主义制度的矛盾越来越突出，成为少数民族发展进步的一个严重障碍。为了顺应少数民族的要求，促进少数民族的发展进步，从 1958 年起，陆续开展了废除伊斯兰教和藏传佛教中封建特权和封建剥削制度的工作。

为了慎重稳妥地实现宗教制度改革，中共中央统战部和有关部门曾组织专门力量，配合有关地区，对伊斯兰教和藏传佛教的状况进行了调查研究。1958 年 5 月，杨静仁在中共八大二次会议上作了关于回族宗教问题的发言，指出要消除宗教制度中的残余和宗教特权，逐步使宗教在人民中真正成为个人的思想信仰问题，真正实现宗教信仰自由。为了达到这个目的，就要实行五个分开，即民族与宗教分开，逐步改变实际生活中族、教不分的情况；宗教信仰与宗教制度分开，宗教信仰是思想问题，应当长期坚持宗教信仰自由政策，而回族伊斯兰教中的宗教制度，绝大部分是封建性的教会制度，是应当并且可以逐步加以改变的；宗教与行政分开，就是说宗教不得违反和干涉国家的法律、行政和司法；宗教与教育分开，即宗教不得干涉学校的教育，不得强迫儿童学经文；党内外分开，主要是在共产党员中讲清楚什么是宗教信仰，讲清楚无神论与有神论的界限。为了进一步研究宗教制度的改革问题，中共中央统战部于 1958 年 5 月和 9 月，先后分别召开了回族伊斯兰教问题座谈会和藏传佛教问题座谈会。李维汉就伊斯兰教同回族发展的矛盾问题、民族与宗教应当分开问题、宗教制度的改革等问题，作了重要的讲话。为了做好改革前的准备工作，经中共中央批准，首先在党内进行无神论教育，帮助共产党员划清共产主义同宗教信仰的界限，在宗教上层人士中开展反对坏人坏事的斗争。1958 年 12 月 7 日，中共中央批转《民委党组关于当前伊斯兰教喇嘛教工作问题的报告》，之后，宗教制度的改革在信仰伊斯兰教和藏传佛教的一些民族中（西藏地区除外）普遍展开。对这场改革的性质，文件指出，废除伊斯兰教、喇嘛教对群众的残酷的压迫、剥削和各种特权，清除、镇压这些宗教中的反革命分子，是一次反封建的斗争，是有关各少数民族人民群众的彻底翻身的运动。关于宗教制度改革的内容，主要涉及五个方面。第一，废除宗教的一切封建特权，包括寺庙私设法庭、监牢和刑罚，干涉民事诉讼，擅自委派部落头人、阿訇，私藏武器，干涉婚姻自由，压迫歧视妇女以及干涉文化教育事业等。第二，废除清真寺和喇嘛庙的生产资料所有制和高利贷、无偿劳役等剥削制度，取缔非法商业。但在处理寺庙财产的时候，对于保留的寺庙，可以适当留出一小部分土地、牲畜和其他财物，使留下来的宗教人员参加劳动生产、维持生活。第三，禁止寺庙敲诈勒索群众财物，宗教活动不得妨害生产和违反国家的政策法令，但对群众自愿的布施不加干涉。第四，寺庙不得强迫群众当喇嘛，强迫封斋，强迫儿童学经文、当满拉；喇嘛有还俗的自由；群众有自愿当喇嘛或满拉的不要强迫制止。第五，废除寺庙的封建管理制度，包括管家制度、等级制度、打罚制度和寺庙间的隶属关系等；宗教人员，凡能够劳动的一般要参加生产，都要履行公民义务；在寺庙的封建管理制度废除以后，可以由宗教人员成立新的管理组织，但须加以领导。宗教制度的民主改革，在总体上是成功的，但是由于受到"左"的指导思想的干扰，也出过一些较为严重的偏差，特别是在反对宗教界的坏人坏事方面，扩大了打击面，伤害了一些宗教上层人士，伤害了信教群众的宗教感情，给宗教工作留下了后遗症。

1958 年涉及藏传佛教宗教制度的改革只限于川、甘、青的藏区。对西藏地区的民主改革，党和政府采取了时机不成熟不进行改革的更为特殊的方针。由于西藏亲帝国主义的上层反动势力于 1959 年 3 月发动了全面武装叛乱，迫使党和国家不得不进行平息叛乱，平叛斗争以后，西藏随之进行了民主改革运动。西藏宗教制度的改革，实际上就是寺庙的民主改革。由于宗教在西藏人民生活中有着深远影响，寺庙是三大领主之一，在西藏上层反动集团发动的武装叛乱中，一些寺庙又是叛乱的据点，所以，党和政府制定了明确的方针：继续贯彻宗教政策，实行宗教信仰自由，保护爱国守法的寺庙，同时坚决反对叛乱，反对封建特权，反对封建剥削，坚持宪法进庙。对参加叛乱的哲蚌寺、色拉寺、噶丹寺三大寺还具体明确规定，彻底摧毁一切叛乱组织和反革命组织，彻底肃清寺内的叛乱分子和反革命分子；坚决废除寺庙的各种封建特权，包括寺庙委派官员、管理市政，设法庭、监牢、刑罚，私藏武器，没收群众财产，流放人民，干涉诉讼，干涉婚姻自由和干涉文化教育卫生事业等；依法没收叛乱的三大寺占有的牧场、庄园及一切生产资料（包括土地、牧畜、房屋、农具）；废除寺庙向群众摊派乌拉差役和对群众进行人身奴役等封建特权制度；禁止寺庙强迫群众当喇嘛。通过寺庙的改革，废除了其封建特权，割断了寺庙在经济、政治上与社会各方面（农村、牧区、城镇）的联系。

到 1960 年，宗教制度改革的基本任务全部完成。经过宗教制度的改革，少数民族中的宗教状况发生了根本变化，在使自己适应社会主义社会方面迈出了重要的一步，这对民族、对国家、对宗教自身都是有利的。但是，由于宗教制度的民主改革是在全国"大跃进"及在少数民族中开展反对地方民族主义斗争的背景下展开的，因此，也出现了一些失误。主要表现在，群众的正常宗教活动受到不少干涉和限制，不少地方群众的宗教生活因此转入地下，保留的寺庙、喇嘛、阿訇太少，对留寺的喇嘛、阿訇安排劳动过多，新成立的寺庙管理委员会对宗教活动、劳动、治安保卫等管理过宽，有的寺庙建筑、佛像、经典、法器被破坏，有的地方提倡回民养猪甚至吃猪肉，不准阿訇留胡子、戴白帽子，不准死人穿"可瓦布"，以及在教徒中公开宣传"消灭有神论"、"取消信主、认主、拜主"，等等。

4. "左"倾错误的纠正及宗教理论的深化

1960 年以后，随着党和国家各项政策的调整，宗教工作中的"左"倾错误也初步得到纠正。1960 年 2 月召开的第六次全国宗教工作会议着重阐述了宗教的群众性、长期性、民族性、复杂性、国际性，强调要做好信教群众的工作，正确理解和贯彻执行宗教政策等问题。随后，在各个宗教召开的"神仙会"上，党和政府肯定了宗教界人士在政治上大有进步，重申党的宗教政策是长期不会改变的，同时国家对宗教政策执行的情况也进行了检查。

在 1962 年的全国民族工作会议上，也涉及了少数民族的宗教问题，在强调 1958 年进行宗教方面的民主改革、废除宗教中压迫剥削制度和封建特权是完全正确的前提下，提出了要及时解决好下列问题：第一，群众的宗教活动应该恢复正常，不要去干涉；对宗教职业者的要求是爱国守法，走社会主义道路，他们的宗教活动也不要干涉。第二，寺庙开放多少，应当根据群众宗教生活的实际需要和意见决定，群众需要的就可以开放，不要规定比例；一般来说，多开放一些比较主动，处理这个问题，要同宗教上层协商；对群众自动开放的寺庙，可以不加干涉。第三，喇嘛还俗与否听其自便，还俗喇嘛要求回寺的应当允许，不要采取行政命令的办法加以限制。第四，留寺喇嘛、阿訇、僧尼参加劳动生产是必要的，但老、弱、病、残者可以不劳动；专门研究经典的可以不劳动或少劳动；生活困难者，可酌情补助；宗教上层人士的生活要包下来，包到底。第五，对寺庙管理，政府要从政策法令上加以管理，检查监督；寺庙内部事情由宗教人员自己民主自治。第六，机关、团体保存的从寺庙拿走的佛像、经典、法器等应该送回去，等等。会议再次强调，宗教问题，是一个具有广泛群众性的问题，在许多少数民族中，宗教问题同民族问题密切联系在一起，必须长期坚持宗教信仰自由政策。

"左"倾错误的纠正使少数民族地区的宗教活动逐步转入正常化。

进入社会主义时期的最初几年，对宗教问题的处理进一步积累了正反两方面的经验，对宗教问题在理论上的认识也进一步深化。主要表现为以下几点：

第一，全面完整地阐述了宗教"五性"论，以科学的语言表述了宗教的长期性、民族性、国际性、群众性和复杂性。这是在1958年12月至1959年1月召开的第十一次全国统战工作会议上汪锋同志《关于民族工作及少数民族地区宗教工作方面若干问题的意见》的讲话中论述的。讲话强调宗教"五性"的提法是按照历史唯物主义观点研究宗教问题得出的结论，是正确的，从道理上讲，"五性"是客观事实，不能不承认；从实际工作上讲，可以防止和克服用行政命令或强迫禁止的办法去对待宗教信仰问题的偏向；提出"五性"是要求对少数民族的宗教采取慎重态度，但并不是不要在条件具备了的时候去废除宗教中的压迫、剥削制度。

第二，提出了无神论教育问题。进入社会主义时期，少数民族中相当一部分共产党员信仰宗教的现象与共产党的世界观的矛盾越来越突出，用科学的世界观武装共产党员已成为党的建设的一个内容。1958年5月，中共中央批转中央统战部和中央民委党组《关于在回族党员中进行无神论教育》的报告。之后，针对实际工作中无神论教育在一定程度上被庸俗化的现象，中央有关部门对无神论教育问题专门进行了阐述，指出，无神论教育，首先要在共产党员、共青团员和干部中进行；其次，为了巩固宗教制度改革取得的胜利，解放思想，破除迷信，向群众适当地进行无神论的教育是必要的；但绝不能发动和组织群众进行有神无神的辩论，不能歧视更不能打击保持宗教信仰的人民群众，绝不能号召教徒退教，更不要组织教职人员批判宗教经书，以免形成信教群众同不信教群众间的对立。

第三，重申宗教问题上的矛盾主要是人民内部矛盾。1957年5月全国宗教工作会议和1958年5月宗教工作专业会议都强调，宗教领域中，敌我矛盾缩小了，人民内部矛盾突出了。尽管宗教界在某些地方和某些教派内反革命分子还没有最后肃清，敌情仍很严重，但不能据此认为整个宗教界同我们的矛盾主要是敌我矛盾，这种论断是不合乎事实的。

第四，提出要辩证地认识宗教的前途。第十一次全国统战工作会议上的有关报告，针对"大跃进"的年代有些同志认为很快就可以消灭宗教，有的地方甚至要求三五年甚至两年就消灭宗教的错误提法，指出这种想法是不现实的。但同时指出，只看到宗教"五性"，看不清宗教削弱的必然趋势，放任自流，不积极工作，在可能的条件下也不去限制宗教的发展和削弱宗教的影响与宗教的阵地，也是不对的。

5. "文化大革命"对宗教工作的破坏

1962年8月召开中共八届十中全会以后，"以阶级斗争为纲"成为全国工作的指导思想。宗教工作"左"的错误随之进一步发展，不加区别地将宗教方面出现的矛盾，一概看成是阶级斗争的反映。在"文化大革命"十年动乱期间，新中国宗教工作遭到彻底的破坏。

第二节　中国特色社会主义进程中的宗教问题

一、新时期正确的宗教理论政策的恢复发展与宗教工作新局面

1976年10月，以粉碎"四人帮"为标志，"文化大革命"终于结束。1978年12月，中国共产党召开了十一届三中全会，决定将全党工作的着重点和全国人民的注意力转移到社会主义现代化建设上来。之后，全国各条战线进行了拨乱反正，逐步开创了社会主义建设的新局面。

1. 宗教工作的拨乱反正

"文化大革命"中对宗教信仰自由政策的破坏，给宗教工作留下了严重的后遗症。第一，它严重伤害了广大信教群众的宗教感情，引起他们对中国共产党宗教政策的极大怀疑，损害了中国共产党在信教群众中的威信，破坏了中国共产党同广大信教群众和宗教界爱国人士的关系，破坏了民族团结和信教群众与不信教群众之间的团结。第二，它使原来公开、集中和固定的宗教活动转入秘密、分散和流动的状态，并在地下得到一定的发展。第三，它使宗教制度改革中已经废除的一些封建特权和剥削，得到某种程度的恢复，使一些迷信活动死灰复燃，并给少数反革命分子、各种犯罪分子进行违法活动造成可乘之机。虽然在宗教工作中"左"的流毒和影响甚广，但是在有的地区也存在着对有些不正常情况放任自流、不敢管的现象。上述情况要求宗教工作同样要进行拨乱反正。主要表现在以下几个方面。

第一，邓小平重视宗教问题。"文化大革命"结束后，要在短期内消除党内思想和政治上的混乱不是一件容易的事情。宗教工作虽然是一个局部工作，但在"文化大革命"中遭到的破坏却很严重，宗教问题上的"左"的思想一时很难扭转。只是在党的十一届三中全会以后开始的全党全国性的拨乱反正过程中，党关于宗教问题的理论、路线、方针和政策才得以完全恢复。这期间，作为党的第二代中央领导集体核心人物的邓小平对宗教问题的重视起到了关键作用（有关内容详见第十四章）。

第二，恢复了正确的宗教政策。1978 年 10 月和 1979 年 2 月，中共中央先后转发了中央统战部《关于当前宗教工作中急需解决的两个政策性问题的请示报告》和《第八次全国宗教工作会议纪要》，开始了宗教工作的拨乱反正。要求在全国范围内必须认真地、全面地贯彻执行宪法所规定的宗教信仰自由政策，尊重信教群众的正当宗教生活，开放少量寺庙教堂，杜绝秘密的地下宗教活动。同时要求严格区分两类不同性质的矛盾，加强对宗教活动的管理，重申了"文化大革命"以前宗教工作方面的若干规定。认为要做好宗教工作必须充分注意宗教问题是一个复杂的问题，处理宗教问题应持慎重的态度；宗教问题是一个长期性的问题，绝不是经过几次运动在短期内就能够解决的；宗教是千百万人的思想信仰问题，宗教工作要面向群众，从思想教育入手。特别指出我国的宗教特别是伊斯兰教和喇嘛教，在少数民族中有较深的影响，民族问题与宗教问题经常交织在一起，我们在工作中要注意两者之间的区别和联系，以利于宗教问题的正确处理；宗教信仰自由政策，是我们党和国家解决宗教问题的基本政策，要坚定不移地全面贯彻这一政策。还强调，宗教工作成效的检验标准首先看是不是团结了广大信教群众，其次看是不是真正有利于宗教势力的影响和削弱。

第三，进行了大量的拨乱反正、正本清源的工作。主要是平反了大量的冤假错案；全国各地都开放了一部分寺庙、教堂和宗教活动场所；全国和大部分省市的宗教团体、爱国宗教组织恢复了机构并开始了活动；根据国家对外方针，开展了宗教方面的国际友好活动，扩大了我国的政治影响；各地重新恢复或建立了宗教工作机构，等等。

第四，对西藏、新疆、云南等少数民族地区的宗教问题予以特殊的重视。1980年3月、1981年2月及7月，中共中央书记处先后专门研究了西藏、云南和新疆的工作，对这些省（区）的宗教工作给予了特别的重视。对西藏的宗教工作，强调喇嘛教是在历史上长期形成的，在西藏人民群众中有深远影响，必须慎重对待，如果处理不当，就会脱离群众，影响民族团结；既要尊重信教群众的正常宗教生活，又要积极对他们进行思想政治工作和科学文化教育；要加强对宗教活动的管理，坚决反对利用宗教进行各种非法活动；为了团结广大信教群众，对现有寺庙保护、维修；对佛学和宗教经典有研究、造诣的喇嘛，应作为知识分子对待，在继承和发展藏族文化的优良遗产方面，充分发挥他们的才能。少数还俗喇嘛自愿回寺时，可予同意并给予必要的协助；还可培养一些思想进步、遵守法纪的青年喇嘛，边生产、边学习、边从事宗教活动，但要防止他们搞宗教特权，不许他们干预政治。对云南的宗教工作，强调正确、全面地贯彻执行党的宗教信仰自由的政策，是做好民族工作的一项重要内容；党和政府要加强和改善对宗教工作的领导，严格坚持宗教同政权、司法、教育分离的原则，绝不允许宗教干预行政、司法和教育，绝不允许恢复已经废除了的宗教特权和宗教压迫、剥削制度，绝不允许动用集体经济的财物用于宗教活动；要鼓励、支持宗教界爱国人士和信教群众，在国家法律规定范围内发扬独立自主的办教精神，严禁利用宗教进行各种非法活动，严禁外国人插手和干预我国的各种活动；对于利用宗教进行反革命活动的国内敌人，在查明事实之后，要坚决给予打击，分别情节轻重，依法惩处，决不姑息。在涉及新疆宗教工作时着重指出，要继续贯彻执行宗教信仰自由的政策；坚持四项基本原则并不要求宗教信徒放弃他们的宗教信仰，只是要求他们不得进行反对马列主义、毛泽东思想的宣传，要求宗教不得干预政治和干预教育。

宗教工作的拨乱反正，特别是通过落实宗教政策，产生了良好的政治影响，缓和了信教群众和宗教界人士同党和政府的关系，增进了信教群众和不信教群众之间的团结，维持了民族地区安定团结的政治局面。但是，由于宗教工作方面极"左"的影响还很深，许多干部对马克思主义宗教观和党的宗教政策不了解甚至曲解，致使落实宗教政策方面阻力很大。另一方面，宗教方面也出现了一些新情况，主要表现是，宗教势力和影响在扩大，个别少数民族地区甚至出现了宗教狂热；信教人数增加，特别是一些党员、团员、青年和基层干部也被拉入宗教；利用宗教的违法、破坏活动有所增加；国外敌对势力利用宗教对我国的政治渗透大为加强。上述情况迫切需要在宗教工作拨乱反正的基础上，进一步开创新的工作局面。为此，中共中央书记处对宗教问题进一步进行了专门讨论，并主持起草了《关于我国社会主义时期宗教问题的基本观点和基本政策》这一重要文件。这个文件以马克思主义宗教观为指导，紧密结合新中国成立以来宗教工作的实际，科学地总结了宗教工作正反两方面的历史经验。1982年3月，中共中央向全党印发了这个文件。之后，以全面贯彻落实这个文件精神为标志，少数民族地区处理宗教问题的实践进入了一个新阶段。

2. 中国共产党系统地提出了关于社会主义时期宗教问题的观点和政策

中共中央1982年19号文件是党关于社会主义时期宗教问题的纲领性文件。它阐明的基本观点和基本政策,集中表明了中国共产党对马克思主义宗教理论的重大发展,表明中国共产党的科学宗教观开始走向成熟(详见第十四章)。

1982年12月,第五届全国人民代表大会第五次会议审议通过了新宪法。新《宪法》第36条更加具体明确地规定了公民有宗教信仰的自由;任何国家机关、社会团体和个人不得强制公民信仰宗教或者不信仰宗教,不得歧视信仰宗教的公民和不信仰宗教的公民;国家保护正常的宗教活动;宗教团体和宗教事务不受外国势力的支配。上述条款是对党的宗教政策的高度概括,是制定和执行宗教法规和政策、处理中国宗教问题的根本法律依据和保证。

中共中央1982年19号文件的印发,全面推动了宗教工作的健康发展。由于宗教政策的逐步落实,开创了宗教工作的新局面。这集中表现在,各民族地区开放和安排了宗教活动场所;恢复和建立爱国宗教团体;公民宗教信仰自由的权利、正常的宗教活动和宗教团体的合法权益受到法律和政策的保护;宗教界爱国人士积极协助党和政府贯彻宗教政策,在维护社会稳定和民族团结、促进祖国的统一和开展国际友好往来等方面,做了大量有益的工作。宗教活动在大多数地区处于正常,各民族信教群众积极参加国家的现代化建设。

中国共产党在十一届三中全会以后,对社会主义时期的宗教问题的曲折探索,对宗教问题的规律有了比较科学的把握,所恢复和发展的宗教信仰自由政策的全面落实和有关宗教方面的法制建设,重新激发了广大信教群众和爱国宗教人士的社会主义积极性,宗教与社会主义社会的关系出现了新中国成立以来第二个比较协调的时期。

二、党的第三代中央领导集体处理宗教问题的理论和实践

以江泽民同志为主要代表的党的第三代中央领导集体工作期间，在错综复杂的国际国内形势下，高举邓小平理论旗帜，领导全国各族人民推进中国特色社会主义伟大事业的进程中，也遇到了国内外宗教方面的新情况新问题。世界上不少国家和地区的宗教纷争十分突出，频频引发流血冲突和局部战争，动乱不断。国际敌对势力把宗教问题作为对社会主义国家实行"西化"和"分化"的一个突破口。国内的敌对分子也利用宗教进行破坏活动。宗教问题与政治问题的交织对国际国内形势产生了巨大而深刻的影响，由此进一步引起了党中央的高度重视。

1. "三个代表"重要思想中的宗教观的形成（详见第十四章）

2. 国家卓有成效的宗教工作

在党的第三代中央领导集体的正确领导下，国家的宗教工作卓有成效。

第一，党的宗教信仰自由政策得到进一步贯彻，正常的宗教活动和宗教团体的合法权益得到充分保障，我国公民的宗教信仰自由权利受到宪法和法律的保护。除了宪法明确规定宗教信仰自由是公民的一项基本权利以外，在其他法律如《民族区域自治法》、《民法通则》、《教育法》、《劳动法》、《义务教育法》、《人民代表大会选举法》、《村民委员会组织法》、《广告法》等法律还规定：公民不分宗教信仰都享有选举权和被选举权；宗教团体的合法财产受法律保护；教育与宗教相分离，公民不分宗教信仰享有平等的受教育的机会；各民族人民都要互相尊重语言文字、风俗习惯和宗教信仰；公民在就业上不因宗教信仰不同而受歧视；广告、商标不得含有对民族、宗教歧视性的内容。宗教徒的社会政治地位得到空前提高，享有充分的政治权利。在全国和地方各级人民代表大会和政协组织中，都有宗教界的代表和委员参与管理国家事务，参政议政。各宗教、各教派和各民族的宗教徒之间建立了平等相待、彼此尊重、和睦相处、团结友爱的新型关系。真正实现了各宗教、各教派、各

地区、各民族宗教徒的大团结。在建立全国和地方宗教团体、整修寺观教堂、保护宗教文物、发展宗教文化事业、解决宗教自养、开展国际宗教文化交流等方面，各个宗教都得到了中央和地方人民政府的支持。通过广泛的宣传和教育，各级党政干部贯彻执行党的宗教政策的自觉性有了很大提高。尊重公民信仰宗教和不信仰宗教的自由的权利，已经成为全社会的广泛共识，宗教工作的社会氛围越来越好。各地在城市建设和改造中，都能充分考虑宗教界的合理意见，依法保障宗教团体的合法权益。在党中央领导下，圆满完成了藏传佛教十世班禅转世灵童的寻访认定工作。一些地方出现的伤害信教群众宗教感情的事件，都依法得到了处理。

第二，国家对宗教事务的管理走上了法制化、规范化的轨道。按照依法治国的要求，随着我国民主法制建设的进程，加快了宗教立法的进展。1994年国务院颁布了《中华人民共和国境内外国人宗教活动管理规定》和《宗教活动场所管理条例》，这是我国政府依法管理宗教事务的两个重要行政法规，标志着宗教方面的法制建设迈出了重要一步。之后，地方宗教工作立法工作迈出了坚实步伐，到目前为止，地方人大、政府颁发的有关宗教活动场所、宗教教职人员、宗教活动、宗教印刷品等单项地方性宗教法规、政府规章已达27件，由省人大常委会批准颁布和地方政府颁发的综合性地方宗教法规、政府规章23件，为保护合法、制止非法、打击犯罪、抵御渗透提供了有力的法律保障。政府宗教事务部门依法行政、依法管理水平有了新的提高，宗教界人士和广大信教群众遵纪守法的自觉性不断增强。与此同时，在依法管理宗教事务的实践中，按照中央的要求，及时化解了宗教方面影响社会政治稳定的因素，有针对性地做好了各项工作。在党中央的正确领导下，坚持维护法律尊严、维护人民利益、维护民族团结、维护祖国统一的原则，正确处理了涉及宗教问题的突发事件和群体性事件，维护了社会稳定。依法打击了打着宗教旗号进行的分裂活动、违法犯罪活动和邪教活动，有力地保护了正常的宗教活动。

　　第三，积极引导宗教与社会主义社会相适应工作取得了新进展。积极支持各宗教发扬爱国爱教的优良传统，支持他们努力对宗教教义作出符合社会进步要求的新阐释。近些年，国家支持基督教进行神学思想建设，藏传佛教进行寺庙爱国主义教育，天主教推行民主办教，伊斯兰教开展"解经"工作，这些都是宗教界走与社会主义社会相适应的有益探索。此外，还支持宗教界开展"宗教反邪"活动，这一活动在同"法轮功"邪教的斗争中发挥了独特的重要作用。并支持、团结新疆伊斯兰教界爱国人士和广大穆斯林反对宗教极端主义、民族分裂主义、国际恐怖主义，特别是反对境内外"东突"恐怖势力的分裂破坏活动，共同维护了祖国统一、民族团结和社会稳定。

　　第四，宗教方面的对外工作开创了新局面。在我国日益对外开放的新形势下，并支持我国宗教界在独立自主、平等友好、相互尊重的基础上开展对外交往。我国宗教界出访了数十个国家和地区，参与了一些国际宗教组织的活动，参加了涉及宗教问题的国际性会议，增进了与各国人民和宗教界的相互了解和友谊，为维护世界和平作出了积极贡献。2000年，我国宗教领袖代表团参加世界宗教领袖千年和平大会，提出了我国宗教界维护世界和平的主张，在国际社会产生了很大影响。积极参加了国际人权领域的合作和斗争，宣传我国宗教政策和宗教信仰自由状况，驳斥一些境外势力对我国人权状况的诬蔑和攻击，赢得了国际社会的理解和支持。支持我国的宗教团体坚持独立自主自办的原则，坚决抵御境外势力利用宗教对我国进行的渗透活动。支持我国天主教的正义立场，取得了抵制梵蒂冈"封圣"斗争的胜利，得到了国际舆论的同情和支持。

　　第五，深入学习和贯彻落实全国宗教工作会议精神。2001年12月召开的全国宗教工作会议是党和国家宗教工作史上的一次极为重要的会议。江泽民同志在会议上发表了重要讲话，回答了在21世纪初宗教工作面临的一系列重大理论和实践问题，明确了21世纪初宗教工作的基本任务。全国宗教工作部门认真学习深入贯彻会议精神，成效显著，一个全党重视、各级政府和社会有关方面关心、支持宗教工作的良好局面得以形成。国家宗教事务局则以加强"解经"和"朝觐"工作为重点推进了伊斯兰教工作；指导了中国佛教协会成功换届，使佛教、道教工作有所加强；支持天主教进一步开展了爱国主义和独立自主自办教育，推动了民主办教；指导中国基督教"两会"顺利换届；以政治课教材的编写为主线，带动了宗教院校工作；成功组织了佛指舍利赴台湾供奉活动；配合国家重大外事活动，宗教对外宣传工作取得很大进展；国家宗教局培训中心成绩显著。

第六，提出"社会主义的宗教论"。在深入学习和贯彻全国宗教工作会议精神基础上，国家宗教事务局党组以党的十六大精神和"三个代表"重要思想为指导，为进一步做好 21 世纪初的宗教工作，推动理论研究，提出了"社会主义的宗教论"。这是当前我国马克思主义宗教观研究深入的一个表现。它在理论上概括了我们党对马克思主义宗教观的重大创新，在实践上直接有利于指导实际工作，具有重要意义。

新中国成立以来，中国共产党在马克思主义宗教观的指导下，在解决当代中国社会主义时期宗教问题的实践中积累了宝贵经验，为进一步处理好 21 世纪新阶段全面建设小康社会，进一步构建社会主义和谐社会中的宗教问题创造了良好条件。

第十六章
全面贯彻新世纪新阶段党的
宗教工作方针
——正确处理当代中国宗教问题（三）

第一节　以"三个代表"重要思想
统领宗教工作全局

党的第三代中央领导集体运用邓小平理论和"三个代表"重要思想观察思考宗教问题，对我国社会主义时期的宗教问题，特别是宗教存在的长期性、宗教问题的群众性和特殊的复杂性进行了深刻透彻的理论分析，制定了"全面贯彻党的宗教信仰自由政策，依法管理宗教事务，坚持独立自主自办的原则，积极引导宗教与社会主义社会相适应"的宗教工作指导方针。以胡锦涛同志为总书记的新的党中央同样高度重视宗教问题和宗教工作，强调必须以"三个代表"重要思想统领宗教工作全局。

《"三个代表"重要思想学习纲要》高度概括了我们党关于社会主义时期宗教问题理论的基本内容：

"做好宗教工作，是维护改革发展稳定大局的需要。宗教是一种群众性的社会现象，在社会主义社会中将长期存在。正确认识我国社会存在的宗教问题，关键是要立足于我国的基本国情，充分认识宗教存在的长期性、宗教问题的群众性和特殊复杂性。必须尊重宗教存在和发展的客观规律，既不能用行政的力量去消灭宗教，也不能用行政的力量去发展宗教。

"全面贯彻党的宗教信仰自由政策，依法管理宗教事务，积极引导宗教与社会主义社会相适应，坚持独立自主自办的原则。全面贯彻党的宗教信仰自由政策，尊重和保护公民的宗教信仰自由权利，是我们党维护人民利益、尊重和保护人权的重要体现，也是最大限度团结人民群众的需要。一方面要尊重每个公民信仰宗教的自由和不信仰宗教的自由，另一方面宗教必须在宪法和法律规定的权利和范围内活动。依法管理宗教事务，要求宗教方面涉及国家利益和社会公共利益的事项和活动，必须纳入依法管理的范围。我国实行政教分离的原则，任何宗教都没有超越宪法和法律的特权，都不能干预国家行政、司法和教育等国家职能的实施。积极引导宗教与社会主义社会相适应，不是要求宗教界人士和信教群众放弃宗教信仰，而是要求他们热爱祖国，拥护社会主义制度，拥护中国共产党的领导，遵守国家的法律、法规和方针政策；要求他们从事的宗教活动服从服务于国家的最高利益与民族的整体利益；支持他们与各族人民一道反对一切利用宗教进行危害社会主义祖国和人民利益的非法活动，为民族团结、社会发展和祖国统一多作贡献。我国宗教坚持独立自主自办的原则，坚决抵制境外势力利用宗教进行渗透，坚决打击宗教极端势力。"①

上述概括是对马克思主义宗教观的重大创新。做好新世纪、新阶段的宗教工作，必须以"三个代表"重要思想武装广大干部特别是宗教工作干部的头脑。

---

① 《"三个代表"重要思想学习纲要》，学习出版社 2003 年版，第 82—83 页。

第二节　全面正确地贯彻宗教信仰自由政策

一、宗教信仰自由政策的科学依据和基本内容

中国共产党为什么要实行宗教信仰自由政策？首先，中国共产党人确信自己是无神论者，不信仰任何宗教，并坚持科学的世界观。但是，共产党人根据辩证唯物主义和历史唯物主义的原理，懂得宗教是人类社会发展到一定阶段的历史现象，有其产生、发展和消亡的客观规律。正确的政策必须从实际出发，符合事物发展的客观规律，而不是从主观愿望出发。其次，宗教信仰问题是思想领域的问题，凡属思想性质的问题，只能说服教育，不能强迫命令；只能正面引导，不能压制打击；只能采取民主的办法，不能采取粗暴的办法，更不能采取专政的手段，否则只能适得其反。第三，马克思列宁主义认为，信教群众和不信教群众在思想信仰上的差异是比较次要的，他们在政治上、经济上的根本利益是一致的。如果片面强调信教不信教群众在思想信仰上的差异，甚至把它提到首位，而忽视和抹杀信教群众和不信教群众在经济、政治上的一致，忘掉了党的总任务是代表全体群众（信教的与不信教的）的根本利益，就只能增加信教群众和不信教群众的隔阂，并且刺激和加剧宗教狂热，给社会主义事业带来严重的恶果。因此，宗教信仰自由的政策是真正符合宗教发展规律、真正符合人民利益的唯一正确的宗教政策。

所谓宗教信仰自由，意思是说，每个公民既有信仰宗教的自由，也有不信仰宗教的自由；有信仰这种宗教的自由，也有信仰那种宗教的自由；在同一宗教里面，有信仰这个教派的自由，也有信仰那个教派的自由；有过去不信教而现在信教的自由，也有过去信教而现在不信教的自由。可见，尊重和保护宗教信仰自由，包括保护人们信仰宗教的自由和不信仰宗教的自由两个方面。任何强迫不信教的人信教的行为，如同强迫信教的人不信教一样，都是侵犯别人的信仰自由，因而都是极端错误

和绝对不能容许的。信教和不信教的群众之间，信仰不同宗教和不同教派的群众之间，都要彼此尊重，相互团结。在多数群众不信教的地方，要注意尊重和保护少数信教群众的权利；在多数群众信教的地方，要注意尊重和保护少数不信教群众的权利。国家实行政治与宗教相分离、宗教与教育相分离的原则。宗教信仰自由政策的实质，就是要使宗教信仰问题成为公民个人自由选择的问题。社会主义的国家政权绝不能被用来推行某种宗教，也绝不能被用来禁止某种宗教，只要它是正常的宗教信仰和宗教活动。我们不能用行政力量去消灭宗教，也不能用行政力量去发展宗教。按照政教分离的原则，一切宗教都不得干预政治，干预政府事务，包括司法、教育、婚姻、计划生育等，都不得进行反对四项基本原则的宣传。公民在行使宗教信仰自由权利的同时，必须履行自己的义务。任何人不得利用宗教反对党的领导和社会主义制度，危害国家统一、社会稳定和民族团结，不得损害社会、集体的利益，妨碍其他公民的合法权利。任何人不得利用宗教干预国家行政、司法、学校教育和社会公共教育，不得利用宗教进行妨碍义务教育实施的活动，不得恢复已被废除的宗教封建特权和压迫剥削制度。

要在独立自主的基础上发展宗教方面的对外友好关系，既要积极开展宗教方面的国际友好往来，又要坚决抵制外国宗教中一切敌对势力的渗透。争取、团结和教育宗教界人士，有计划地培养年轻一代的爱国宗教职业人员，充分发挥爱国宗教团体的作用，也是宗教政策的内容。

作为宗教信仰自由政策的有机组成部分，党和政府还有一系列具体的政策，如共产党员不得信仰宗教，不得参加宗教活动，长期坚持不改的要劝其退党；在基本上是全民信教的少数民族当中，共产党员既要在思想上同宗教信仰划清界限，又要在生活中适当尊重民族的风俗习惯；向人民群众特别是广大青少年进行辩证唯物论和历史唯物论的科学世界观的教育，加强有关自然现象、社会进化和人的生老病死、吉凶祸福的科学文化知识的宣传，反对封建迷信和伪科学；用马克思主义的立场、观点、方法对宗教问题进行科学研究，是党的理论工作的一个重要组成部分；在报刊上公开发表涉及宗教问题的文章，要采取慎重态度，不得违背现行宗教政策，伤害信教群众的宗教感情；香港、澳门特别行政区的宗教组织与内地宗教组织的关系应以互不隶属、互不干涉和互相尊重的原则为基础；要从政治上着眼，认真落实宗教团体房产政策；帮助爱国宗教团体解决自养问题等。

　　贯彻执行宗教信仰自由政策，是处理一切宗教问题的根本出发点和落脚点，是使全体信教和不信教的群众联合起来，把他们的意志和力量集中到建设现代化的社会主义强国这个共同目标上来。离开了这个出发点和落脚点，就只能增加信教群众和不信教群众之间的隔阂，破坏党和政府同信教群众的关系。对少数民族的宗教信仰来说，如果我们不注意尊重其宗教信仰，就会影响我们同少数民族群众的关系，影响民族团结和国家的统一。我们就是要把信教和不信教的人，信这种教或那种教的人都团结起来，大家和睦相处，彼此尊重，把意志和力量集中到建设中国特色社会主义事业上来。任何背离这个基点的言论和行动，都是错误的，都应当受到党和人民的坚决反对。

二、贯彻宗教政策需要处理好几个关系

　　1. 宗教和民族、风俗习惯的关系

　　这在少数民族地区贯彻宗教政策十分重要（参见第七章）。

　　2. 宗教活动与迷信活动的界限

　　宗教与迷信都是在有神论基础上产生的，都是对自然和社会的歪曲的虚幻的反映，都相信和崇拜超自然的神秘力量鬼怪、神灵、上帝，因此，就其思想体系而言，都是唯心主义的有神论。这是它们的共性。但是，宗教与迷信还各有特殊性，它们之间在许多方面都有明显的区别。大致有以下几点：

　　首先，迷信活动不是宗教活动。在对超自然的神秘力量的迷信及其发展过程中，有高级与低级、精致与粗俗之分。其高级的、精致的理论

化形式就是宗教，即从原始宗教发展起来的人为宗教，特别是世界三大宗教。它们有完整的、系统的宗教哲学和宗教教义，有成套的宗教经典；而迷信活动则是继承了原始宗教中一些低级和粗俗的内容，如请神降仙、占课、抽签、算卦、测字、圆梦、扶乩、择日、阴阳抓鬼、法师降神、求神药仙方、许愿、相面、算命、看风水，等等。

其次，宗教本质上是一种世界观，迷信活动则是少数迷信职业者骗取钱财坑害群众的手段。宗教是一种社会意识形式，它虽然是对社会存在的虚幻的歪曲的反映，但毕竟是人类对世界和人生的一种认识。它要回答的是世界和人生的一些基本问题，如世界从何而来、人从何来、死后何往，等等。迷信活动的思想基础也是唯心主义，但它本身并不以世界观的面貌出现，而是以一系列低劣的欺骗害人的行为出现的。或回答对方提出的某些疑难问题，如算命、看相，等等；或提供对方所要求的某种东西，如神水仙方；或解除病人暂时的痛苦，如驱鬼治病。因此，迷信活动直接摧残群众的身心健康，是迷信职业者诈骗钱财的手段，是一种剥削行为，而且有时会造成重大的人命伤亡事故。因此，政府对迷信活动实行的是取缔的政策，对迷信职业者采取教育改造的政策。少数屡教不改者或触犯法律者，则要绳之以法。

再次，宗教与迷信的活动方式不同。宗教，尤其是世界三大宗教，还有较严密的教会组织和宗教团体，各种宗教活动都按照一定的礼仪规范，在一定的宗教活动场所进行。迷信活动总的来说是散漫的、无组织的、分散的个别活动。少数地方的迷信活动也曾有一些秘密的小型团体，但只具有行会的性质。

另外，除了正确地区别宗教和迷信外，还要区别迷信职业者的活动与一般群众的迷信活动和迷信思想。有一部分群众并不信仰任何宗教，也不信奉迷信，不请迷信职业者，但相信有鬼和各种神灵，如灶神、家神、门神等，也相信命运，相信烧香叩头会得到菩萨保佑。这属于一般的思想认识问题。对待这样一些迷信活动，只能采取教育的方法，通过普及科学文化知识，提高他们的思想觉悟。当然，现实生活中的情况往往复杂得多，宗教、迷信职业者的活动和一般迷信活动往往混杂在一起，在具体处理时要持慎重态度，深入调查，具体分析，就一定能正确加以区分，使党的宗教信仰自由政策得到贯彻，使迷信活动受到取缔和打击，以促进社会主义事业的发展。

3. 贯彻宗教政策和开展无神论教育的关系

在贯彻执行宗教信仰自由政策的过程中，还有一个进行科学世界观（包括无神论）的教育问题。既主张宗教信仰自由，又强调对群众进行科学世界观，包括无神论的教育，是马克思主义宗教观的内容之一。党和政府在要求全面正确地贯彻落实宗教信仰自由政策的同时，也明确提出要用马克思主义的立场、观点和方法对宗教问题进行科学研究。用马克思主义哲学批判唯心论（包括有神论），向人民群众特别是广大青少年进行辩证唯物论和历史唯物论的科学世界观（包括无神论）的教育，加强有关自然现象、社会进化和人的生老病死、吉凶祸福的科学文化知识的宣传，是党在宣传战线上的重要任务之一。

可见，宗教信仰自由政策实际上已包含有无神论宣传和教育的自由。承认公民有信仰宗教的自由，就意味着有进行正常宗教活动，包括在宗教活动场所内宣传有神论的自由；反之，承认公民有不信仰宗教的自由，也意味着有接受科学世界观，在宗教活动场所以外进行无神论宣传、反对迷信思想的自由，这两方面都是公民的民主权利。在思想战线上，我国社会主义的性质理所当然地决定了必须弘扬辩证唯物主义和历史唯物主义科学世界观的主旋律，尤其是对广大的共产党员、共青团员和青少年更要加强这方面的教育。另外，我们讲的科学无神论教育，并不仅仅限于单纯否定神灵的存在。科学无神论就其狭义的理解，主要是指运用马克思主义哲学的理论去科学地认识宗教的本质及其客观的规律。就其广义的理解，则还包括自然科学知识的普及和社会科学知识的宣传。因此，科学无神论的宣传教育，实质上是思想领域中科学反对有神论和种种迷信思想的斗争。当然，科学无神论的宣传教育要特别注意方式、方法和场合。首先，应在共产党员、共青团员中进行，并做好青少年的教育。其次，绝不能到宗教活动场所中去宣传。对信教群众不宜提无神论宣传教育的口号，只宜正面进行科学知识的普及教育，要充分考虑信教群众的接受能力，不要直接涉及他们信仰的宗教，绝不能伤害信教群众的宗教感情。总之，科学无神论教育绝不意味着在群众中挑起有神无神的争论，去人为地压制合法的宗教活动。当然，也要注意到，必须反对以无神论宣传的名义重犯对宗教的"左"倾做法的错误。

第三节　国家依法管理宗教事务

一、国家对宗教事务依法管理的必要性

依法治国，建设社会主义法治国家，是我国的基本方略，社会生活各个领域都要大力加强法制建设，依法治理，宗教事务同样要依法进行管理。依法对宗教事务的管理，是依法治国的组成部分，也是国家形势发展的需要。为适应我们党领导和执政方式的完善和发展，宗教工作也要从过去单纯靠政策指导转变为与依法行政、依法管理并行并重。因此，依法加强对宗教事务的管理，有利于加强和改善党对宗教工作的领导，是认真贯彻党的宗教政策的新举措。

依法对宗教事务进行管理，还在于宗教不仅是一种个人的思想信仰和单独活动，而且是一种社会组织和社会活动。当一个人的宗教信仰和宗教行为不与他人和社会发生关系时，他享有完全的自由；但一旦与他人、与社会发生关系，就必然要受到社会的制约，也就有了管理问题。对宗教活动的管理，可概括为两大类，即宗教组织的内部管理和国家的行政管理。这两类管理都是社会的历史的产物，随着社会的发展变化而变化。古今中外，各国的社会制度不同，宗教在国家社会生活中的地位和作用不同，因而，宗教组织的内部管理以及国家对宗教事务的行政管

理的性质、内容、形式和方法也各不相同；但是，宗教组织都要进行内部管理，国家都要对宗教事务进行行政管理，在这一点上却是相同的。在我国社会主义初级阶段，为了使宗教与社会主义社会的发展相适应，妥善处理我国的宗教问题，团结信教和不信教的群众，建设现代化的社会主义强国，必须加强宗教组织的内部管理和政府对宗教事务的行政管理。

切实依法抓管理，是宗教工作实践的需要。从目前的情况看，总的来说，宗教事务基本有序，宗教活动基本正常，宗教方面基本稳定，信教群众基本满意。但是，管理仍存在不少问题。一方面，不会管、不愿管、不敢管的现象仍然存在，有的宗教工作干部对什么该管什么不该管界限不清；另一方面，一些宗教界人士对管理仍然心存疑虑。因此，应按照依法治国的要求，进一步加强依法对宗教事务进行管理的认识。

二、我国的宗教法律法规及其执法工作

我国公民的宗教信仰自由权利受到宪法和法律的保护。在《中华人民共和国宪法》中，宗教信仰自由是公民的一项基本权利。《宪法》第36条规定："中华人民共和国公民有宗教信仰自由。""任何国家机关、社会团体和个人不得强制公民信仰宗教或者不信仰宗教，不得歧视信仰宗教的公民和不信仰宗教的公民。""国家保护正常的宗教活动。"同时也规定："任何人不得利用宗教进行破坏社会秩序、损害公民身体健康、妨碍国家教育制度的活动。""宗教团体和宗教事务不受外国势力的支配。"我国的《民族区域自治法》、《民法通则》、《教育法》、《劳动法》、《义务教育法》、《人民代表大会选举法》、《村民委员会组织法》、《广告法》等法律规定：公民不分宗教信仰都享有选举权和被选举权；宗教团体的合法财产受法律保护；教育与宗教相分离，公民不分宗教信仰依法享有平等的受教育机会；各民族人民都要互相尊重语言文字、风俗习惯和宗教信仰；公民在就业上不因宗教信仰不同而受歧视；广告、商标不

得含有对民族、宗教歧视性的内容。

1994年1月31日，国务院颁布了《宗教活动场所管理条例》和《中华人民共和国境内外国人宗教活动管理规定》。《宗教活动场所管理条例》共20条。主要内容为，明确了宗教活动场所，是指开展宗教活动的寺院、宫观、清真寺、教堂及其他固定处所。规定宗教活动场所由该场所的管理组织自主管理，应当建立管理制度。宗教活动场所的合法权益和该场所内正常的宗教活动受法律保护。但在宗教活动场所进行宗教活动，应当遵守法律、法规。宗教活动场所不受境外组织和个人的支配。宗教活动场所可以接受信教群众自愿捐献的布施、奉献、乜贴，可以按照国家有关规定经营销售宗教用品、宗教艺术品和宗教书刊。宗教活动场所的财产和收入由该场所的管理组织管理和使用，其所管理的、使用的土地、山林、房屋等，要按照国家的有关规定领取证书。有关单位和个人在宗教活动场所管理的范围内改建或者新建建筑物，设立商业、服务业网点或者举办文化活动，必须征得该宗教活动场所同意并办理有关手续。被列为文物保护单位或者位于风景名胜区的宗教活动场所，应当按照有关法律、法规的规定，管理、保护文物和保护环境，并接受有关部门的指导和监督。条例还规定了县级以上人民政府宗教事务部门对本条例的执行情况进行指导和监督，对违反本条例的行为的处理也作了具体的规定。

《中华人民共和国境内外国人宗教活动管理规定》，旨在尊重在中国境内的外国人的宗教信仰自由，保护外国人在宗教方面同中国宗教界进行友好往来和文化学术交流活动。外国人可以在中国境内的宗教活动场所参加宗教活动，可以应省级以上宗教团体的邀请讲经、讲道，可以在县级以上人民政府认可的场所举行外国人参加的宗教活动，可以邀请中国宗教教职人员为其举行洗礼、婚礼、葬礼和道场法会等宗教仪式，可以携带自用的宗教印刷品、宗教音像制品和其他宗教用品进入中国国境。外国人在中国境内进行宗教活动，应当遵守中国的法律、法规。

中国对公民宗教信仰自由权利的法律保障，与有关国际文书和公约在这方面的主要内容是基本一致的。《联合国宪章》、《世界人权宣言》、《经济、社会、文化权利国际公约》、《公民权利和政治权利国际公约》、联合国《消除基于宗教或信仰原因的一切形式的不容忍和歧视宣言》以及《维也纳宣言和行动纲领》中所规定的宗教或信仰自由是一项基本人权，公民有宗教或信仰的选择自由，不得以宗教或信仰为由对任何人加以歧视，有宗教礼拜和信仰集会及设立和保持一些场所之自由，有编写、发行宗教刊物的自由，有按宗教或信仰戒律过宗教节日及举行宗教仪式的自由，促进和保护在民族、种族、宗教和语言上属于少数人的权利等，所有这些内容在中国的法律、法规中都有明确规定，并得到实行。

我国的法律规定，公民在享有宗教信仰自由权利的同时，必须承担法律所规定的义务。在中国，任何人、任何团体，包括任何宗教，都应当维护人民利益，维护法律尊严，维护民族团结，维护国家统一。这与联合国人权文书和公约的有关内容也是一致的。

涉及宗教方面的法规，除上述外，近些年国家宗教事务局先后颁布了《宗教社会团体登记管理实施办法》、《宗教活动场所登记办法》、《宗教活动场所年度检查办法》。河南、青海、山东、天津、新疆、上海、黑龙江、海南、重庆、浙江、吉林及武汉、成都、广州、宁波等省、市、自治区、单列市也颁布了地方性的宗教法规或政府规章。宗教立法工作取得重要进展。

2004年11月30日，国务院总理温家宝签署国务院第426号令，发布了《宗教事务条例》（以下简称《条例》）。这是在新世纪新阶段国家推进依法治国，在宗教法制建设上的一个里程碑，是今后国家依法管理宗教事务的法律依据，是公民宗教信仰自由权利的法律保障。

《条例》共7章48条，包括总则、宗教团体、宗教活动场所、宗教教职人员、宗教财产、法律责任和附则。它以邓小平理论和"三个代表"重要思想为指导，全面体现了新世纪新阶段党的宗教工作基本方针，对涉及国家利益和社会公共利益的宗教事务进行了规范。它是党和国家有关宗教政策的制度化、法律化，是宗教工作成功经验的总结。

《条例》在指导思想和具体条文上体现出"重在保护"的精神，即公民有宗教信仰自由，国家依法保护正常的宗教活动，维护宗教团体、宗教活动场所和信教公民的合法权益。国家规范宗教事务管理是为了保障公民的宗教信仰自由，维护宗教和睦与社会和谐。

具体来说，《条例》第 4 条、第 6 条、第 7 条、第 8 条、第 10 条、第 11 条、第 12 条、第 22 条、第 27 条对宗教团体按其章程开展活动、组织宗教活动、认定宗教教职人员、编印宗教内部资料性出版物、举办宗教院校、选派和接受宗教留学人员、开展对外友好交往活动等权益做出了规定。《条例》第 12 条、第 17 条、第 20 条、第 21 条、第 22 条、第 34 条、第 35 条对宗教活动场所举行宗教活动、民主管理本场所的事务、兴办社会公益事业、接受捐赠、编印宗教内部资料性出版物以及经销宗教用品、艺术品和宗教出版物等权益作出了规定。《条例》第 4 条、第 12 条、第 17 条、第 29 条对宗教教职人员主持宗教活动、参与宗教活动场所的管理、从事宗教典籍整理、进行宗教文化研究和对外宗教交流活动等权益做了规定。上述基本原则和具体条文，充分保障了公民宗教信仰自由的权利和正常宗教活动的开展。这就有力批驳了境内外敌对势力将我国依法管理宗教事务歪曲成是压制、迫害正常宗教活动的谬说，也澄清了一些人认为依法管理宗教事务就是政府干预宗教内部正常宗教活动、干预公民宗教信仰自由的误解。

《条例》涉及宗教事务的各个方面，体现了综合性。此前，对全国性的宗教事务只有单行的法规，主要是《宗教活动场所管理条例》。《宗教事务条例》则对宗教团体、宗教活动场所、宗教教职人员、宗教财产等方面都进行了规范。

《条例》特别以专章对"宗教财产"进行了规定，充分体现了国家对宗教界合法权益的尊重。强调宗教团体、宗教活动场所合法使用的土地，合法所有或者使用的房屋、构筑物、设施，以及其他合法财产、收益，受法律保护。任何组织或者个人不得侵占、哄抢、私分、损毁或者非法查封、扣押、冻结、没收、处分宗教团体、宗教活动场所的合法财产，不得损毁宗教团体、宗教活动场所占有、使用的文物。关于法律责任，《条例》首先规范了政府管理宗教事务的行政行为。《条例》依法设定了行政许可，第8条、第9条、第13条、第14条、第15条、第22条、第24条等对实施行政许可的权限、范围、条件、程序、时限做了规定。第38条明确规定国家工作人员在宗教事务管理工作中滥用职权、玩忽职守、徇私舞弊，构成犯罪的，依法追究刑事责任；尚不构成犯罪的，依法给予行政处分。第46条规定，对于宗教事务部门的具体行政行为不服的，可以依法申请行政复议，或者依法提起行政诉讼。《条例》第5条还规定，各级人民政府应当听取宗教团体、宗教活动场所和信教公民的意见，协调宗教事务管理工作。这都充分体现出对政府有关部门公正执法执政为民的严格要求。

另外，按照权利和义务相统一的原则，《条例》也明确了宗教团体、宗教活动场所、宗教教职人员在从事宗教活动等方面应当履行的义务。如第3条规定，宗教团体、宗教活动场所和信教公民应当遵守宪法、法律、法规和规章，维护国家统一、民族团结和社会稳定；第4条规定，各宗教坚持独立自主自办的原则；第6条、第8条、第13条规定，成立宗教团体、设立宗教活动场所和宗教院校应当依法履行有关手续；第27条规定，宗教教职人员应当由宗教团体认定，履行备案手续；第18条、第36条规定，宗教团体、宗教活动场所应当建立健全各项管理制度，执行国家的财务、会计、税收管理制度，等等。总之，《条例》是我国一个成熟的行政法规。它的颁布执行必将有力推动党和国家宗教工作方针的全面执行，必将充分调动广大信教群众和宗教界参与构建和谐社会主义社会的积极性，必将进一步促进宗教与社会主义社会相适应。

宗教立法需要加强，更重要的是要严格执法，要对宗教信仰自由进行司法行政保障和监督。在司法保障方面，我国对侵犯公民宗教信仰自由权利的行为有明确的惩处规定。如《刑法》第251条规定："国家机关工作人员非法剥夺公民的宗教信仰自由和侵犯少数民族风俗习惯，情节严重的，处二年以下有期徒刑或者拘役。"人民检察院也在《直接受理的侵犯公民民主权利、人身权利和渎职案件立案标准的决定》中规定，对国家工作人员非法剥夺他人正当的宗教信仰自由，如干涉他人正常的宗教活动或者强迫教徒退教，强迫公民信教或信某一教派，情节恶劣，后果严重，影响很坏的行为，以及非法封闭或捣毁合法宗教场所及其他宗教设施的行为等，应予立案。在行政保障方面，我国各级政府设立了宗教事务部门，对有关宗教的法律、法规的贯彻实施进行行政管理和监督，具体落实和执行宗教信仰自由政策。政府宗教事务部门不干涉宗教团体和宗教活动场所的内部事务。

我国的宗教团体和宗教活动场所需依法向政府履行登记手续。宗教活动场所申请登记应具备基本的条件：有固定的处所和名称；有经常参加宗教活动的信教公民；有信教公民组成的管理组织；有主持宗教活动的宗教教职人员或符合各宗教规定的人员；有管理规章；有合法的经济收入。对不完全具备设立条件或在管理上存在一些突出问题的宗教活动场所，政府部门予以暂缓登记或临时登记。对那些不具备登记条件的，如非法占用土地，违反城市规划法规，私自建立宗教设施的；假冒宗教教职人员擅自设立的；打着宗教的招牌，进行"驱魔赶鬼"等迷信活动的处所等，政府部门则不准予登记。宗教活动场所一经依法登记，便获取合法地位，其合法权益受到保护；遇有侵犯其权益的行为，宗教活动场所管理组织有权向政府有关行政机关申诉，直至向人民法院起诉，寻求行政和法律保护。对基督教徒按照宗教习惯，在自己家里举行以亲友为主参加的祷告、读经等宗教活动（中国基督教习惯称为"家庭聚会"），不要求登记。

作为人民行使权力的机关的各级人民代表大会以及在国家政治生活、社会生活中有重要作用的政治协商会议，对宗教信仰自由政策和法规规定的贯彻执行情况实施监督。在各级人民代表大会和政治协商会议中，有近 17 万各宗教界人士担任代表和委员。他们代表宗教界在人大、政协会议上参与国家大事和社会重要问题的讨论，并就政府涉及宗教的工作提出意见、建议、批评或议案、提案。仅 1993 年至 1996 年，国务院宗教事务局就办复全国人大代表建议和全国政协委员提案达 50 余件。

三、依法管理宗教事务是为了保护合法宗教活动

依法对宗教事务进行管理的根本目的，是为了更好地保护正常的宗教活动和宗教界的合法权益，也有利于防止和制止不法分子利用宗教和宗教活动制造混乱、违法犯罪，有利于抵制境外敌对势力利用宗教进行渗透。这都是为了更好地全面地贯彻执行宗教信仰自由政策，而不是干预宗教团体本身的活动。依法对宗教事务进行管理，并不违背宗教信仰自由政策，而是全面贯彻宗教信仰自由政策的需要，是维护安定团结和各民族人民根本利益的需要，因而不能把对宗教事务的管理同宗教信仰自由对立起来。那种一提管理就是限制宗教信仰自由，一提管理就是政策收紧的说法，都是不对的。因为这不符合客观实际，也不符合宗教界的共识。政府依法对宗教事务进行管理，符合宗教团体的切身利益。另外，也要正确理解宗教法规和宗教政策的关系。法律、法规同政策既有区别，又有联系。党的宗教政策虽然没有像法律那样的强制力，但是它是广大人民群众根本利益的体现，同样是调整社会关系的重要手段，是制定法律、法规的重要依据。没有正确的政策观念，就不可能有正确的法律观念。离开党的政策，既不能正确地制定法律，也不能正确地理解和运用法律。特别是在宗教法规尚不完备的情况下，党的宗教政策仍然是对宗教事务进行管理的政策依据。依法对宗教事务进行管理，包括了依据宗教政策进行管理。同时，要逐步把行之有效的宗教政策上升为法律、法规。

依法保护合法宗教活动，首先是依法保护宗教教职人员履行正常的教务活动。宗教教职人员是指在某一宗教中担任一定宗教职务并履行其职责的信仰宗教的公民。在我国，宗教教职人员主要是指佛教中的比丘、比丘尼、活佛、喇嘛、长老；道教中的道士、道姑；伊斯兰教中的

阿訇、毛拉、伊玛目；天主教中的主教、神甫、修士、修女；基督教中的主教、牧师、教师、长老等。这些宗教教职人员必须由依法成立的宗教团体或依法登记的寺观教堂认定，并向政府宗教事务部门备案。只有这样，他们的合法权益，包括他们开展的正常的教务活动才能受法律保护。

宗教教职人员履行正常的教务活动，是他们的义务，也是他们的权利。政府宗教工作部门和工作人员要支持他们开展工作，及时帮助他们解决在工作中遇到的困难和问题。要依法保护宗教团体和宗教活动场所的合法权益。我国宗教团体是信教群众自己的爱国组织。成立宗教团体，是信教公民的一种民主权利，受到法律的保护；同时，如果滥用这种权利，也应受到法律的限制。宗教活动场所是信教公民集体进行宗教活动的处所，也是宗教教职人员生活和履行正常教务的地方。合理安排宗教活动场所，保障宗教活动场所的合法权益，是落实党的宗教政策、使宗教活动正常化的重要物质条件。宗教团体和宗教活动场所依法进行登记，既是需要完成的一项法律手续，也是依法保护它们合法权益的重要措施，必须认真对待。切实保障宗教团体和宗教活动场所的合法权益，就必须坚决纠正侵犯其合法权益的种种行为。由于长期受"左"的思想影响，加上某些历史和现实的原因，有些地方在这方面存在的问题是不可忽视的。如有的属于宗教团体和寺观教堂的房产至今没有归还；有些应当作为宗教活动场所开放的寺观教堂至今被占用，没有恢复开放；有的地方宗教工作部门或工作人员插手和包办宗教团体和寺观教堂的内部事务，管了一些不该管也管不好的事情；有的政府部门对宗教团体和宗教活动场所乱集资、乱收费、乱罚款；有的甚至占用或挪用宗教团体和寺观教堂的钱财。所有这些现象，都是违背党的政策的，必须认真对待，采取有效措施坚决予以纠正。

保护合法的宗教活动，就意味着依法处置非法的宗教活动，尤其要坚决打击利用宗教进行的犯罪活动。对披着宗教外衣的敌对分子的犯罪行为，必须依法给予严厉的制裁。对危害社会的邪教组织，对那些刑满释放的原宗教职业者而又继续从事破坏活动的，应当依法从重论处。已被取缔的反动会道门和神汉、巫婆，一律不准恢复活动。凡妖言惑众、骗钱害人者，一律严加取缔，并且绳之以法。党政机关干部利用这类违法活动敛财牟利的，必须严加处置。

对利用宗教进行破坏民族团结和祖国统一的罪恶活动，必须依法严厉打击。近些年，随着国际大气候的变化，国内外敌对势力在我国新疆和西藏的分裂活动有发展的趋势。反对民族分裂主义的斗争，是近代以来中国人民反对民族分裂主义斗争的继续，也是一定范围内仍然存在的阶级斗争的一部分。一些分裂主义分子以宗教领袖或教职人员的身份，打着维护民族、宗教利益的旗号，增加了反分裂主义斗争的复杂性。因此，要善于区分宗教与政治的界限，透过他们披着的宗教外衣，严厉打击他们分裂祖国的罪恶活动。

第四节　坚持独立自主自办原则

一、必须坚持独立自主自办原则

我国宪法明确规定：宗教团体和宗教事务不受外国势力的支配。我国不干涉别国的宗教事务，也不允许别国干涉中国的宗教事务，我们在独立自主、和平友好、互相尊重的基础上，积极发展同世界各国宗教界的友好往来。我国天主教、基督教实行独立自主自办教会和"三自"（自治、自养、自传）的方针，不受外国势力的支配和干预，这是我们总结长期历史经验得出的基本结论。在新的历史条件下，我们仍然要毫不动摇地坚持这一方针。

1. 坚持独立自主自办教会的方针，是中国百年来历史经验的深刻总结

天主教、基督教传入我国的历史，特别是鸦片战争以来 100 多年的

历史，是同我国遭受帝国主义的侵略，沦为半殖民地半封建社会的历史分不开的。在旧中国，由于反动统治阶级腐败无能，天主教和基督教被帝国主义势力所控制和利用，成为侵略中国的工具。新中国的成立，结束了帝国主义侵略中国的历史，也为中国天主教、基督教摆脱帝国主义势力的控制实行独立自主自办教会创造了条件。1950 年 7 月，基督教界发表宣言，号召全国基督教徒割断教会与帝国主义的联系，实现"自治、自养、自传"。同年 11 月，天主教界爱国人士也发表宣言，号召中国天主教徒，基于爱祖国、爱人民的立场，坚决与帝国主义割断各方面的关系，建立自治、自养、自传的新教会。这两个宣言发表之后，得到了全国广大教徒和宗教界爱国人士的热烈拥护和响应，宗教界掀起了反帝爱国运动，在天主教、基督教中清除了帝国主义势力，割断了同外国教会的政治、经济联系，摆脱了帝国主义对中国教会的控制。使我国天主教、基督教走上了独立自主自办教会的道路，不再从属于罗马教廷和外国基督教差会，而成为中国教徒独立自主自办的宗教事业。

2. 坚持独立自主自办教会，是爱国宗教界人士坚持对宗教领导权的基础和关键

党的十一届三中全会以后，我国宗教在坚持独立自主、完全平等和互相尊重的基础上，同许多国家的天主教、基督教界进行了友好往来，增进了相互了解，争取了更多的朋友，扩大了对外影响。但是，也应看到，梵蒂冈和一些西方国家基督教差会，通过各种渠道，采取各种手段，加紧对我国进行渗透活动，这已成为国际敌对势力对我国实施"西化"、"分化"的重要突破口。近年来，这种渗透和破坏活动明显增加，已成为一些地方的不安定因素。在天主教方面，罗马教廷自 20 世纪 80 年代以来，秘密委任地下主教，由这些地下主教晋升神甫并操纵一些骨干分子，建立全国性的组织，反对天主教独立自主自办教会的方针，争夺信徒群众，与爱国会进行对抗，妄图夺取教会领导权，使天主教重新回到罗马教廷的控制之下。近年来，梵蒂冈在继续支持天主教地下势力的同时，改变策略，提出地下地上"合一共融"，寻求地下势力转到地

上公开活动的途径，梵蒂冈还加强外交攻势，通过多种渠道向我国天主教放出改善中梵关系的信号。这些活动使一些爱国神职人员的思想产生困惑，对坚持独立自主自办教会的方针产生了动摇。在基督教方面，国外教会势力加紧渗透，企图恢复同原教派的联系，支持教派活动。在国外教会影响下，基督教一些教派活动有所发展，有的由隐蔽转为公开，反对坚持"三自"方针，公开与爱国宗教组织争夺群众，分裂爱国组织，制造群众之间的对立和信教群众与爱国宗教组织之间的对立，甚至组织非法活动，抗拒政府部门的依法管理。从以上情况可以看出，外国宗教势力渗透活动的核心问题，就是要我们放弃独立自主、自办教会的方针，最根本的还是想重新恢复对中国宗教的控制。因此，在新的历史条件下，继续坚持独立自主、自办教会仍有现实和深远的意义，如何巩固爱国反帝运动伟大成果，坚定不移地坚持独立自主、自办教会的方针，是摆在基督教、天主教面前的一个重要课题，我们应支持和鼓励我国宗教界继续高举爱国主义旗帜，高度警惕外国敌对势力的渗透和控制，坚定不移地按照独立自主、自办教会的道路不断前进。

3. 坚持独立自主、自办教会，是使我国宗教与社会主义相适应的重要途径

独立自主、自办教会是中国宗教徒长期追求的目标。但这在旧中国是无法实现的。新中国成立后，中国人民站起来了，第一次为中国宗教实现独立自主自办教会和自治、自养、自传奠定了基础，经过几十年的努力，在这方面取得了举世瞩目的成就。在社会主义条件下，中国的宗教信徒对宗教组织和教会的掌握和控制已不存在什么障碍，符合中国信教群众需要的宗教组织，有中国特色的宗教仪式、教会合一、教职人员与义工、教友及普通教徒共同负责和管理宗教事务等民主办教制度得以逐步建立。天主教和基督教，在新中国成立后，迅速摆脱了罗马教廷和外国差会的控制，割断了与帝国主义的联系，独立自主自办教会，填平了与人民之间的鸿沟，使天主教和基督教在社会主义条件下得以新生。

通过坚持独立自主、自办教会和"三自"方针，使中国天主教和基督教把自己汇入当代中国不断前进的进步洪流中，与国家和民族同呼吸、共命运，从而改变了中国人民对天主教和基督教的总体观感，重新塑造了天主教和基督教的外部形象。经过几十年的努力实践，中国天主教和基督教在社会主义条件下，按照自身的特点，以自己独有的方式，为国家的稳定和社会的进步作出了积极的贡献，正在走上一条健康发展的、有中国特色的道路，正处在与社会主义社会逐步适应、逐步协调的进程中。所有这些都充分说明，坚持独立自主、自办教会和"三自"方针，是中国天主教、基督教顺应中国历史发展潮流的唯一出路，也是与社会主义社会相适应的根本途径。

二、怎样坚持独立自主自办原则

1. 坚持独立自主自办教会的原则需要坚决执行《中华人民共和国外国人宗教活动管理规定》

2000年9月26日，国家宗教事务局又发布了《中华人民共和国境内外国人宗教活动管理规定实施细则》。其中规定，中华人民共和国尊重在中国境内的外国人的宗教信仰自由，依法保护和管理境内外国人的宗教活动，依法保护境内外国人在宗教方面同中国宗教界进行的友好往来和文化学术交流活动。但同时规定，外国人在中国境内进行宗教活动，应当遵守中国的法律、法规。外国人不得干涉中国宗教社会团体、宗教活动场所的设立和变更，不得干涉中国宗教团体对宗教教职人员的选任和变更，不得干涉和支配中国宗教社会团体的其他内部事务。外国人在中国境内不得以任何名义或形式成立宗教组织、设立宗教办事机构、设立宗教活动场所或者开办宗教院校、举办宗教培训班。外国人在中国境内不得在中国公民中委任宗教教职人员，发展宗教徒，擅自在宗教活动场所讲经讲道，不得制作、销售、散发宗教宣传品等，以此来保证独立自主自办教会原则的具体实施。

2. 努力做好抵御渗透的工作

随着我国对外开放的扩大，宗教界与世界宗教界的友好交往日益增多，但境外势力利用宗教对我国的渗透的问题也日益突出。一些外国宗教组织企图重返中国，恢复旧有的隶属关系和在宗教上的特权，以重新控制我国的宗教。在这些年的国际斗争中，敌对势力利用宗教问题向我发难。他们加紧利用宗教进行渗透破坏活动，企图搞垮中国共产党的领导和我国社会主义的国家政权。为此，党和国家的各级领导干部特别是高级干部思想上必须明确，越是在扩大开放的形势下，越要坚持独立自主自办原则不动摇，越要做好抵御渗透的工作。要建立各有关部门参加的工作机制，建立工作网络和信息网络。要加强调查研究，特别要注意研究我国加入世界贸易组织以及互联网迅速发展等新情况给我国宗教工作带来的影响，及早制定应对措施，不断完善有关政策和法规，牢牢掌握抵御宗教渗透工作的主动权，绝不允许任何境外宗教势力重新控制我国的宗教。同时，还要有针对性地加强对外宣传工作，把我国宗教政策和宗教信仰自由的实际情况介绍给各国人民及宗教界，以增进了解，减少误解，争取国际舆论，维护我国的国际形象。

3. 坚持独立自主自办，同时在平等友好的基础上积极与世界各国宗教组织进行交往和联系

对同中国友好、尊重中国主权、尊重中国宗教独立自主自办事业的外国宗教组织和个人，中国的大门始终是敞开的。中国基督教和天主教与世界上许多国家教会建立了友好往来关系。1991年2月，中国基督教协会正式加入"世界基督教教会联合会"。中国天主教还先后派代表出席了"第五届'宗教与和平'国际会议"和"世界天主教青年大会"等一些国际宗教会议。近年来，中国教会向国外选派了相当数量的留学生，并聘请外国教师和学者到国内的神学院校讲学。中国佛教、道教和伊斯兰教的国际友好交往也日益扩大。今后，我们将继续在平等友好基础上积极与世界各国宗教组织进行交往和联系。

4. 进一步处理好我国同梵蒂冈的关系

这必须符合两个基本条件：第一，梵蒂冈必须断绝同台湾的所谓"外交关系"，承认中华人民共和国政府是中国唯一合法政府，台湾是中国领土不可分割的一部分；第二，梵蒂冈不得以宗教事务为名干涉中国的内部事务。中国和梵蒂冈的关系首先是国家关系，只有在国家关系改善后才能谈宗教问题。无论中国和梵蒂冈的关系是否改善，中国政府都将一如既往地支持中国天主教高举爱国主义旗帜，坚持独立自主自办教会方针和自选自圣主教。

第五节　巩固和发展对宗教界的爱国统一战线

一、新时期爱国统一战线的组成部分

建设中国特色社会主义必须调动一切积极因素。巩固和发展对宗教界的爱国统一战线，则是一项十分重要的措施。统一战线是无产阶级及其政党在一定的历史条件下，为了反对主要敌人，同其他阶级、阶层、党派以及一切可以团结的力量，在一定的共同利益的基础上结成的政治联盟，也是一个非常重要的战略和策略问题。统一战线在中国革命和建设事业中占有重要地位，是中国共产党总路线和总政策的组成部分。在新民主主义革命时期，统一战线是党领导中国革命的三大法宝之一。新中国成立以后，统一战线仍然发挥着特殊的作用。党的十一届三中全会以后，我国进入了社会主义建设的新时期，党领导的爱国统一战线也进入了具有重大开创意义的新的发展阶段。

新时期爱国统一战线仍然是我们党的一个重要法宝。这是因为，它是中国革命和建设的基本经验之一，是马克思列宁主义战略和策略原则的具体运用；把绝大多数人团结在共产党的周围，结成最广泛的统一战

线，是中国共产党在政治上的特有的巨大优势；共产党员在全国人口中是少数，党外干部和群众是大多数，需要加强党内外合作。完成改革开放和现代化建设的各项任务，建设中国特色社会主义，是一项宏伟而艰巨的历史使命，完成这样的使命，必须依靠全党的团结，依靠广大工人、农民、知识分子的团结，依靠国内各民族的团结，依靠海内外中华儿女的共同奋斗。

巩固和发展新时期最广泛的爱国统一战线，必须坚持以邓小平新时期统一战线思想为指导。邓小平同志强调，新时期的统一战线仍然是一个重要法宝，不是可以削弱，而是应该加强，不是可以缩小，而是应该扩大。统一战线就是要高举爱国主义、社会主义旗帜，团结一切可以团结的力量，调动一切积极因素，化消极因素为积极因素，同心同德，群策群力，坚定不移地贯彻执行党的基本路线，为维护安定团结的政治局面服务，为推进社会主义现代化建设和改革开放服务，为健全社会主义民主法制服务，为促进"一国两制"、和平统一祖国服务。

党同各民族爱国宗教界的统一战线，是新时期统一战线的重要组成部分。同爱国宗教界建立统一战线，是为了更好地团结广大信教群众，并促使全体信教和不信教的群众联合起来。宗教界人士同信教群众在精神上有密切的联系，争取了他们，对团结信教群众有直接的影响。尤其是一些少数民族受宗教影响较深，通过这些民族的宗教界人士团结信教群众，对维护祖国统一、促进社会安定和民族团结，具有重要的现实意义。

二、坚持政治上团结合作、信仰上相互尊重的原则

党的十一届三中全会以后，宗教信仰自由政策重新得到正确的贯彻和落实，宗教界人士中的冤假错案得到平反。他们积极协助党和政府贯彻落实宗教政策，推动广大信教群众发扬爱国主义的优良传统，为现代化建设和改革开放事业作贡献，并在复杂的政治风波中经受住了考验。

可见，我国宗教界的绝大多数人士是爱国守法的。他们同党和政府肝胆相照、荣辱与共、长期合作，是维护国家和社会稳定、联系和团结信教群众、办好教务的重要力量。

1991年1月30日，江泽民同志在会见我国各宗教团体主要领导人时，进一步提出了我们党处理同宗教界之间关系的重要原则是政治上团结合作、思想信仰上互相尊重。他说："我国各宗教团体的主要领导人，是在同我们党长期合作共事中经受了考验，可以完全信赖的朋友。在我国宗教界还有一大批同我们党真诚合作的朋友。我们合作的政治基础是爱国主义和建设有中国特色的社会主义。正确对待和处理宗教问题，是建设有中国特色的社会主义的一个重要内容。一方面，从我们党和政府来说，要坚定不移地贯彻执行尊重和保护公民宗教信仰自由的权利，保护正常的宗教活动，保护宗教界的合法权益这样一些长期不变的基本政策；另一方面，从宗教界来说，要坚定不移地拥护中国共产党的领导，拥护社会主义，坚持独立自主自办教会的原则，坚持在宪法、法律、法规和政策规定的范围内开展宗教活动。有了这样的政治基础，有了这两个方面的结合，作为我们党领导的爱国统一战线组成部分的各民族宗教界的爱国统一战线，一定会不断地得到巩固和发展。这是我们党把马克思主义的宗教理论同我国宗教问题的实际相结合而得到的一条重要经验。概括来说，我们处理同宗教界朋友之间的关系的原则是政治上团结合作，思想信仰上互相尊重。这一点是永远不会变的。"

1993年1月19日，李瑞环同志在全国性宗教团体领导人迎春座谈会上的谈话中，再次阐述了这一原则。他说："正确处理好宗教问题，最重要的是正确理解和全面贯彻党的宗教政策，在处理我们同宗教界朋友之间的关系时，坚持政治上团结合作、信仰上互相尊重的原则。建设有中国特色的社会主义，振兴中华，完成祖国统一，是我们与宗教界朋友的共同目标和共同利益。这既是我们之间在政治上实现团结合作的基础，也是我们在信仰上互相理解、互相尊重的基础。实践证明，只有在政治上真诚团结合作，才能真正做到信仰上互相尊重；而只有在信仰上互相尊重，才能有效巩固和加强政治上的团结合作。这两者相辅相成，缺一不可。只要我们坚定不移地执行这个原则，我们就一定能够团结宗教界爱国人士和广大信教群众，不断巩固和扩大新时期的爱国统一战线。"

三、努力培养一支爱国的高素质的教职人员队伍

争取、团结和教育宗教界人士，培养好一支爱国的高素质的教职人员队伍，是党对宗教界统战工作的重要内容，关系到我国宗教团体的未来面貌，关系到宗教能否与社会主义社会相适应的大问题。宗教中许多问题是与爱国宗教界人士队伍的建设直接相关的。我国信教群众的绝大多数生活在农村，不但文化素质相对较低，法律意识淡薄，宗教素质也不高，很容易为别有用心的人所利用，迫切需要大量既有政治觉悟、又有宗教学识的教职人员去做团结、教育和引导工作。解决好宗教教职人员的数量和质量问题，是宗教工作面临的一项紧迫的战略任务。

1. 加强对宗教界人士的思想政治教育

在我国1亿多信教群众中，各种宗教教职人员有近30万人，他们的状况和表现，对信教群众的精神生活和社会生活的影响，以及对各宗教在政治面貌上的影响，都具有直接的重大关系。

我国宗教界代表人士中的绝大多数，几十年来与党肝胆相照，合作共事，是爱国爱教的，表现是好的。但是近些年来，由于工作中存在着对待宗教界代表人士重政治安排、轻思想教育的情况，宗教界一些人思想上出现滑坡现象，应引起重视。有的人在政治上安排了很高职务，但他们不能正确摆正自己的位置，不以大局为重，甚至不惜危害党和国家的利益，给党的事业造成了损失，教训沉痛。对宗教界代表人士只注意政治安排，忽视必要的批评和思想教育工作，我们就会付出代价，也不利于他们的健康成长。因此，对宗教界代表人物，不仅在政治上要关心他们，还要坚持不懈地、耐心地对他们进行维护法律尊严、维护人民利

益、维护民族团结、维护祖国统一的教育，坚持独立自主自办教会的方针。这项工作要经常做，时时抓，使他们努力适应现代社会发展趋势的要求，自觉地为宗教与社会主义社会相适应作贡献。

2. 认真抓好宗教教职人员队伍的建设

与 20 世纪 80 年代相比，宗教界后继乏人、青黄不接的局面在整体上已有所改观。但还是存在不少问题。一些宗教教职人员数量不够，一些宗教教职人员素质不高。特别是一些年轻的教职人员在政治上爱国心不强，宗教素质也不高。因此，必须把培养爱国爱教的中青年教职人员的工作，作为 21 世纪的一项战略工程来抓紧做好。

对宗教界人士的培养和教育，要有明确的目标和得力的措施。目标就是使他们有爱国主义觉悟，有文化素养，有宗教造诣。培养他们对党、对祖国、对人民的感情，使他们能够跟上时代发展，联系和影响信教群众走与社会主义社会相适应的道路。各地统战、宗教工作部门在各级党委和政府的支持下，要区分层次，采用各种有效的方式，加大培训的力度，制订详细的规划和实施方案，把对中青年教职人员的培训制度化、规范化。

3. 要善于同宗教界人士交朋友

在实际工作中，要大力提倡统战工作的作风和工作方法，各级党政机关要经常听取宗教界人士的意见和建议，对宗教界人士真正做到平等待人，合作共事，平时多交流，遇事多协商；特别是在重大问题的决策时，要充分听取他们的意见和建议，共同做好宗教工作。对待宗教界人士的不同意见，要认真分析，正确的要真诚接受，不合理的要多作解释和说明，以理服人。那种以管理者自居，高人一等，动辄发号施令，影响党和政府与宗教界人士之间团结合作关系的行为，要认真纠正。

四、充分发挥爱国宗教团体的作用

我国各宗教团体是信教群众自己的爱国组织。目前，有全国性宗教团体 7 个，区域性宗教团体 3000 多个。全国性宗教团体是：中国佛教协会、中国道教协会、中国伊斯兰教协会、中国天主教爱国会、中国天主教主教团、中国基督教三自爱国运动委员会、中国基督教协会。这些团体有的成立于新中国成立初期，有的则成立于 20 世纪 80 年代，都是由宗教界爱国人士和信教群众代表发起并陆续成立的。我国各爱国宗教团体的相继建立，从根本上改变了过去我国宗教被帝国主义和国内反动统治阶级控制和利用的局面，改变了过去我国各宗教教派林立、互相对立的状态，反映了我国各宗教中各民族、各教派信教群众和宗教界人士在爱国主义、社会主义基础上的大团结，成为我国各宗教独立自主、由本国信教群众自办宗教事业的一个重要标志。

我国各宗教团体都具有较为广泛的群众基础，与广大信教群众保持着密切的联系。在新的历史时期，各爱国宗教团体的基本任务是：协助党和政府贯彻执行宗教信仰自由政策，帮助广大信教群众和宗教界人士不断提高爱国主义和社会主义觉悟，代表和维护宗教界的合法权益，组织正常的宗教活动，办好教务。

要继续发扬爱国宗教团体进行自我教育的优良传统。鼓励和支持爱国宗教团体经常对宗教教职人员进行爱国主义、社会主义、时事政策、法律法规等的学习教育，自觉接受党和政府的领导，遵守国家法律，不断提高维护国家和民族利益、坚持独立自主自办原则的自觉性。要推动宗教团体建立和健全各项规章制度。我国各全国性宗教团体已陆续制定了一些规章制度，一些地方性宗教团体也制定了一些规章制度，从而使爱国宗教团体能够按照自身的特点和规章自主地开展活动，自己处理好自己的内部事务，逐步形成一个较为完善和有效的自我管理机制。

要积极扶持爱国宗教团体逐步实现自养。宗教团体的自养，就是实现经济上的自立。经济上的自立，是实现自治、自传的物质基础。宗教团体实现经济的自养，不仅可以减轻国家负担，减轻信教群众的负担，还可以为社会积累财富。开展各项社会公益事业，也有利于更好地发挥爱国宗教团体的作用。特别是在新的历史条件下，实现自养关系到我国各宗教坚持独立自主自办原则，有效地抵制境外敌对势力利用宗教进行的渗透活动；关系到更好地团结宗教界人士和广大信教群众，共同维护社会安定，促进我国的改革开放和现代化建设事业。因此，要从实际出发，采取切实有效的措施，帮助宗教团体实现自养。特别要妥善解决落实宗教房产政策中的遗留问题，为宗教团体实现自养创造最基本的条件。要采取一些优惠政策和鼓励性措施，支持和帮助宗教团体办好以自养为目的的生产、服务和社会公益事业。

发挥爱国宗教团体的作用，特别需要做好四方面工作：首先，宗教团体的领导权必须掌握在宗教界爱国人士手中。这是保证我国宗教团体坚持正确的方向，维护全体爱国宗教界人士和广大信教群众的根本利益的大问题。要创造一切有利条件，支持宗教界爱国人士积极开展工作，把爱国宗教界人士和广大信教群众团结起来，同一切敌对势力和敌对分子进行斗争，巩固和发展我国各宗教取得的积极成果。同时，还要协助宗教团体办好现有宗教院校，重视对年轻宗教教职人员的培养教育工作，培养和选拔一批合格的宗教事业接班人。其次，要切实维护宗教团体的合法权益。宗教团体在法律、法规和政策范围内自主地开展工作，如办理教务、组织宗教活动、进行宗教学术文化研究和交流、开办宗教院校、印行宗教经典、出版宗教书刊、兴办社会公益服务事业、开展对外友好交往等，只要是符合政策和法规的，都应得到尊重和保护。宗教团体的合法财产，如房产、财物等，受法律保护，任何组织和个人不得侵占。只有宗教团体的合法权益得到尊重和保护，才能有利于改善宗教团体在宗教界人士和信教群众中的形象，使之真正成为党和政府联系和团结信教群众的桥梁。第三，切实帮助爱国宗教团体解决实际困难。我国各宗教团体自成立起，在不长的时间里，各方面都有了长足的发展，自主办理本团体事务的能力日益增强。但由于各方面条件的限制，还不同程度地存在一些实际困难。对此，有关部门应采取积极态度帮助解决。第四，要支持宗教团体自主地开展工作。党和政府对宗教团体的领导，是政治领导，是路线、方针、政策的领导。有关部门对宗教团体的内部事务不应包揽，不要横加干涉，要鼓励他们自己解决自己的问题。要进一步明确党和政府有关部门与宗教团体各自的职责以及相互关系，并通过制定行之有效的部门规章，规范党和政府有关部门的行政行为。当前，要切实改变一些地方发挥爱国宗教团体作用不够的现象。支持和帮助爱国宗教团体加强自身建设，使之能够按照自身特点和规章自主地开展活动，真正成为有积极影响的社会团体。

第十七章
创新的论断，基本的途径
——积极引导宗教与社会主义社会相适应

第一节 "相适应"论是中国共产党
总结处理社会主义时期宗教
问题经验的理论升华

一、宗教与社会主义相互关系的曲折历程

宗教是人类社会最古老的社会文化现象之一。自从 19 世纪中叶，由马克思、恩格斯创立的科学社会主义学说和共产党诞生以后，就产生了宗教与社会主义的相互关系问题，这个问题的历史发展已经历了 150 多年的风风雨雨。马克思和恩格斯所处的 19 世纪中后期的德国和欧美各国，列宁所处的 19 世纪末 20 世纪初的俄国，都处于无产阶级和资产阶级相互对立、无产阶级要推翻资产阶级的统治以翻身做主的这样一种社会历史条件。当时的宗教势力，特别是宗教界的上层，总的来说是适应和依附在剥削阶级一边的，是反对社会主义和共产党的。在这种情况下，宗教与社会主义的相互关系，主要表现为一种对立甚至对抗的关系。马克思主义和共产党是代表着被剥削、被压迫的劳动人民的根本利

益的，所以，在当时的特定历史条件下，马克思、恩格斯、列宁对维护反动的资产阶级专政制度的宗教主要是持批判和否定的态度，尤其是对反对社会主义的宗教反动势力的抨击可以说是毫不留情的，这完全是可以理解的。但是，对社会主义革命胜利以后，共产党掌握国家政权并建立了社会主义制度以后，社会主义和宗教究竟应建立怎样的关系，马克思、恩格斯和列宁并没有提供现成的具体的答案。只能由以后的共产党人继续进行探索以便找到新的正确的解决办法。实际的情况是，这种探索经历了十分曲折的道路。苏联共产党处理社会主义时期宗教问题的历程是这样，中国共产党也是这样。

就我国的情况来说，新中国的成立，使中国的社会制度发生了根本变革。刚刚从旧中国进入新中国的宗教信徒，在政治上面临着如何适应这一历史变革的考验。当时，宗教界的爱国进步人士立场鲜明地站到了新中国的一边，同时也在思考如何使宗教跟上新时代，适应新中国。中国基督教的"三自"爱国运动和中国天主教的反帝爱国运动的开展，就是有力的证明。另一方面，党和政府在认真贯彻宗教信仰自由政策的同时，也要求各大宗教逐步适应新社会。1950年5月6日，周恩来总理在基督教问题座谈会上，要求宗教界研究"怎样服务于人民"，"怎样辅助社会进步"，使宗教活动"有益于新民主主义社会的问题"。这一要求可以说是引导宗教与社会主义社会相适应思想的雏形，为宗教界指明了唯一正确的政治方向。之后，党和政府又逐步引导各大宗教进行了宗教制度的民主改革，使佛教、伊斯兰教和道教摆脱了封建地主阶级的控制；支持基督教"三自"爱国运动和天主教反帝爱国运动，割断了这两个宗教与帝国主义的联系；对宗教界实行了争取、团结和教育的方针，照顾他们的生活，尊重他们的信仰，鼓励他们从事一定的生产劳动，保护寺观教堂，支持和帮助宗教界开展国际友好活动，等等。总之，新中国成立后以及进入社会主义社会的初期，尽管宗教方面还存在许多问题，但是已经开始走上与新中国、与新的社会主义社会相适应的道路。当时，人们觉得这是很自然的事情，并没有特意地研究和讨论宗教与社会主义社会相适应的问题。

1957 年以后，由于各种复杂的原因，中国共产党思想政治路线的"左"的错误逐渐滋长，20 世纪 60 年代更进一步地发展起来，这必然影响到宗教与社会主义社会的关系。特别是 1966—1976 年的"文化大革命"，国家全局上的"左"的错误达到顶峰，以往中国共产党关于宗教问题的马克思主义观点和正确的宗教工作方针和政策被抛弃，正常的宗教活动被禁止，宗教界人士遭到打击迫害。宗教与社会主义社会基本适应的状况被人为地破坏，宗教人士和信教群众被推到了社会主义社会的对立面。反思这一段历史，究其原因，正像当时中国共产党没有搞清楚社会主义社会的规律一样，也没有搞清楚社会主义社会宗教问题的规律。具体来说，是在对宗教的认识理论上犯了教条主义的错误，不加分析地将马克思、恩格斯、列宁当年关于宗教问题的论述简单照搬到已经建立了社会主义制度的新中国，将宗教依然当成了剥削阶级的工具；将宗教与社会主义在世界观上对立的一面绝对化，并推向政治领域，认为宗教是反动的，与社会主义处处对立；对社会主义时期宗教存在和发展的长期性缺乏思想准备，认为社会主义制度建立后不用很长的时间，宗教就会很快消亡；甚至以为依靠无产阶级专政的政权力量就可以很快消灭宗教。思想政治路线的错误导致了社会主义事业的严重挫折，也导致了本已形成的社会主义社会与宗教的正常关系急剧恶化。

好在 1978 年党的十一届三中全会以后，宗教工作重新回到了正确的路线上来。正是在对处理社会主义时期宗教问题经验教训的总结中，宗教与社会主义社会究竟是怎样的关系、宗教能否与社会主义社会相适应等问题，才被重新提到了研究日程上。

二、"积极引导宗教与社会主义社会相适应"论断的形成

1982 年 3 月 31 日，中共中央印发了《关于我国社会主义时期宗教

问题的基本观点和基本政策》的 19 号文件，为宗教与社会主义社会相适应问题的提出奠定了科学的观点和正确的政策基础。文件在总结宗教工作的教训的基础上明确指出："那种认为随着社会主义制度的建立和经济文化的一定程度的发展，宗教就会很快消亡的想法，是不现实的。那种认为依靠行政命令或其他强制手段，可以一举消灭宗教的想法，更是背离马克思主义关于宗教问题的基本观点的，是完全错误和非常有害的。"强调"使全体信教和不信教的群众联合起来，把他们的意志和力量集中到建设现代化的社会主义强国这个共同目标上来，这是我们贯彻执行宗教信仰自由政策，处理一切宗教问题的根本出发点和落脚点。任何背离这个基点的言论和行动，都是错误的，都应当受到党和人民的坚决抵制和反对"。

据黄铸同志回忆，当时起草 19 号文件时，李维汉同志曾写出书面建议，提出宗教要与社会主义相适应的观点，但当时未能写进这个文件（见 2002 年 3 月 29 日《中国民族报》）。

1982 年 10 月，胡乔木同志在全国哲学社会科学"六五"规划座谈会上提出要研究宗教现象在中国产生、存在、发展的根据是什么？在中国社会主义社会里，宗教怎样才能同社会主义社会相协调，起到它应起的作用？之后，学术界，特别是上海社会科学院宗教研究所在罗竹风先生的指导下，率先进行了这一问题的研究。

1984 年 8 月 5 日，杨静仁同志在中国基督教三自爱国运动委员会成立 30 周年纪念会的讲话中，首次提出"使基督教同社会主义社会相适应，发挥它在社会主义现代化建设中应有的作用"。

1986 年 1 月 6 日，习仲勋在接见全国宗教局长会议代表的讲话中说："宗教界人士和信教群众保持自己的宗教信仰，积极为四化建设、祖国统一、世界和平服务，这是完全可以协调一致的。"

1987 年 4 月，罗竹风主编的《中国社会主义时期的宗教问题》出版，该书是我国第一部比较全面阐述社会主义时期宗教问题的专著。书中第五章集中阐述了"宗教与社会主义社会相协调的问题"。分析了协调的根据和含义、协调的条件和表现以及如何克服不协调的现象等问题，可以说是"相适应"理论的前身。

1990 年 7 月 14 日《中共中央关于加强统一战线工作的通知》中提出："要引导爱国宗教团体和人士把爱国与爱教结合起来，把宗教活动纳入宪法和法律的范围，同社会主义制度相适应。"

1991 年 2 月 5 日，中共中央、国务院在发出《关于进一步做好宗教工作若干问题的通知》中指出："动员全党、各级政府和社会各方面进一步重视、关心和做好宗教工作，使宗教和社会主义社会相适应。"

1992 年中办转发的《九十年代统一战线部门工作纲要》也作出了"积极引导宗教与社会主义社会相适应"规定。

正是在党和政府、理论界、宗教界经过十余年的探索研讨的基础上，1993 年 11 月 7 日，江泽民同志在全国统战工作会议上的讲话中代表党和国家就如何解决好我国现阶段的宗教问题强调了著名的"三句话"："一是全面、正确地贯彻执行党的宗教政策，二是依法加强对宗教事务的管理，三是积极引导宗教与社会主义社会相适应。"这就以十分严密的理论概括正式提出了"积极引导宗教与社会主义社会相适应"的著名论断，把引导宗教与社会主义社会相适应作为一项战略目标确定下来。这"三句话"也随之成为正确处理我国宗教问题、做好宗教工作的大原则和大方向。

上述可以看出，一个真实地反映事物客观规律的科学的理论观点的产生经历了多么曲折和漫长的发展过程，凝聚了多少人的智慧。我们党正式提出积极引导宗教与社会主义社会相适应的论断，符合社会主义时期宗教问题的规律，代表了国家和民族的最高利益，也代表了广大信教群众和宗教界的根本利益。我们应该十分珍惜，认真领会，切实按照这一指导思想努力实践。

第二节　江泽民、李瑞环论"积极引导
宗教与社会主义社会相适应"

20世纪90年代以来，党和国家的领导人高度重视并多次亲自阐述积极引导宗教与社会主义社会相适应的问题。其中，党的第三代中央领导集体的江泽民和李瑞环同志的论述最多。

一、江泽民同志的论述

江泽民同志在1993年11月7日提出"积极引导宗教与社会主义社会相适应"论断的同时和以后，对这个论断的含义做了全面的阐述。

(1)"相适应"既是对党和政府的要求，也是对宗教界的期望。

(2)"相适应"是贯彻政策和依法管理的目的。"贯彻党的宗教信仰自由政策也好，依法加强对宗教事务的管理也好，目的都是要引导宗教与社会主义社会相适应。"

(3)"相适应"是宗教在社会主义社会长期存在的必然要求。"宗教是一种历史现象，在社会主义社会将长期存在，如果宗教与社会主义社会不相适应，就会发生冲突。"

(4)"相适应"是政治上的适应，是为社会主义服务。"这种适应，并不要求宗教信徒放弃有神论的思想和宗教信仰，而是要求他们在政治上热爱祖国，拥护社会主义制度，拥护共产党的领导；同时，改革不适应社会主义的宗教制度和宗教教条，利用宗教教义、宗教教规和宗教道德中的某些积极因素为社会主义服务。"

(5)新中国进行的宗教制度改革就是宗教与社会主义社会相适应的重要一步。"我国过去进行的宗教制度改革，在天主教、基督教方面革掉帝国主义的操纵和控制，实现独立自主、自办教会，在佛教和伊斯兰教方面革掉封建剥削和压迫制度，是完全必要的和正确的，使我国宗教

界迈出了与社会主义社会相适应的重要一步。宗教界应当在这个基础上，适应社会主义现代化建设的新形势和新任务，继续前进，而不能倒退。"

（6）明确了"相适应"的政治基础。"只有社会主义才能救中国和发展中国，这是全国人民的共识。广大宗教徒是拥护社会主义制度的，同全国人民的根本利益是一致的，这是宗教能够与社会主义社会相适应的政治基础"。

（7）党和政府有能力做好"引导宗教与社会主义社会相适应"的工作。"应该相信，我们共产党人有办法、有能力，引导爱国宗教团体和广大宗教信徒把爱国与爱教结合起来，把宗教活动纳入宪法和法律的范围，做到同社会主义社会相适应。"

（8）"相适应"可以概括为两个方面的含义。1999年3月4日，江泽民同志在同全国政协民族宗教界委员座谈时强调："积极引导宗教与社会主义社会相适应，主要包括两个方面的含义：一是信教群众要遵守社会主义国家的法律、法规和方针政策。法律保障宗教信仰自由，宗教必须在法律范围内活动；二是宗教活动要服从和服务于国家的最高利益和民族的整体利益，宗教界人士要爱国、进步，要为祖国统一、民族团结和社会发展多作贡献。我国宗教界有爱国的好传统，要继续发扬光大。宗教界人士和宗教团体要运用自己的影响，引导信教群众爱国守法，抑恶扬善，服务社会。"

（9）在2001年的全国宗教工作会议上，提出了"相适应"的"两个基础"、"两个要求"和"两个支持"的重要思想。

（10）强调引导宗教与社会主义社会相适应是一个长期的过程，需要党和政府积极引导；也需要宗教界自身不断努力，发挥宗教中的积极因素为社会发展和稳定服务。

二、李瑞环同志的论述

李瑞环同志在党中央由于负责联系统战工作方面，关于宗教与社会主义社会相适应的论述也很多。

（1）"相适应"对宗教的要求就是要遵守法律。1994年7月4日，李瑞环同志在与新形势下民族、宗教问题研讨班学员座谈时从依法治国的角度指出："所谓相适应，就是说宗教必须遵守社会主义社会现阶段的国家法律、法规及方针政策。法律保障宗教信仰自由，但宗教必须在法律范围内活动，必须按照国家的方针政策办事，而不能同法律、法规及方针政策相冲突。比如说，国家规定独立自主办教会，不受外国势力控制，你要接受外国势力控制，就违反了我们的法律和政策，就不能允许。"

（2）"相适应"就是要做到"四个维护"。1996年2月13日，他在与宗教团体负责人座谈时说："我们所讲的积极引导宗教与社会主义社会相适应，从根本上说，就是任何宗教都要维护法律尊严，维护人民利益，维护民族团结，维护国家统一。这'四个维护'体现了党和政府对宗教界的基本要求，反映了宗教界人士和信教群众的普遍共识，是所有宗教团体宗教人士必须遵循的行为准则。实践证明，坚持'四个维护'，有利于全面贯彻宗教信仰自由政策，有利于保障宗教界的合法权益和地位，有利于宗教活动的正常开展。"

（3）"相适应"包含着宗教教义中好的东西，如伦理道德对社会主义社会的适应。1997年1月30日，他在与宗教团体负责人座谈时充分肯定："我国爱国宗教团体和信教群众是建设四化、统一祖国、振兴中华的积极力量。我国各宗教倡导的伦理道德都有弃恶从善的内容。佛教的'庄严国土，利乐有情'，基督教的'荣神益人'，道教的'慈爱和同，济世度人'，伊斯兰教的'两世吉庆'，都倡导服务社会，造福人群。宗教界可以在社会主义精神文明建设中发挥教义中的积极因素，作出应有的贡献。"1998年1月23日，他在与宗教团体负责人谈到宗教与社会主义社会相适应问题时再次指出："我国各大宗教教义中的许多内容，比如伦理道德方面的一些要求，与现时代社会发展的趋势，与我们所倡导的精神文明是一致的。宗教界对这些有益于社会，有益于人群的内容，要加以挖掘，加以整理，加以强调。"

（4）"相适应"是宗教事务部门和宗教界共同的事。1999年2月11日，李瑞环在与全国宗教团体的领导人座谈时说："宗教事务部门和宗教界要认真贯彻党的宗教信仰自由政策，积极引导宗教与社会主义社会相适应。近年来，在贯彻党的宗教政策的过程中，我们同宗教界朋友们一起对引导宗教与社会主义社会相适应问题作了积极的探索，并取得有益的成果。比如，宗教界要维护法律尊严、维护人民利益、维护民族团结、维护国家统一，这是党和政府对宗教界的基本要求，也已成为宗教界人士和信教群众的普遍共识；比如，挖掘、整理各宗教教义在伦理道德方面所倡导的弃恶从善、服务社会、造福人群的内容，使之在精神文明建设中发挥积极作用，这项工作取得了可喜成果。"

（5）宗教要存在和发展，必须解决好同所在社会的适应问题。2000年1月31日，他在同全国宗教团体领导人谈话时说："在历史上，任何宗教想要存在与发展，都要解决一个与所在社会相适应的问题。在当代中国，建设有中国特色社会主义代表了全国人民的根本利益和共同愿望，宗教界理所当然地应通过自己的方式投身于这一事业，并作出自己应有的贡献。强调宗教与社会主义社会相适应，从根本上说就是要努力做到'四个维护'：维护法律尊严，维护人民利益，维护民族团结，维护祖国统一。实践证明，坚持'四个维护'，有利于全面贯彻宗教信仰自由政策，有利于保障宗教界的合法权益和地位，有利于宗教活动的正常开展。我们高兴地看到，在宗教与社会主义社会相适应方面，宗教界许多人士近年来做了许多有益的工作。希望大家不断总结经验，继续开展这方面的工作，继续支持和协助政府依法加强对宗教事务的管理，把我国的宗教事业不断推向前进。"

（6）"相适应"必须坚持两条原则。2001年1月18日，他在与宗教界领导人座谈时强调："一是尊重宗教信仰自由，二是坚持独立自主办教。这两条原则，是老一辈领导人研究中国国情、总结历史经验得出的科学结论，是根本性的、长期性的指导方针。实践证明，宗教工作坚持这两条原则，就能够切实保障信教群众的人权，就能够真正维护国家的主权，就能够使宗教与社会主义社会相适应。"

上述可以看出，从 1993 年江泽民同志正式提出"积极引导宗教与社会主义社会相适应"的论断以后，随着我国形势的发展和宗教工作的新的要求，江泽民、李瑞环同志对这一问题的多次阐述，进一步展开了"相适应"论断的丰富内涵，需要我们进一步认真学习，全面准确地加以把握。

第三节　全面把握"相适应"的论断

全面准确地把握"积极引导宗教与社会主义社会相适应"的论断，需要从以下几方面加以认识。

一、明确宗教与社会主义社会这两个概念

"相适应"直接涉及宗教与社会主义社会的关系，因此首先需要对宗教与社会主义这两个概念加以明确界定。

对于宗教，我们应该改变以前将它仅仅看做是一种思想观念，是一种唯心主义世界观的简单看法，而应该把它看成是一种同对超自然力量的信仰相适应的社会文化历史现象。所谓宗教是一种社会现象，就是说宗教并不单纯是存在于宗教信徒头脑中的纯粹精神的东西，它是通过具有宗教信仰的一个庞大的群体为其外在表现形式的，而这个庞大群体是由亿万宗教徒组成的。宗教徒是宗教的主体，是宗教最活跃的部分，涉及宗教的方方面面均是宗教徒的行为的结果，没有宗教徒，也就不可能有现实宗教的存在。而宗教组织则对宗教徒的信仰和行为起着凝聚团结的作用。因此，与社会主义社会相适应的宗教，主要是指宗教界和宗教徒的言论和行动。

什么是社会？社会一般泛指由于共同的物质条件而互相联系起来的人群。严格意义上的社会，也叫社会形态，是指由一定经济基础和上层建筑构成的整体。社会主义社会是一个比人类历史上以往一切社会形态更高级的社会形态，是与生产力较高发展阶段相适应的经济制度，以及与之相适应的政治、文化制度的综合体。建设中国特色的社会主义社会，首先，就是要在坚持和完善社会主义公有制为主体、多种所有制经济共同发展的基本经济制度下，发展市场经济，不断解放和发展生产力；其次，要在中国共产党的领导下，在人民当家做主的基础上，依法治国，发展社会主义民主政治，实现社会安定、政府廉洁、全国各族人民团结和睦、生动活泼的政治局面；第三，以马克思主义为指导，以培育有理想、有道德、有文化、有纪律的公民为目标，发展面向现代化、面向世界、面向未来的、民族的、科学的、大众的社会主义文化，建设高度的精神文明。宗教要适应社会主义社会，主要就是要适应社会主义社会的经济、政治和文化这三个方面。

二、宗教与社会主义社会相适应的根据

1. 这是由宗教在社会中的位置和地位决定的

宗教实质是一种信仰，在社会中不属于经济基础，即它不是经济生活领域的各种关系；也不属于政治上层建筑，不是国家政权、军队、监狱、法庭，等等；它和政治思想、法律思想、伦理道德、文学艺术等一样是思想上层建筑中的一种，即属于思想文化领域，是精神世界的问题。宗教作为一个庞大的人的群体及其组织，其最重要的特征是对超自然力量的信仰。因此，宗教只是社会的一个局部。任何一个社会，决定这个社会基本特征和性质的，最根本的是经济基础，即与一定生产力水平相适应的经济制度；其次是政治上层建筑，即政治制度，尤其是国家政权。宗教作为思想上层建筑的一个部分是被经济和政治决定的，是服从于一定社会的经济和政治的。这是社会发展的一个规律。正是这个规

律，决定着任何一个社会的宗教都要适应它所处的社会。当然，宗教也绝不是消极地适应社会，它对社会也发挥着能动的反作用，宗教的思想和活动对经济和政治也会产生影响，但与经济和政治对它的决定作用相比毕竟是次要的。

2. 宗教与社会相适应是人类历史发展的事实

宗教在原始社会产生以后，便随着社会形态的变化而改变着自己的性质和形式。第一，从宗教总的演变过程来看，原始社会的氏族宗教之所以具有自发性，没有人为编造的因素，正是与氏族公社是一个在同大自然斗争中共同劳动、共同分配、不存在剥削和压迫的血缘集团相适应的。阶级社会形成以后，新的剥削阶级便把他们把持的宗教变成神话自己的东西，同时开始供养一批宗教教职人员对宗教严密加工为其服务。这样，宗教也就具有了人为的因素和鲜明的阶级性，成为维护剥削阶级的工具，宗教自身在统治阶级的扶植下也得到了充分的发展。超种族、超地域的世界宗教的出现，标志着宗教发展的高级阶段。世界宗教的形成适应了不同种族和不同国家之间相互斗争以建立世界性帝国的需要，其传播又得力于世界帝国在政治上和军事上的支持，此外，也与它们的神具有超世界的神性，能满足不同民族、不同国家人们的宗教需要有关。第二，从某一种宗教发展的历史来看，例如，基督教在其发展的两千多年的历史上，就历经奴隶制社会、封建制社会、资本主义社会、社会主义社会四个阶段。早期基督教由反对罗马奴隶制帝国到成为罗马帝国的国教，中世纪的基督教与封建制度紧密结合而发展到自己的顶峰，宗教改革又使基督教进一步适应了资本主义的发展，说明某一种宗教不仅能够适应某一特定的社会，而且能够适应不同的社会发展阶段。第三，宗教传播到其他国家的过程，也是适应这些国家国情的过程。例如，佛教传入中国以后，便逐步使自己与中国传统宗教和强大的儒家文化相适应，而成为具有汉地特色的佛教；藏传佛教则是印度大乘佛教的密宗与藏族传统的本教相结合的产物；伊斯兰教传入我国以后，适应我国的情况，出现了许多支派，并在西北地区形成了门宦制度；一些伊斯兰教学者，又将儒家的某些思想与伊斯兰教教义融合或为伊斯兰教服务，这就使伊斯兰教深深扎根在中国的土地上，成为中国化的伊斯兰教。

3. 从社会主义社会的发展和宗教自身的现实利益及前途来看，也要求宗教与社会主义社会相适应

我国现在处于社会主义社会的初级阶段，宗教作为我国各民族中普遍存在的一种社会现象，还将长期存在，宗教具有的长期性、群众性、民族性、国际性和复杂性的特点仍然还十分鲜明。宗教方面的这一国情，就是我们正确认识和处理宗教与社会主义社会相互关系的出发点。如果关系处理不好，宗教与社会主义社会不相适应，就会发生冲突，既不利于国家，也不利于宗教的健康发展和进步。

因此，宗教与社会主义社会相适应具有深刻的理论、历史和现实的根据，具有其必然性。

三、"相适应"的含义和基础

所谓"相适应"，就是适合或符合某种客观条件或需要。宗教与社会主义社会相适应主要是指宗教要适合或符合社会主义社会的需要。这种"相适应"当然包含宗教与社会主义社会双方面的互动关系，但绝不是对等的适应，而是有主次之分，主要是指宗教要适应社会主义社会。

"相适应"还有高低层次之分。基本的要求是宗教界和信教群众要爱国守法，宗教活动要在国家的法律法规政策允许的范围进行。高层次的要求则是要求宗教界比较自觉地根据社会的发展调节自身，将自己的发展和进步与建设中国特色社会主义事业的大目标一致起来，自觉地服从国家的和中华民族的最高利益。

"相适应"是建立在政治法律的基础上的。党和国家反复强调，宗教与社会主义社会相适应，不是要求宗教徒放弃有神论的信仰，而只要求宗教徒热爱祖国，拥护社会主义制度，拥护共产党的领导，遵守国家

的法律法规。

"相适应"是全面的。包括经济上、政治上和思想文化方面，也包括如何挖掘宗教教义特别是宗教道德中的积极因素，以适应社会主义社会。

四、"相适应"是一个不断解决矛盾的过程

宗教与社会主义社会相适应是处理好我国现阶段宗教问题的目的，达到这个目的则是一个不断解决矛盾的过程。这里应当强调指出，我国的各种宗教经历了新中国六十多年的曲折发展，在总体上，在基本的方面，同社会主义社会是适应的。广大信教群众，绝大多数宗教界人士，在社会主义的两个文明建设方面发挥了积极的作用，是一支重要的力量。在充分肯定这一基本前提下，我们也要看到，宗教方面也还有与社会主义社会不相适应的地方。提出积极引导宗教与社会主义社会相适应，就是要解决还存在的不相适应的问题。

造成不相适应的原因是多方面的，既有历史的、现实的，又有国内的、国外的。从历史上看，"文化大革命"对待宗教的教训是永远不能忘记的；从现实来看，我国现在正处于向社会主义市场经济体制转型的时期，社会生活各方面的矛盾比较多，许多矛盾也反映到了宗教领域。社会生活中对宗教不了解、不尊重，严重伤害宗教徒宗教感情的事情屡有发生，有时甚至酿成突发事件。党和政府的一些干部（主要不是统战、民族、宗教事务部门的干部），尤其是一些基层干部，由于对宗教工作不够重视，缺乏宗教知识，对宗教政策和宗教法规也了解不够，以至导致侵犯宗教界合法权益、落实宗教政策还不够彻底的事情还时有发生。另外，国内外敌对势力利用宗教对我国的渗透进一步加剧，民族分裂主义分子和宗教极端分子也利用宗教极力破坏民族团结和祖国统一。上述情况对我国各宗教都不同程度地产生了一些影响。我国的宗教总体上呈正常发展的趋势，在社会生活中发挥着应有的积极作用，但是，对

存在的一些问题也需要加以重视，妥善解决。

进入 21 世纪，面对全球化的发展趋势，我国的对外开放不断扩大，各个领域的对外国际交往，包括开展宗教方面的对外友好交往也进一步加强。但是，以美国为首的西方敌对势力，不愿意看到一个强大的社会主义中国，他们利用在全球化中的优势，进一步加紧实施对我"西化"和"分化"的方针。利用宗教对我国进行渗透就是其中一个重要方面，对此，我们要高度警惕。

所谓"渗透"，这里是指以颠覆中华人民共和国政权和社会主义制度、破坏祖国统一为目的的反动政治活动和宣传，以控制我国宗教团体和宗教事务为目的的活动和宣传，以及在我国境内非法建立和发展宗教组织和活动据点，而不是指宗教方面的对外友好往来。属于上述情况的，如西方敌对势力利用和支持达赖集团，打着民族和宗教的旗号，祸教裂国，妄图搞"西藏独立"，分裂祖国；境外敌对势力支持新疆极少数分裂主义分子和宗教极端分子鼓吹"泛突厥主义"、"泛伊斯兰主义"，制造骚乱，妄图建立"东突厥斯坦伊斯兰共和国"；梵蒂冈在我国秘密任命地下主教，扶持地下势力，企图重新控制我国的天主教会；以美国为首的西方国家在宗教方面大做人权问题的文章，干涉我国内政，等等。还有一种情况，就是通过传教以达到控制我国宗教团体和宗教事务、在我国境内非法建立和发展宗教组织和活动据点。他们通过各种途径，采取各种方式，有的以探亲、旅游，有的利用经贸活动或以学术交流，有的通过招收留学生，在我境外探亲、朝觐人员中发展教徒；还有的通过邮寄宗教宣传品进行布道，通过办学、通过广播电视进行所谓教育传教、空中传教，目标在于使中国"福音化"。

境外敌对势力在他们的宗教渗透中，拼命夸大在共产党当政的地方不可能有真正的宗教信仰自由，以煽动国内的信教群众对政府不满，欺骗世界信仰宗教的人民对社会主义中国产生不信任感，在国际上损害我国的形象。他们鼓吹以基督教为基础的西方文明的优越性，宣称一切落后的不文明的东西都是缺乏基督教信仰的结果，极力支持和鼓励西方基督教会到中国传教。他们集中反对和攻击我国政府对宗教事务的依法管理，把这种管理歪曲为是"无神政府对宗教的镇压"。他们把我们对少数分裂主义分子的斗争，说成是对这些民族的传统宗教和以宗教为代表的传统文化的压制，公开支持民族分裂。

上述情况都会成为影响宗教与社会主义社会相适应的因素，对由这些因素引发的各种矛盾需要妥善加以处理，但这需要一个长期的过程。

五、"相适应"需要党、政府与宗教方面的共同努力

引导宗教与社会主义社会相适应需要党和政府与宗教方面共同努力，协调一致。这是基本的保证条件。

（1）从党和政府方面来说，党和政府是国家的掌权者，是引导宗教与社会主义社会相适应的主导方面，其工作如何，至关重要。最重要的工作涉及三个方面：一是全面正确地贯彻执行宗教信仰自由政策，保持宗教政策的连续性和稳定性；二是依法对宗教事务进行管理；三是不断巩固和发展对宗教界的爱国统一战线。江泽民同志提出积极引导宗教与社会主义社会相适应，这里有"积极引导"四个字，主要是针对党政领导干部讲的，他还指出我们共产党人有信心、有能力做好引导的工作。所以，"积极引导"虽然也涉及对宗教界的期望，但主要是对党政干部的要求。

"积极引导"必须建立在对宗教客观规律的科学认识基础上。如果违背了宗教的客观规律，凭主观意志和个人好恶去对待宗教问题，态度越"积极"，犯的错误就越大。为了认识宗教的发展规律，一是要学习马克思主义的宗教理论，二是要深刻了解中国的宗教国情，三是要牢记处理宗教问题上的正反两个方面的历史经验，四是要学习一些宗教知识。只有这样，才能够比较自觉地贯彻宗教信仰自由的政策。

"积极引导"就是要诚挚热心地帮助宗教界和广大信教群众在社会主义建设中找到自己的位置，发挥自己特有的优势。对宗教界，坚持求

同存异的原则，正确对待与宗教界的各种差异和分歧，做好思想引导工作。

"积极引导"就需要及时发现并妥善处理宗教方面的新情况新问题，掌握工作的主动权。宗教与社会主义社会相适应是一个不断变化的过程，新情况新问题不断出现是符合规律的正常现象。能否及时把握这一进程，是主动开展工作的前提。情况明，才能决心大，方法对。对于形势的变化，要防患于未然，努力把问题解决在萌芽状态。

（2）从宗教界方面来说，宗教界人士要充分意识到自己在接受党和政府的引导和直接引导信教群众适应社会主义社会上的重大责任。宗教界的状况如何，直接影响着信教群众，影响着整个宗教的发展。

首先，宗教界应发扬爱国爱教遵纪守法的传统，爱教必须爱国守法。应该明确，任何一个社会的宗教，都必须服从并服务于它所处的国家的社会经济制度和政治制度，在这个问题上不能含糊。宗教极端分子企图将宗教凌驾于国家政权、国家法律之上，甚至与国外宗教势力遥相呼应危害国家安全，这是绝不能允许的。从宗教的历史上看，宗教中的有识之士早就已经意识到这一点。例如，在中国，东晋时期汉地佛教领袖道安就说："不依国主，则法事难立"（《高僧传释道安传》），明确地道出了政治对佛教的重要作用和佛教必须采取的适应立场。历史表明，古代佛教与政治的关系是关系到中国佛教生存发展的大事，而佛教保持与世俗政治的协调关系，正是它得以长期流传的重要原因。所以，任何一种宗教要存在，要发展，首先就必须在政治上解决爱国守法的问题。中国各宗教都具有爱国的传统，今天我们应进一步发扬佛教倡导的"庄严国土，利乐有情"、道教坚持的"济世利人，护国爱民"、伊斯兰教的"爱国是伊玛尼的一部分"、天主教的"爱国爱教都是天主的诫命"、基督教强调的"一个好基督徒应该是一个好公民，爱自己的祖国是一个基督徒的本分"的思想，坚定不移地走爱国爱教遵纪守法的道路。独立自主自办教会是爱国爱教的有机组成部分，它不仅是一条宗教原则，更是一条政治原则，是整个国家对外政治原则的组成部分，在这个问题上也不能含糊。

其次，宗教界应面向现实，服务社会，造福人群。受中国传统人文主义的影响，我国各宗教大都主张现世和来世的统一，更加注重现世的努力，造福社会，体现了积极的入世意识和入世精神。如道教提出"和光同尘、济世利人"，佛教倡导的"人间佛教"，伊斯兰教的"两世吉庆"，基督教提出的"修好现世，作盐作光，荣神益人"，天主教的"荣主爱人"，等等。宗教的入世主张，促使教徒以自己的行动，积极参加国家的经济建设，为社会广做善事，为国家为人民作出了重要贡献。

第三，宗教界还应努力挖掘宗教思想文化中的精华，提高自身的素质，使宗教向高层次发展。宗教思想文化博大精深，但也需要用现代社会的视角重新加以审视，取其精华。就目前我国宗教的情况来看，其重点一是加强宗教内部思想和组织建设，包含神学思想的建设，二是弘扬宗教道德的优秀成分，提高宗教的伦理方面的水平。

近些年来，宗教界的一些领袖人物和教职人员作出了种种努力，反对和抵制迷信和邪教对宗教的影响，提高宗教的文化品位，发挥宗教文化道德教化的功能。已故佛教界的赵朴初会长领导中国佛教协会在弘扬"人间佛教"的事业中，除在政治上发挥爱国爱教的积极作用外，特别注重佛教内部自身的建设，在提高教职人员的素质上下工夫，同时特别注重佛教道德文化中的积极因素的发挥。基督教界的丁光训主教几年前就敏锐地觉察到神学思想中落后保守的观念严重影响到中国基督教跟随时代进步的问题，进行了积极探索，提出要通过神学思想建设，从根本上解决好基督教与社会主义社会相适应的问题。神学思想建设的主要任务，就是要淡化基督教中与社会主义社会不相适应的内容，如有些基督教徒过分强调"信和不信的对立"，引申有益于社会主义社会的教义，挖掘深埋于基督教自身的伦理道德内容，提倡伦理型、道德型、服务型的宗教，用教义教规中积极向上的内容引导信教群众面向现实，服务社会。丁主教强调"只有一个伦理道德占高位的，才能从它自身的理论上适应社会主义社会"，如果"我们中国的各种宗教都变成伦理道德内容很丰富的宗教，这样我们的宗教质量就提高了"。他还结合基督教的一些情况，指出一个宗教讲赶鬼治病，讲人生了病，不要吃药，要做祷告，这就是一个很落后的宗教，很原始的宗教。一个轻视道德甚至高喊道德无用的宗教，迟早是要被淘汰的。另外，加强教内的团结，克服宗派偏见，以增强教内的凝聚力，也是十分重要的问题。至于各种宗教道德的许多内容，特别是行善止恶、爱人如己、周济贫困、崇尚和平、热爱自然、珍惜生命等经过宗教界人士作出的有利于社会的新解释，已逐步成为广大信教群众的行为准则，为社会主义精神文明建设作出了积极贡献。

总之，只要党和政府认真贯彻宗教政策，切实依法管理宗教事务，团结教育好宗教界人士，就创造了宗教与社会主义社会相适应的基本前提；而宗教界和信教群众只要坚持爱国、爱教、遵纪、守法、团结、进步，就会使宗教与社会主义社会很好地相适应，宗教事业就会健康发展，就会有着光明的前途。

第十八章
要有宽广的世界眼光
——当代世界宗教问题及对我国的影响

第一节　世界宗教问题的历史回顾

宗教问题是对当代世界产生重大影响的问题之一。由于宗教问题涉及世界大多数人的宗教信仰和感情，因而具有特殊的敏感性，一旦发生很难解决。尤其宗教与政治问题交织在一起时，更使政治问题呈现出错综复杂的局面。40多年来，世界上由宗教因素引发的冲突乃至局部战争加剧了世界局势的动荡，一些多民族国家因宗教问题处理不当导致了国家政局的动荡，霸权主义也极力利用宗教问题干涉别国内政。世界宗教问题对我国的发展稳定也产生了一定程度的影响。因此，我们认识和处理宗教问题必须有世界眼光。

宗教作为十分古老的社会文化历史现象，至今仍然是人类多数人精神生活的组成部分。

宗教在随着人类社会发展变化的过程中，不仅自身呈现出丰富多彩的表现形式，而且与社会生活的各方面发生着错综复杂的关系。某一种宗教内部，不同的宗教之间，宗教与社会的经济、政治、文化等方面普遍存在着矛盾，这些矛盾则构成了人们所关注的宗教问题。

在宗教问题的发展过程中，宗教与政治的关系构成了宗教问题的主要内容，它制约着宗教问题的历史发展。

人类进入阶级社会以后，不同利益的阶级和集团不可避免地要为捍卫自身利益而斗争。利益不同乃至对立的阶级、社会集团一般都利用宗教作为维护自身利益的工具和手段。统治阶级会利用宗教，被统治阶级也会利用宗教。宗教一旦成了阶级斗争的工具，就被打上了阶级的烙印。宗教以神圣的名义，用"神意"、"天命"把阶级关系以及相应的伦理规范、律法规定和政治体制神圣化，赋予其不可改变、不容侵犯的神圣性，这就强化了社会成员对这些社会关系的认同和对相应的伦理规范、律法规定和政治制度的服从。

阶级社会中的统治阶级，在其掌握政权的时候，都要千方百计地维护自己的统治。维护统治秩序首先依靠国家机器。宗教为统治阶级服务，实质上就是为国家服务。国家与宗教的关系主要表现在国家政权与宗教组织结合的程度。从历史及现实情况看，大致有以下几种情况。(1) 宗教国家化为国教。国教是国家的执政者定为全民信仰的宗教，是占统治地位的官方意识形态，是维护统治秩序的最重要的精神支柱。一种宗教能否成为国教，主要取决于统治者是否认为它有利于自己的统治。三大世界宗教形成以后先后都曾被不同国家封为"国教"。(2) 政教合一制度是政治和宗教结合最密切的形式。其基本特点是：君权与神权、政权与教权合二而一。国家元首和宗教领袖同为一人，政权和教权由一人执掌；国家法律以宗教教义为依据，宗教教义是处理一切国家事务的准则。政教合一制度在中世纪欧洲的基督教国家、亚洲的一些伊斯兰教国家都实行过。近现代在极少数国家也存在。但是，在历史上，并不是所有的国家都一直把某种宗教宣布为国教，或实行政教合一的政治体制。在一定历史阶段上，有些国家出现了多种宗教互相并存的局面。对于它们，统治阶级或者选择其中之最有利于自身利益者作为定于一尊的国家宗教；或者兼容并蓄，让各种各样的宗教都成为保护自己江山社稷的宗教。

　　在古今中外的阶级社会，被统治阶级也常常利用宗教来为自己的利益服务甚至发动反对统治秩序政治斗争的武装起义。在统治阶级内部，一些受排挤的阶层和集团，也往往会对某种有利于自己的宗教加以利用。例如，打着宗教旗帜的农民起义，历史上的宗教改革或教会改革，都属这种情况。

　　历史上各国政府在利用宗教的同时，也都极力加强对宗教事务的管理。这是执政者政治管理的组成部分。在中国封建社会，历代统治者对宗教的管理基本上都是以儒家"和而不同"的精神为指导，对各种宗教，包括外来的宗教都能宽容相待，形成我国多种宗教并存的局面。同时，对宗教组织及活动违背国家意志的行为则加以限制。在古今中外的君主专制体制中，对宗教事务的政治管理过程常与统治者的个人意志结合在一起。

　　近代西方资产阶级在反封建的民主革命过程中，形成了政教分离的思想，这是资产阶级要求民主、自由、平等在宗教方面的反映。后来，在西方国家中大多都实行了政教分离制度。现在，政教分离差不多已成了世界上大多数现代国家采取的处理国家政教相互关系的基本原则和制度。政教分离是针对政教合一制度的落后性和专制性而提出的，其基本含义是国家政权与宗教组织所主管的事务分属不同性质的领域。宗教组织的任务只在于引导信徒的内在精神信仰或"灵魂拯救"，而不参与和干预政府所管辖的一切世俗事务。政府方面则应把宗教信仰、宗教活动视为每个公民的私事、个人的权利和自由，而不对之进行干预，并合法地保障一切宗教团体的正当宗教活动。这一原则及其形成的制度，有助于现代文明社会的发展，具有进步意义。但是，政教分离原则在实施过程中，情况是很复杂的。真正彻底实现政教分离的国家并不多。实际上，不仅有实行政教分离的国家政权干预宗教事务的情况，而且也有宗教组织干预国家行政的情况。

　　近代以来，殖民主义、帝国主义充分利用了基督教作为其工具。主要表现为由传教士组成的传教使团密切配合殖民主义帝国主义军队的行动。由于这种以宗教为掩护的殖民主义具有更大的隐蔽性和欺骗性，它往往能起到单纯用军事手段所起不到的作用。当然，传教士中也有不少确实是怀着虔诚的宗教信仰进行传教的人，但传教使团的活动总的来说是服从西方殖民主义列强的政策的。殖民主义、帝国主义的侵略必然导致民族解放运动的产生。在同西方列强的斗争中，殖民地半殖民地的人民也曾以宗教的形式来争取民族的独立和解放。

自近代意义的政党出现以后，宗教与它们的关系就非常密切。在许多国家，政党的政治活动总是寻求宗教的支持和帮助。特别是在宗教势力很强、信教群众很多的国家，政党如果得到了宗教的支持，实际上就是争取到庞大的教职人员和信教群众的支持。在欧洲，许多政党就直接以基督教命名。在伊斯兰教和佛教影响很大的一些国家，政党与这些宗教的关系也十分密切，将政治宗教化的意图十分明显。另一方面，在现代社会条件下，一些宗教也积极参与社会政治生活，力图使宗教政治化，争取政治势力的支持。宗教的归属同样也会影响到人们的党派归属和政治行为的方向。实际上，任何宗教都带有政治倾向，信仰不同宗教的人，必然要从自己的宗教信仰去选择自己的党派归属。如美国天主教徒一般来说倾向于支持民主党，而新教徒则更多地支持共和党。宗教与政党密切结合的最高形式是宗教政党的出现。宗教政党既是一个政治组织，又是一个特殊的宗教实体，它既追求宗教目的也追求政治目标。

在当代社会，宗教问题又特别集中地表现为宗教与国际冲突相交织的复杂情况。

第二节　世界宗教问题的现状和发展趋势

当今世界的发展主要表现为经济日益全球化、政治日益多极化、文化多元化以及高新科技大发展，这样的社会背景必然使世界宗教发生与现代社会相适应的各种变化。实际上，世界上各地区、各民族的各种宗教先后都已被卷进社会现代化的变革进程之中。宗教的这种变化是多方面的，形式是多种多样的。主要表现为传统宗教的演变和新兴宗教的兴起。

一、传统宗教的演变

在当代社会，传统宗教的演变主要表现为两种趋向：一是为了适应社会的现代化进程而进一步世俗化；二是作为对世俗化进程的回应，主张回归神圣传统的基要主义或原教旨主义乘势而起。

1. 走向"世俗化"——传统宗教适应现代社会的新发展

世俗化，一般来说，就是指社会生活逐渐摆脱宗教控制的过程，人们越来越少地依靠宗教来理解世界和个人的生活。与此同时，传统宗教也从"神圣"领域走向"世俗"领域，积极适应并参与社会生活与世俗事务。

宗教的世俗化基本上是与社会的现代化同步进行的。现代化进程促使传统社会日益非宗教化，宗教的价值观和世界观对于人们社会生活的方方面面已经不再具有至高的统辖权。

当今西方国家特别是美国的宗教日益凸显"民事宗教"的特征，这是以宗教文化为传统背景的西方国家宗教世俗化进程的一个突出表现。

世界各大宗教的活动都不再局限于教堂、寺庙、宫观等宗教场所的崇拜或礼仪。各宗教团体都以大量的人力和财力服务于社会，关心社会政治、经济、文化的发展。

在西方国家，世俗化的外在表现，最明显的是定期去教堂的人数在不断减少。其内在的变化是人们参与宗教活动的动机发生了许多变化（如为孩子提供道德教育，为家庭生活提供指南，作为参与社区生活的一种方式等）。

传统宗教世俗化的最高表现，是它们适应当代社会的发展需要，放弃或修改了某些不合时宜的传统教义和信仰体系，提出了适合其社会处境和文化特殊性的新的教义和神学理论，甚至发展为具有宗教革新性质的宗教社会运动。在基督宗教中，为适应现代世俗社会而产生的具有革新意义并发生重要社会影响者，当首推罗马天主教的"梵二会议"的改革。

伊斯兰教的现代主义也主张对传统进行改革，宗教的发展应与当前社会处境和社会发展潮流相适应，对外来文化不能一律排斥，而应有选择地利用和开放，使伊斯兰教社会走向现代文明。有些人还吸取西方的科学和哲学来重新解释、修正和补充伊斯兰教，力图使之具有时代精神。伊斯兰教现代主义思潮实质上都是力图在伊斯兰教的旗帜下解决现代社会所面临的政治、经济和民族发展问题，使传统的伊斯兰教具有了鲜明的现代性和世俗化的色彩。

传统佛教本来具有强烈的出世特征。在社会现代化的进程中，佛教也一反过去那种一尘不染、不问世事的超然传统，更加面向人生、面向社会、面向世界，对国家的独立、民族的解放、文化的变革，持积极参与的态度，并从教义学说上进行有益于民族发展的阐释，努力把教义与现实生活的需要结合起来，寻求使人类摆脱痛苦的新的途径。

2. 对传统的坚持与回归——宗教保守主义的复兴

传统宗教的某些教义和体制与现代社会的不适应，常常导致相应的变革，走向现代主义和世俗化，但这种世俗化的变革由于改变了固有的传统，势必损害传统体制的既得利益者，从而又必然引起保守势力对世俗化进程的反弹，以神圣的名义来坚持和维护古老的传统。

在西方，基督教"基要派神学"坚持传统教义，在文化上反对世俗人道主义，在自然观上反对进化论，在社会政治问题上反对马克思主义和社会主义。

罗马天主教通过"梵二会议"开始走向开放革新，促发了各种关注社会、政治、文化的新的神学思潮和社会运动，但同时也因此而招致那些捍卫传统的保守势力的反对。

在三大世界宗教中，伊斯兰教的复古主义思潮——原教旨主义表现得尤为强烈。它坚决反对伊斯兰社会的西方化和世俗化。在他们心目中，中世纪的哈里发帝国、奥斯曼帝国才是伊斯兰教的黄金时代，集中体现了伊斯兰教的辉煌与伟大，只有回归辉煌的传统，才能获得国家和民族的复兴；如果伊斯兰世界走向西方化、世俗化，必将导致伊斯兰教传统的沦亡。

二、新兴宗教的活跃

在传统宗教为适应现代社会而发生演变的同时，第二次世界大战后，无论东方还是西方，无论是发达国家还是发展中国家，都出现了许多新兴的宗教团体。它们中的大多数在发展中并不反对社会的主流价值体系，有的甚至逐渐演变为主流宗教，但也有少数打着"宗教"旗号的宗派走上了反社会、反人类的邪教之路。

1. 新兴宗教发展的主要原因

首先，现代社会的迅速转型，频繁发生的社会动荡战乱带来的严重危机及各种苦难，为新兴宗教的蓬勃发展提供了温床。其次，现代化进程的日益加快，在不断给各行各业的人们提供机会的同时，也使人们面临着日益严重的挑战和风险，由此形成的社会压力和心理失衡，前所未有。当这种精神需求与具有新的面貌和时代特点的新兴宗教相遇时，就使一部分人投入其怀抱。第三，现代科学技术的迅猛发展和社会演变的加剧，使人类赖以生存的生态环境日益恶化，加上大大小小的自然灾害，使悲观主义的情绪有所抬头，而新兴宗教关于"世界末日"的说教和对"新时代"的预言，则往往成为医治心灵空虚的灵丹妙药。第四，传统宗教越来越向世俗化方向发展，使其神圣性和神秘性大打折扣。

2. 新兴宗教的特点

有的以"教"、"派"、"道"、"门"、"会"、"宗"等冠名，有的却以

"研究会"、"学会"、"培训会"、"静修会"、"公社"、"阵线"、"家庭联合会"等名义出现，有的还挂着传统宗教的一些招牌，有的则打出"科学"的旗号。

在宗教思想方面，许多新兴宗教吸纳了某些传统宗教或多种宗教和信仰的素材，进行了一些加工，但很少有完全意义上的独立创造。

新兴宗教在组织形态、活动方式和社会作用等方面的差异较大。

就其开放程度而言，有开放型的，结构比较松散；也有封闭型的，内部等级森严，实行家长制统治。

从参与社会生活的程度来看，有积极参与社会现实活动的入世型的，也有专注个人修炼的遁世型的。

就发展的规模说，有的已经走出原生地演变为国际型的，也有的依然活动于原生地成为本土型的。

3. 新兴宗教与邪教

某些新兴宗教在其发展过程中改变了性质，走向危害社会、违反法律与人性，扰乱社会秩序，甚至自绝于社会与人类的方向，而成为邪教。

虽然邪教在形式上表现各异，但有其共同的特点，如极端的、绝对的教主崇拜，偏激狂热的末世劫难说教，强烈的反社会、反人类、反理性、反道德倾向，不择手段地聚敛钱财。

邪教与正常宗教的最大区别就在于它从事违法犯罪活动。为了保护正常的宗教活动，维护社会的正常秩序，保护公民的人身与财产安全，国家和社会有必要运用法律武器，依法取缔、打击邪教组织，制止其危害社会的活动。

三、国际地区冲突交织着宗教纷争

1. 宗教纷争是国际地区冲突的一种特殊表现形式

国际地区冲突往往伴随着宗教纷争。宗教纷争虽然也涉及宗教自身的利益，但实质上是现实经济、政治这一根本利益纷争的一种特殊表现形式。其特殊之处就在于它涉及宗教信仰这一十分敏感的问题。特别是对一些虔诚信仰宗教或宗教具有很高社会政治地位的民族来说，宗教往往被视为神圣不可侵犯的，具有强烈的排他性。对来自外界对自己宗教的不尊重、歧视和迫害通常是不能容忍的。为了捍卫自己的宗教，甚至不惜煽起宗教狂热，采取一些极端手段。

2. 当今世界宗教纷争的几种类型

第一，不同国家之间的冲突具有较深的宗教背景，其典型的事例就是阿以冲突。第二次世界大战后，围绕巴勒斯坦问题的阿拉伯国家和以色列的冲突便起因于当代犹太复国主义运动和1947年由美、英支持联合国通过的《巴勒斯坦分治决议》。阿以冲突的实质，是已在巴勒斯坦居住近两千年的阿拉伯人和犹太人要求重返故里而展开的争取本民族生存权利的斗争。多年来，在美国的支持下，以色列强占了巴勒斯坦阿拉伯人的领土，致使大批巴勒斯坦难民难返家园。但是，阿以冲突的长期存在，宗教因素也起到了一定的作用。对犹太人来说，犹太教的信仰是其巨大的精神动力。早在公元前1000年左右，犹太人的祖先古希伯来人就已在巴勒斯坦建国，建都耶路撒冷。所罗门王在位时，他们为自己的神耶和华建造了耶路撒冷大圣殿，以此成为犹太教的圣地。后来，犹太人数次惨遭外族侵略，被迫离散到世界各地。19世纪末，犹太复国主义运动兴起，其宗教的根据就是《旧约圣经》记载的犹太人是上帝选定的特殊民族。犹太复国主义者认为，对《圣经》记载的祖先居住的土地巴勒斯坦拥有权利，应聚居在此建立一个纯粹的犹太人的国家。但是由于历史的原因，两千多年来巴勒斯坦的居民90%已是阿拉伯人。因此，阿拉伯人一开始就反对《巴勒斯坦分治决议》，面对以色列强占自己的领土，不惜以武力抗争。阿拉伯国家普遍支持巴勒斯坦解放运动，从民族的角度是因为同属于一个民族；从宗教的角度，伊斯兰教又是其共同的宗教信仰。

第二，不同国家围绕着宗教圣地之争，其集中的表现是耶路撒冷之争。耶路撒冷位于巴勒斯坦中部，是世界著名的宗教和文化古城，为犹太教、基督教、伊斯兰教的共同圣地。犹太教的古迹有圣殿和哭墙等。圣殿为古犹太人宗教活动的中心，哭墙为外族入侵焚毁圣殿后剩下的一堵残壁。每逢节日，犹太人常聚集在城下哭诉哀悼，以表达怀念故国之情，故名哭墙，被视为犹太人信仰和团结的象征。基督教则以耶路撒冷为耶稣基督受难升天的地方。而耶路撒冷成为伊斯兰教的圣地，源于穆罕默德夜行登霄的传说。据传，穆罕默德一日夜间曾在耶路撒冷踏着一块岩石升天，接受安拉的启示，天亮时则重返麦加。今城内萨赫来清真寺有一巨大岩石，传为穆罕默德登霄所踩之石，被穆斯林称为圣石。由于上述原因，耶路撒冷形成了东部的穆斯林聚居区、西北部的基督教区和南部的犹太教区。1948年以色列建国，随即宣布耶路撒冷为其首都，导致犹太教区不断扩张。特别在以色列政府的鼓励和纵容下，狂热的犹太教极端分子不断破坏耶路撒冷旧城的伊斯兰教圣迹。由于伊斯兰教的阿克萨大清真寺建于原犹太教圣殿残存的基墙上，一些犹太教正统派极端分子不断扬言要摧毁该清真寺重建犹太教圣殿。半个世纪来，围绕这个问题以色列和阿拉伯国家冲突不断，惨案无数。1988年，由巴勒斯坦解放运动组织领导的巴勒斯坦国成立，也宣布首都是耶路撒冷，并强调是"阿拉伯耶路撒冷"，"阿拉伯和伊斯兰民族不允许在圣城权利问题上发生争论"。至今，围绕耶路撒冷之争仍是巴以冲突的症结之一。

第三，同一国家不同宗教、教派冲突引发的事端。如当代印度教派间的冲突，其历史原因在于当年英国殖民主义者的挑拨离间。1947年印巴分治的主要因素是宗教，分治后，巴基斯坦成为伊斯兰教国家，但印度仍有大量的穆斯林，印度教徒和穆斯林之争仍然存在。印巴分治期间，两教冲突死亡达50余万人。以后，至20世纪90年代大小冲突近千次，惨案多次发生。1990年10月，在印度教组织的策划下，数万印度教徒决定拆毁印度教的圣城阿逾陀中的巴布尔清真寺，又一次导致与伊斯兰教的冲突，造成死亡2000多人的流血事件。1992年12月6日，又有约20万名印度教徒强占并捣毁了巴布尔清真寺，又引发流血冲突，当天伤亡就达2000多人。再如印度政府由于没有处理好印度教和锡克教的关系，致使矛盾激化，导致 1984 年 10 月 31 日总理英迪拉·甘地被她身边的锡克人警卫枪杀。其他国家，如黎巴嫩的伊斯兰教和基督教的冲突，英国的北爱尔兰问题伴随的天主教和基督新教之争，波黑冲突交织的天主教、东正教、伊斯兰教之争，科索沃冲突隐含的伊斯兰教和东正教的矛盾，等等。

第四，涉及宗教的出版物导致的国际争端。最典型的事件是 1988 年英国作家拉什迪的小说《撒旦诗篇》，由于伤害了穆斯林的宗教感情，引起世界许多国家穆斯林的强烈抗议。特别是 1989 年 2 月 14 日，伊朗宗教领袖霍梅尼下令对作者和出版商"处以死刑"，并悬赏 260 万美元给任何杀死作者和出版商的伊朗人。而英、法、德国、荷兰、美国等国家则明确反对霍梅尼的做法。欧洲共同体 12 国当时因为此事招回了驻伊朗的使节，英国也冻结了与伊朗的外交关系。

一般来说，宗教纷争由于触动了各自视为神圣的宗教信仰，往往难于解决，而宗教纷争的国际化则使地区冲突更加复杂化，特别是宗教纷争容易为帝国主义大国等政治势力所利用以达到自己的目的。因此，对宗教纷争的危害性要高度警觉，要警惕外部势力插手宗教纠纷，处理宗教纷争要真正实行宗教平等的政策。从长远考虑，只有社会的现代化和民主化才是缓和宗教纷争的真正基础。

四、宗教极端主义与恐怖主义一定程度的结合

宗教极端主义一般来说是以宗教的名义从事以反政府或反西方为政治目的的活动，其中也包括对宗教信仰体系所做的极端片面的解释。这里所讲的"宗教极端主义"是一个政治、法律概念，指的是假借宗教名义从事的一切违法犯罪活动。

宗教极端主义往往以宗教为名义进行恐怖主义活动。具体是指以宗教名义、以暴力恐怖活动为主要手段从事的种种反人道的违法犯罪行为。尽管这种恐怖主义只是在形式上与宗教相联系，但是它对宗教教

义、宗教文化所作的歪曲解释仍有极大的欺骗性。例如，它把恐怖主义活动解释为"执行"上帝、真主、神明的"意志"，是对"恶人"的惩罚。又如，以伊斯兰教名义从事暴力恐怖活动的宗教极端势力，常以对异教徒举行"圣战"的名义进行违法犯罪活动。在他们的歪曲解释下，原本属于正当防卫的"圣战"观念如今已经成为暴力恐怖主义的代名词。在他们那里，"圣战"就是一切，"圣战"可以不问对象，不讲条件，不择手段，不计后果。

应当指出，伊斯兰教的基本教诲和教法原则要求穆斯林行事处世宽厚仁慈，反对滥施暴力。对无辜的平民的伤害行为更是伊斯兰教法所禁止的。那些以伊斯兰教名义搞恐怖活动的人，不可能在《古兰经》中找到依据。打着宗教旗号的恐怖主义具有极大的欺骗性、迷惑性，但事实上却是在宗教名义下犯的种种罪行，违背和损害人民的利益。他们的目的是政治，不是宗教，而可以说，他们在利用宗教、曲解宗教的同时，又在损害宗教、破坏宗教。尽管以伊斯兰名义的极端主义和恐怖主义几乎相伴而生，但仍必须将作为宗教的伊斯兰教及宗教界，与被极端主义曲解的教义及恐怖组织区分开来，因此伊斯兰复兴运动或原教旨主义不等于整个伊斯兰教，而伊斯兰教极端主义也不等于伊斯兰复兴主义，热衷于搞恐怖活动的毕竟是极少数人。

恐怖活动在伊斯兰世界异常活跃有其深层次的原因：第一，伊斯兰世界各国的现代化进程普遍受挫和传统社会向现代社会急剧转变所带来的心理困惑和社会失衡，使部分民众对东西方发展模式感到失望，是回归传统而走向极端的社会原因。第二，在西方霸权主义影响下企图寻找出路以图自强的各穆斯林民族，往往从伊斯兰教和伊斯兰教文明当年的辉煌中来吸取力量。第三，阿以冲突久拖未决，阿拉伯人屡战屡败，严重伤害了穆斯林的宗教和民族感情，从而成为伊斯兰教极端主义和恐怖主义的温床之一。第四，大国对恐怖主义采取双重标准和实用主义的政策，纵容某些恐怖行为和恐怖分子，造成养虎为患的恶果。因此，仅仅用宗教或民族冲突来解说伊斯兰世界恐怖主义活跃的原因，并不能完全揭示其真相，因为在宗教或民族争执的背后，其实有更关键的因素，那就是经济和政治的利益冲突。

五、世界宗教问题的发展趋势

1. 宗教依然有强大的生命力，但将会进一步适应当代社会

宗教在未来社会还将长期存在和发展，依然会保持强大的生命力，随着社会现代化进程的飞速发展，宗教不可能游离于社会之外，它的存在的形态及表现方式将会进一步发生变化，世界范围宗教世俗化的趋势将会持续发展。对于国际事务的参与及国际问题的关注，将成为各国宗教界共同的追求。各宗教都力图扩展自己的影响和势力，全球性的传教活动仍然是宗教的首要任务。20 世纪末新兴宗教及邪教的大量涌现，以及移民带来的宗教多元化，使人们在享有越来越多的信仰自由的同时，也有可能因宗教的纷争和邪教问题而影响其正常的生活秩序。各国政府基于维护社会稳定和人民生命财产的考虑，将会对因宗教引发的问题采取越来越多的行政手段，依法加强对宗教事务的管理，对危害社会的宗教极端势力及邪教采取必要的措施，甚至可能出现国际联合对付邪教的组织或机构。

2. 宗教与国际政治关系依然密切

在 21 世纪，宗教在国际政治斗争中的作用仍然需要高度重视；宗教作为西方推行其世界观、价值观，以及人权斗争工具的作用仍将长期存在；在第三世界，宗教也会日益与维护民族独立和尊严、反对霸权主义的浪潮携手；在一些以宗教为文化背景的国家中政治与宗教不可能分离的现实，也会使一些国家在处理政治事务或宗教事务时使宗教与政府之间的摩擦连续不断。

3. 宗教与民族问题的交织仍将引人注目，以对话、合作寻求解决宗教问题的趋势日益明显

随着经济的全球化，各民族人口进一步大交流，原有的世界宗教布

局逐渐被打破，这将成为 21 世纪一个引人注目的现象。基督教信徒在东方儒文化圈国家中剧增，伊斯兰教、佛教、道教等原为第三世界的宗教，开始在西方发达国家传播和发展。与不同宗教频繁交流相应的是，各个宗教都面临着社会发展及民族、宗教多元化的挑战，不同宗教信仰之间的冲突在所难免，但各个宗教都必须对自身进行较大幅度的调整以适应发展变化的社会，寻求和平对话、彼此尊重、共同参与社会各项事务。不同宗教的对话与交流，将成为 21 世纪不同国家、不同民族和睦相处的重要条件。寻求世界和平的国际性组织例如"世界宗教和平会议"将会在国际事务中更加活跃。

4. 宗教与科学的关系将进一步成为热点话题

当代科学技术的发展及应用进一步向神创世界的宗教核心教义挑战，势必引起对于宗教一些基本信念的争议，宗教将更加迫切地寻求与科学之间的对话和理解。在高新科技不断向宗教信条挑战的同时，宗教也利用各种高新科学技术为自己的信仰服务。对于因科技发展而引发的一些伦理问题的讨论也将继续深化，例如，对于试管婴儿、克隆动物以及六国科学家发现人类基因排列的密码之后，将可能引发伦理和道德问题的争论。尽管有着宗教与科学之间的妥协和调和，但由于科学与宗教本质的不同，科学的每一个进步都是对宗教信念的挑战，宗教需要不断地调整自身以适应科学技术的发展及社会的变迁。宗教与科学之间的妥协和调和是相对的、暂时的，冲突是绝对的、必然的。随着科学技术的发展和社会的进步，长期并存、寻求对话、时有冲突，将是宗教与科学之间互存的模式。

总之，21 世纪的宗教，将是 20 世纪宗教的继续和发展。它将受 21 世纪社会科技、政治、经济、文化各方面发展变化的制约，并继续对社会各方面的发展、变化产生重大的影响。

第三节 苏联的宗教问题

对我国来说，了解世界宗教问题，必须了解苏联的宗教问题。苏联曾是第一个社会主义国家，在认识和处理社会主义时期宗教问题的过程中，走过一些曲折的路，留下了深刻的正反两方面的历史经验和教训。借鉴苏联解决宗教问题的教训，对于进一步处理好我国的宗教问题具有重要意义。

一、俄国的宗教国情

俄国不仅是一个多民族国家，也是一个有多种宗教的国家，有近40个宗教和教派。1917年，俄国总人口为1.6亿人，98％的居民信仰宗教，基本上是全民信教的国家。东正教是俄国最大的和最有影响的宗教。在沙俄时期，由于历代统治者的扶植和利用，东正教一直被确定为国教，享有各种特权。东正教会作为剥削阶级的精神支柱和统治工具，为俄罗斯国家的形成，为巩固和发展俄国的封建专制制度，发挥了重要作用。伊斯兰教是仅次于东正教的俄国第二大宗教。尽管伊斯兰教在俄国的地位不能和东正教相比，但它却在高加索、中亚、哈萨克斯坦等地区扎下了根。到1914年，俄国穆斯林约2500万，共有2.5万个清真寺，多半在中亚地区。天主教主要分布在立陶宛、拉脱维亚东部、乌克兰和白俄罗斯西部以及侨居俄国的一部分德国人中间。基督教新教主要分布于波罗的海沿岸、西北部的芬兰人、乌克兰南部和伏尔加河流域的德国移民之中。佛教主要分布在靠近蒙古的布里亚特等地。犹太教主要分布在俄国中心地带、乌克兰、波罗的海沿岸地区。上述几种宗教在人口比例以及社会影响方面都不能同东正教和伊斯兰教相比，都是处于被排斥受压制的地位。

对十月革命前的俄国宗教，特别是东正教的情况，列宁称之为是

"可耻的、可诅咒的现象：教会农奴般地依赖于国家，而俄国公民又农奴般地依赖于国家教会；中世纪的宗教裁判所的法律仍然存在，并且仍然有效，这种法律追究人是否有信仰，摧残人的良心，把官位和俸禄同布施某种国家教会劣质酒联合起来"。

总之，全民信教，政教合一，宗教不平等，没有宗教信仰自由，这就是俄国基本的宗教国情。十月革命胜利后，苏联党和政府就是在这种情况下处理新的历史条件下的宗教问题的。

二、苏联宗教政策、法规的演变

苏联解决宗教问题的指导思想是马克思主义宗教观，特别是列宁关于宗教问题的思想。十月革命胜利以后，这些思想系统地具体化为宗教工作的政策和法规，直接用于解决现实的宗教问题。早在十月革命前，列宁关于宗教问题的思想就在一定程度上体现在布尔什维克党的纲领和有关文件之中，它鲜明地表现出对公民必须实行宗教信仰自由，国家实行政教分离，学校与教会分离，而在社会民主党内必须抵制有神论思潮的马克思主义性质，为俄国工人阶级夺取政权以后进一步全面制定执政条件下的宗教政策奠定了基础。

十月革命以后，苏联宗教政策、法规的形成与发展分为以下几个时期。

1. 列宁、斯大林时期

十月革命胜利后，苏维埃政权在宗教方面首先是废除了政教合一制度。1917 年 11 月 8 日颁布的《土地法令》规定，寺院和教堂的土地，一律无偿地取消其原主所有权，成为全民财产并交给一切耕种土地的劳动者使用。11 月 15 日发布的《俄罗斯各族人民权利宣言》明确要求废除任何民族的和民族宗教的一切特权。12 月 3 日发布的《告俄罗斯和东方全体穆斯林劳动人民书》，特别强调穆斯林的信仰和习惯，其民族和文化机关都被宣布为自由和不可侵犯的。12 月 29 日颁布的《离婚法令》

强制取消了由东正教会和其他宗教部门的宗教法庭、主教公会和其他基督教与异教的各种机关以及管理各种宗教事务的负责人员受理的、尚未作出决定或已作出决定尚未生效的离婚案件，男女双方有权按苏维埃政权的新法令重新提出离婚申请。12 月 31 日颁布的《婚姻、子女和办理户籍登记法令》规定，俄罗斯共和国今后只承认非宗教婚姻，结婚登记和子女出生登记均需到所在地民政机关办理。结婚双方办理了非宗教的婚姻登记手续外，另举行宗教结婚仪式，纯属他们的私事。1918 年 1 月，苏维埃政权又发布了断绝教会同国家的经济联系的命令，废除了沙皇政府对教会的财政支持，停止提供用于教堂、教会的经费，教会人员除以主持正常宗教活动获取来自教徒的收入外，在完成宗教活动以后，应当穿着世俗服装参加必要的公益劳动以增加收入。同月，还取消了宫廷教会，解散了军队教会。上述措施剥夺了教会在经济、政治以及对人民生老病死、婚丧嫁娶等方面的特权，使广大劳动人民获得了真正的宗教信仰自由。

教会的特权的被剥夺，引起被推翻的剥削阶级和教会的上层集团的仇恨和激烈反抗。1917 年 12 月 2 日，俄罗斯东正教地方主教会议针对苏维埃政权发布的有关法律设施，通过了"关于俄国教会的法律地位"的决议，全面维护并强烈要求苏维埃政权保证东正教会在旧制度下所享受的特权。面对东正教会的挑战，苏维埃政权不能满足于在其发布的法令中零散地涉及宗教问题，而必须着手制定全面系统的宗教政策、法规。1918 年 1 月 23 日，经由列宁签署的苏俄《关于教会同国家分离和学校同教会分离》的法令公布于世。

该法令一共 13 条，涉及以下几方面的内容：第一，法令宣布"教会同国家分离"，彻底断绝了教会与国家政权的联系，为保障真正的宗教信仰自由的实现奠定了基础。法令还规定国家机关和其他公开的社会权力机关在活动时，不得举行任何宗教仪礼，坚决废除宗教宣誓。涉及婚姻、出生登记等项事宜只能由民政机关办理（见 1、4、7、8 条）。第二，法令规定全体公民的权利一律平等，不管其对待宗教的态度如何，法令指出，"每个公民都有权信奉或不信奉任何宗教"，废除一切因为信仰任何宗教而剥夺权利的规定。列宁在法令的附注中则写道："从所有正式文件中，取消一切有关说明公民信奉和不信奉宗教的任何规定"。同样，任何人不得以自己的宗教观点为借口，逃避履行自己的公民义务（见 2、3、6 条）。第三，法令保障举行宗教仪式的自由。同时指出，宗教活动不能破坏社会秩序和不能侵犯公民的权利（见 5 条）。第四，法令规定"学校同教会"分离，在一切讲授普通科目的国立、公立和私立的学校中，禁止讲授宗教教义。但公民可以私人教授或学习宗教教义。这就彻底根绝了教会对青少年教育工作的控制，制止了教会强迫学生参加宗教生活的做法，为建立统一的国民教育制度创造了前提（见 9 条）。第五，法令规定"任何教会和宗教都无权占有财产"。教会和宗教团体的全部财产都宣布为人民的财产。而专供祈祷用的建筑物和物品，则转交宗教团体无偿使用。国家不给教会和宗教团体任何特权和津贴（见 10、11、12、13 条）。[1]

法令的核心有两条，一是教会同国家的分离，二是学校同教会的分离。这就从法律上保证了国家不干涉教会的内部事务，教会也不参与国家的事务，保证了宗教信仰真正变成个人的私事，保证了真正的宗教信仰自由。这个法令作为世界上第一个社会主义性质的宗教法令与一切剥削阶级的宗教法规相对立，成为指导苏联几十年宗教工作的基本准则。

在斯大林时期，苏联宗教政策的基本原则没有发生变化，但进一步加以了充实，并根据宗教状况的新变化作出了适当的调整。1929 年 4 月 8 日全俄中央执行委员会和人民委员会通过了《关于宗教组织》的决议。《关于宗教组织》是当时涉及宗教组织的一部最具体完整的宗教法。《关于宗教组织》的决议，是继《关于教会同国家分离和学校同教会分离》的法令之后最重要的宗教法规，它将十月革命后最初年代通过的一切没有失效的指示和法令内容综合成一部完整的宗教法。从这以后，到

---

[1] 《苏联宗教政策》，中国社会科学出版社 1979 年版，第 18—20 页。

20世纪50年代初，苏联宗教政策、法规基本上没有增减什么重要内容。

2. 赫鲁晓夫、勃列日涅夫时期

在赫鲁晓夫时期，科学无神论宣传在苏联的宗教工作中占据着重要地位。宗教的政策和法规，也相应突出了科学无神论宣传教育的内容，并通过了一系列文件。在其他重要文件，如1959年11月1日通过的苏联新宪法、苏俄刑法典以及各加盟共和国的有关宗教政策和法规中，基本上都是重申以前的提法。在勃列日涅夫时期，苏联的宗教政策继续保持着连续性、稳定性。同时结合新的情况，对以前的一些文件做了一定的修改，在通过的新文件中增添了一些新内容。这主要有两个文件，一个是1975年6月23日俄罗斯联邦关于对1929年通过的《关于宗教组织》的修正的补充命令，另一个是1977年10月7日通过的苏联新宪法。至此，苏联的宗教政策和法规更加系统和完整。其要点简要综述如下：教会同国家分离。宗教组织不能干涉国家事务，国家政权同样也不能干涉宗教组织内部事务。国家不站在任何一种宗教方面，不使一些宗教享有特权，不在物质上和道义上支持任何一个教派。所有宗教团体法律上的权利和义务一律平等。法律禁止按信仰划分公民，在人口调查，在一切说明公民个人状况的文件中，不指出他们归属于何种宗教。公民可以自由信仰或不信仰宗教。教徒可以自由地选择任何一种宗教信仰。但是，每个公民只能参加一个宗教组织。根据法律，国家政权机关可以为教徒们办理成立宗教团体或教徒小组的手续。在苏联，宗教组织不得从事慈善活动；不能组织对儿童、青少年、妇女的专门的祈祷会和讲授宗教教义的活动；儿童和未满18岁的青少年不得参加宗教组织。宗教活动不能破坏社会秩序，不得侵犯公民个人权利。禁止对宗教信仰采取强迫和暴力手段。宗教团体可以雇用服务于宗教需要的唱诗班歌手、合唱队指挥等人员。宗教团体可以拥有法律规定的交通工具，可以生产宗教用品。宗教团体应妥善保护好国家无偿提供的宗教活动场所和宗教物品，管理内部财务。苏联部长会议宗教事务委员会是全苏性机构，负责监督宗教法律的执行情况并解决在宗教、教会和信徒方面出现的问题。

无论是来自宗教方面还是来自国家方面，违反宗教法律，都应依法追究有关责任。

在赫鲁晓夫、勃列日涅夫时期，虽然在宗教政策、法规上有一些调整，但基本原则与以前是一致的。可以说，十月革命以后近七十年，苏联宗教政策、法规按照马克思列宁主义的基本原则，从形成到逐步具体化和系统化。进入戈尔巴乔夫时期，由于苏联社会发生重大变化，宗教政策出现了大调整。

3. 戈尔巴乔夫时期

1985 年，戈尔巴乔夫执政。最初几年，宗教政策未发生任何变化。1987 年以后，随着他的"新思维"理论的提出以及全面改革的推行，苏联的政教关系发生了重大变化，在这种情况下，戈尔巴乔夫进行了宗教政策的大调整，在政策上对宗教大大放宽。其主要标志就是 1990 年 10 月 1 日通过的苏联《关于信仰自由和宗教组织》的法律。该法律包括总则、苏联之宗教组织、宗教组织之财产状况、宗教组织及公民与信仰自由相关之权利、宗教组织及其中之劳动活动、国家机关与宗教组织共 6 章 31 条。与以往的苏联宗教法律相比，新的宗教法的主要内容是给予宗教组织更多的权利。新法没有重申苏联宪法规定的公民有进行无神论宣传的权利，只是强调了公民"有权表达和传播与宗教有关之信念"，指出"国家不资助无神论宣传的活动"。新法删掉以往"禁止在学校中讲授任何宗教教义"的规定，只是一般地提出"苏联的国民教育体系同教会分离，具有世俗性质"。新法确认了宗教组织有更多的财产拥有权。如"建筑物，崇拜用品、用于生产事业的设施、货币资金"，"自资购置与建造的财产、公民与组织的捐献，或国家转交的财产"，"国外产业"等。新法规定宗教组织根据法律有权建立出版、印刷、生产、修缮、农业及其他企业。新法废除了以前禁止教会从事慈善活动的规定，确认宗教组织有权既可独立地、也可通过社会基金进行慈善活动，如建立收容所、青少年教养所、医院等。新法强调军人可以在业余时间参加礼拜和履行宗教仪式。新法撤销了苏联部长会议宗教事务委员会，有关权力转交给各地人民代表苏维埃执行委员会。新法确定由苏联部长会议组成苏联国家宗教事务机关，该机关仅仅是一个信息、协商和评审的中心。新法特别规定："如在苏联参加之国际条约中所制定之规章与苏联信仰自由与宗教组织之法不同，则采用国际条约之规章。"

苏联宗教政策、法规总体来说是马克思列宁主义宗教观与苏联宗教实际相结合的产物，但戈尔巴乔夫执政时通过的《关于信仰自由和宗教组织》的法律，在某些方面开始背离马克思主义宗教观。

三、苏联处理政教关系的实践

苏联宗教问题的核心是苏维埃国家与教会组织的关系。国家能否正确制定并实施好宗教政策、法规，教会组织能否接受国家正确的宗教政策、法规，是决定政教关系是否协调的两个重要条件。在十月革命以后70多年的时间里，苏联处理政教关系的实践经历了曲折的发展过程。

1. 十月革命后到卫国战争爆发前的政教关系（1917—1941）

十月革命后，由于苏维埃政权颁布的有关法令和政策导致教会上层僧侣们经济上的被剥夺和政治、宗教特权的丧失，因此，宗教界大都参与了反对苏维埃政权的活动，以俄罗斯东正教会的反革命活动最有代表性。在牧首吉洪指使下，东正教会支持并参与颠覆苏维埃政权的反革命活动。他们攻击苏维埃政权是魔鬼，将苏维埃政权革出教门。东正教牧首公署组织各地方教会组织所谓联合教区、僧俗联盟、牧师联盟等反动组织，煽动教徒举行捧十字架圣像的游行，进行攻击苏维埃政权的政治性讲道，为旧制度祈祷等，以抗拒苏维埃政权宗教法令的执行。从1917年到1922年，以东正教主教会议和吉洪牧首的名义下发的对抗苏维埃政权的文书多达16件，上层教会基本上成为反革命的政治组织，一些神职人员甚至直接参加了白匪军。1921年，苏俄发生大饥荒，3000万居民受灾，近300万人面临饿死的危险。为救助灾民，苏维埃政权决定征用教会一部分金银珍宝用来购买粮食以救灾。对此，东正教会上层极力加以抗拒。牧首吉洪在他下达给各地的秘密文书中，煽动神职人员和教徒对抗苏维埃政权的有关法令，甚至制造流血冲突。由于吉洪所犯的一系列反革命罪行，1922 年 5 月，苏俄司法人民委员部依法逮捕审讯吉洪。在确凿的证据面前，吉洪不得不承认自己有罪，并公开发表悔过声明。1923 年 6 月 27 日，吉洪被释放。吉洪态度的变化对东正教会逐步走上守法的道路产生了重要影响。但是，这条道路仍然是十分复杂和曲折的。由于国内反动势力的存在以及国际帝国主义的支持，一直到上世纪 30 年代初，教会的反苏维埃政权的活动仍然时有发生。

随着苏维埃政权的巩固和社会主义建设不断取得新成就，东正教内部出现了进一步分化，一批有识之士开始思考如何使教会的活动适应社会主义这一新的历史条件。1927 年 7 月 29 日，以东正教副代理牧首谢尔盖总主教为首的七名著名的东正教主教发表声明，指出东正教虔诚的信徒们都能够成为苏联忠实的、守法的公民。表示东正教愿意与国家合作。谢尔盖总主教等人的声明，在社会上引起了强烈反响，受到神职人员和教徒的普遍支持。之后，东正教会基本上接受了 1929 年通过的《关于宗教组织》的法律，教会与国家的关系开始正常化。

总之，这一时期政教关系的特点是从激烈的对抗逐步走向关系正常化。苏维埃政权在人类历史上第一次将阶级社会中历来是剥削阶级统治工具的宗教实行了全新的政治改造，使绝大多数宗教组织站到了拥护社会主义和爱国守法的立场。这就为后来卫国战争时期政教关系的进一步协调打下了基础。但是，由于这一时期处于阶级斗争比较剧烈的特殊历史条件下以及处理社会主义条件下宗教问题缺乏经验，再加上相当多的干部马克思主义宗教观的素质差，宗教政策观念不强，以至使这一时期的宗教工作出现了比较大的失误。第一，在对宗教界的反动势力的斗争中，一定程度上混淆了敌我矛盾和人民内部矛盾，伤害了许多正直的神职人员。例如，许多地方干部，不对神职人员队伍进行具体分析，一律斥之为地主、资产阶级走狗；有的证据不足，便对一些神职人员逮捕、拘留，甚至进行逼供。特别是在 20 世纪 30 年代后期，在斯大林的阶级斗争在社会主义时期日益尖锐化理论的影响下无辜地镇压了一批宗教界人士和信教群众。第二，对待宗教的方法简单粗暴，严重伤害了教徒的宗教感情。例如，大量拆除公共场所的宗教圣像，并经常伴之以反宗教示威，特别是宗教节日期间经常组织反宗教游行；宣传上有时不加分析地公开指斥宗教反动、信宗教落后；一些基层干部经常嘲弄神职人员，甚至借口特殊惩处强制神职人员参加，如清扫大街、集市场院和其他粗活的义务劳动；在根据指示编制祈祷物品登记册和移交教会财产给公民团体时，一些工作人员自行扣留教堂法衣、僧侣长袍，从圣像、十字架、福音书上面取下贵重金属装饰品，等等。在不断革命的口号下，有时违背教徒意愿用行政手段强行关闭了许多教堂、寺院，毁坏了许多具有重要文物价值的宗教建筑和物品。对上述问题，苏联党和政府虽然也有所发现并通过一系列决议注意着手解决，但成效并不显著。

2. 卫国战争期间的政教关系（1941—1945）

卫国战争时期，在举国上下全力以赴抗击德国法西斯侵略的斗争中，政教关系基本上处于协调状态，但是宗教的影响迅速回升。

1941 年 6 月 22 日，卫国战争爆发，与苏联政府关系正常化的几乎所有的宗教、教派都站到了爱国主义立场上。战争爆发当天，东正教谢尔盖总主教就发表告全国教徒书，声明教会忠于苏维埃祖国，坚决谴责德国侵略者。另一位总主教阿列克塞则在被敌人围困的列宁格勒领导教徒的爱国行动。东正教会还发动教徒募捐国防基金，并用这笔钱组建了以亚历山大·涅夫斯基命名的飞机战斗大队和以德米特里·顿斯基命名的坦克纵队，抗击德国法西斯的侵略。东正教的爱国行动得到了斯大林的肯定。1943 年 9 月 4 日，斯大林接见了谢尔盖大主教，对东正教会的爱国行动给予赞扬，谢尔盖主教也再次表示完全支持政府抗击德国法西斯的方针。同月，谢尔盖被选为东正教会新牧首。1944 年 5 月 15 日，牧首谢尔盖去世，阿列克塞任代理牧首。5 月 20 日，阿列克塞致信斯大林再次表明俄罗斯东正教会忠于苏联政府的立场。战争期间，斯大林对宗教政策做了调整，允许宗教组织在国家批准的情况下有权建造、租借和购买所需要的房屋，可以拥有交通工具，开办专门的神学院校，出版宗教文献，建立生产宗教用品的作坊。反宗教宣传也中止进行，一些反宗教宣传的刊物停刊。1945 年 1 月，第二次俄罗斯东正教地方主教会议召开，会议公开谴责帝国主义，承认社会主义对资本主义的优越性，高度评价了苏联社会主义建设的成就。在这次会议上，阿列克塞被选为牧首。至此，阿列克塞基本上完成了由谢尔盖牧首所正式开始的教会与国家关系的正常化进程。

战争期间，在敌占区，也有一些宗教神职人员为德国法西斯效力，走上叛国道路。例如，由里加总主教谢尔盖领导的"普斯科夫东正教自治教会"以及乌克兰西部的独立教会，就是其中的代表。它们在战后均遭到严厉的镇压。此外，苏联政府还以"国家安全"、"集体背叛"为由，对一些少数民族实行大规模镇压，并把整个民族从其传统的居住地强行迁移到边远和落后的地区，不仅侵犯了这些民族的利益，而且伤害了他们的宗教感情。

在这一时期，战争给苏联人民带来的苦难，教会由于其爱国行动带来的威望的提高，反宗教宣传的中止，在这些因素的交互作用下，宗教影响重新扩大，信教人数迅速回升。宗教方面出现的新情况，使苏联党和政府在战后重新调整了宗教政策。

3. 战后到 20 世纪 80 年代前半期的政教关系（1945—1985）

卫国战争胜利以后宗教方面面临的情况是：国家首要任务是恢复被战争破坏了的国民经济，促进社会主义建设的全面高涨。战争带来的灾难和痛苦使宗教影响扩大，大批战前脱离教会的群众重新入教。斯大林继续实行战时宗教政策，导致宗教组织的进一步活跃。

1953 年斯大林逝世，赫鲁晓夫执政，提出了加快共产主义建设的口号。在宗教方面，为了尽快遏制宗教的发展，开始重新强调无神论宣传。在他的主持下，1954 年 7 月 7 日，苏共中央作出《关于科学无神论宣传中的重大缺点及其改进措施》的决议。决议披露了国内宗教重新活跃、局部地区宗教泛滥的情况，指出教会通过一切手段扩大和巩固对居民的影响。批评了斯大林时期从中央到地方的有关部门似乎已忘记了无神论宣传是对劳动人民进行共产主义教育的一种重要手段。决议责成各级党委要重视和开展无神论宣传，但由于组织工作不利，许多地方和基层干部又简单地重复 20 世纪 20—30 年代期间反宗教宣传的一些错误做法，伤害了信教群众的宗教感情。为此，1954 年 11 月 10 日，苏共中央又作出了《关于在居民中进行科学无神论宣传中的错误》的决议，纠正"左"的偏向。苏共二十二大以后，苏共中央在不断总结无神论宣传工作的基础上，于 1964 年 2 月通过《关于加强居民中的无神论教育的措施》，开始注意到无神论宣传的系统性和科学性。

勃列日涅夫执政后，他继续延续赫鲁晓夫时期的路线，但在一定程度上纠正了赫鲁晓夫时期在宗教问题上的"左"的错误。他结束了赫鲁晓夫时期历时六年的反宗教运动，在正式文件中停止使用"反宗教宣传"的概念，代之以无神论宣传和无神论教育的提法，强调无神论宣传并不限于批判宗教思想，主要是帮助人们树立科学的唯物主义世界观，要求建立一个系统完整的无神论教育体系。另外，勃列日涅夫加强了国家对宗教组织的控制，强化了国家宗教事务委员会的权限和职能，对新修订的宗教法加大了执法力度，严格使宗教活动规范在法律法规的范围以内。他还批准了东正教会召开新的全俄宗教会议，使东正教完成了从阿列克塞到新任牧首皮缅的权力交替。

在宗教方面，东正教、伊斯兰教、佛教等大多数宗教和教派战后继续奉行忠于苏联政府的路线，坚持政教分离，支持政府的内外政策，积极参加世界和平运动。苏联的各教会基本上已成为爱国宗教组织，在遵纪守法的前提下从事正常的宗教活动。但是，各个宗教为了在社会主义条件下求得进一步发展，为了抵制由于无神论教育带来的影响的减弱，也不断进行自身的革新的现代化活动。例如，东正教从 20 世纪 40 年代末就开始了改革，为适应新的社会条件，一些古老、粗俗的教义或者被修正或者不再宣传；一些陈旧的礼仪和清规戒律被革除。各宗教的现代化活动特别突出的表现在，强调宗教道德与社会主义道德的一致性以及宣传宗教道德的积极作用；调和宗教与科学的对立；积极参与社会生活，重视培养新教徒；加速神职人员年轻化，培养接班人；加强对青少年的影响等方面。

在政教关系方面，战后始终存在着不协调乃至动乱的因素。在部分教派内部，还存在少数被政府取缔的进行地下活动的组织。较为活跃的有：立陶宛天主教的一部分，福音基督浸礼会联盟，五旬节派，耶和华见证会，基督复临安息日派，乌克兰西部的联合教会等。据苏联有关材料的披露，这些组织的共同特点是：拒绝按法定程序将自己的组织向政府登记，要求重新审订苏联宗教法，反对在学校进行无神论教育，私自组织儿童学习班，无理要求开放新教堂，将执行宗教法律说成是对教徒的迫害；组织家庭宗教集会，煽动宗教狂热，向各类国际组织传送所谓教徒受迫害的材料，特别是天主教内部、乌克兰西部联合教会内部的一些狂热分子直接与梵蒂冈建立政治联系，从事反对政府的活动。苏联有关部门指出，这些活动是违法的，已超出宗教信仰自由的范围。

在中亚及哈萨克加盟共和国，伊斯兰教同民族问题交织在一起，也呈现出十分复杂的情况。中亚各共和国，在苏联解体之前，一直仍被称为苏联的第三世界，其经济、文化、教育、科技、卫生事业的发展，都大大低于苏联欧洲部分的水平；苏联政府直到20世纪30年代才着手推动这些地区的伊斯兰教的改革，比国家的中心地区晚得多；由于传统的伊斯兰教与中亚各少数民族风俗习惯紧密结合在一起，使伊斯兰教具有特别强的凝聚力；从历史上沿袭下来而时至当时仍未彻底解决的俄罗斯族和少数民族事实上的不平等，也加剧了伊斯兰教同东正教的隔阂；阿拉伯地区伊斯兰中心极力向这些地区渗透以及地方民族主义势力的抬头，促进了宗教的活跃；至于无神论教育，在这些加盟共和国的广大农村更是收效甚微。其他如信仰伊斯兰教的克里米亚的鞑靼人，由于饱受斯大林统治时期强迫本民族大迁徙之苦，民族感情和宗教感情更为强烈，与苏联政府矛盾很深；外高加索信伊斯兰教的阿塞拜疆人和信仰基督教的亚美尼亚人在历史上就积怨很深，当时也经常出现摩擦。

波罗的海沿岸的各共和国、白俄罗斯西部、乌克兰西部也一向被认为是宗教活动活跃、无神论教育成效不大的地区。这些地区在卫国战争前夕才并入苏联，当时信教人数均占该地区总人口的 90％ 以上，几乎没有受到苏联 20 世纪 20—30 年代社会变革的影响；卫国战争期间，这里又是敌占区，德国法西斯人为地扶植宗教的发展；该地区还是西方宗教势力和宗教宣传进行直接渗透和影响的地区，一些地下宗教组织利用与西方进行交往的有利地理位置进行违法和煽动宗教狂热的活动，成为该地区不安定的因素之一。

上述政教关系不协调的种种表现一直持续到 20 世纪 80 年代初，但总的来说，尚未构成大规模的公开化的激烈冲突。这主要取决于当时苏联政局还比较稳定，对宗教政策执行较好，特别是对宗教内部的反政府势力控制得很紧。但是，宗教方面的各种矛盾以及潜在的不安定乃至动乱的因素依然存在。进入 20 世纪 80 年代，特别是戈尔巴乔夫执政以后，随着苏联党和政府路线、方针、政策的大调整，随着苏联政局的不稳定，宗教领域也出现了新的变化。

4. 20 世纪 80 年代中期至苏联解体前的政教关系（1985—1991）

进入 20 世纪 80 年代，苏联的政教关系发生了新变化。俄罗斯东正教会利用东正教传入俄国 1000 年掀起了新的宗教热。为了强化教徒的宗教信仰，为了激起不信教的人对东正教及其活动的兴趣，教会进行了大规模的护教主义宣传。在这种情况下，戈尔巴乔夫进行了宗教政策调整。1988 年 4 月 29 日，在东正教传俄 1000 年纪念日前夕，戈尔巴乔夫接见了俄罗斯东正教以皮缅为首的六位领导人并发表了讲话。这个讲话反映了戈尔巴乔夫在宗教问题上的新认识，并奠定了苏联处理政教关系的新基础。讲话指出，东正教传入俄国 1000 年，是俄罗斯国家发展史上的一座里程碑；个人崇拜时期的惨痛事件也波及宗教组织，20 世纪 30 年代及随后年代对宗教和教徒所犯的错误正在改正；教会在促进解决使全人类焦虑的问题方面、支持苏联国内外政策方面所作的贡献理应受到高度评价，他们接受社会主义人道主义的理想，接受改革，正在为发展民主化和公开化作出贡献；国家为在国内庆祝东正教传俄 1000 年保证了必要的条件；正在详细制定新的信仰自由法规，它将反映宗教组织的利益，教徒有表达自己信仰的充分权利；在道德领域中，包括宗教道德在内的全人类的规范和习惯能促进我们共同的事业；强调与教会有许多共同点，有共同的历史、共同的祖国和共同的未来。戈尔巴乔夫的讲话表明苏联政府进一步主动同教会改善关系，并大大放宽了宗教政策。

之后，苏共对宗教的基本态度发生了重大变化。戈尔巴乔夫的"新思维"使苏共放弃了把马克思主义作为党的指导思想，在宗教问题上，也就背离了马克思主义宗教观的基本观点。例如，苏共二十八大的党纲中已经完全删掉了以往强调的共产党员必须同宗教世界观作斗争的规定，不再鲜明地接受无神论。到 1991 年 7 月，苏共的新党纲已彻底背叛了马克思主义宗教观，正如当时一些外电评论的，苏联新党纲指责斯大林主义的罪行，拒绝激进的无神论并接受私有财产的主张。由于列宁的党的另外两个信条——辩证唯物主义同宗教是不能相容的和共产党的先锋作用——现在已被抛弃，由此出现了同样的混乱局面。虽然党的领导人在公开场合可能避开宗教，但是信奉伊斯兰教和天主教的边远的一些共和国，党员们早在戈尔巴乔夫掌权以前就在这个不可调和的问题上调和了。以叶利钦为代表的激进势力则公开在政治上利用宗教。特别是叶利钦就任俄罗斯联邦总统以后，表现更为突出。叶利钦总统就职仪式的宗教气氛，甚至连美国总统的就职仪式都自叹不如。叶利钦在就职演说以前，首先由宗教界的代表俄罗斯东正教牧首阿列克塞二世致辞，叶利钦和全场几千人肃立听任他全盘否定苏联 70 年历史，说苏联破坏宗教和内部统一，攻击国家制度的不自由，等等。牧首亲自给叶利钦画了十字，并希望"俄罗斯总统能有助于恢复教堂、恢复教堂素来的神圣，恢复庙宇、寺院"。叶利钦在就职演说中则强调宗教界在俄罗斯国家的复兴中占有特殊地位。在这种情况下，全盘否定苏联宗教工作成绩的舆论甚嚣尘上，宗教界反共反社会主义势力公开发展，甚至出现了一批宗教性政党，如俄罗斯东正教君主立宪党、基督教民主党、基督教爱国协会、俄罗斯基督教民主联盟、伊斯兰复兴党，等等。从它们的政治纲领和宣言中可以看出，这些组织都是持反共反社会主义立场的，有的甚至公开要求复辟君主制。戈尔巴乔夫也为宗教狂热推波助澜，"8·19"事件后，他进一步公开宣扬基督教及其道德的合理性。在他辞去苏联总统的电视演说中，还继续强调宗教自由在国家已成现实是他从政的主要功绩之一。

四、苏联在解决宗教问题上的历史教训

1. 坚持不懈地发展生产力，不断巩固和完善社会主义制度，牢牢确立工人阶级政党在国家中的政治优势和领导地位，是处理好社会主义时期宗教问题的前提

在社会主义条件下，经济政治制度的社会主义性质，要求宗教必须拥护社会主义、持爱国守法的政治立场。而要做到这一点，则要求党和政府思想政治路线的正确并成功地领导国家的经济建设。有了这样的政治优势，也就掌握了处理好宗教问题的主动权。从苏联的情况来看，苏维埃政权的初期，面对着强大的教会反革命势力的反抗，如果没有强大的无产阶级专政，也就不可能在政治上使教会站到拥护苏维埃政权、拥护社会主义、爱国守法的立场上，也就不可能维持几十年的政教关系大体协调的局面。但是，20世纪80年代中期以后，苏联共产党由于抛弃了马克思主义指导思想，其作为工人阶级政党的性质迅速发生变化，国家的社会主义性质也发生重大变化，从而造成政局动荡，形形色色的反社会主义势力急剧发展，宗教界的政治态度也发生了重大转变。苏联解体以后，苏联不复存在，独联体各国，特别是俄罗斯的国家政权已彻底改变了性质，宗教问题的性质也就发生了根本变化。

2. 在社会主义国家，必须彻底实现政教分离，绝不允许宗教干预国家行政、干预司法、干预国民教育

应该说，苏联对这方面问题的解决还是比较好的。首先，苏联始终

把处理好这方面的问题作为其处理好宗教问题的基础；其次，不断强化充实这方面的政策和法规；第三，在实践中坚持不懈地贯彻落实这些政策和法规。这样，就在全局上保持了宗教仅仅作为以对神的信仰为核心的总的特征，恢复了宗教的本来面目。当然，在苏联解体前夕，情况发生了变化。

3. 必须充分认识社会主义时期宗教问题的长期性和复杂性

对宗教问题的长期性，苏联很少宣传。相反，在理论上却长期存在着这样一种观点，即认为进入社会主义社会以后，宗教仅仅是意识形态领域内的一种残余。由于有了这样的认识，便普遍存在着短期内依靠强大的无神论宣传就能解决问题的思想。在宗教问题的复杂性方面，长期以来，忽视对宗教众多教派特点的分析，忽视民族问题与宗教问题交织的特点，对宗教问题的处理简单化。由于立足于短期内消灭宗教，再加上简单粗暴的方法，结果往往使宗教工作事倍功半。

4. 必须完整准确地把握马克思列宁主义宗教观，全面正确贯彻宗教信仰自由政策

苏联长期以来在这方面存在着片面性。在理论上，相当长时间，将马克思、列宁关于阶级社会教会性质和作用的论断，不加分析地用于社会主义时期的宗教组织，将宗教世界观的消极性等同于宗教徒、宗教教职人员政治上的落后甚至反动，忽视对宗教社会作用的积极方面的评价。20 世纪 80 年代中期以后，又任凭攻击马克思主义宗教观的思想泛滥，特别是随着苏共背离马克思主义，在宗教问题上，也就否定了工人阶级政党的宗教政策的理论基础，导致马克思主义宗教观最终被抛弃。在实践上，例如在建立社会主义制度的过程中，在阶级斗争是主要矛盾的特定历史条件下，不能准确划清教会的反社会主义活动和正常的宗教活动的界限，混淆了两类不同性质的矛盾。在执行政策上，又左右摇摆。例如，在 20 世纪 30 年代以前偏"左"，卫国战争及战后一段时期又有些放任自流，50 年代以后一段时间又偏"左"，80 年代中期以后又偏"右"，缺乏政策的长期性、稳定性和连续性。

5. 正确评价科学无神论教育的作用，找准它在宗教工作中的位置

在苏联，曾坚持不懈地对广大群众，特别是青少年开展了科学无神论教育，这在帮助人们树立科学的唯物主义世界观方面发挥了良好的作用。但是，在相当长的一段时间，苏联对科学无神论帮助人们摆脱宗教影响方面估计过高。尽管理论上也在宣传只有现实的社会主义社会的发展进程才是削弱宗教的根本因素，但由于把宗教仅仅看做是意识形态领域内的残余，从而指望强有力的科学无神论宣传就能在意识形态领域很快消灭宗教残余。一定时期对科学无神论教育作用的夸大，导致实际工作中只求数量，不问效果；只重形式，不重内容；甚至有时伤害信教群众的宗教感情。结果，使科学无神论教育达到的成效与其投入的力量相比显得非常不相称。

6. 对境外敌对势力利用宗教所进行的政治渗透必须保持高度警惕，并采取有效措施加以抵御

苏联作为一个超级大国，长期与以美国为首的西方政治势力相对峙。在冷战时代，苏联对自己的国家安全极端重视。特别是对西方的意识形态渗透，包括西方利用宗教的渗透警惕性很高。为此，甚至对国内外宗教正常的往来有时也加以限制。这种状况一直维持到戈尔巴乔夫当政初期。苏联政府采取的对西方宗教渗透保持警觉的做法，虽然在一定程度上限制了国内宗教界与外界正常的宗教往来，但是也遏制了受外国宗教势力支配和支持的对抗政府的地下宗教势力的发展，保持了宗教状况的基本稳定。20 世纪 80 年代下半期，随着苏联的政治剧变及开始与西方和解，在宗教方面，戈尔巴乔夫也努力寻求与西方的共同点，从而完全消除了对西方敌对势力利用宗教渗透的政治设防。西方宗教势力特别是梵蒂冈罗马教廷势力乘虚而入，国内宗教地下势力日趋活跃，甚至公开成立宗教政党，构成了危害社会稳定的不安定因素，特别是民族分离主义与宗教势力结合，在促使苏联解体的过程中起到了一定作用。

以上几方面，最重要的还是第一点。因为宗教问题仅仅是社会总

问题的一部分，宗教问题只有在解决整个社会问题的过程中才能逐步解决。在社会主义国家，党和政府的路线正确，建设事业蓬勃发展，社会主义就会立于不败之地，宗教问题的正确解决也就有了基本的保障。

第四节　世界宗教问题对我国的影响

当今世界宗教问题对我国的影响主要表现在如下几个方面。

一、在对外开放扩大情况下，国内外宗教的联系和交往会进一步加快

我国现有的五大宗教，有四大宗教（佛教、伊斯兰教、基督教、天主教）属于世界性宗教。我国自己特有的道教，如今也走向了世界，也呈现出一定的国际性。今后，国外宗教会利用我国更加开放的社会环境，通过来华经商、科技教育文化合作、学习、探亲、旅游等各种途径进入我国。我国公民因各种原因出国的机会也逐渐增多，会不同程度地接受国外宗教的影响。我国宗教人士、宗教团体国际联系的主动性也会增强。特别是国外一些新的宗教和教派进入我国，已经影响到我国目前的宗教格局。

二、境外势力利用宗教危害我国国家安全需高度重视

境外势力利用宗教进行危害我国国家安全的活动由来已久。当前主要有四个热点问题，即西方敌对势力利用藏传佛教"打西藏独立牌"；泛伊斯兰主义、伊斯兰极端主义加大对新疆的影响；梵蒂冈对中国天主教主导权和领导权的争夺；美国借口"宗教问题"不断干涉

我国内政。

三、境外势力利用宗教对我国的渗透日益加剧

渗透与反渗透、颠覆与反颠覆的斗争是资本主义和社会主义两种社会制度之间的长期而复杂的政治斗争。在 20 世纪，当帝国主义、霸权主义用武力消灭不了社会主义国家、颠覆不了社会主义制度时，他们便加紧实行"和平演变"战略，利用宗教进行渗透就是其中一种重要手段。以美国为首的西方国家的"和平演变"战略在苏联东欧得手以后，便把主要精力转而对准我国，以各种手段和方式加强对我国进行意识形态的和政治的渗透与颠覆活动，妄图实现其对中国共产党和中国社会主义制度的"不战而胜"。

境外势力利用宗教对我国的渗透由来已久，随着 20 世纪 80 年代初，我国实行改革和对外开放后则进一步突现出来。30 多年来，围绕着渗透和反渗透的斗争错综复杂，日益激烈。

1. 渗透的含义

所谓渗透就是指境外团体、组织和个人利用宗教从事各种违反我国宪法、法律、法规和政策的活动和宣传。

对于宗教渗透的实质，主要应着眼于政治方面来认识，即这种渗透是指以颠覆中华人民共和国政权和社会主义制度、破坏祖国统一为目的的反动政治活动和宣传，以控制我国宗教团体和宗教事务为目的的活动和宣传，以及在我国境内非法建立和发展宗教组织和活动据点，而不是指宗教方面的友好往来。

2. 当前针对我国进行宗教渗透的几股境外势力

美国是主要策源地。2001 年 12 个国家的基督教会在费城专门召开对中国传教会议。拟定未来十几年对中国的传教计划。特别把传教对象对准中国的基层干部，搞所谓"松土工程"；对准中国的高层干部和高级人才，搞所谓"金字塔"工程。

梵蒂冈罗马教廷是天主教最大的渗透组织。它一贯扶植我国内的天主教地下势力。教廷还专门设立了研究我国宗教政策的"政策咨询研究小组"，以传教为主的"万民福音部华人传教处"。还有"研究中国教会小组"，成员由多个国家天主教组织的所谓"中国通"组成，负责向教徒提供对中国教会开展工作的方针和建议，召开关于中国问题的秘密会议等。他们还在香港组织所谓桥梁教会，在台湾又有桥梁教会小组、关怀大陆教会委员会等，均从事对我有组织的渗透。2004年被定为"中国传教年"。

以美国为首的一些西方国家的基督教"差会"，还有以香港为基地的基督教势力和韩国的基督教势力。他们均制定了长期规划，组织了大量的人力、物力、财力，秘密甚至公开地在我国境内传教，大力发展教徒、建立聚会点和由他们控制的组织，与基督教爱国组织争夺群众。近些年来，他们特别以香港为基地向我渗透。香港作为自由港的特殊地位，历来是各种宗教交汇之地，再加上它地处中国门户的优越的地理位置，使敌对势力利用香港的宗教对大陆渗透十分方便。韩国基督教势力对我国东北地区和其他地区的朝鲜族的渗透也需要引起我们的高度重视。韩国基督教势力的渗透近年来出现了一些新特点。一是教会策划、企业赞助，进行产业布道和福利布道。二是利用金钱拉拢我教会人员，培植代理人。三是渗透活动逐渐由大城市向农村延伸，由朝鲜族向汉族发展。近年来他们又提出"福音西进"计划。

境外伊斯兰教势力的渗透，对新疆的影响十分突出。来自沙特阿拉伯的泛伊斯兰主义思潮一直是新疆分裂主义分子的思想武器，瓦哈比派渗入新疆已成势力，并引发激烈的教派之争，一年一度的麦加朝觐也是伊斯兰原教旨主义实施渗透的好机会。

在境外敌对势力的支持下，流亡境外的新疆的分裂势力和西藏的达赖集团，也一直没有停止过利用宗教对国内的渗透。

3. 境外势力利用宗教进行渗透的手段及危害

利用广播电视进行"空中传教"，鼓吹使"12亿中国人归主"，使中国"福音化"。美国之音、自由亚洲电台及一些国家的卫星电视节目常有针对中国的多种语言的宗教节目内容；梵蒂冈电台则直接干预我国天主教事务；从中国香港、菲律宾的马尼拉到韩国的首尔的半月形地带约有 30 个广播电台有针对中国大陆的宗教节目。

通过海关或其他非法通道大量偷运或邮寄如经书、宗教书刊、音像制品等宗教宣传品进入中国大陆。

利用来华旅游、探亲访友之机传教布道，恢复过去教会的隶属关系、发展教徒。

利用与我进行经济、技术、文化、教育的交流合作之便进行传教。

非法招收宗教留学生，拉拢我出国探亲、朝觐、经商等人员入教。

以学术交流为名，打着合作研究的旗号，暗中搜集我国宗教方面的情报。

非法在我国内地举办神学班、地下神哲学校。

提供用于修建教堂、印制经书等活动以及解决生活困难的经费，拉拢我教会人员，培植代理人。

通过互联网进行传教。

秘密建立非法宗教组织和聚会点。

特别是国际互联网的迅猛发展，为网上传教提供了十分快捷而又很难控制的便利条件。据《宗教与世界》杂志提供的一个材料，具有浓厚宗教色彩的中文网站大约就有 1040 个，天主教有 160 个，70％设在我国香港、台湾地区；基督教的有 380 个，一半以上设在港台，105 个设在北美、欧洲和东南亚。其中一些网站已经成为境外势力利用宗教对我进行渗透的重要渠道之一。

境外势力利用宗教对我国的渗透导致了某些宗教出现了不正常的发展和混乱，特别是不同程度上形成了对抗我国国家法律的组织和地下势力。一些教职人员对独立自主办宗教的方针发生动摇，有的人甚至成为境外势力的代言人。今后教会的领导权能否牢牢掌握在爱国爱教的教职人员手中将会遇到空前的挑战。

对世界宗教问题对我国的影响切不可掉以轻心，必须高度重视，认真对待。

结语
宗教与构建和谐社会

一

没有宗教的和谐，就没有社会的和谐。

构建社会主义和谐社会是以胡锦涛为总书记的党中央在我国进入全面建设小康社会进程中提出的重要任务和奋斗目标。社会主义和谐社会，从根本上来说就是，构成社会主义社会的各个要素，各个组成部分，能够彼此配合，互相协调，化解矛盾，减少冲突，共同推动社会整体健康运行的状态。胡锦涛同志指出，根据新世纪新阶段我国经济社会发展的新要求和我国出现的新趋势新特点，我们所要建设的社会主义和谐社会，应该是民主法治、公平正义、诚信友爱、充满活力、安定有序、人与自然和谐相处的社会。这六个特征相互联系相互作用，既包含社会关系的和谐，也包含人与自然的和谐，体现了民主与法制的统一，公平与效率的统一，活力与秩序的统一，科学与人文的统一，人与自然的统一。社会主义和谐社会的构建与社会主义经济建设、政治建设、文化建设既是并列关系，又是包含关系。社会主义和谐社会是经济、政治、文化协调发展的综合形态，是全局，是整体，它的状况如何决定着构成社会具体组成部分的状况，起着社会能否和谐的决定性作用。因

此，构建社会主义和谐社会，关系到广大人民群众的根本利益，关系到
巩固党执政的社会基础、实现党执政的历史任务，关系到全面建设小康
社会的全局，关系到党的事业的兴旺发达和国家的长治久安。

　　宗教是社会的局部，是社会系统的一个子系统，它受制于社会整
体，又反作用于社会，对于社会能否和谐运行产生重要影响。我国是一
个多宗教的国家，各民族信仰宗教的群众有一亿人以上。由于历史和现
实、国际和国内各种社会因素的交互影响，我国的宗教现状在总体稳定
的前提下，某一种宗教内部的矛盾，不同宗教之间的矛盾，宗教与社会
的经济、政治、思想文化等方面的矛盾，也呈现出错综复杂的情况，不
和谐因素还相当程度地存在。作为社会的重要组成部分，宗教自身能否
和谐，宗教与社会其他方面能否和谐，不仅仅关系到宗教能否健康发
展，而且关系到整个社会能否健康运行。可以说，没有宗教的和谐，就
没有社会的和谐，正确认识和处理好我国现阶段宗教问题是构建社会主
义和谐社会的重要内容。

二

　　促进宗教与社会和谐，需要创造宗教在我国社会健康发展的基本
条件。

　　首要条件就是要加快国家的经济社会发展，全面提升我国社会的现
代化水平。党和国家是构建社会主义和谐社会的领导者，承担着重大的
历史责任。因此必须坚持以邓小平理论和"三个代表"重要思想为指
导，坚持社会主义基本制度，坚持走中国特色社会主义道路；必须树立
和落实科学发展观，坚持以经济建设为中心，统筹城乡发展、区域发
展、经济社会发展、人与自然和谐发展、国内发展与对外开放，促进社
会主义物质文明、政治文明、精神文明建设与和谐社会建设全面发展；

必须以人为本，始终把最广大人民的根本利益作为党和国家工作的根本出发点和落脚点，在经济发展的基础上不断满足人民群众日益增长的物质文化需要，促进人的全面发展；必须尊重人民群众的创造精神，通过深化改革、创新体制，调动一切积极因素，激发全社会的创造活力；必须注重社会公平，正确反映和兼顾不同方面群众的利益，正确处理人民内部矛盾和其他社会矛盾，妥善协调各方面的利益关系；必须正确处理改革发展稳定的关系，坚持把改革的力度，发展的速度和社会可以承受的程度统一起来，使改革发展稳定相互协调、相互促进，确保人民群众安居乐业，确保社会政治稳定和国家长治久安。只有国家综合实力强大，人民生活富裕，社会安定有序，民族的健康、科教、文化素质全面提高，和谐社会的构建也就有了基本的保证。有了这样良好的社会条件，就有了宗教良性平稳存在和发展的前提，以及与社会其他方面和睦相处的基础。

其次，从加强和提高党在宗教工作的执政能力方面看，各级党政干部要懂得宗教，要能够科学认识宗教。多民族多宗教是我国的一项基本国情，如何促进宗教与社会的和谐，对于作为执政者的各级党政干部来说，就必须要了解我国的宗教国情，了解各宗教的历史和知识，了解亿万宗教信仰者精神生活的特殊性，同时也需要在社会上做一些普及宗教知识的工作，尤其是使不信仰宗教的群众也了解一些有关的宗教知识，了解信教者的宗教感情和与之相联系的风俗习惯。了解了宗教，自然也就形成了对它的认识。宗教作为一种客观存在的复杂的社会文化现象，它对社会的影响不是单一的。人们对它的认识、看法多种多样也是一种正常现象。这是因为社会各色人等所属的民族、阶级、阶层不同，信仰不同，社会文化背景各异，科学教育水平有高低，认识宗教的世界观、方法、角度存在区别所造成的。社会上如此多样化的宗教观，如果置于构建社会主义和谐社会的大背景加以分析的话，当然应该肯定和鼓励有利于构建社会主义和谐社会的对宗教的认识和看法。对于各级党政干部来说，就必须树立马克思主义宗教观。要克服对马克思主义宗教观教条主义的僵化的理解，用同马克思主义宗教观一脉相承而又与时俱进的我们党关于社会主义时期宗教问题的基本理论和基本政策，即中国化的马克思主义宗教观武装头脑。对宗教整体上要有全面客观的把握，对宗教积极和消极的社会作用要进行科学的分析。特别要克服把宗教仅仅认为是一种唯心主义世界观的片面认识，着眼于广大信仰宗教的群众和众多的宗教教职人员这一宗教的主体；要克服把宗教信仰看做一种愚昧迷信的认识，充分认识宗教还是一种文化，是人类精神文化的一个重要组成部分；要克服认为信仰宗教在政治上必然落后甚至反动的错误认识，充分看到信教群众和宗教人士是构建社会主义和谐社会的积极力量；要克服认为宗教可以用行政命令的手段加以限制甚至加以消灭的错误认识，科学把握宗教发展的客观规律，按宗教规律办事。总之，要全面贯彻执行党的宗教工作基本方针。

第三，在此基础上，各级党政部门还要引导社会各界正确对待宗教。要教育不信教和信教的群众相互理解、相互尊重。新闻出版、广播影视、文学艺术等领域的干部和工作人员担负着重要的思想文化宣传教育的任务，也应该了解宗教，正确对待宗教，正确宣传有关宗教的知识及党和国家的宗教政策，减少由于涉及宗教而出现的工作失误。当前，对社会各界来说，正确对待宗教禁忌，特别是正确对待信仰伊斯兰教的穆斯林不吃猪肉的禁忌（见第七章），避免因伤害信教群众的民族宗教感情而引发的事端十分重要。近些年，发生这样的事端乃至突发事件不少，危害了民族团结，影响了社会稳定，教训应该汲取。各宗教大都有许多不能说的话、不能做的事和不能触摸的物品的规定，即禁忌，尊重宗教禁忌，是保持人际和谐和民族团结的一个重要条件，绝不能忽视。

三

构建社会主义和谐社会，也体现了广大信教群众和宗教人士的根本利益和共同愿望。宗教方面能够发挥自己的特有优势，为构建和谐社会作出应有的贡献。

实际上，宗教方面参与构建社会主义和谐社会的优势和积极性早就已经发挥出来了。我们看到，一亿多广大信教群众包括农民、工人、知识分子及社会其他成员，他们绝大多数都是社会物质财富和精神财富的创造者，是社会主义事业的建设者。爱国进步的宗教界人士也以自己特殊的身份通过讲经、说法、布道在引导宗教徒爱国爱教，参与国家物质文明、政治文明和精神文明建设中发挥了积极作用。宗教界人士还积极协助政府贯彻宗教政策，积极建言献策，在推进国家民主法制建设方面作出了重要贡献。宗教服务社会的公益慈善事业也有了很大发展。

按照构建社会主义和谐社会的要求，宗教方面的优势还需要进一步发挥。

各大宗教都有促进社会和谐的理念、传统和道德规范。佛教是讲"和合众缘"的宗教，对自身，有"六和敬"的规约，对众生有平等思想，对社会有与乐拔苦的慈悲精神；道教讲"齐同慈爱、和光同尘"，提倡贵生，敬重生命，关爱自然，主张天人和谐；伊斯兰教有对人友善宽容、当行则行、行止有度的"中道"思想；基督宗教系统共同具有爱上帝、同时要"爱人如己"的基本精神。这些对构建社会主义和谐社会具有积极作用的思想因素需要进一步加以弘扬。这不仅有助于宗教自身的稳定和谐，而且有助于宗教与社会其他组成部分的和谐。

宗教界在维护民族团结、国家统一和社会稳定中能够继续发挥其应有的作用。爱国进步一直是我国宗教的主流。特别是在当前错综复杂的国际形势下，西方敌对势力利用民族宗教问题加大对我"西化"、"分化"的力度，绝大多数教职人员都能站在坚持国家利益、中华民族整体利益至高无上的立场上，在反对"台独"的斗争中，在与民族分裂势力、宗教极端势力和恐怖势力进行的斗争中，在维护民族团结和祖国统一的事业中，作出了应有的贡献。宗教界还积极参与打击危害社会危害人类的邪教组织的斗争，促进了社会的稳定。两岸三地宗教方面的频繁交往，有利于中华民族的整体认同。特别是祖国内地和台湾地区的宗教交往，对于进一步推动祖国和平统一的进程产生了重要影响。

宗教在推动国家的对外友好交往方面能发挥独特的功能。宗教对外交流的不断扩大，表明中国的对外开放政策坚定不移，同时也向全世界表明了中国的宗教信仰自由和维护世界和平及推动人类文明进步的良好愿望和实际行动。进一步推动宗教文化的对外交流，与世界各地的宗教加深了解，增进与世界各国人民的感情，有助于在国外树立"和为贵"的中国形象。宗教界的对外交往还能为国家引进外资和先进技术，有助于国家经济建设。

宗教界对传统宗教文化的研究，对宗教典籍的整理和研究，对宗教哲学、伦理学、文学、艺术等优秀成分的弘扬，对旅游文化的促进，有助于社会主义先进文化的建设。

宗教在发展社会公善事业方面还应该有更大的作为。如在救灾、扶贫，照顾鳏寡孤独，参与医疗、卫生、基础教育事业，挽救失足者等方面，还可以探索更多的途径。

为充分发挥出上述积极作用，宗教界还应不断加强自身建设，努力克服宗教内部不利于自身和谐和社会和谐的消极因素，进一步在社会上树立良好形象。

四

对于宗教对构建和谐社会所作的贡献，党和国家应予以重视、关心、支持、推动和引导。

首届世界佛教论坛的成功举办就是一个范例。首届世界佛教论坛由中国佛教协会和中华宗教文化交流协会联合主办，于2006年4月13—16日在浙江杭州和舟山举行。这次论坛是新中国成立以来在大陆召开的第一个宗教多边国际会议，主题是"和谐世界、从心开始"，目的是要为世界佛教徒搭建一个平等、多元、开放的高层次对话平台，探讨人类共同关注的问题，宣示佛教的主张，促进佛教界的团结，进一步强化佛教所应承担的社会责任和维护世界和平的使命，以求得人心安宁，促进社会和睦，维护世界和平，增进人类福祉。论坛闭幕时在佛教圣地普陀山发表了《普陀山宣言》，呼吁人类遵循佛陀的教导，实现"人心和善、家庭和乐、人际和顺、社会和睦、文明和谐、世界和平"的"新六和"理念。论坛充分体现了中国佛教对构建和谐社会、和谐世界的积极回应，也得到来自国内和世界 37 个国家和地区的 1000 多位佛教界人士、有关政要、著名学者和知名人士的积极响应，堪称中国佛教一大善举，一件大事。

对论坛这样一个有利于构建和谐社会的善举，党和国家领导人十分关心重视，有关部门给予了支持推动。2006 年 4 月 12 日，中共中央政治局常委、全国政协主席贾庆林在杭州会见了参加首届世界佛教论坛的部分代表。他说，中华民族是一个爱好和平、崇尚和谐的民族，中国人民愿与世界各国人民一道，为谋求世界的和谐与和平作出不懈努力。建设和谐世界需要各国人民的共同努力，需要各种文明、各种宗教都来发挥积极作用。佛教作为一种历史悠久的世界性宗教，与其他宗教一样，在全世界具有重大影响。佛教传入中国以后，就与中国文化相融合，成为中国传统文化的组成部分。这次论坛以"和谐世界、从心开始"为主题很有意义，相信"论坛"的举办将有助于加强各国佛教徒之间的交流与合作，为建设和谐世界作出独特的贡献。中国政府全面贯彻执行宗教信仰自由政策，充分尊重和保护公民的宗教信仰自由权利。在中国，各种宗教地位平等，和谐相处；信教与不信教的公民之间彼此尊重，团结和睦。中国将一如既往地支持中国佛教与世界佛教及其他宗教一起，为建设一个持久和平、共同繁荣的和谐世界，发挥应有的作用。

在 4 月 13 日召开的首届世界佛教论坛开幕式上，全国政协副主席刘延东在致辞中指出，和谐是人类的美好愿望，是社会进步的重要标志。我们共同生活在地球这个大家庭中，"家和"才能"万事兴"。国与国的和谐，人与人的和谐，人与自然的和谐，有利于人类的和平发展，国家的和顺兴旺，民族的和睦团结，社会的祥和稳定。这次论坛以"和谐世界，从心开始"为主题，着重讨论佛教界的合作、社会责任及其和平使命，反映了时代的呼声，体现了佛教界关爱众生、关注社会的理念，对包括宗教界在内的社会各界共同建设和谐世界，必将起到重要的促进作用。

关心、重视、支持、推动论坛的成功举办，可以说是党和国家引导宗教与社会主义社会相适应的一个范例，是中国共产党对宗教界统一战线工作的一个重要举措，是国家宗教工作的一个亮点。对于其他宗教对构建和谐社会的努力同样也应该是这样。

总之，和谐社会的构建是全社会的共同心愿，也是共同的职责。它需要宗教的参与，宗教也能够参与。全社会应该有这样的共识。

参考文献

1.《中国大百科全书》（宗教卷），中国大百科全书出版社 1988 年版。

2. 吕大吉：《宗教学通论新编》，中国社会科学出版社 1998 年版。

3. 陈麟书、袁亚愚主编：《宗教社会学通论》，四川大学出版社 1992 年版。

4. 张声作主编：《宗教与民族》，中国社会科学出版社 1997 年版。

5. 中央统战部：《民族问题文献选编》，中共中央党校出版社 1991 年版。

6. 中央文献研究室、国家宗教局：《新时期宗教工作文献选编》，宗教文化出版社 1995 年版。

7. 中央统战部：《新时期统一战线文献选编（续编）》，中共中央党校出版社 1997 年版。

8.《江泽民论有中国特色社会主义》（专题摘编），中央文献出版社 2002 年版。

9. 国家宗教局：《当代中国的宗教工作》，当代中国出版社 1998 年版。

10. 李德洙、叶小文主编：《当代世界民族宗教》，中共中央党校出版社 2003 年版。

11. 国家宗教局：《宗教工作的理论与实践》，宗教文化出版社 2003 年版。

12. 叶小文：《多视角研究社会问题》，中共中央党校出版社 1995 年版。

13. 王作安：《中国的宗教问题和宗教政策》，宗教文化出版社 2002 年版。

14. 中国社科院宗教所：《苏联宗教政策》，中国社会科学出版社 1979 年版。

《人民·联盟文库》第一辑书目

分 类	书 名	作 者
政治类	中共重大历史事件亲历记（2 卷）	李海文主编
	中国工农红军长征亲历记	李海文主编
哲学类	中国哲学史（1—4）	任继愈主编
	哲学通论	孙正聿著
	中国经学史	吴雁南、秦学颀、李禹阶主编
	季羡林谈义理	季羡林著、梁志刚选编
历史类	中亚通史（3 卷）	王治来、丁笃本著
	吐蕃史稿	才让著
	中国古代北方民族通论	林幹著
	匈奴史	林幹著
	毛泽东评说中国历史	赵以武主编
文化类	中国文化史（4 卷）	张维青、高毅清著
	中国古代文学通论（7 卷）	傅璇琮、蒋寅主编
	中国地名学源流	华林甫著
	中国古代巫术	胡新生著
	徽商研究	张海鹏、王廷元主编
	诗词曲格律纲要	涂宗涛著
译著类	中国密码	［德］弗郎克·泽林著，强朝晖译
	领袖们	［美］理查德·尼克松著，施燕华等译
	伟人与大国	［德］赫尔穆特·施密特著，梅兆荣等译
	大外交	［美］亨利·基辛格著，顾淑馨、林添贵译
	欧洲史	［法］德尼兹·加亚尔等著，蔡鸿滨等译
	亚洲史	［美］罗兹·墨菲著，黄磷译
	西方政治思想史	［美］约翰·麦克里兰著，彭维栋译
	西方艺术史	［法］德比奇等著，徐庆平译
	纳粹德国的兴亡	［德］托尔斯腾·克尔讷著，李工真译
	资本主义文化矛盾	［美］丹尼尔·贝尔著，严蓓雯译
	中国社会史	［法］谢和耐著，黄建华、黄迅余译
	儒家传统与文明对话	［美］杜维明著，彭国翔译
	中国人的精神	辜鸿铭著，黄兴涛、宋小庆译
	毛泽东传	［美］罗斯·特里尔著，刘路新等译
人物传记类	蒋介石全传	张宪文、方庆秋主编
	百年宋美龄	杨树标、杨菁著
	世纪情怀——张学良全传（上下）	王海晨、胡玉海著

《人民·联盟文库》第二辑书目

分 类	书 名	作 者
政治类	民族问题概论(第三版)	吴仕民主编、王平副主编
	宗教问题概论(第三版)	龚学增主编
	中国宪法史	张晋藩著
历史类	乾嘉学派研究	陈祖武、朱彤窗著
	宋学的发展和演变	漆侠著
	台湾通史	连横著
	卫拉特蒙古史纲	马大正、成崇德主编
	文明论——人类文明的形成发展与前景	孙进己、干志耿著
哲学类	西方哲学史(8卷)	叶秀山、王树人总主编
	康德《纯粹理性批判》句读	邓晓芒著
	比较伦理学	黄建中著
	中国美学史话	李翔德、郑钦镛著
	中华人文精神	张岂之著
	人文精神论	许苏民著
	论死生	吴兴勇著
	幸福与优雅	江畅、周鸿雁著
文化类	唐诗学史稿	陈伯海主编
	中国古代神秘文化	李冬生著
	中国家训史	徐少锦、陈延斌
	中国设计艺术史论	李立新著
	西藏风土志	赤烈曲扎著
	藏传佛教密宗与曼荼罗艺术	昂巴著
	民谣里的中国	田涛著
	黄土地的变迁——以西北边陲种田乡为例	张畯、刘晓乾著
	中外文化交流史	王介南著
	纵论出版产业的科学发展	齐峰著
译著类	赫鲁晓夫下台内幕	[俄]谢·赫鲁晓夫著,述弢译
	治国策	[波斯]尼扎姆·莫尔克著,[英]胡伯特·达克(由波斯文转译成英文),蓝琪、许序雅译,蓝琪校
	西域的历史与文明	[法]鲁保罗著,耿昇译
	16～18世纪中亚历史地理文献	[乌]Б.А.艾哈迈多夫著,陈远光译
	亲历晚清四十五年——李提摩太在华回忆录	[英]李提摩太著,李宪堂、侯林莉译
	伯希和西域探险记	[法]伯希和等著,耿昇译
	观念的冒险	[美]A.N.怀特海著,周邦宪译
人物传记类	溥仪的后半生	王庆祥著
	胡乔木——中共中央一支笔	叶永烈著
	林彪的这一生	少华、游胡著
	左宗棠在甘肃	马啸著